国家电网有限公司

国家电网有限公司设备类物资采购标准

（2018版）

电力电容器卷、串联补偿装置卷

下　册

集合式电容器组、农网变电站用
电力电容器、串联补偿装置

国家电网有限公司　颁布

中国电力出版社
CHINA ELECTRIC POWER PRESS

图书在版编目（CIP）数据

国家电网有限公司设备类物资采购标准：2018 版. 电力电容器卷、串联补偿装置卷. 下册，集合式电容器组、农网变电站用电力电容器、串联补偿装置 / 国家电网有限公司颁布. —北京：中国电力出版社，2019.8
（2019.10重印）

ISBN 978-7-5198-3595-8

Ⅰ. ①国… Ⅱ. ①国… Ⅲ. ①电力电容器–采购管理–标准–中国②串联电容补偿–采购管理–标准–中国
Ⅳ. ①F426.61–65

中国版本图书馆 CIP 数据核字（2019）第 172603 号

出版发行：中国电力出版社
地　　址：北京市东城区北京站西街 19 号（邮政编码 100005）
网　　址：http://www.cepp.sgcc.com.cn
责任编辑：穆智勇
责任校对：黄　蓓　常燕昆　马　宁
装帧设计：赵姗姗
责任印制：石　雷

印　　刷：三河市百盛印装有限公司
版　　次：2019 年 8 月第一版
印　　次：2019 年 10 月北京第二次印刷
开　　本：880 毫米×1230 毫米　16 开本
印　　张：29.25
字　　数：902 千字
印　　数：2001—2500 册
定　　价：145.00 元

卷 目 次

电 力 电 容 器 卷

串 联 补 偿 装 置 卷

电力电容器卷

ICS 29.240

Q/GDW

国家电网有限公司企业标准

Q/GDW 13053.52－2018
代替 Q/GDW 13053.52－2014

35kV～750kV 变电站、农网变电站用并联电容器成套装置采购标准
第 52 部分：110（66）kV 变电站10kV–3000kvar–1%电抗率集合式并联电容器成套装置专用技术规范

Purchasing standard for shunt capacitor installation of 35kV～750kV and rural power network substation

Part 52: Special technical specification for 10kV–3000kvar–1% reactance ratio collective shunt capacitor installation of 110(66)kV substation

2019-06-28发布   2019-06-28实施

国家电网有限公司   发 布

目　　次

前　言

为规范 110（66）kV 变电站 10kV－3000kvar－1%电抗率集合式并联电容器成套装置的采购，制定本部分。

《35kV～750kV 变电站、农网变电站用并联电容器成套装置采购标准》分为 87 个部分：

——第 1 部分：通用技术规范；

——第 2 部分：35kV 变电站 10kV－1000kvar－1%电抗率框架式并联电容器成套装置专用技术规范；

——第 3 部分：35kV 变电站 10kV－1000kvar－12%电抗率框架式并联电容器成套装置专用技术规范；

——第 4 部分：66kV 变电站 10kV－1000kvar－5%电抗率框架式并联电容器成套装置专用技术规范；

——第 5 部分：110（66）kV 变电站 10kV－2000kvar－1%电抗率框架式并联电容器成套装置专用技术规范；

——第 6 部分：110（66）kV 变电站 10kV－2000kvar－5%电抗率框架式并联电容器成套装置专用技术规范；

——第 7 部分：110（66）kV 变电站 10kV－2000kvar－12%电抗率框架式并联电容器成套装置专用技术规范；

——第 8 部分：110（66）kV 变电站 10kV－3000kvar－1%电抗率框架式并联电容器成套装置专用技术规范；

——第 9 部分：110（66）kV 变电站 10kV－3000kvar－5%电抗率框架式并联电容器成套装置专用技术规范；

——第 10 部分：110（66）kV 变电站 10kV－3000kvar－12%电抗率框架式并联电容器成套装置专用技术规范；

——第 11 部分：110（66）kV 变电站 10kV－3600kvar－1%电抗率框架式并联电容器成套装置专用技术规范；

——第 12 部分：110（66）kV 变电站 10kV－3600kvar－5%电抗率框架式并联电容器成套装置专用技术规范；

——第 13 部分：110（66）kV 变电站 10kV－3600kvar－12%电抗率框架式并联电容器成套装置专用技术规范；

——第 14 部分：110（66）kV 变电站 10kV－4000kvar－1%电抗率框架式并联电容器成套装置专用技术规范；

——第 15 部分：110（66）kV 变电站 10kV－4000kvar－5%电抗率框架式并联电容器成套装置专用技术规范；

——第 16 部分：110（66）kV 变电站 10kV－4000kvar－12%电抗率框架式并联电容器成套装置专用技术规范；

——第 17 部分：110（66）kV 变电站 10kV－4800kvar－1%电抗率框架式并联电容器成套装置专用技术规范；

——第 18 部分：110（66）kV 变电站 10kV－4800kvar－5%电抗率框架式并联电容器成套装置专用技术规范；

——第 19 部分：110（66）kV 变电站 10kV－4800kvar－12%电抗率框架式并联电容器成套装置专用技术规范；

——第 20 部分：110（66）kV 变电站 10kV－5000kvar－1%电抗率框架式并联电容器成套装置专用

技术规范；

——第 21 部分：110（66）kV 变电站 10kV－5000kvar－5%电抗率框架式并联电容器成套装置专用技术规范；

——第 22 部分：110（66）kV 变电站 10kV－5000kvar－12%电抗率框架式并联电容器成套装置专用技术规范；

——第 23 部分：110（66）kV 变电站 10kV－6000kvar－1%电抗率框架式并联电容器成套装置专用技术规范；

——第 24 部分：110（66）kV 变电站 10kV－6000kvar－5%电抗率框架式并联电容器成套装置专用技术规范；

——第 25 部分：110（66）kV 变电站 10kV－6000kvar－12%电抗率框架式并联电容器成套装置专用技术规范；

——第 26 部分：220kV 变电站 10kV－8000kvar－5%电抗率框架式并联电容器成套装置专用技术规范；

——第 27 部分：220kV 变电站 10kV－8000kvar－12%电抗率框架式并联电容器成套装置专用技术规范；

——第 28 部分：220kV 变电站 10kV－10Mvar－5%电抗率框架式并联电容器成套装置专用技术规范；

——第 29 部分：220kV 变电站 10kV－10Mvar－12%电抗率框架式并联电容器成套装置专用技术规范；

——第 30 部分：220kV 变电站 35kV－10Mvar－5%电抗率框架式并联电容器成套装置专用技术规范；

——第 31 部分：220kV 变电站 35kV－10Mvar－12%电抗率框架式并联电容器成套装置专用技术规范；

——第 32 部分：330（220）kV 变电站 35kV－20Mvar－5%电抗率框架式并联电容器成套装置专用技术规范；

——第 33 部分：330（220）kV 变电站 35kV－20Mvar－12%电抗率框架式并联电容器成套装置专用技术规范；

——第 34 部分：330kV 变电站 35kV－30Mvar－5%电抗率框架式并联电容器成套装置专用技术规范；

——第 35 部分：330kV 变电站 35kV－30Mvar－12%电抗率框架式并联电容器成套装置专用技术规范；

——第 36 部分：330kV 变电站 35kV－40Mvar－5%电抗率框架式并联电容器成套装置专用技术规范；

——第 37 部分：330kV 变电站 35kV－40Mvar－12%电抗率框架式并联电容器成套装置专用技术规范；

——第 38 部分：500kV 变电站 35kV－60Mvar－5%电抗率框架式并联电容器成套装置专用技术规范；

——第 39 部分：500kV 变电站 35kV－60Mvar－12%电抗率框架式并联电容器成套装置专用技术规范；

——第 40 部分：220kV 变电站 66kV－10Mvar－5%电抗率框架式并联电容器成套装置专用技术规范；

——第 41 部分：220kV 变电站 66kV－10Mvar－12%电抗率框架式并联电容器成套装置专用技术规范；

——第 42 部分：220kV 变电站 66kV－20Mvar－5%电抗率框架式并联电容器成套装置专用技术规范；

——第 43 部分：220kV 变电站 66kV－20Mvar－12%电抗率框架式并联电容器成套装置专用技术规范；

——第 44 部分：220kV 变电站 66kV－25Mvar－5%电抗率框架式并联电容器成套装置专用技术规范；

——第 45 部分：220kV 变电站 66kV－25Mvar－12%电抗率框架式并联电容器成套装置专用技术规范；

——第 46 部分：750（500）kV 变电站 66kV－60Mvar－5%电抗率框架式并联电容器成套装置专用技术规范；

——第 47 部分：750（500）kV 变电站 66kV－60Mvar－12%电抗率框架式并联电容器成套装置专用技术规范；

——第 48 部分：750kV 变电站 66kV－90Mvar－5%电抗率框架式并联电容器成套装置专用技术规范；

——第 49 部分：750kV 变电站 66kV－90Mvar－12%电抗率框架式并联电容器成套装置专用技术规范；

——第 50 部分：750kV 变电站 66kV－120Mvar－5%电抗率框架式并联电容器成套装置专用技术规范；

——第 51 部分：750kV 变电站 66kV－120Mvar－12%电抗率框架式并联电容器成套装置专用技术规范；

——第 52 部分：110（66）kV 变电站 10kV－3000kvar－1%电抗率集合式并联电容器成套装置专用技术规范；

——第 53 部分：110（66）kV 变电站 10kV－3000kvar－5%电抗率集合式并联电容器成套装置专用技术规范；

——第 54 部分：110（66）kV 变电站 10kV－3000kvar－12%电抗率集合式并联电容器成套装置专用技术规范；

——第 55 部分：110（66）kV 变电站 10kV－3600kvar－1%电抗率集合式并联电容器成套装置专用技术规范；

——第 56 部分：110（66）kV 变电站 10kV－3600kvar－5%电抗率集合式并联电容器成套装置专用技术规范；

——第 57 部分：110（66）kV 变电站 10kV－3600kvar－12%电抗率集合式并联电容器成套装置专用技术规范；

——第 58 部分：110（66）kV 变电站 10kV－4800kvar－1%电抗率集合式并联电容器成套装置专用技术规范；

——第 59 部分：110（66）kV 变电站 10kV－4800kvar－5%电抗率集合式并联电容器成套装置专用技术规范；

——第 60 部分：110（66）kV 变电站 10kV－4800kvar－12%电抗率集合式并联电容器成套装置专用技术规范；

——第 61 部分：330（220）kV 变电站 35kV－20Mvar－5%电抗率集合式并联电容器成套装置专用技术规范；

——第 62 部分：330（220）kV 变电站 35kV－20Mvar－12%电抗率集合式并联电容器成套装置专用技术规范；

——第 63 部分：330kV 变电站 35kV－30Mvar－5%电抗率集合式并联电容器成套装置专用技术规范；

——第 64 部分：330kV 变电站 35kV－30Mvar－12%电抗率集合式并联电容器成套装置专用技术规范；

——第 65 部分：500kV 变电站 35kV－60Mvar－5%电抗率集合式并联电容器成套装置专用技术规范；

——第 66 部分：500kV 变电站 35kV－60Mvar－12%电抗率集合式并联电容器成套装置专用技术规范；

——第 67 部分：500kV 变电站 66kV－60Mvar－5%电抗率集合式并联电容器成套装置专用技术规范；

——第 68 部分：500kV 变电站 66kV－60Mvar－12%电抗率集合式并联电容器成套装置专用技术规范；

——第 69 部分：农网变电站 10kV－300kvar－1%电抗率框架式并联电容器成套装置专用技术规范；

——第 70 部分：农网变电站 10kV－300kvar－5%电抗率框架式并联电容器成套装置专用技术规范；

——第 71 部分：农网变电站 10kV－600kvar－1%电抗率框架式并联电容器成套装置专用技术规范；

——第 72 部分：农网变电站 10kV－600kvar－5%电抗率框架式并联电容器成套装置专用技术规范；

——第 73 部分：农网变电站 10kV－1000kvar－1%电抗率框架式并联电容器成套装置专用技术规范；

——第 74 部分：农网变电站 10kV－1000kvar－5%电抗率框架式并联电容器成套装置专用技术规范；

——第 75 部分：农网变电站 10kV－1200kvar－1%电抗率框架式并联电容器成套装置专用技术规范；

——第 76 部分：农网变电站 10kV－1200kvar－5%电抗率框架式并联电容器成套装置专用技术规范；

——第 77 部分：农网变电站 10kV－2000kvar－1%电抗率框架式并联电容器成套装置专用技术规范；

——第 78 部分：农网变电站 10kV－2000kvar－5%电抗率框架式并联电容器成套装置专用技术规范；

——第 79 部分：农网变电站 10kV－3000kvar－1%电抗率框架式并联电容器成套装置专用技术规范；

——第 80 部分：农网变电站 10kV－3000kvar－5%电抗率框架式并联电容器成套装置专用技术规范；

——第 81 部分：农网变电站 10kV－4000kvar－1%电抗率框架式并联电容器成套装置专用技术规范；

——第 82 部分：农网变电站 10kV－4000kvar－5%电抗率框架式并联电容器成套装置专用技术规范；

——第 83 部分：农网变电站 10kV－6000kvar－1%电抗率框架式并联电容器成套装置专用技术规范；

——第 84 部分：农网变电站 10kV－6000kvar－5%电抗率框架式并联电容器成套装置专用技术规范；

——第 85 部分：农网 10kV－150kvar－50kvar 柱上式并联电容器成套装置专用技术规范；

——第 86 部分：农网 10kV–300kvar–50kvar 柱上式并联电容器成套装置专用技术规范；

——第 87 部分：农网 10kV–450kvar–50kvar 柱上式并联电容器成套装置专用技术规范。

本部分为《35kV～750kV 变电站、农网变电站用并联电容器成套装置采购标准》的第 52 部分。

本部分替代 Q/GDW 13053.52—2014，与 Q/GDW 13053.52—2014 相比，主要的技术性差异如下：

——修改了单台电容器短路放电试验的标准参数值；

——修改了单台电容器放电器件性能的标准参数值；

——修改了放电线圈放电性能的标准参数值；

——修改了金属氧化物避雷器标称放电电流下的残压的标准参数值。

本部分由国家电网有限公司物资部提出并解释。

本部分由国家电网有限公司科技部归口。

本部分起草单位：国网冀北电力有限公司，国网吉林省电力有限公司，中国电力科学研究院有限公司。

本部分主要起草人：李卓伦，张建军，路杰，王亚菲，李士雷，葛志成，林浩，黄想，国江，姜胜宝。

本部分 2014 年 5 月首次发布，2018 年 8 月第一次修订。

本部分在执行过程中的意见或建议反馈至国家电网有限公司科技部。

35kV～750kV 变电站、农网变电站用
并联电容器成套装置采购标准
第52部分：110（66）kV 变电站 10kV−3000kvar−1%
电抗率集合式并联电容器成套装置专用技术规范

1 范围

本部分规定了 110（66）kV 变电站 10kV−3000kvar−1%电抗率集合式并联电容器成套装置专用技术规范招标的标准技术参数、项目需求及投标人响应的相关内容。

本部分适用于 110（66）kV 变电站 10kV−3000kvar−1%电抗率集合式并联电容器成套装置专用技术规范招标。

2 规范性引用文件

下列文件对于本文件的应用是必不可少的。凡是注日期的引用文件，仅所注日期的版本适用于本文件。凡是不注日期的引用文件，其最新版本（包括所有的修改单）适用于本文件。

Q/GDW 13053.1　35kV～750kV 变电站、农网变电站用并联电容器成套装置采购标准　第1部分：通用技术规范

3 术语和定义

下列术语和定义适用于本文件。

3.1

招标人　bidder

提出招标项目，进行招标的法人或其他组织。

3.2

投标人　tenderer

响应招标、参加投标竞争的法人或者其他组织。

3.3

卖方　seller

提供本部分货物和技术服务的法人或其他组织，包括其法定的承继者。

3.4

买方　buyer

购买本部分货物和技术服务的法人或其他组织，包括其法定的承继者和经许可的受让人。

4 标准技术参数

技术参数特性表是国家电网有限公司对采购设备的基础技术参数要求，在招投标过程中，投标人应依据招标文件，对技术参数特性表中标准参数值进行响应。110（66）kV 变电站 10kV−3000kvar−1%电抗率集合式并联电容器成套装置技术参数特性见表1。装置应满足 Q/GDW 13053.1 的要求。

表1 技 术 参 数 特 性 表

序号	项 目	单位	标准参数值
一	并联电容器装置		
1	型号		TBB10－3000/3000－AKW
2	额定电压	kV	10
3	额定容量	kvar	3000
4	额定电抗率	%	≤1
5	额定相电容	μF	86.7
6	电容器组额定电压（相）	kV	$10.5/\sqrt{3}$
7	电容器组电容与额定电容偏差	%	0～5
8	电容器组各相电容的最大值与最小值之比		≤1.01
9	电容器组各串联段的最大与最小电容之比		≤1.005
10	接线方式		单星形
11	每相电容器串并联数		—
12	继电保护方式		开口三角电压保护
13	初始不平衡电流（或电压）二次计算值		（生产厂家提供）
14	继电保护整定值		（生产厂家提供）
15	装置接线图		—
16	电容器组围栏尺寸 （户内安装时应提供装置高度）	m	（项目单位提供）
17	电容器组进线方向和进线位置		围栏（长或宽）方向 （上或下）进线
18	装置耐受短路电流能力	kA	（项目单位提供）
二	单台集合式电容器		
1	型号		BAMH10.5/$\sqrt{3}$－3000－3W 或 BFMH10.5/$\sqrt{3}$－3000－3W
2	额定电压	kV	$10.5/\sqrt{3}$
3	额定容量	kvar	3000
4	单台集合式电容器内部单元串并数		—
5	爬电比距	mm/kV	（项目单位提供）
注：如采用全密封结构，要求有足够的油补充容量，最高运行温度下，压力不超过 0.05MPa			
三	集合式电容器内部小单台电容器		
1	型号		（投标人提供）
2	额定电压	kV	—
3	额定容量	kvar	—
4	设计场强（K＝1）	kV/mm	≤50
5	局部放电性能	pC	局部放电量≤50
		U_N	温度下限时局部放电熄灭电压 不低于1.2

表1（续）

序号	项 目	单位	标准参数值
6	温度类别	℃	－/＋（项目单位提供）
7	短路放电试验		$2.5U_N$直流电压作用下，经电容器端子的最小间隙（短接线长度不应大于1.5m），10min内放电5次，测量放电试验前和电压试验后电容器值，偏差应小于相当于一个元件击穿或一根内熔丝动作之量
8	电容器内部元件串并数及电气接线图		（生产厂家提供）
9	熔丝保护方式		有内熔丝或无熔丝
10	放电器件性能		10min内从$\sqrt{2}\,U_N$降到50V
11	固体介质厚度及层数		—
12	浸渍剂		—
13	外绝缘海拔修正耐受试验电压（工频/雷电）	kV/kV	（需要修正时由项目单位提供）
四	放电线圈		
1	型号		FDE10.5/$\sqrt{3}$－1.7－1W（油浸全密封）或 FDGE10.5/$\sqrt{3}$－1.7－1W（干式）
2	一次绕组的额定电压	kV	10.5/$\sqrt{3}$
3	二次绕组的额定电压	V	100
4	二次绕组的额定容量	VA	50
5	准确级		0.5
6	a. 工频耐受电压（1min）/试验电压	kV/kV	42
	b. 雷电冲击耐受电压/试验电压	kV/kV	75
	c. 一次绕组感应耐受电压		$2.5U_{1N}/60s$
	d. 二次绕组对地工频耐受电压	kV/min	3
7	结构方式		全密封或干式（干式宜户内安装）（项目单位提供）
8	配套电容器容量（相）	kvar	≥1000
9	放电性能		断开电源后，电容器组上的电压在5s内由$\sqrt{2}\,U_N$降至50V以下在最大允许容量电容器组的1.9$\sqrt{2}\,U_N$下放电不损坏
10	外绝缘海拔修正耐受试验电压（工频/雷电）	kV/kV	（需要修正时由项目单位提供）
五	金属氧化物避雷器		
1	型号		YHWR5－17/45（复合）或 YWR5－17/45（瓷）

表1（续）

序号	项 目	单位	标准参数值
2	额定电压	kV	17
3	持续运行电压	kV	13.6
4	标称放电电流	kA	5
5	标称放电电流下的残压	kV	45
6	2ms 方波通流容量	A	≥500
7	外绝缘海拔修正耐受试验电压（工频/雷电）	kV/kV	（需要修正时由项目单位提供）
六	支柱绝缘子		
1	额定电压	kV	10
2	额定抗弯强度	N•m	—
3	爬电比距	mm/kV	（项目单位提供）
4	外绝缘海拔修正耐受试验电压（工频/雷电）	kV/kV	（需要修正时由项目单位提供）
5	安装方式		正装
七	隔离开关和接地开关		
1	型号		GW－12/400 或 GN－12/400
2	额定电压	kV	12
3	额定短时耐受电流及持续时间	kA（4s）	（项目单位提供）
4	额定峰值耐受电流	kA	（项目单位提供）
5	额定电流（隔离开关）	A	≥800
6	外绝缘海拔修正耐受试验电压（工频/雷电）	kV/kV	（需要修正时由项目单位提供）
八	串联电抗器		
1	型号		CKDK－10－□/□－1（干式空心）或 CKSC－10－□/□－1（干式铁芯）
2	额定电压	kV	10
3	额定端电压	kV	—
4	额定容量	kvar	—
5	额定电感	mH	—
6	额定电流	A	—
7	损耗	kW/kvar	空心≤0.030 铁芯≤0.015
8	温升	K	≤70
9	电抗率	%	≤1
10	绝缘水平（工频/雷电）	kV/kV	42/75

表1（续）

序号	项　目	单位	标准参数值
11	噪声	dB	≤55
12	电感值偏差	%	0～5
13	外绝缘海拔修正耐受试验电压 （工频/雷电）	kV/kV	（需要修正时由项目单位提供）
14	三相间电感偏差	%	每相电抗与三相平均值的偏差 不大于±2%
15	安装布置方式		项目单位提供户内装置的高度要求

5　组件材料配置表

组件材料配置表包括元件名称、规格形式参数、单位、数量和产地等信息，具体内容和格式根据招标项目情况进行编制。

6　使用环境条件表

典型 110（66）kV 变电站 10kV‒3000kvar‒1%电抗率集合式并联电容器成套装置使用环境条件见表2。特殊环境要求根据项目情况进行编制。

表 2　使 用 环 境 条 件 表

序号	名　　　称		单位	标准参数值
1	环境温度	最高日温度	℃	40
		最低日温度		−25
		最大日温差		25
2	海拔		m	≤1000
3	太阳辐射强度		W/cm²	0.11
4	污秽等级			Ⅲ（d）
5	覆冰厚度		mm	10
6	风速/风压		（m/s）/Pa	35/700
7	相对湿度	最大日相对湿度	%	≤95
		最大月平均相对湿度		≤90
8	耐受地震能力（指水平加速度，安全系数不小于1.67。 水平加速度应计及设备支架的动力放大系数1.2）		m/s²	2
注：有较严酷使用条件时，如低温、高海拔、重污秽等，项目单位应提出相应差异要求				

7　投标人提供的其他资料

投标人提供的其他资料如下：

a)　耐久性试验报告（应提供）；

b)　保护计算单（应提供）；

c) 抗震计算或试验报告（应提供，10kV 装置除外）；

d) 装置的爆破能量计算单（应提供）；

e) 其他提高装置质量或运行可靠性的研究报告、研究性试验等；

f) 新结构方式等。

————————

ICS 29.240

Q/GDW

国家电网有限公司企业标准

Q/GDW　13053.53－2018
代替 Q/GDW　13053.53－2014

35kV～750kV 变电站、农网变电站用并联电容器成套装置采购标准 第 53 部分：110（66）kV 变电站 10kV-3000kvar-5% 电抗率集合式并联电容器成套装置专用技术规范

Purchasing standard for shunt capacitor installation of 35kV～750kV and rural power network substation

Part 53: Special technical specification for 10kV-3000kvar-5% reactance ratio collective shunt capacitor installation of 110(66)kV substation

2019-06-28发布　　　　　　　　　　　　2019-06-28实施

国家电网有限公司　　发 布

目　次

前　言

为规范 110（66）kV 变电站 10kV−3000kvar−5%电抗率集合式并联电容器成套装置的采购，制定本部分。

《35kV～750kV 变电站、农网变电站用并联电容器成套装置采购标准》分为 87 个部分：

——第 1 部分：通用技术规范；

——第 2 部分：35kV 变电站 10kV−1000kvar−1%电抗率框架式并联电容器成套装置专用技术规范；

——第 3 部分：35kV 变电站 10kV−1000kvar−12%电抗率框架式并联电容器成套装置专用技术规范；

——第 4 部分：66kV 变电站 10kV−1000kvar−5%电抗率框架式并联电容器成套装置专用技术规范；

——第 5 部分：110（66）kV 变电站 10kV−2000kvar−1%电抗率框架式并联电容器成套装置专用技术规范；

——第 6 部分：110（66）kV 变电站 10kV−2000kvar−5%电抗率框架式并联电容器成套装置专用技术规范；

——第 7 部分：110（66）kV 变电站 10kV−2000kvar−12%电抗率框架式并联电容器成套装置专用技术规范；

——第 8 部分：110（66）kV 变电站 10kV−3000kvar−1%电抗率框架式并联电容器成套装置专用技术规范；

——第 9 部分：110（66）kV 变电站 10kV−3000kvar−5%电抗率框架式并联电容器成套装置专用技术规范；

——第 10 部分：110（66）kV 变电站 10kV−3000kvar−12%电抗率框架式并联电容器成套装置专用技术规范；

——第 11 部分：110（66）kV 变电站 10kV−3600kvar−1%电抗率框架式并联电容器成套装置专用技术规范；

——第 12 部分：110（66）kV 变电站 10kV−3600kvar−5%电抗率框架式并联电容器成套装置专用技术规范；

——第 13 部分：110（66）kV 变电站 10kV−3600kvar−12%电抗率框架式并联电容器成套装置专用技术规范；

——第 14 部分：110（66）kV 变电站 10kV−4000kvar−1%电抗率框架式并联电容器成套装置专用技术规范；

——第 15 部分：110（66）kV 变电站 10kV−4000kvar−5%电抗率框架式并联电容器成套装置专用技术规范；

——第 16 部分：110（66）kV 变电站 10kV−4000kvar−12%电抗率框架式并联电容器成套装置专用技术规范；

——第 17 部分：110（66）kV 变电站 10kV−4800kvar−1%电抗率框架式并联电容器成套装置专用技术规范；

——第 18 部分：110（66）kV 变电站 10kV−4800kvar−5%电抗率框架式并联电容器成套装置专用技术规范；

——第 19 部分：110（66）kV 变电站 10kV−4800kvar−12%电抗率框架式并联电容器成套装置专用技术规范；

——第 20 部分：110（66）kV 变电站 10kV−5000kvar−1%电抗率框架式并联电容器成套装置专用

技术规范；

——第 21 部分：110（66）kV 变电站 10kV－5000kvar－5%电抗率框架式并联电容器成套装置专用
技术规范；

——第 22 部分：110（66）kV 变电站 10kV－5000kvar－12%电抗率框架式并联电容器成套装置专用
技术规范；

——第 23 部分：110（66）kV 变电站 10kV－6000kvar－1%电抗率框架式并联电容器成套装置专用
技术规范；

——第 24 部分：110（66）kV 变电站 10kV－6000kvar－5%电抗率框架式并联电容器成套装置专用
技术规范；

——第 25 部分：110（66）kV 变电站 10kV－6000kvar－12%电抗率框架式并联电容器成套装置专用
技术规范；

——第 26 部分：220kV 变电站 10kV－8000kvar－5%电抗率框架式并联电容器成套装置专用技术规范；

——第 27 部分：220kV 变电站 10kV－8000kvar－12%电抗率框架式并联电容器成套装置专用技术规范；

——第 28 部分：220kV 变电站 10kV－10Mvar－5%电抗率框架式并联电容器成套装置专用技术规范；

——第 29 部分：220kV 变电站 10kV－10Mvar－12%电抗率框架式并联电容器成套装置专用技术规范；

——第 30 部分：220kV 变电站 35kV－10Mvar－5%电抗率框架式并联电容器成套装置专用技术规范；

——第 31 部分：220kV 变电站 35kV－10Mvar－12%电抗率框架式并联电容器成套装置专用技术规范；

——第 32 部分：330（220）kV 变电站 35kV－20Mvar－5%电抗率框架式并联电容器成套装置专用
技术规范；

——第 33 部分：330（220）kV 变电站 35kV－20Mvar－12%电抗率框架式并联电容器成套装置专用
技术规范；

——第 34 部分：330kV 变电站 35kV－30Mvar－5%电抗率框架式并联电容器成套装置专用技术规范；

——第 35 部分：330kV 变电站 35kV－30Mvar－12%电抗率框架式并联电容器成套装置专用技术规范；

——第 36 部分：330kV 变电站 35kV－40Mvar－5%电抗率框架式并联电容器成套装置专用技术规范；

——第 37 部分：330kV 变电站 35kV－40Mvar－12%电抗率框架式并联电容器成套装置专用技术规范；

——第 38 部分：500kV 变电站 35kV－60Mvar－5%电抗率框架式并联电容器成套装置专用技术规范；

——第 39 部分：500kV 变电站 35kV－60Mvar－12%电抗率框架式并联电容器成套装置专用技术规范；

——第 40 部分：220kV 变电站 66kV－10Mvar－5%电抗率框架式并联电容器成套装置专用技术规范；

——第 41 部分：220kV 变电站 66kV－10Mvar－12%电抗率框架式并联电容器成套装置专用技术规范；

——第 42 部分：220kV 变电站 66kV－20Mvar－5%电抗率框架式并联电容器成套装置专用技术规范；

——第 43 部分：220kV 变电站 66kV－20Mvar－12%电抗率框架式并联电容器成套装置专用技术规范；

——第 44 部分：220kV 变电站 66kV－25Mvar－5%电抗率框架式并联电容器成套装置专用技术规范；

——第 45 部分：220kV 变电站 66kV－25Mvar－12%电抗率框架式并联电容器成套装置专用技术规范；

——第 46 部分：750（500）kV 变电站 66kV－60Mvar－5%电抗率框架式并联电容器成套装置专用
技术规范；

——第 47 部分：750（500）kV 变电站 66kV－60Mvar－12%电抗率框架式并联电容器成套装置专用
技术规范；

——第 48 部分：750kV 变电站 66kV－90Mvar－5%电抗率框架式并联电容器成套装置专用技术规范；

——第 49 部分：750kV 变电站 66kV－90Mvar－12%电抗率框架式并联电容器成套装置专用技术规范；

——第 50 部分：750kV 变电站 66kV－120Mvar－5%电抗率框架式并联电容器成套装置专用技术规范；

——第 51 部分：750kV 变电站 66kV－120Mvar－12%电抗率框架式并联电容器成套装置专用技术规范；

——第 52 部分：110（66）kV 变电站 10kV－3000kvar－1%电抗率集合式并联电容器成套装置专用
技术规范；

——第 53 部分：110（66）kV 变电站 10kV－3000kvar－5%电抗率集合式并联电容器成套装置专用技术规范；

——第 54 部分：110（66）kV 变电站 10kV－3000kvar－12%电抗率集合式并联电容器成套装置专用技术规范；

——第 55 部分：110（66）kV 变电站 10kV－3600kvar－1%电抗率集合式并联电容器成套装置专用技术规范；

——第 56 部分：110（66）kV 变电站 10kV－3600kvar－5%电抗率集合式并联电容器成套装置专用技术规范；

——第 57 部分：110（66）kV 变电站 10kV－3600kvar－12%电抗率集合式并联电容器成套装置专用技术规范；

——第 58 部分：110（66）kV 变电站 10kV－4800kvar－1%电抗率集合式并联电容器成套装置专用技术规范；

——第 59 部分：110（66）kV 变电站 10kV－4800kvar－5%电抗率集合式并联电容器成套装置专用技术规范；

——第 60 部分：110（66）kV 变电站 10kV－4800kvar－12%电抗率集合式并联电容器成套装置专用技术规范；

——第 61 部分：330（220）kV 变电站 35kV－20Mvar－5%电抗率集合式并联电容器成套装置专用技术规范；

——第 62 部分：330（220）kV 变电站 35kV－20Mvar－12%电抗率集合式并联电容器成套装置专用技术规范；

——第 63 部分：330kV 变电站 35kV－30Mvar－5%电抗率集合式并联电容器成套装置专用技术规范；

——第 64 部分：330kV 变电站 35kV－30Mvar－12%电抗率集合式并联电容器成套装置专用技术规范；

——第 65 部分：500kV 变电站 35kV－60Mvar－5%电抗率集合式并联电容器成套装置专用技术规范；

——第 66 部分：500kV 变电站 35kV－60Mvar－12%电抗率集合式并联电容器成套装置专用技术规范；

——第 67 部分：500kV 变电站 66kV－60Mvar－5%电抗率集合式并联电容器成套装置专用技术规范；

——第 68 部分：500kV 变电站 66kV－60Mvar－12%电抗率集合式并联电容器成套装置专用技术规范；

——第 69 部分：农网变电站 10kV－300kvar－1%电抗率框架式并联电容器成套装置专用技术规范；

——第 70 部分：农网变电站 10kV－300kvar－5%电抗率框架式并联电容器成套装置专用技术规范；

——第 71 部分：农网变电站 10kV－600kvar－1%电抗率框架式并联电容器成套装置专用技术规范；

——第 72 部分：农网变电站 10kV－600kvar－5%电抗率框架式并联电容器成套装置专用技术规范；

——第 73 部分：农网变电站 10kV－1000kvar－1%电抗率框架式并联电容器成套装置专用技术规范；

——第 74 部分：农网变电站 10kV－1000kvar－5%电抗率框架式并联电容器成套装置专用技术规范；

——第 75 部分：农网变电站 10kV－1200kvar－1%电抗率框架式并联电容器成套装置专用技术规范；

——第 76 部分：农网变电站 10kV－1200kvar－5%电抗率框架式并联电容器成套装置专用技术规范；

——第 77 部分：农网变电站 10kV－2000kvar－1%电抗率框架式并联电容器成套装置专用技术规范；

——第 78 部分：农网变电站 10kV－2000kvar－5%电抗率框架式并联电容器成套装置专用技术规范；

——第 79 部分：农网变电站 10kV－3000kvar－1%电抗率框架式并联电容器成套装置专用技术规范；

——第 80 部分：农网变电站 10kV－3000kvar－5%电抗率框架式并联电容器成套装置专用技术规范；

——第 81 部分：农网变电站 10kV－4000kvar－1%电抗率框架式并联电容器成套装置专用技术规范；

——第 82 部分：农网变电站 10kV－4000kvar－5%电抗率框架式并联电容器成套装置专用技术规范；

——第 83 部分：农网变电站 10kV－6000kvar－1%电抗率框架式并联电容器成套装置专用技术规范；

——第 84 部分：农网变电站 10kV－6000kvar－5%电抗率框架式并联电容器成套装置专用技术规范；

——第 85 部分：农网 10kV－150kvar－50kvar 柱上式并联电容器成套装置专用技术规范；

——第 86 部分：农网 10kV－300kvar－50kvar 柱上式并联电容器成套装置专用技术规范；

——第 87 部分：农网 10kV－450kvar－50kvar 柱上式并联电容器成套装置专用技术规范。

本部分为《35kV～750kV 变电站、农网变电站用并联电容器成套装置采购标准》的第 53 部分。

本部分替代 Q/GDW 13053.53—2014，与 Q/GDW 13053.53—2014 相比，主要的技术性差异如下：

——修改了单台电容器短路放电试验的标准参数值；

——修改了单台电容器放电器件性能的标准参数值；

——修改了放电线圈放电性能的标准参数值；

——修改了金属氧化物避雷器标称放电电流下的残压的标准参数值。

本部分由国家电网有限公司物资部提出并解释。

本部分由国家电网有限公司科技部归口。

本部分起草单位：国网冀北电力有限公司，国网吉林省电力有限公司，中国电力科学研究院有限公司。

本部分主要起草人：李卓伦，张建军，路杰，王亚菲，李士雷，葛志成，林浩，黄想，国江，姜胜宝。

本部分 2014 年 5 月首次发布，2018 年 8 月第一次修订。

本部分在执行过程中的意见或建议反馈至国家电网有限公司科技部。

35kV～750kV 变电站、农网变电站用
并联电容器成套装置采购标准
第 53 部分：110（66）kV 变电站 10kV−3000kvar−5%
电抗率集合式并联电容器成套装置专用技术规范

1 范围

本部分规定了 110（66）kV 变电站 10kV−3000kvar−5%电抗率集合式并联电容器成套装置专用技术规范招标的标准技术参数、项目需求及投标人响应的相关内容。

本部分适用于 110（66）kV 变电站 10kV−3000kvar−5%电抗率集合式并联电容器成套装置专用技术规范招标。

2 规范性引用文件

下列文件对于本文件的应用是必不可少的。凡是注日期的引用文件，仅所注日期的版本适用于本文件。凡是不注日期的引用文件，其最新版本（包括所有的修改单）适用于本文件。

Q/GDW 13053.1 35kV～750kV 变电站、农网变电站用并联电容器成套装置采购标准 第 1 部分：通用技术规范

3 术语和定义

下列术语和定义适用于本文件。

3.1

招标人 bidder
提出招标项目，进行招标的法人或其他组织。

3.2

投标人 tenderer
响应招标、参加投标竞争的法人或者其他组织。

3.3

卖方 seller
提供本部分货物和技术服务的法人或其他组织，包括其法定的承继者。

3.4

买方 buyer
购买本部分货物和技术服务的法人或其他组织，包括其法定的承继者和经许可的受让人。

4 标准技术参数

技术参数特性表是国家电网有限公司对采购设备的基础技术参数要求，在招投标过程中，投标人应依据招标文件，对技术参数特性表中标准参数值进行响应。110（66）kV 变电站 10kV−3000kvar−5%电抗率集合式并联电容器成套装置技术参数特性见表 1。装置应满足 Q/GDW 13053.1 的要求。

表 1 技 术 参 数 特 性 表

序号	项　　　目	单位	标准参数值
一	并联电容器装置		
1	型号		TBB10－3000/3000－AKW
2	额定电压	kV	10
3	额定容量	kvar	3000
4	额定电抗率	%	5
5	额定相电容	μF	78.9
6	电容器组额定电压（相）	kV	$11/\sqrt{3}$
7	电容器组电容与额定电容偏差	%	0～5
8	电容器组各相电容的最大值与最小值之比		≤1.01
9	电容器组各串联段的最大与最小电容之比		≤1.005
10	接线方式		单星形
11	每相电容器串并联数		—
12	继电保护方式		开口三角电压保护
13	初始不平衡电流（或电压）二次计算值		（生产厂家提供）
14	继电保护整定值		（生产厂家提供）
15	装置接线图		—
16	电容器组围栏尺寸 （户内安装时应提供装置高度）	m	（项目单位提供）
17	电容器组进线方向和进线位置		围栏（长或宽）方向 （上或下）进线
18	装置耐受短路电流能力	kA	（项目单位提供）
二	单台集合式电容器		
1	型号		BAMH11/$\sqrt{3}$－3000－3W 或 BFMH11/$\sqrt{3}$－3000－3W
2	额定电压	kV	$11/\sqrt{3}$
3	额定容量	kvar	3000
4	单台集合式电容器内部单元串并数		—
5	爬电比距	mm/kV	（项目单位提供）
注：如采用全密封结构，要求有足够的油补充容量，最高运行温度下，压力不超过 0.05MPa			
三	集合式电容器内部小单台电容器		
1	型号		（投标人提供）
2	额定电压	kV	—
3	额定容量	kvar	—
4	设计场强（$K＝1$）	kV/mm	≤50

表1（续）

序号	项　目	单位	标准参数值
5	局部放电性能	pC	局部放电量≤50
		U_N	温度下限时局部放电熄灭电压 不低于 1.2
6	温度类别	℃	－／＋（项目单位提供）
7	短路放电试验		$2.5U_N$ 直流电压作用下，经电容器端子的最小间隙（短接线长度不应大于1.5m），10min 内放电 5 次，测量放电试验前和电压试验后电容器值，偏差应小于相当于一个元件击穿或一根内熔丝动作之量
8	电容器内部元件串并数及电气接线图		（生产厂家提供）
9	熔丝保护方式		有内熔丝或无熔丝
10	放电器件性能		10min 内从 $\sqrt{2}\,U_N$ 降到 50V
11	固体介质厚度及层数		—
12	浸渍剂		—
13	外绝缘海拔修正耐受试验电压 （工频/雷电）	kV/kV	（需要修正时由项目单位提供）
四	放电线圈		
1	型号		FDE11／$\sqrt{3}$－1.7－1W（油浸全密封） 或 FDGE11／$\sqrt{3}$－1.7－1W（干式）
2	一次绕组的额定电压	kV	11／$\sqrt{3}$
3	二次绕组的额定电压	V	100
4	二次绕组的额定容量	VA	50
5	准确级		0.5
6	a. 工频耐受电压（1min）/试验电压	kV/kV	42
	b. 雷电冲击耐受电压/试验电压	kV/kV	75
	c. 一次绕组感应耐受电压		$2.5U_{1N}/60s$
	d. 二次绕组对地工频耐受电压	kV/min	3
7	结构方式		全密封或干式 （干式宜户内安装） （项目单位提供）
8	配套电容器容量（相）	kvar	≥1000
9	放电性能		断开电源后，电容器组上的电压在 5s 内由 $\sqrt{2}\,U_N$ 降至 50V 以下 在最大允许容量电容器组的 $1.9\sqrt{2}\,U_N$ 下放电不损坏
10	外绝缘海拔修正耐受试验电压 （工频/雷电）	kV/kV	（需要修正时由项目单位提供）

表 1（续）

序号	项　　目	单位	标准参数值
五	金属氧化物避雷器		
1	型号		YHWR5－17/45（复合）或 YWR5－17/45（瓷）
2	额定电压	kV	17
3	持续运行电压	kV	13.6
4	标称放电电流	kA	5
5	标称放电电流下的残压	kV	45
6	2ms 方波通流容量	A	≥500
7	外绝缘海拔修正耐受试验电压（工频/雷电）	kV/kV	（需要修正时由项目单位提供）
六	支柱绝缘子		
1	额定电压	kV	10
2	额定抗弯强度	N•m	—
3	爬电比距	mm/kV	（项目单位提供）
4	外绝缘海拔修正耐受试验电压（工频/雷电）	kV/kV	（需要修正时由项目单位提供）
5	安装方式		正装
七	隔离开关和接地开关		
1	型号		GW－12/400 或 GN－12/400
2	额定电压	kV	12
3	额定短时耐受电流及持续时间	kA（4s）	（项目单位提供）
4	额定峰值耐受电流	kA	（项目单位提供）
5	额定电流（隔离开关）	A	≥800
6	外绝缘海拔修正耐受试验电压（工频/雷电）	kV/kV	（需要修正时由项目单位提供）
八	串联电抗器		
1	型号		CKDK－10－50/0.32－5（干式空心）或 CKSC－10－150/0.32－5（干式铁芯）
2	额定电压	kV	10
3	额定端电压	kV	0.32
4	额定容量	kvar	50 或 150
5	额定电感	mH	6.5
6	额定电流	A	156
7	损耗	kW/kvar	空心≤0.030 铁芯≤0.015
8	温升	K	≤70

表1（续）

序号	项　目	单位	标准参数值
9	电抗率	%	5
10	绝缘水平（工频/雷电）	kV/kV	42/75
11	噪声	dB	≤55
12	电感值偏差	%	0～5
13	外绝缘海拔修正耐受试验电压 （工频/雷电）	kV/kV	（需要修正时由项目单位提供）
14	三相间电感偏差	%	每相电抗与三相平均值的偏差 不大于±2%
15	安装布置方式		项目单位提供户内装置的高度要求

5　组件材料配置表

组件材料配置表包括元件名称、规格形式参数、单位、数量和产地等信息，具体内容和格式根据招标项目情况进行编制。

6　使用环境条件表

典型110（66）kV变电站10kV-3000kvar-5%电抗率集合式并联电容器成套装置使用环境条件见表2。特殊环境要求根据项目情况进行编制。

表 2　使 用 环 境 条 件 表

序号	名　　称		单位	标准参数值
1	环境温度	最高日温度	℃	40
		最低日温度		−25
		最大日温差		25
2	海拔		m	≤1000
3	太阳辐射强度		W/cm²	0.11
4	污秽等级			Ⅲ（d）
5	覆冰厚度		mm	10
6	风速/风压		（m/s）/Pa	35/700
7	相对湿度	最大日相对湿度	%	≤95
		最大月平均相对湿度		≤90
8	耐受地震能力（指水平加速度，安全系数不小于1.67。 水平加速度应计及设备支架的动力放大系数1.2）		m/s²	2
注：有较严酷使用条件时，如低温、高海拔、重污秽等，项目单位应提出相应差异要求				

7　投标人提供的其他资料

投标人提供的其他资料如下：

a）　耐久性试验报告（应提供）；

b) 保护计算单（应提供）；

c) 抗震计算或试验报告（应提供，10kV 装置除外）；

d) 装置的爆破能量计算单（应提供）；

e) 其他提高装置质量或运行可靠性的研究报告、研究性试验等；

f) 新结构方式等。

———————————

ICS 29.240

Q/GDW

国家电网有限公司企业标准

Q/GDW 13053.54 — 2018

代替 Q/GDW 13053.54 — 2014

35kV～750kV 变电站、农网变电站用

并联电容器成套装置采购标准

第 54 部分：110（66）kV 变电站

10kV–3000kvar–12%电抗率集合式

并联电容器成套装置专用技术规范

Purchasing standard for shunt capacitor installation of 35kV～750kV
and rural power network substation
Part 54: Special technical specification for 10kV–3000kvar–12% reactance
ratio collective shunt capacitor installation of 110(66)kV substation

2019-06-28发布

2019-06-28实施

国家电网有限公司 发 布

目　次

前　言

为规范 110（66）kV 变电站 10kV－3000kvar－12%电抗率集合式并联电容器成套装置的采购，制定本部分。

《35kV～750kV 变电站、农网变电站用并联电容器成套装置采购标准》分为 87 个部分：

——第 1 部分：通用技术规范；

——第 2 部分：35kV 变电站 10kV－1000kvar－1%电抗率框架式并联电容器成套装置专用技术规范；

——第 3 部分：35kV 变电站 10kV－1000kvar－12%电抗率框架式并联电容器成套装置专用技术规范；

——第 4 部分：66kV 变电站 10kV－1000kvar－5%电抗率框架式并联电容器成套装置专用技术规范；

——第 5 部分：110（66）kV 变电站 10kV－2000kvar－1%电抗率框架式并联电容器成套装置专用技术规范；

——第 6 部分：110（66）kV 变电站 10kV－2000kvar－5%电抗率框架式并联电容器成套装置专用技术规范；

——第 7 部分：110（66）kV 变电站 10kV－2000kvar－12%电抗率框架式并联电容器成套装置专用技术规范；

——第 8 部分：110（66）kV 变电站 10kV－3000kvar－1%电抗率框架式并联电容器成套装置专用技术规范；

——第 9 部分：110（66）kV 变电站 10kV－3000kvar－5%电抗率框架式并联电容器成套装置专用技术规范；

——第 10 部分：110（66）kV 变电站 10kV－3000kvar－12%电抗率框架式并联电容器成套装置专用技术规范；

——第 11 部分：110（66）kV 变电站 10kV－3600kvar－1%电抗率框架式并联电容器成套装置专用技术规范；

——第 12 部分：110（66）kV 变电站 10kV－3600kvar－5%电抗率框架式并联电容器成套装置专用技术规范；

——第 13 部分：110（66）kV 变电站 10kV－3600kvar－12%电抗率框架式并联电容器成套装置专用技术规范；

——第 14 部分：110（66）kV 变电站 10kV－4000kvar－1%电抗率框架式并联电容器成套装置专用技术规范；

——第 15 部分：110（66）kV 变电站 10kV－4000kvar－5%电抗率框架式并联电容器成套装置专用技术规范；

——第 16 部分：110（66）kV 变电站 10kV－4000kvar－12%电抗率框架式并联电容器成套装置专用技术规范；

——第 17 部分：110（66）kV 变电站 10kV－4800kvar－1%电抗率框架式并联电容器成套装置专用技术规范；

——第 18 部分：110（66）kV 变电站 10kV－4800kvar－5%电抗率框架式并联电容器成套装置专用技术规范；

——第 19 部分：110（66）kV 变电站 10kV－4800kvar－12%电抗率框架式并联电容器成套装置专用技术规范；

——第 20 部分：110（66）kV 变电站 10kV－5000kvar－1%电抗率框架式并联电容器成套装置专用

技术规范；

——第 53 部分：110（66）kV 变电站 10kV－3000kvar－5%电抗率集合式并联电容器成套装置专用技术规范；

——第 54 部分：110（66）kV 变电站 10kV－3000kvar－12%电抗率集合式并联电容器成套装置专用技术规范；

——第 55 部分：110（66）kV 变电站 10kV－3600kvar－1%电抗率集合式并联电容器成套装置专用技术规范；

——第 56 部分：110（66）kV 变电站 10kV－3600kvar－5%电抗率集合式并联电容器成套装置专用技术规范；

——第 57 部分：110（66）kV 变电站 10kV－3600kvar－12%电抗率集合式并联电容器成套装置专用技术规范；

——第 58 部分：110（66）kV 变电站 10kV－4800kvar－1%电抗率集合式并联电容器成套装置专用技术规范；

——第 59 部分：110（66）kV 变电站 10kV－4800kvar－5%电抗率集合式并联电容器成套装置专用技术规范；

——第 60 部分：110（66）kV 变电站 10kV－4800kvar－12%电抗率集合式并联电容器成套装置专用技术规范；

——第 61 部分：330（220）kV 变电站 35kV－20Mvar－5%电抗率集合式并联电容器成套装置专用技术规范；

——第 62 部分：330（220）kV 变电站 35kV－20Mvar－12%电抗率集合式并联电容器成套装置专用技术规范；

——第 63 部分：330kV 变电站 35kV－30Mvar－5%电抗率集合式并联电容器成套装置专用技术规范；

——第 64 部分：330kV 变电站 35kV－30Mvar－12%电抗率集合式并联电容器成套装置专用技术规范；

——第 65 部分：500kV 变电站 35kV－60Mvar－5%电抗率集合式并联电容器成套装置专用技术规范；

——第 66 部分：500kV 变电站 35kV－60Mvar－12%电抗率集合式并联电容器成套装置专用技术规范；

——第 67 部分：500kV 变电站 66kV－60Mvar－5%电抗率集合式并联电容器成套装置专用技术规范；

——第 68 部分：500kV 变电站 66kV－60Mvar－12%电抗率集合式并联电容器成套装置专用技术规范；

——第 69 部分：农网变电站 10kV－300kvar－1%电抗率框架式并联电容器成套装置专用技术规范；

——第 70 部分：农网变电站 10kV－300kvar－5%电抗率框架式并联电容器成套装置专用技术规范；

——第 71 部分：农网变电站 10kV－600kvar－1%电抗率框架式并联电容器成套装置专用技术规范；

——第 72 部分：农网变电站 10kV－600kvar－5%电抗率框架式并联电容器成套装置专用技术规范；

——第 73 部分：农网变电站 10kV－1000kvar－1%电抗率框架式并联电容器成套装置专用技术规范；

——第 74 部分：农网变电站 10kV－1000kvar－5%电抗率框架式并联电容器成套装置专用技术规范；

——第 75 部分：农网变电站 10kV－1200kvar－1%电抗率框架式并联电容器成套装置专用技术规范；

——第 76 部分：农网变电站 10kV－1200kvar－5%电抗率框架式并联电容器成套装置专用技术规范；

——第 77 部分：农网变电站 10kV－2000kvar－1%电抗率框架式并联电容器成套装置专用技术规范；

——第 78 部分：农网变电站 10kV－2000kvar－5%电抗率框架式并联电容器成套装置专用技术规范；

——第 79 部分：农网变电站 10kV－3000kvar－1%电抗率框架式并联电容器成套装置专用技术规范；

——第 80 部分：农网变电站 10kV－3000kvar－5%电抗率框架式并联电容器成套装置专用技术规范；

——第 81 部分：农网变电站 10kV－4000kvar－1%电抗率框架式并联电容器成套装置专用技术规范；

——第 82 部分：农网变电站 10kV－4000kvar－5%电抗率框架式并联电容器成套装置专用技术规范；

——第 83 部分：农网变电站 10kV－6000kvar－1%电抗率框架式并联电容器成套装置专用技术规范；

——第 84 部分：农网变电站 10kV－6000kvar－5%电抗率框架式并联电容器成套装置专用技术规范；

——第 85 部分：农网 10kV－150kvar－50kvar 柱上式并联电容器成套装置专用技术规范；

——第 86 部分：农网 10kV－300kvar－50kvar 柱上式并联电容器成套装置专用技术规范；

——第 87 部分：农网 10kV－450kvar－50kvar 柱上式并联电容器成套装置专用技术规范。

本部分为《35kV～750kV 变电站、农网变电站用并联电容器成套装置采购标准》的第 54 部分。

本部分替代 Q/GDW 13053.54—2014，与 Q/GDW 13053.54—2014 相比，主要的技术性差异如下：

——修改了单台电容器短路放电试验的标准参数值；

——修改了单台电容器放电器件性能的标准参数值；

——修改了放电线圈放电性能的标准参数值；

——修改了金属氧化物避雷器标称放电电流下的残压的标准参数值。

本部分由国家电网有限公司物资部提出并解释。

本部分由国家电网有限公司科技部归口。

本部分起草单位：国网吉林省电力有限公司，国网冀北电力有限公司，中国电力科学研究院有限公司。

本部分主要起草人：葛志成，李卓伦，张建军，路杰，王亚菲，李士雷，林浩，黄想，国江，姜胜宝。

本部分 2014 年 5 月首次发布，2018 年 8 月第一次修订。

本部分在执行过程中的意见或建议反馈至国家电网有限公司科技部。

35kV～750kV 变电站、农网变电站用
并联电容器成套装置采购标准
第 54 部分：110（66）kV 变电站 10kV–3000kvar–12%
电抗率集合式并联电容器成套装置专用技术规范

1 范围

本部分规定了 110（66）kV 变电站 10kV–3000kvar–12%电抗率集合式并联电容器成套装置专用技术规范招标的标准技术参数、项目需求及投标人响应的相关内容。

本部分适用于 110（66）kV 变电站 10kV–3000kvar–12%电抗率集合式并联电容器成套装置专用技术规范招标。

2 规范性引用文件

下列文件对于本文件的应用是必不可少的。凡是注日期的引用文件，仅所注日期的版本适用于本文件。凡是不注日期的引用文件，其最新版本（包括所有的修改单）适用于本文件。

Q/GDW 13053.1 35kV～750kV 变电站、农网变电站用并联电容器成套装置采购标准 第 1 部分：通用技术规范

3 术语和定义

下列术语和定义适用于本文件。

3.1

招标人 bidder

提出招标项目，进行招标的法人或其他组织。

3.2

投标人 tenderer

响应招标、参加投标竞争的法人或者其他组织。

3.3

卖方 seller

提供本部分货物和技术服务的法人或其他组织，包括其法定的承继者。

3.4

买方 buyer

购买本部分货物和技术服务的法人或其他组织，包括其法定的承继者和经许可的受让人。

4 标准技术参数

技术参数特性表是国家电网有限公司对采购设备的基础技术参数要求，在招投标过程中，投标人应依据招标文件，对技术参数特性表中标准参数值进行响应。110（66）kV 变电站 10kV–3000kvar–12%电抗率集合式并联电容器成套装置技术参数特性见表 1。装置应满足 Q/GDW 13053.1 的要求。

表 1 技 术 参 数 特 性 表

序号	项　　目	单位	标准参数值
一	并联电容器装置		
1	型号		TBB10－3000/3000－AKW
2	额定电压	kV	10
3	额定容量	kvar	3000
4	额定电抗率	%	12
5	额定相电容	μF	66.3
6	电容器组额定电压（相）	kV	$12/\sqrt{3}$
7	电容器组电容与额定电容偏差	%	0～5
8	电容器组各相电容的最大值与最小值之比		≤1.01
9	电容器组各串联段的最大与最小电容之比		≤1.005
10	接线方式		单星形
11	每相电容器串并联数		－
12	继电保护方式		开口三角电压保护
13	初始不平衡电流（或电压）二次计算值		（生产厂家提供）
14	继电保护整定值		（生产厂家提供）
15	装置接线图		－
16	电容器组围栏尺寸 （户内安装时应提供装置高度）	m	（项目单位提供）
17	电容器组进线方向和进线位置		围栏（长或宽）方向 （上或下）进线
18	装置耐受短路电流能力	kA	（项目单位提供）
二	单台集合式电容器		
1	型号		BAMH$12/\sqrt{3}$－3000－3W 或 BFMH$12/\sqrt{3}$－3000－3W
2	额定电压	kV	$12/\sqrt{3}$
3	额定容量	kvar	3000
4	单台集合式电容器内部单元串并数		－
5	爬电比距	mm/kV	（项目单位提供）
注：如采用全密封结构，要求有足够的油补充容量，最高运行温度下，压力不超过 0.05MPa			
三	集合式电容器内部小单台电容器		
1	型号		（投标人提供）
2	额定电压	kV	－
3	额定容量	kvar	－
4	设计场强（K＝1）	kV/mm	≤50

表1（续）

序号	项 目	单位	标准参数值
5	局部放电性能	pC	局部放电量≤50
		U_N	温度下限时局部放电熄灭电压不低于1.2
6	温度类别	℃	−/+（项目单位提供）
7	短路放电试验		$2.5U_N$直流电压作用下，经电容器端子的最小间隙（短接线长度不应大于1.5m），10min内放电5次，测量放电试验前和电压试验后电容器值，偏差应小于相当于一个元件击穿或一根内熔丝动作之量
8	电容器内部元件串并数及电气接线图		（生产厂家提供）
9	熔丝保护方式		有内熔丝或无熔丝
10	放电器件性能		10min内从$\sqrt{2}\,U_N$降到50V
11	固体介质厚度及层数		—
12	浸渍剂		—
13	外绝缘海拔修正耐受试验电压（工频/雷电）	kV/kV	（需要修正时由项目单位提供）
四	放电线圈		
1	型号		FDE12/$\sqrt{3}$−1.7−1W（油浸全密封）或FDGE12/$\sqrt{3}$−1.7−1W（干式）
2	一次绕组的额定电压	kV	12/$\sqrt{3}$
3	二次绕组的额定电压	V	100
4	二次绕组的额定容量	VA	50
5	准确级		0.5
6	a. 工频耐受电压（1min）/试验电压	kV/kV	42
	b. 雷电冲击耐受电压/试验电压	kV/kV	75
	c. 一次绕组感应耐受电压		$2.5U_{1N}$/60s
	d. 二次绕组对地工频耐受电压	kV/min	3
7	结构方式		全密封或干式（干式宜户内安装）（项目单位提供）
8	配套电容器容量（相）	kvar	≥1000
9	放电性能		断开电源后，电容器组上的电压在5s内由$\sqrt{2}\,U_N$降至50V以下在最大允许容量电容器组的1.9$\sqrt{2}\,U_N$下放电不损坏
10	外绝缘海拔修正耐受试验电压（工频/雷电）	kV/kV	（需要修正时由项目单位提供）

表1（续）

序号	项 目	单位	标准参数值
五	金属氧化物避雷器		
1	型号		YHWR5－17/45（复合）或 YWR5－17/45（瓷）
2	额定电压	kV	17
3	持续运行电压	kV	13.6
4	标称放电电流	kA	5
5	标称放电电流下的残压	kV	45
6	2ms 方波通流容量	A	≥500
7	外绝缘海拔修正耐受试验电压（工频/雷电）	kV/kV	（需要修正时由项目单位提供）
六	支柱绝缘子		
1	额定电压	kV	10
2	额定抗弯强度	N·m	—
3	爬电比距	mm/kV	（项目单位提供）
4	外绝缘海拔修正耐受试验电压（工频/雷电）	kV/kV	（需要修正时由项目单位提供）
5	安装方式		正装
七	隔离开关和接地开关		
1	型号		GW－12/400 或 GN－12/400
2	额定电压	kV	12
3	额定短时耐受电流及持续时间	kA（4s）	（项目单位提供）
4	额定峰值耐受电流	kA	（项目单位提供）
5	额定电流（隔离开关）	A	≥800
6	外绝缘海拔修正耐受试验电压（工频/雷电）	kV/kV	（需要修正时由项目单位提供）
八	串联电抗器		
1	型号		CKDK－10－120/0.83－12（干式空心）或 CKSC－10－360/0.83－12（干式铁芯）
2	额定电压	kV	10
3	额定端电压	kV	0.83
4	额定容量	kvar	120 或 360
5	额定电感	mH	18.3
6	额定电流	A	145
7	损耗	kW/kvar	空心≤0.024 铁芯≤0.012

表1（续）

序号	项　目	单位	标准参数值
8	温升	K	≤70
9	电抗率	%	12
10	绝缘水平（工频/雷电）	kV/kV	42/75
11	噪声	dB	≤55
12	电感值偏差	%	0～5
13	外绝缘海拔修正耐受试验电压 （工频/雷电）	kV/kV	（需要修正时由项目单位提供）
14	三相间电感偏差	%	每相电抗与三相平均值的偏差 不大于±2%
15	安装布置方式		项目单位提供户内装置的高度要求

5 组件材料配置表

组件材料配置表包括元件名称、规格形式参数、单位、数量和产地等信息，具体内容和格式根据招标项目情况进行编制。

6 使用环境条件表

典型110（66）kV变电站10kV－3000kvar－12%电抗率集合式并联电容器成套装置使用环境条件见表2。特殊环境要求根据项目情况进行编制。

表2　使用环境条件表

序号	名　称		单位	标准参数值
1	环境温度	最高日温度	℃	40
		最低日温度		－25
		最大日温差		25
2	海拔		m	≤1000
3	太阳辐射强度		W/cm²	0.11
4	污秽等级			Ⅲ（d）
5	覆冰厚度		mm	10
6	风速/风压		（m/s）/Pa	35/700
7	相对湿度	最大日相对湿度	%	≤95
		最大月平均相对湿度		≤90
8	耐受地震能力（指水平加速度，安全系数不小于1.67。水平加速度应计及设备支架的动力放大系数1.2）		m/s²	2
注：有较严酷使用条件时，如低温、高海拔、重污秽等，项目单位应提出相应差异要求				

7 投标人提供的其他资料

投标人提供的其他资料如下：

a) 耐久性试验报告（应提供）；

b) 保护计算单（应提供）；

c) 抗震计算或试验报告（应提供，10kV 装置除外）；

d) 装置的爆破能量计算单（应提供）；

e) 其他提高装置质量或运行可靠性的研究报告、研究性试验等；

f) 新结构方式等。

ICS 29.240

Q/GDW

国家电网有限公司企业标准

Q/GDW 13053.55—2018

代替 Q/GDW 13053.55—2014

35kV～750kV 变电站、农网变电站用并联电容器成套装置采购标准 第 55 部分：110（66）kV 变电站 10kV−3600kvar−1% 电抗率集合式并联电容器成套装置专用技术规范

Purchasing standard for shunt capacitor installation of 35kV～750kV and rural power network substation

Part 55: Special technical specification for 10kV−3600kvar−1% reactance ratio collective shunt capacitor installation of 110(66)kV substation

2019-06-28发布   2019-06-28实施

国家电网有限公司   发 布

目　　次

前　言

为规范 110（66）kV 变电站 10kV－3600kvar－1%电抗率集合式并联电容器成套装置的采购，制定本部分。

《35kV～750kV 变电站、农网变电站用并联电容器成套装置采购标准》分为 87 个部分：

——第 1 部分：通用技术规范；

——第 2 部分：35kV 变电站 10kV－1000kvar－1%电抗率框架式并联电容器成套装置专用技术规范；

——第 3 部分：35kV 变电站 10kV－1000kvar－12%电抗率框架式并联电容器成套装置专用技术规范；

——第 4 部分：66kV 变电站 10kV－1000kvar－5%电抗率框架式并联电容器成套装置专用技术规范；

——第 5 部分：110（66）kV 变电站 10kV－2000kvar－1%电抗率框架式并联电容器成套装置专用技术规范；

——第 6 部分：110（66）kV 变电站 10kV－2000kvar－5%电抗率框架式并联电容器成套装置专用技术规范；

——第 7 部分：110（66）kV 变电站 10kV－2000kvar－12%电抗率框架式并联电容器成套装置专用技术规范；

——第 8 部分：110（66）kV 变电站 10kV－3000kvar－1%电抗率框架式并联电容器成套装置专用技术规范；

——第 9 部分：110（66）kV 变电站 10kV－3000kvar－5%电抗率框架式并联电容器成套装置专用技术规范；

——第 10 部分：110（66）kV 变电站 10kV－3000kvar－12%电抗率框架式并联电容器成套装置专用技术规范；

——第 11 部分：110（66）kV 变电站 10kV－3600kvar－1%电抗率框架式并联电容器成套装置专用技术规范；

——第 12 部分：110（66）kV 变电站 10kV－3600kvar－5%电抗率框架式并联电容器成套装置专用技术规范；

——第 13 部分：110（66）kV 变电站 10kV－3600kvar－12%电抗率框架式并联电容器成套装置专用技术规范；

——第 14 部分：110（66）kV 变电站 10kV－4000kvar－1%电抗率框架式并联电容器成套装置专用技术规范；

——第 15 部分：110（66）kV 变电站 10kV－4000kvar－5%电抗率框架式并联电容器成套装置专用技术规范；

——第 16 部分：110（66）kV 变电站 10kV－4000kvar－12%电抗率框架式并联电容器成套装置专用技术规范；

——第 17 部分：110（66）kV 变电站 10kV－4800kvar－1%电抗率框架式并联电容器成套装置专用技术规范；

——第 18 部分：110（66）kV 变电站 10kV－4800kvar－5%电抗率框架式并联电容器成套装置专用技术规范；

——第 19 部分：110（66）kV 变电站 10kV－4800kvar－12%电抗率框架式并联电容器成套装置专用技术规范；

——第 20 部分：110（66）kV 变电站 10kV－5000kvar－1%电抗率框架式并联电容器成套装置专用

技术规范；

——第 21 部分：110（66）kV 变电站 10kV－5000kvar－5%电抗率框架式并联电容器成套装置专用技术规范；

——第 22 部分：110（66）kV 变电站 10kV－5000kvar－12%电抗率框架式并联电容器成套装置专用技术规范；

——第 23 部分：110（66）kV 变电站 10kV－6000kvar－1%电抗率框架式并联电容器成套装置专用技术规范；

——第 24 部分：110（66）kV 变电站 10kV－6000kvar－5%电抗率框架式并联电容器成套装置专用技术规范；

——第 25 部分：110（66）kV 变电站 10kV－6000kvar－12%电抗率框架式并联电容器成套装置专用技术规范；

——第 26 部分：220kV 变电站 10kV－8000kvar－5%电抗率框架式并联电容器成套装置专用技术规范；

——第 27 部分：220kV 变电站 10kV－8000kvar－12%电抗率框架式并联电容器成套装置专用技术规范；

——第 28 部分：220kV 变电站 10kV－10Mvar－5%电抗率框架式并联电容器成套装置专用技术规范；

——第 29 部分：220kV 变电站 10kV－10Mvar－12%电抗率框架式并联电容器成套装置专用技术规范；

——第 30 部分：220kV 变电站 35kV－10Mvar－5%电抗率框架式并联电容器成套装置专用技术规范；

——第 31 部分：220kV 变电站 35kV－10Mvar－12%电抗率框架式并联电容器成套装置专用技术规范；

——第 32 部分：330（220）kV 变电站 35kV－20Mvar－5%电抗率框架式并联电容器成套装置专用技术规范；

——第 33 部分：330（220）kV 变电站 35kV－20Mvar－12%电抗率框架式并联电容器成套装置专用技术规范；

——第 34 部分：330kV 变电站 35kV－30Mvar－5%电抗率框架式并联电容器成套装置专用技术规范；

——第 35 部分：330kV 变电站 35kV－30Mvar－12%电抗率框架式并联电容器成套装置专用技术规范；

——第 36 部分：330kV 变电站 35kV－40Mvar－5%电抗率框架式并联电容器成套装置专用技术规范；

——第 37 部分：330kV 变电站 35kV－40Mvar－12%电抗率框架式并联电容器成套装置专用技术规范；

——第 38 部分：500kV 变电站 35kV－60Mvar－5%电抗率框架式并联电容器成套装置专用技术规范；

——第 39 部分：500kV 变电站 35kV－60Mvar－12%电抗率框架式并联电容器成套装置专用技术规范；

——第 40 部分：220kV 变电站 66kV－10Mvar－5%电抗率框架式并联电容器成套装置专用技术规范；

——第 41 部分：220kV 变电站 66kV－10Mvar－12%电抗率框架式并联电容器成套装置专用技术规范；

——第 42 部分：220kV 变电站 66kV－20Mvar－5%电抗率框架式并联电容器成套装置专用技术规范；

——第 43 部分：220kV 变电站 66kV－20Mvar－12%电抗率框架式并联电容器成套装置专用技术规范；

——第 44 部分：220kV 变电站 66kV－25Mvar－5%电抗率框架式并联电容器成套装置专用技术规范；

——第 45 部分：220kV 变电站 66kV－25Mvar－12%电抗率框架式并联电容器成套装置专用技术规范；

——第 46 部分：750（500）kV 变电站 66kV－60Mvar－5%电抗率框架式并联电容器成套装置专用技术规范；

——第 47 部分：750（500）kV 变电站 66kV－60Mvar－12%电抗率框架式并联电容器成套装置专用技术规范；

——第 48 部分：750kV 变电站 66kV－90Mvar－5%电抗率框架式并联电容器成套装置专用技术规范；

——第 49 部分：750kV 变电站 66kV－90Mvar－12%电抗率框架式并联电容器成套装置专用技术规范；

——第 50 部分：750kV 变电站 66kV－120Mvar－5%电抗率框架式并联电容器成套装置专用技术规范；

——第 51 部分：750kV 变电站 66kV－120Mvar－12%电抗率框架式并联电容器成套装置专用技术规范；

——第 52 部分：110（66）kV 变电站 10kV－3000kvar－1%电抗率集合式并联电容器成套装置专用技术规范；

——第 53 部分：110（66）kV 变电站 10kV－3000kvar－5%电抗率集合式并联电容器成套装置专用技术规范；

——第 54 部分：110（66）kV 变电站 10kV－3000kvar－12%电抗率集合式并联电容器成套装置专用技术规范；

——第 55 部分：110（66）kV 变电站 10kV－3600kvar－1%电抗率集合式并联电容器成套装置专用技术规范；

——第 56 部分：110（66）kV 变电站 10kV－3600kvar－5%电抗率集合式并联电容器成套装置专用技术规范；

——第 57 部分：110（66）kV 变电站 10kV－3600kvar－12%电抗率集合式并联电容器成套装置专用技术规范；

——第 58 部分：110（66）kV 变电站 10kV－4800kvar－1%电抗率集合式并联电容器成套装置专用技术规范；

——第 59 部分：110（66）kV 变电站 10kV－4800kvar－5%电抗率集合式并联电容器成套装置专用技术规范；

——第 60 部分：110（66）kV 变电站 10kV－4800kvar－12%电抗率集合式并联电容器成套装置专用技术规范；

——第 61 部分：330（220）kV 变电站 35kV－20Mvar－5%电抗率集合式并联电容器成套装置专用技术规范；

——第 62 部分：330（220）kV 变电站 35kV－20Mvar－12%电抗率集合式并联电容器成套装置专用技术规范；

——第 63 部分：330kV 变电站 35kV－30Mvar－5%电抗率集合式并联电容器成套装置专用技术规范；

——第 64 部分：330kV 变电站 35kV－30Mvar－12%电抗率集合式并联电容器成套装置专用技术规范；

——第 65 部分：500kV 变电站 35kV－60Mvar－5%电抗率集合式并联电容器成套装置专用技术规范；

——第 66 部分：500kV 变电站 35kV－60Mvar－12%电抗率集合式并联电容器成套装置专用技术规范；

——第 67 部分：500kV 变电站 66kV－60Mvar－5%电抗率集合式并联电容器成套装置专用技术规范；

——第 68 部分：500kV 变电站 66kV－60Mvar－12%电抗率集合式并联电容器成套装置专用技术规范；

——第 69 部分：农网变电站 10kV－300kvar－1%电抗率框架式并联电容器成套装置专用技术规范；

——第 70 部分：农网变电站 10kV－300kvar－5%电抗率框架式并联电容器成套装置专用技术规范；

——第 71 部分：农网变电站 10kV－600kvar－1%电抗率框架式并联电容器成套装置专用技术规范；

——第 72 部分：农网变电站 10kV－600kvar－5%电抗率框架式并联电容器成套装置专用技术规范；

——第 73 部分：农网变电站 10kV－1000kvar－1%电抗率框架式并联电容器成套装置专用技术规范；

——第 74 部分：农网变电站 10kV－1000kvar－5%电抗率框架式并联电容器成套装置专用技术规范；

——第 75 部分：农网变电站 10kV－1200kvar－1%电抗率框架式并联电容器成套装置专用技术规范；

——第 76 部分：农网变电站 10kV－1200kvar－5%电抗率框架式并联电容器成套装置专用技术规范；

——第 77 部分：农网变电站 10kV－2000kvar－1%电抗率框架式并联电容器成套装置专用技术规范；

——第 78 部分：农网变电站 10kV－2000kvar－5%电抗率框架式并联电容器成套装置专用技术规范；

——第 79 部分：农网变电站 10kV－3000kvar－1%电抗率框架式并联电容器成套装置专用技术规范；

——第 80 部分：农网变电站 10kV－3000kvar－5%电抗率框架式并联电容器成套装置专用技术规范；

——第 81 部分：农网变电站 10kV－4000kvar－1%电抗率框架式并联电容器成套装置专用技术规范；

——第 82 部分：农网变电站 10kV－4000kvar－5%电抗率框架式并联电容器成套装置专用技术规范；

——第 83 部分：农网变电站 10kV－6000kvar－1%电抗率框架式并联电容器成套装置专用技术规范；

——第 84 部分：农网变电站 10kV－6000kvar－5%电抗率框架式并联电容器成套装置专用技术规范；

——第 85 部分：农网 10kV－150kvar－50kvar 柱上式并联电容器成套装置专用技术规范；

——第 86 部分：农网 10kV－300kvar－50kvar 柱上式并联电容器成套装置专用技术规范；

——第 87 部分：农网 10kV－450kvar－50kvar 柱上式并联电容器成套装置专用技术规范。

本部分为《35kV～750kV 变电站、农网变电站用并联电容器成套装置采购标准》的第 55 部分。

本部分替代 Q/GDW 13053.55—2014，与 Q/GDW 13053.55—2014 相比，主要的技术性差异如下：

——修改了单台电容器短路放电试验的标准参数值；

——修改了单台电容器放电器件性能的标准参数值；

——修改了放电线圈放电性能的标准参数值；

——修改了金属氧化物避雷器标称放电电流下的残压的标准参数值。

本部分由国家电网有限公司物资部提出并解释。

本部分由国家电网有限公司科技部归口。

本部分起草单位：国网吉林省电力有限公司，国网冀北电力有限公司，中国电力科学研究院有限公司。

本部分主要起草人：葛志成，李卓伦，张建军，路杰，王亚菲，李士雷，林浩，黄想，国江，姜胜宝。

本部分 2014 年 5 月首次发布，2018 年 8 月第一次修订。

本部分在执行过程中的意见或建议反馈至国家电网有限公司科技部。

35kV～750kV 变电站、农网变电站用
并联电容器成套装置采购标准
第 55 部分：110（66）kV 变电站 10kV–3600kvar–1%
电抗率集合式并联电容器成套装置专用技术规范

1 范围

本部分规定了 110（66）kV 变电站 10kV–3600kvar–1%电抗率集合式并联电容器成套装置专用技术规范招标的标准技术参数、项目需求及投标人响应的相关内容。

本部分适用于 110（66）kV 变电站 10kV–3600kvar–1%电抗率集合式并联电容器成套装置专用技术规范招标。

2 规范性引用文件

下列文件对于本文件的应用是必不可少的。凡是注日期的引用文件，仅所注日期的版本适用于本文件。凡是不注日期的引用文件，其最新版本（包括所有的修改单）适用于本文件。

Q/GDW 13053.1　35kV～750kV 变电站、农网变电站用并联电容器成套装置采购标准　第 1 部分：通用技术规范

3 术语和定义

下列术语和定义适用于本文件。

3.1

招标人　bidder

提出招标项目，进行招标的法人或其他组织。

3.2

投标人　tenderer

响应招标、参加投标竞争的法人或者其他组织。

3.3

卖方　seller

提供本部分货物和技术服务的法人或其他组织，包括其法定的承继者。

3.4

买方　buyer

购买本部分货物和技术服务的法人或其他组织，包括其法定的承继者和经许可的受让人。

4 标准技术参数

技术参数特性表是国家电网有限公司对采购设备的基础技术参数要求，在招投标过程中，投标人应依据招标文件，对技术参数特性表中标准参数值进行响应。110（66）kV 变电站 10kV–3600kvar–1%电抗率集合式并联电容器成套装置技术参数特性见表 1。装置应满足 Q/GDW 13053.1 的要求。

表1 技 术 参 数 特 性 表

序号	项　目	单位	标准参数值
一	并联电容器装置		
1	型号		TBB10－3600/3600－AKW
2	额定电压	kV	10
3	额定容量	kvar	3600
4	额定电抗率	%	≤1
5	额定相电容	μF	104.0
6	电容器组额定电压（相）	kV	$10.5/\sqrt{3}$
7	电容器组电容与额定电容偏差	%	0～5
8	电容器组各相电容的最大值与最小值之比		≤1.01
9	电容器组各串联段的最大与最小电容之比		≤1.005
10	接线方式		单星形
11	每相电容器串并联数		—
12	继电保护方式		开口三角电压保护
13	初始不平衡电流（或电压）二次计算值		（生产厂家提供）
14	继电保护整定值		（生产厂家提供）
15	装置接线图		—
16	电容器组围栏尺寸 （户内安装时应提供装置高度）	m	（项目单位提供）
17	电容器组进线方向和进线位置		围栏（长或宽）方向 （上或下）进线
18	装置耐受短路电流能力	kA	（项目单位提供）
二	单台集合式电容器		
1	型号		BAMH$10.5/\sqrt{3}$－3600－3W 或 BFMH$10.5/\sqrt{3}$－3600－3W
2	额定电压	kV	$10.5/\sqrt{3}$
3	额定容量	kvar	3600
4	单台集合式电容器内部单元串并数		—
5	爬电比距	mm/kV	（项目单位提供）
注：如采用全密封结构，要求有足够的油补充容量，最高运行温度下，压力不超过 0.05MPa			
三	集合式电容器内部小单台电容器		
1	型号		（投标人提供）
2	额定电压	kV	—
3	额定容量	kvar	—
4	设计场强（$K=1$）	kV/mm	≤50

表1（续）

序号	项　目	单位	标准参数值
5	局部放电性能	pC	局部放电量≤50
		U_N	温度下限时局部放电熄灭电压不低于1.2
6	温度类别	℃	－/+（项目单位提供）
7	短路放电试验		2.5U_N直流电压作用下，经电容器端子的最小间隙（短接线长度不应大于1.5m），10min内放电5次，测量放电试验前和电压试验后电容器值，偏差应小于相当于一个元件击穿或一根内熔丝动作之量
8	电容器内部元件串并数及电气接线图		（生产厂家提供）
9	熔丝保护方式		有内熔丝或无熔丝
10	放电器件性能		10min内从$\sqrt{2}\,U_N$降到50V
11	固体介质厚度及层数		—
12	浸渍剂		—
13	外绝缘海拔修正耐受试验电压（工频/雷电）	kV/kV	（需要修正时由项目单位提供）
四			放电线圈
1	型号		FDE10.5/$\sqrt{3}$－1.7－1W（油浸全密封）或 FDGE10.5/$\sqrt{3}$－1.7－1W（干式）
2	一次绕组的额定电压	kV	10.5/$\sqrt{3}$
3	二次绕组的额定电压	V	100
4	二次绕组的额定容量	VA	50
5	准确级		0.5
6	a. 工频耐受电压（1min）/试验电压	kV/kV	42
	b. 雷电冲击耐受电压/试验电压	kV/kV	75
	c. 一次绕组感应耐受电压		2.5U_{1N}/60s
	d. 二次绕组对地工频耐受电压	kV/min	3
7	结构方式		全密封或干式（干式宜户内安装）（项目单位提供）
8	配套电容器容量（相）	kvar	≥1200
9	放电性能		断开电源后，电容器组上的电压在5s内由$\sqrt{2}\,U_N$降至50V以下在最大允许容量电容器组的1.9$\sqrt{2}\,U_N$下放电不损坏
10	外绝缘海拔修正耐受试验电压（工频/雷电）	kV/kV	（需要修正时由项目单位提供）

表 1（续）

序号	项 目	单位	标准参数值
五	金属氧化物避雷器		
1	型号		YHWR5－17/45（复合）或 YWR5－17/45（瓷）
2	额定电压	kV	17
3	持续运行电压	kV	13.6
4	标称放电电流	kA	5
5	标称放电电流下的残压	kV	45
6	2ms 方波通流容量	A	≥500
7	外绝缘海拔修正耐受试验电压 （工频/雷电）	kV/kV	（需要修正时由项目单位提供）
六	支柱绝缘子		
1	额定电压	kV	10
2	额定抗弯强度	N·m	—
3	爬电比距	mm/kV	（项目单位提供）
4	外绝缘海拔修正耐受试验电压 （工频/雷电）	kV/kV	（需要修正时由项目单位提供）
5	安装方式		正装
七	隔离开关和接地开关		
1	型号		GW－12/400 或 GN－12/400
2	额定电压	kV	12
3	额定短时耐受电流及持续时间	kA（4s）	（项目单位提供）
4	额定峰值耐受电流	kA	（项目单位提供）
5	额定电流（隔离开关）	A	≥800
6	外绝缘海拔修正耐受试验电压 （工频/雷电）	kV/kV	（需要修正时由项目单位提供）
八	串联电抗器		
1	型号		CKDK－10－□/□－1（干式空心） 或 CKSC－10－□/□－1（干式铁芯）
2	额定电压	kV	10
3	额定端电压	kV	—
4	额定容量	kvar	—
5	额定电感	mH	—
6	额定电流	A	—
7	损耗	kW/kvar	空心≤0.030
			铁芯≤0.015

表1（续）

序号	项 目	单位	标准参数值
8	温升	K	≤70
9	电抗率	%	≤1
10	绝缘水平（工频/雷电）	kV/kV	42/75
11	噪声	dB	≤55
12	电感值偏差	%	0～5
13	外绝缘海拔修正耐受试验电压（工频/雷电）	kV/kV	（需要修正时由项目单位提供）
14	三相间电感偏差	%	每相电抗与三相平均值的偏差不大于±2%
15	安装布置方式		项目单位提供户内装置的高度要求

5 组件材料配置表

组件材料配置表包括元件名称、规格形式参数、单位、数量和产地等信息，具体内容和格式根据招标项目情况进行编制。

6 使用环境条件表

典型 110（66）kV 变电站 10kV－3600kvar－1%电抗率集合式并联电容器成套装置使用环境条件见表2。特殊环境要求根据项目情况进行编制。

表 2 使 用 环 境 条 件 表

序号	名 称		单位	标准参数值
1	环境温度	最高日温度	℃	40
		最低日温度		－25
		最大日温差		25
2	海拔		m	≤1000
3	太阳辐射强度		W/cm²	0.11
4	污秽等级			Ⅲ（d）
5	覆冰厚度		mm	10
6	风速/风压		（m/s）/Pa	35/700
7	相对湿度	最大日相对湿度	%	≤95
		最大月平均相对湿度		≤90
8	耐受地震能力（指水平加速度，安全系数不小于1.67。水平加速度应计及设备支架的动力放大系数1.2）		m/s²	2
注：有较严酷使用条件时，如低温、高海拔、重污秽等，项目单位应提出相应差异要求				

7 投标人提供的其他资料

投标人提供的其他资料如下：

a) 耐久性试验报告（应提供）；

b) 保护计算单（应提供）；

c) 抗震计算或试验报告（应提供，10kV 装置除外）；

d) 装置的爆破能量计算单（应提供）；

e) 其他提高装置质量或运行可靠性的研究报告、研究性试验等；

f) 新结构方式等。

ICS 29.240

Q/GDW

国家电网有限公司企业标准

Q/GDW 13053.56—2018
代替 Q/GDW 13053.56—2014

35kV～750kV 变电站、农网变电站用并联电容器成套装置采购标准 第 56 部分：110（66）kV 变电站 10kV–3600kvar–5% 电抗率集合式并联电容器成套装置专用技术规范

Purchasing standard for shunt capacitor installation of 35kV～750kV and rural power network substation

Part 56: Special technical specification for 10kV–3600kvar–5% reactance ratio collective shunt capacitor installation of 110(66)kV substation

2019-06-28发布

2019-06-28实施

国家电网有限公司   发 布

目　次

前　　言

为规范 110（66）kV 变电站 10kV－3600kvar－5%电抗率集合式并联电容器成套装置的采购，制定本部分。

《35kV～750kV 变电站、农网变电站用并联电容器成套装置采购标准》分为 87 个部分：

——第 1 部分：通用技术规范；

——第 2 部分：35kV 变电站 10kV－1000kvar－1%电抗率框架式并联电容器成套装置专用技术规范；

——第 3 部分：35kV 变电站 10kV－1000kvar－12%电抗率框架式并联电容器成套装置专用技术规范；

——第 4 部分：66kV 变电站 10kV－1000kvar－5%电抗率框架式并联电容器成套装置专用技术规范；

——第 5 部分：110（66）kV 变电站 10kV－2000kvar－1%电抗率框架式并联电容器成套装置专用技术规范；

——第 6 部分：110（66）kV 变电站 10kV－2000kvar－5%电抗率框架式并联电容器成套装置专用技术规范；

——第 7 部分：110（66）kV 变电站 10kV－2000kvar－12%电抗率框架式并联电容器成套装置专用技术规范；

——第 8 部分：110（66）kV 变电站 10kV－3000kvar－1%电抗率框架式并联电容器成套装置专用技术规范；

——第 9 部分：110（66）kV 变电站 10kV－3000kvar－5%电抗率框架式并联电容器成套装置专用技术规范；

——第 10 部分：110（66）kV 变电站 10kV－3000kvar－12%电抗率框架式并联电容器成套装置专用技术规范；

——第 11 部分：110（66）kV 变电站 10kV－3600kvar－1%电抗率框架式并联电容器成套装置专用技术规范；

——第 12 部分：110（66）kV 变电站 10kV－3600kvar－5%电抗率框架式并联电容器成套装置专用技术规范；

——第 13 部分：110（66）kV 变电站 10kV－3600kvar－12%电抗率框架式并联电容器成套装置专用技术规范；

——第 14 部分：110（66）kV 变电站 10kV－4000kvar－1%电抗率框架式并联电容器成套装置专用技术规范；

——第 15 部分：110（66）kV 变电站 10kV－4000kvar－5%电抗率框架式并联电容器成套装置专用技术规范；

——第 16 部分：110（66）kV 变电站 10kV－4000kvar－12%电抗率框架式并联电容器成套装置专用技术规范；

——第 17 部分：110（66）kV 变电站 10kV－4800kvar－1%电抗率框架式并联电容器成套装置专用技术规范；

——第 18 部分：110（66）kV 变电站 10kV－4800kvar－5%电抗率框架式并联电容器成套装置专用技术规范；

——第 19 部分：110（66）kV 变电站 10kV－4800kvar－12%电抗率框架式并联电容器成套装置专用技术规范；

——第 20 部分：110（66）kV 变电站 10kV－5000kvar－1%电抗率框架式并联电容器成套装置专用

技术规范；

——第 21 部分：110（66）kV 变电站 10kV－5000kvar－5%电抗率框架式并联电容器成套装置专用技术规范；

——第 22 部分：110（66）kV 变电站 10kV－5000kvar－12%电抗率框架式并联电容器成套装置专用技术规范；

——第 23 部分：110（66）kV 变电站 10kV－6000kvar－1%电抗率框架式并联电容器成套装置专用技术规范；

——第 24 部分：110（66）kV 变电站 10kV－6000kvar－5%电抗率框架式并联电容器成套装置专用技术规范；

——第 25 部分：110（66）kV 变电站 10kV－6000kvar－12%电抗率框架式并联电容器成套装置专用技术规范；

——第 26 部分：220kV 变电站 10kV－8000kvar－5%电抗率框架式并联电容器成套装置专用技术规范；

——第 27 部分：220kV 变电站 10kV－8000kvar－12%电抗率框架式并联电容器成套装置专用技术规范；

——第 28 部分：220kV 变电站 10kV－10Mvar－5%电抗率框架式并联电容器成套装置专用技术规范；

——第 29 部分：220kV 变电站 10kV－10Mvar－12%电抗率框架式并联电容器成套装置专用技术规范；

——第 30 部分：220kV 变电站 35kV－10Mvar－5%电抗率框架式并联电容器成套装置专用技术规范；

——第 31 部分：220kV 变电站 35kV－10Mvar－12%电抗率框架式并联电容器成套装置专用技术规范；

——第 32 部分：330（220）kV 变电站 35kV－20Mvar－5%电抗率框架式并联电容器成套装置专用技术规范；

——第 33 部分：330（220）kV 变电站 35kV－20Mvar－12%电抗率框架式并联电容器成套装置专用技术规范；

——第 34 部分：330kV 变电站 35kV－30Mvar－5%电抗率框架式并联电容器成套装置专用技术规范；

——第 35 部分：330kV 变电站 35kV－30Mvar－12%电抗率框架式并联电容器成套装置专用技术规范；

——第 36 部分：330kV 变电站 35kV－40Mvar－5%电抗率框架式并联电容器成套装置专用技术规范；

——第 37 部分：330kV 变电站 35kV－40Mvar－12%电抗率框架式并联电容器成套装置专用技术规范；

——第 38 部分：500kV 变电站 35kV－60Mvar－5%电抗率框架式并联电容器成套装置专用技术规范；

——第 39 部分：500kV 变电站 35kV－60Mvar－12%电抗率框架式并联电容器成套装置专用技术规范；

——第 40 部分：220kV 变电站 66kV－10Mvar－5%电抗率框架式并联电容器成套装置专用技术规范；

——第 41 部分：220kV 变电站 66kV－10Mvar－12%电抗率框架式并联电容器成套装置专用技术规范；

——第 42 部分：220kV 变电站 66kV－20Mvar－5%电抗率框架式并联电容器成套装置专用技术规范；

——第 43 部分：220kV 变电站 66kV－20Mvar－12%电抗率框架式并联电容器成套装置专用技术规范；

——第 44 部分：220kV 变电站 66kV－25Mvar－5%电抗率框架式并联电容器成套装置专用技术规范；

——第 45 部分：220kV 变电站 66kV－25Mvar－12%电抗率框架式并联电容器成套装置专用技术规范；

——第 46 部分：750（500）kV 变电站 66kV－60Mvar－5%电抗率框架式并联电容器成套装置专用技术规范；

——第 47 部分：750（500）kV 变电站 66kV－60Mvar－12%电抗率框架式并联电容器成套装置专用技术规范；

——第 48 部分：750kV 变电站 66kV－90Mvar－5%电抗率框架式并联电容器成套装置专用技术规范；

——第 49 部分：750kV 变电站 66kV－90Mvar－12%电抗率框架式并联电容器成套装置专用技术规范；

——第 50 部分：750kV 变电站 66kV－120Mvar－5%电抗率框架式并联电容器成套装置专用技术规范；

——第 51 部分：750kV 变电站 66kV－120Mvar－12%电抗率框架式并联电容器成套装置专用技术规范；

——第 52 部分：110（66）kV 变电站 10kV－3000kvar－1%电抗率集合式并联电容器成套装置专用技术规范；

——第 86 部分：农网 10kV－300kvar－50kvar 柱上式并联电容器成套装置专用技术规范；

——第 87 部分：农网 10kV－450kvar－50kvar 柱上式并联电容器成套装置专用技术规范。

本部分为《35kV～750kV 变电站、农网变电站用并联电容器成套装置采购标准》的第 56 部分。

本部分替代 Q/GDW 13053.56—2014，与 Q/GDW 13053.56—2014 相比，主要的技术性差异如下：

——修改了单台电容器短路放电试验的标准参数值；

——修改了单台电容器放电器件性能的标准参数值；

——修改了放电线圈放电性能的标准参数值；

——修改了金属氧化物避雷器标称放电电流下的残压的标准参数值。

本部分由国家电网有限公司物资部提出并解释。

本部分由国家电网有限公司科技部归口。

本部分起草单位：国网冀北电力有限公司，国网吉林省电力有限公司，中国电力科学研究院有限公司。

本部分主要起草人：李卓伦，张建军，路杰，王亚菲，李士雷，葛志成，林浩，黄想，国江，王丹淋，姜胜宝。

本部分 2014 年 5 月首次发布，2018 年 8 月第一次修订。

本部分在执行过程中的意见或建议反馈至国家电网有限公司科技部。

35kV～750kV 变电站、农网变电站用
并联电容器成套装置采购标准
第 56 部分：110（66）kV 变电站 10kV−3600kvar−5%
电抗率集合式并联电容器成套装置专用技术规范

1 范围

本部分规定了 110（66）kV 变电站 10kV−3600kvar−5%电抗率集合式并联电容器成套装置专用技术规范招标的标准技术参数、项目需求及投标人响应的相关内容。

本部分适用于 110（66）kV 变电站 10kV−3600kvar−5%电抗率集合式并联电容器成套装置专用技术规范招标。

2 规范性引用文件

下列文件对于本文件的应用是必不可少的。凡是注日期的引用文件，仅所注日期的版本适用于本文件。凡是不注日期的引用文件，其最新版本（包括所有的修改单）适用于本文件。

Q/GDW 13053.1　35kV～750kV 变电站、农网变电站用并联电容器成套装置采购标准　第 1 部分：通用技术规范

3 术语和定义

下列术语和定义适用于本文件。

3.1

招标人　bidder
提出招标项目，进行招标的法人或其他组织。

3.2

投标人　tenderer
响应招标、参加投标竞争的法人或者其他组织。

3.3

卖方　seller
提供本部分货物和技术服务的法人或其他组织，包括其法定的承继者。

3.4

买方　buyer
购买本部分货物和技术服务的法人或其他组织，包括其法定的承继者和经许可的受让人。

4 标准技术参数

技术参数特性表是国家电网有限公司对采购设备的基础技术参数要求，在招投标过程中，投标人应依据招标文件，对技术参数特性表中标准参数值进行响应。110（66）kV 变电站 10kV−3600kvar−5%电抗率集合式并联电容器成套装置技术参数特性见表 1。装置应满足 Q/GDW 13053.1 的要求。

表 1 技 术 参 数 特 性 表

序号	项　目	单位	标准参数值
一	并联电容器装置		
1	型号		TBB10－3600/3600－AKW
2	额定电压	kV	10
3	额定容量	kvar	3600
4	额定电抗率	%	5
5	额定相电容	μF	94.8
6	电容器组额定电压（相）	kV	$11/\sqrt{3}$
7	电容器组电容与额定电容偏差	%	0～5
8	电容器组各相电容的最大值与最小值之比		≤1.01
9	电容器组各串联段的最大与最小电容之比		≤1.005
10	接线方式		单星形
11	每相电容器串并联数		—
12	继电保护方式		开口三角电压保护
13	初始不平衡电流（或电压）二次计算值		（生产厂家提供）
14	继电保护整定值		（生产厂家提供）
15	装置接线图		—
16	电容器组围栏尺寸 （户内安装时应提供装置高度）	m	（项目单位提供）
17	电容器组进线方向和进线位置		围栏（长或宽）方向 （上或下）进线
18	装置耐受短路电流能力	kA	（项目单位提供）
二	单台集合式电容器		
1	型号		BAMH11/$\sqrt{3}$－3600－3W 或 BFMH11/$\sqrt{3}$－3600－3W
2	额定电压	kV	$11/\sqrt{3}$
3	额定容量	kvar	3600
4	单台集合式电容器内部单元串并数		—
5	爬电比距	mm/kV	（项目单位提供）
注：如采用全密封结构，要求有足够的油补充容量，最高运行温度下，压力不超过 0.05MPa			
三	集合式电容器内部小单台电容器		
1	型号		（投标人提供）
2	额定电压	kV	—
3	额定容量	kvar	—
4	设计场强（K＝1）	kV/mm	≤50

表1（续）

序号	项 目	单位	标准参数值
5	局部放电性能	pC	局部放电量≤50
		U_N	温度下限时局部放电熄灭电压不低于1.2
6	温度类别	℃	−/+（项目单位提供）
7	短路放电试验		$2.5U_N$ 直流电压作用下，经电容器端子的最小间隙（短接线长度不应大于1.5m），10min 内放电 5 次，测量放电试验前和电压试验后电容器值，偏差应小于相当于一个元件击穿或一根内熔丝动作之量
8	电容器内部元件串并数及电气接线图		（生产厂家提供）
9	熔丝保护方式		有内熔丝或无熔丝
10	放电器件性能		10min 内从 $\sqrt{2}\,U_N$ 降到 50V
11	固体介质厚度及层数		—
12	浸渍剂		—
13	外绝缘海拔修正耐受试验电压（工频/雷电）	kV/kV	（需要修正时由项目单位提供）
四	放电线圈		
1	型号		FDE11/$\sqrt{3}$ −1.7−1W（油浸全密封）或 FDGE11/$\sqrt{3}$ −1.7−1W（干式）
2	一次绕组的额定电压	kV	11/$\sqrt{3}$
3	二次绕组的额定电压	V	100
4	二次绕组的额定容量	VA	50
5	准确级		0.5
6	a. 工频耐受电压（1min）/试验电压	kV/kV	42
	b. 雷电冲击耐受电压/试验电压	kV/kV	75
	c. 一次绕组感应耐受电压		$2.5U_{1N}$/60s
	d. 二次绕组对地工频耐受电压	kV/min	3
7	结构方式		全密封或干式（干式宜户内安装）（项目单位提供）
8	配套电容器容量（相）	kvar	≥1200
9	放电性能		断开电源后，电容器组上的电压在 5s 内由 $\sqrt{2}\,U_N$ 降至 50V 以下在最大允许容量电容器组的 1.9$\sqrt{2}\,U_N$ 下放电不损坏
10	外绝缘海拔修正耐受试验电压（工频/雷电）	kV/kV	（需要修正时由项目单位提供）

表1（续）

序号	项 目	单位	标准参数值
五	金属氧化物避雷器		
1	型号		YHWR5－17/45（复合）或 YWR5－17/45（瓷）
2	额定电压	kV	17
3	持续运行电压	kV	13.6
4	标称放电电流	kA	5
5	标称放电电流下的残压	kV	45
6	2ms 方波通流容量	A	≥500
7	外绝缘海拔修正耐受试验电压（工频/雷电）	kV/kV	（需要修正时由项目单位提供）
六	支柱绝缘子		
1	额定电压	kV	10
2	额定抗弯强度	N·m	—
3	爬电比距	mm/kV	（项目单位提供）
4	外绝缘海拔修正耐受试验电压（工频/雷电）	kV/kV	（需要修正时由项目单位提供）
5	安装方式		正装
七	隔离开关和接地开关		
1	型号		GW－12/400 或 GN－12/400
2	额定电压	kV	12
3	额定短时耐受电流及持续时间	kA（4s）	（项目单位提供）
4	额定峰值耐受电流	kA	（项目单位提供）
5	额定电流（隔离开关）	A	≥800
6	外绝缘海拔修正耐受试验电压（工频/雷电）	kV/kV	（需要修正时由项目单位提供）
八	串联电抗器		
1	型号		CKDK－10－60/0.32－5（干式空心）或 CKSC－10－180/0.32－5（干式铁芯）
2	额定电压	kV	10
3	额定端电压	kV	0.32
4	额定容量	kvar	60 或 180
5	额定电感	mH	5.4
6	额定电流	A	187.5
7	损耗	kW/kvar	空心≤0.030 / 铁芯≤0.015

表1（续）

序号	项 目	单位	标准参数值
8	温升	K	≤70
9	电抗率	%	5
10	绝缘水平（工频/雷电）	kV/kV	42/75
11	噪声	dB	≤55
12	电感值偏差	%	0～5
13	外绝缘海拔修正耐受试验电压 （工频/雷电）	kV/kV	（需要修正时由项目单位提供）
14	三相间电感偏差	%	每相电抗与三相平均值的偏差不大于 ±2%
15	安装布置方式		项目单位提供户内装置的高度要求

5 组件材料配置表

组件材料配置表包括元件名称、规格形式参数、单位、数量和产地等信息，具体内容和格式根据招标项目情况进行编制。

6 使用环境条件表

典型 110（66）kV 变电站 10kV－3600kvar－5%电抗率集合式并联电容器成套装置使用环境条件见表2。特殊环境要求根据项目情况进行编制。

表2 使 用 环 境 条 件 表

序号	名 称		单位	标准参数值
1	环境温度	最高日温度	℃	40
		最低日温度		－25
		最大日温差		25
2	海拔		m	≤1000
3	太阳辐射强度		W/cm²	0.11
4	污秽等级			Ⅲ（d）
5	覆冰厚度		mm	10
6	风速/风压		（m/s）/Pa	35/700
7	相对湿度	最大日相对湿度	%	≤95
		最大月平均相对湿度		≤90
8	耐受地震能力（指水平加速度，安全系数不小于1.67。水平加速度应计及设备支架的动力放大系数1.2）		m/s²	2
注：有较严酷使用条件时，如低温、高海拔、重污秽等，项目单位应提出相应差异要求				

7 投标人提供的其他资料

投标人提供的其他资料如下：

a)　耐久性试验报告（应提供）；

b)　保护计算单（应提供）；

c)　抗震计算或试验报告（应提供，10kV 装置除外）；

d)　装置的爆破能量计算单（应提供）；

e)　其他提高装置质量或运行可靠性的研究报告、研究性试验等；

f)　新结构方式等。

ICS 29.240

Q/GDW

国家电网有限公司企业标准

Q／GDW 13053.57—2018

代替 Q／GDW 13053.57—2014

35kV～750kV 变电站、农网变电站用
并联电容器成套装置采购标准
第 57 部分：110（66）kV 变电站
10kV–3600kvar–12%电抗率集合式
并联电容器成套装置专用技术规范

Purchasing standard for shunt capacitor installation of 35kV～750kV
and rural power network substation
Part 57: Special technical specification for 10kV–3600kvar–12% reactance
ratio collective shunt capacitor installation of 110(66)kV substation

2019-06-28发布　　　　　　　　　　　　　　2019-06-28实施

国家电网有限公司　　发 布

目　　次

前　言

为规范 110（66）kV 变电站 10kV－3600kvar－12%电抗率集合式并联电容器成套装置的采购，制定本部分。

《35kV～750kV 变电站、农网变电站用并联电容器成套装置采购标准》分为 87 个部分：

——第 1 部分：通用技术规范；

——第 2 部分：35kV 变电站 10kV－1000kvar－1%电抗率框架式并联电容器成套装置专用技术规范；

——第 3 部分：35kV 变电站 10kV－1000kvar－12%电抗率框架式并联电容器成套装置专用技术规范；

——第 4 部分：66kV 变电站 10kV－1000kvar－5%电抗率框架式并联电容器成套装置专用技术规范；

——第 5 部分：110（66）kV 变电站 10kV－2000kvar－1%电抗率框架式并联电容器成套装置专用技术规范；

——第 6 部分：110（66）kV 变电站 10kV－2000kvar－5%电抗率框架式并联电容器成套装置专用技术规范；

——第 7 部分：110（66）kV 变电站 10kV－2000kvar－12%电抗率框架式并联电容器成套装置专用技术规范；

——第 8 部分：110（66）kV 变电站 10kV－3000kvar－1%电抗率框架式并联电容器成套装置专用技术规范；

——第 9 部分：110（66）kV 变电站 10kV－3000kvar－5%电抗率框架式并联电容器成套装置专用技术规范；

——第 10 部分：110（66）kV 变电站 10kV－3000kvar－12%电抗率框架式并联电容器成套装置专用技术规范；

——第 11 部分：110（66）kV 变电站 10kV－3600kvar－1%电抗率框架式并联电容器成套装置专用技术规范；

——第 12 部分：110（66）kV 变电站 10kV－3600kvar－5%电抗率框架式并联电容器成套装置专用技术规范；

——第 13 部分：110（66）kV 变电站 10kV－3600kvar－12%电抗率框架式并联电容器成套装置专用技术规范；

——第 14 部分：110（66）kV 变电站 10kV－4000kvar－1%电抗率框架式并联电容器成套装置专用技术规范；

——第 15 部分：110（66）kV 变电站 10kV－4000kvar－5%电抗率框架式并联电容器成套装置专用技术规范；

——第 16 部分：110（66）kV 变电站 10kV－4000kvar－12%电抗率框架式并联电容器成套装置专用技术规范；

——第 17 部分：110（66）kV 变电站 10kV－4800kvar－1%电抗率框架式并联电容器成套装置专用技术规范；

——第 18 部分：110（66）kV 变电站 10kV－4800kvar－5%电抗率框架式并联电容器成套装置专用技术规范；

——第 19 部分：110（66）kV 变电站 10kV－4800kvar－12%电抗率框架式并联电容器成套装置专用技术规范；

——第 20 部分：110（66）kV 变电站 10kV－5000kvar－1%电抗率框架式并联电容器成套装置专用

技术规范；

——第 21 部分：110（66）kV 变电站 10kV－5000kvar－5%电抗率框架式并联电容器成套装置专用技术规范；

——第 22 部分：110（66）kV 变电站 10kV－5000kvar－12%电抗率框架式并联电容器成套装置专用技术规范；

——第 23 部分：110（66）kV 变电站 10kV－6000kvar－1%电抗率框架式并联电容器成套装置专用技术规范；

——第 24 部分：110（66）kV 变电站 10kV－6000kvar－5%电抗率框架式并联电容器成套装置专用技术规范；

——第 25 部分：110（66）kV 变电站 10kV－6000kvar－12%电抗率框架式并联电容器成套装置专用技术规范；

——第 26 部分：220kV 变电站 10kV－8000kvar－5%电抗率框架式并联电容器成套装置专用技术规范；

——第 27 部分：220kV 变电站 10kV－8000kvar－12%电抗率框架式并联电容器成套装置专用技术规范；

——第 28 部分：220kV 变电站 10kV－10Mvar－5%电抗率框架式并联电容器成套装置专用技术规范；

——第 29 部分：220kV 变电站 10kV－10Mvar－12%电抗率框架式并联电容器成套装置专用技术规范；

——第 30 部分：220kV 变电站 35kV－10Mvar－5%电抗率框架式并联电容器成套装置专用技术规范；

——第 31 部分：220kV 变电站 35kV－10Mvar－12%电抗率框架式并联电容器成套装置专用技术规范；

——第 32 部分：330（220）kV 变电站 35kV－20Mvar－5%电抗率框架式并联电容器成套装置专用技术规范；

——第 33 部分：330（220）kV 变电站 35kV－20Mvar－12%电抗率框架式并联电容器成套装置专用技术规范；

——第 34 部分：330kV 变电站 35kV－30Mvar－5%电抗率框架式并联电容器成套装置专用技术规范；

——第 35 部分：330kV 变电站 35kV－30Mvar－12%电抗率框架式并联电容器成套装置专用技术规范；

——第 36 部分：330kV 变电站 35kV－40Mvar－5%电抗率框架式并联电容器成套装置专用技术规范；

——第 37 部分：330kV 变电站 35kV－40Mvar－12%电抗率框架式并联电容器成套装置专用技术规范；

——第 38 部分：500kV 变电站 35kV－60Mvar－5%电抗率框架式并联电容器成套装置专用技术规范；

——第 39 部分：500kV 变电站 35kV－60Mvar－12%电抗率框架式并联电容器成套装置专用技术规范；

——第 40 部分：220kV 变电站 66kV－10Mvar－5%电抗率框架式并联电容器成套装置专用技术规范；

——第 41 部分：220kV 变电站 66kV－10Mvar－12%电抗率框架式并联电容器成套装置专用技术规范；

——第 42 部分：220kV 变电站 66kV－20Mvar－5%电抗率框架式并联电容器成套装置专用技术规范；

——第 43 部分：220kV 变电站 66kV－20Mvar－12%电抗率框架式并联电容器成套装置专用技术规范；

——第 44 部分：220kV 变电站 66kV－25Mvar－5%电抗率框架式并联电容器成套装置专用技术规范；

——第 45 部分：220kV 变电站 66kV－25Mvar－12%电抗率框架式并联电容器成套装置专用技术规范；

——第 46 部分：750（500）kV 变电站 66kV－60Mvar－5%电抗率框架式并联电容器成套装置专用技术规范；

——第 47 部分：750（500）kV 变电站 66kV－60Mvar－12%电抗率框架式并联电容器成套装置专用技术规范；

——第 48 部分：750kV 变电站 66kV－90Mvar－5%电抗率框架式并联电容器成套装置专用技术规范；

——第 49 部分：750kV 变电站 66kV－90Mvar－12%电抗率框架式并联电容器成套装置专用技术规范；

——第 50 部分：750kV 变电站 66kV－120Mvar－5%电抗率框架式并联电容器成套装置专用技术规范；

——第 51 部分：750kV 变电站 66kV－120Mvar－12%电抗率框架式并联电容器成套装置专用技术规范；

——第 52 部分：110（66）kV 变电站 10kV－3000kvar－1%电抗率集合式并联电容器成套装置专用技术规范；

——第 53 部分：110（66）kV 变电站 10kV－3000kvar－5%电抗率集合式并联电容器成套装置专用技术规范；

——第 54 部分：110（66）kV 变电站 10kV－3000kvar－12%电抗率集合式并联电容器成套装置专用技术规范；

——第 55 部分：110（66）kV 变电站 10kV－3600kvar－1%电抗率集合式并联电容器成套装置专用技术规范；

——第 56 部分：110（66）kV 变电站 10kV－3600kvar－5%电抗率集合式并联电容器成套装置专用技术规范；

——第 57 部分：110（66）kV 变电站 10kV－3600kvar－12%电抗率集合式并联电容器成套装置专用技术规范；

——第 58 部分：110（66）kV 变电站 10kV－4800kvar－1%电抗率集合式并联电容器成套装置专用技术规范；

——第 59 部分：110（66）kV 变电站 10kV－4800kvar－5%电抗率集合式并联电容器成套装置专用技术规范；

——第 60 部分：110（66）kV 变电站 10kV－4800kvar－12%电抗率集合式并联电容器成套装置专用技术规范；

——第 61 部分：330（220）kV 变电站 35kV－20Mvar－5%电抗率集合式并联电容器成套装置专用技术规范；

——第 62 部分：330（220）kV 变电站 35kV－20Mvar－12%电抗率集合式并联电容器成套装置专用技术规范；

——第 63 部分：330kV 变电站 35kV－30Mvar－5%电抗率集合式并联电容器成套装置专用技术规范；

——第 64 部分：330kV 变电站 35kV－30Mvar－12%电抗率集合式并联电容器成套装置专用技术规范；

——第 65 部分：500kV 变电站 35kV－60Mvar－5%电抗率集合式并联电容器成套装置专用技术规范；

——第 66 部分：500kV 变电站 35kV－60Mvar－12%电抗率集合式并联电容器成套装置专用技术规范；

——第 67 部分：500kV 变电站 66kV－60Mvar－5%电抗率集合式并联电容器成套装置专用技术规范；

——第 68 部分：500kV 变电站 66kV－60Mvar－12%电抗率集合式并联电容器成套装置专用技术规范；

——第 69 部分：农网变电站 10kV－300kvar－1%电抗率框架式并联电容器成套装置专用技术规范；

——第 70 部分：农网变电站 10kV－300kvar－5%电抗率框架式并联电容器成套装置专用技术规范；

——第 71 部分：农网变电站 10kV－600kvar－1%电抗率框架式并联电容器成套装置专用技术规范；

——第 72 部分：农网变电站 10kV－600kvar－5%电抗率框架式并联电容器成套装置专用技术规范；

——第 73 部分：农网变电站 10kV－1000kvar－1%电抗率框架式并联电容器成套装置专用技术规范；

——第 74 部分：农网变电站 10kV－1000kvar－5%电抗率框架式并联电容器成套装置专用技术规范；

——第 75 部分：农网变电站 10kV－1200kvar－1%电抗率框架式并联电容器成套装置专用技术规范；

——第 76 部分：农网变电站 10kV－1200kvar－5%电抗率框架式并联电容器成套装置专用技术规范；

——第 77 部分：农网变电站 10kV－2000kvar－1%电抗率框架式并联电容器成套装置专用技术规范；

——第 78 部分：农网变电站 10kV－2000kvar－5%电抗率框架式并联电容器成套装置专用技术规范；

——第 79 部分：农网变电站 10kV－3000kvar－1%电抗率框架式并联电容器成套装置专用技术规范；

——第 80 部分：农网变电站 10kV－3000kvar－5%电抗率框架式并联电容器成套装置专用技术规范；

——第 81 部分：农网变电站 10kV－4000kvar－1%电抗率框架式并联电容器成套装置专用技术规范；

——第 82 部分：农网变电站 10kV－4000kvar－5%电抗率框架式并联电容器成套装置专用技术规范；

——第 83 部分：农网变电站 10kV－6000kvar－1%电抗率框架式并联电容器成套装置专用技术规范；

——第 84 部分：农网变电站 10kV－6000kvar－5%电抗率框架式并联电容器成套装置专用技术规范；

——第 85 部分：农网 10kV－150kvar－50kvar 柱上式并联电容器成套装置专用技术规范；

——第 86 部分：农网 10kV－300kvar－50kvar 柱上式并联电容器成套装置专用技术规范；

——第 87 部分：农网 10kV－450kvar－50kvar 柱上式并联电容器成套装置专用技术规范。

本部分为《35kV～750kV 变电站、农网变电站用并联电容器成套装置采购标准》的第 57 部分。

本部分替代 Q/GDW 13053.57—2014，与 Q/GDW 13053.57—2014 相比，主要的技术性差异如下：

——修改了单台电容器短路放电试验的标准参数值；

——修改了单台电容器放电器件性能的标准参数值；

——修改了放电线圈放电性能的标准参数值；

——修改了金属氧化物避雷器标称放电电流下的残压的标准参数值。

本部分由国家电网有限公司物资部提出并解释。

本部分由国家电网有限公司科技部归口。

本部分起草单位：国网冀北电力有限公司，国网吉林省电力有限公司，中国电力科学研究院有限公司。

本部分主要起草人：李卓伦，张建军，路杰，王亚菲，李士雷，葛志成，林浩，黄想，国江，姜胜宝，李宇春。

本部分 2014 年 5 月首次发布，2018 年 8 月第一次修订。

本部分在执行过程中的意见或建议反馈至国家电网有限公司科技部。

35kV～750kV 变电站、农网变电站用
并联电容器成套装置采购标准
第 57 部分：110（66）kV 变电站 10kV–3600kvar–12%
电抗率集合式并联电容器成套装置专用技术规范

1 范围

本部分规定了 110（66）kV 变电站 10kV–3600kvar–12%电抗率集合式并联电容器成套装置专用技术规范招标的标准技术参数、项目需求及投标人响应的相关内容。

本部分适用于 110（66）kV 变电站 10kV–3600kvar–12%电抗率集合式并联电容器成套装置专用技术规范招标。

2 规范性引用文件

下列文件对于本文件的应用是必不可少的。凡是注日期的引用文件，仅所注日期的版本适用于本文件。凡是不注日期的引用文件，其最新版本（包括所有的修改单）适用于本文件。

Q/GDW 13053.1 35kV～750kV 变电站、农网变电站用并联电容器成套装置采购标准 第 1 部分：通用技术规范

3 术语和定义

下列术语和定义适用于本文件。

3.1
招标人 bidder
提出招标项目，进行招标的法人或其他组织。

3.2
投标人 tenderer
响应招标、参加投标竞争的法人或者其他组织。

3.3
卖方 seller
提供本部分货物和技术服务的法人或其他组织，包括其法定的承继者。

3.4
买方 buyer
购买本部分货物和技术服务的法人或其他组织，包括其法定的承继者和经许可的受让人。

4 标准技术参数

技术参数特性表是国家电网有限公司对采购设备的基础技术参数要求，在招投标过程中，投标人应依据招标文件，对技术参数特性表中标准参数值进行响应。110（66）kV 变电站 10kV–3600kvar–12%电抗率集合式并联电容器成套装置技术参数特性见表 1。装置应满足 Q/GDW 13053.1 的要求。

表 1 技 术 参 数 特 性 表

序号	项 目	单位	标准参数值
一	并联电容器装置		
1	型号		TBB10－3600/3600－AKW
2	额定电压	kV	10
3	额定容量	kvar	3600
4	额定电抗率	%	12
5	额定相电容	μF	79.6
6	电容器组额定电压（相）	kV	$12/\sqrt{3}$
7	电容器组电容与额定电容偏差	%	0～5
8	电容器组各相电容的最大值与最小值之比		≤1.01
9	电容器组各串联段的最大与最小电容之比		≤1.005
10	接线方式		单星形
11	每相电容器串并联数		—
12	继电保护方式		开口三角电压保护
13	初始不平衡电流（或电压）二次计算值		（生产厂家提供）
14	继电保护整定值		（生产厂家提供）
15	装置接线图		—
16	电容器组围栏尺寸 （户内安装时应提供装置高度）	m	（项目单位提供）
17	电容器组进线方向和进线位置		围栏（长或宽）方向 （上或下）进线
18	装置耐受短路电流能力	kA	（项目单位提供）
二	单台集合式电容器		
1	型号		BAMH12/$\sqrt{3}$ －3600－3W 或 BFMH12/$\sqrt{3}$ －3600－3W
2	额定电压	kV	$12/\sqrt{3}$
3	额定容量	kvar	3600
4	单台集合式电容器内部单元串并数		—
5	爬电比距	mm/kV	（项目单位提供）
注：如采用全密封结构，要求有足够的油补充容量，最高运行温度下，压力不超过 0.05MPa			
三	集合式电容器内部小单台电容器		
1	型号		（投标人提供）
2	额定电压	kV	—
3	额定容量	kvar	—
4	设计场强（$K=1$）	kV/mm	≤50

表1（续）

序号	项　目	单位	标准参数值
5	局部放电性能	pC	局部放电量≤50
		U_N	温度下限时局部放电熄灭电压不低于1.2
6	温度类别	℃	−/+（项目单位提供）
7	短路放电试验		$2.5U_N$直流电压作用下，经电容器端子的最小间隙（短接线长度不应大于1.5m），10min内放电5次，测量放电试验前和电压试验后电容器值，偏差应小于相当于一个元件击穿或一根内熔丝动作之量
8	电容器内部元件串并数及电气接线图		（生产厂家提供）
9	熔丝保护方式		有内熔丝或无熔丝
10	放电器件性能		10min内从$\sqrt{2}\,U_N$降到50V
11	固体介质厚度及层数		—
12	浸渍剂		—
13	外绝缘海拔修正耐受试验电压（工频/雷电）	kV/kV	（需要修正时由项目单位提供）
四	放电线圈		
1	型号		FDE12/$\sqrt{3}$−1.7−1W（油浸全密封）或 FDGE12/$\sqrt{3}$−1.7−1W（干式）
2	一次绕组的额定电压	kV	12/$\sqrt{3}$
3	二次绕组的额定电压	V	100
4	二次绕组的额定容量	VA	50
5	准确级		0.5
6	a. 工频耐受电压（1min）/试验电压	kV/kV	42
	b. 雷电冲击耐受电压/试验电压	kV/kV	75
	c. 一次绕组感应耐受电压		$2.5U_{1N}$/60s
	d. 二次绕组对地工频耐受电压	kV/min	3
7	结构方式		全密封或干式（干式宜户内安装）（项目单位提供）
8	配套电容器容量（相）	kvar	≥1200
9	放电性能		断开电源后，电容器组上的电压在5s内由$\sqrt{2}\,U_N$降至50V以下 在最大允许容量电容器组的1.9$\sqrt{2}\,U_N$下放电不损坏
10	外绝缘海拔修正耐受试验电压（工频/雷电）	kV/kV	（需要修正时由项目单位提供）

表1（续）

序号	项 目	单位	标准参数值
五	金属氧化物避雷器		
1	型号		YHWR5－17/45（复合）或 YWR5－17/45（瓷）
2	额定电压	kV	17
3	持续运行电压	kV	13.6
4	标称放电电流	kA	5
5	标称放电电流下的残压	kV	45
6	2ms 方波通流容量	A	≥500
7	外绝缘海拔修正耐受试验电压（工频/雷电）	kV/kV	（需要修正时由项目单位提供）
六	支柱绝缘子		
1	额定电压	kV	10
2	额定抗弯强度	N·m	—
3	爬电比距	mm/kV	（项目单位提供）
4	外绝缘海拔修正耐受试验电压（工频/雷电）	kV/kV	（需要修正时由项目单位提供）
5	安装方式		正装
七	隔离开关和接地开关		
1	型号		GW－12/400 或 GN－12/400
2	额定电压	kV	12
3	额定短时耐受电流及持续时间	kA（4s）	（项目单位提供）
4	额定峰值耐受电流	kA	（项目单位提供）
5	额定电流（隔离开关）	A	≥800
6	外绝缘海拔修正耐受试验电压（工频/雷电）	kV/kV	（需要修正时由项目单位提供）
八	串联电抗器		
1	型号		CKDK－10－144/0.83－12（干式空心）或 CKSC－10－432/0.83－12（干式铁芯）
2	额定电压	kV	10
3	额定端电压	kV	0.83
4	额定容量	kvar	144 或 432
5	额定电感	mH	15.2
6	额定电流	A	173.5
7	损耗	kW/kvar	空心≤0.024 铁芯≤0.012

表1（续）

序号	项　目	单位	标准参数值
8	温升	K	≤70
9	电抗率	%	12
10	绝缘水平（工频/雷电）	kV/kV	42/75
11	噪声	dB	≤55
12	电感值偏差	%	0～5
13	外绝缘海拔修正耐受试验电压（工频/雷电）	kV/kV	（需要修正时由项目单位提供）
14	三相间电感偏差	%	每相电抗与三相平均值的偏差不大于±2%
15	安装布置方式		项目单位提供户内装置的高度要求

5　组件材料配置表

组件材料配置表包括元件名称、规格形式参数、单位、数量和产地等信息，具体内容和格式根据招标项目情况进行编制。

6　使用环境条件表

典型110（66）kV变电站10kV－3600kvar－12%电抗率集合式并联电容器成套装置使用环境条件见表2。特殊环境要求根据项目情况进行编制。

表2　使用环境条件表

序号	名　称		单位	标准参数值
1	环境温度	最高日温度	℃	40
		最低日温度		－25
		最大日温差		25
2	海拔		m	≤1000
3	太阳辐射强度		W/cm²	0.11
4	污秽等级			Ⅲ（d）
5	覆冰厚度		mm	10
6	风速/风压		（m/s）/Pa	35/700
7	相对湿度	最大日相对湿度	%	≤95
		最大月平均相对湿度		≤90
8	耐受地震能力（指水平加速度，安全系数不小于1.67。水平加速度应计及设备支架的动力放大系数1.2）		m/s²	2
注：有较严酷使用条件时，如低温、高海拔、重污秽等，项目单位应提出相应差异要求				

7　投标人提供的其他资料

投标人提供的其他资料如下：

a) 耐久性试验报告（应提供）；

b) 保护计算单（应提供）；

c) 抗震计算或试验报告（应提供，10kV 装置除外）；

d) 装置的爆破能量计算单（应提供）；

e) 其他提高装置质量或运行可靠性的研究报告、研究性试验等；

f) 新结构方式等。

———————————

ICS 29.240

Q/GDW

国家电网有限公司企业标准

Q/GDW 13053.58—2018

代替 Q/GDW 13053.58—2014

35kV～750kV 变电站、农网变电站用并联电容器成套装置采购标准

第 58 部分：110（66）kV 变电站 10kV-4800kvar-1%电抗率集合式并联电容器成套装置专用技术规范

Purchasing standard for shunt capacitor installation of 35kV～750kV and rural power network substation

Part 58: Special technical specification for 10kV-4800kvar-1% reactance ratio collective shunt capacitor installation of 110(66)kV substation

2019-06-28发布   2019-06-28实施

国家电网有限公司   发 布

目　　次

前　言

为规范 110（66）kV 变电站 10kV－4800kvar－1%电抗率集合式并联电容器成套装置的采购，制定本部分。

《35kV～750kV 变电站、农网变电站用并联电容器成套装置采购标准》分为 87 个部分：

——第 1 部分：通用技术规范；

——第 2 部分：35kV 变电站 10kV－1000kvar－1%电抗率框架式并联电容器成套装置专用技术规范；

——第 3 部分：35kV 变电站 10kV－1000kvar－12%电抗率框架式并联电容器成套装置专用技术规范；

——第 4 部分：66kV 变电站 10kV－1000kvar－5%电抗率框架式并联电容器成套装置专用技术规范；

——第 5 部分：110（66）kV 变电站 10kV－2000kvar－1%电抗率框架式并联电容器成套装置专用技术规范；

——第 6 部分：110（66）kV 变电站 10kV－2000kvar－5%电抗率框架式并联电容器成套装置专用技术规范；

——第 7 部分：110（66）kV 变电站 10kV－2000kvar－12%电抗率框架式并联电容器成套装置专用技术规范；

——第 8 部分：110（66）kV 变电站 10kV－3000kvar－1%电抗率框架式并联电容器成套装置专用技术规范；

——第 9 部分：110（66）kV 变电站 10kV－3000kvar－5%电抗率框架式并联电容器成套装置专用技术规范；

——第 10 部分：110（66）kV 变电站 10kV－3000kvar－12%电抗率框架式并联电容器成套装置专用技术规范；

——第 11 部分：110（66）kV 变电站 10kV－3600kvar－1%电抗率框架式并联电容器成套装置专用技术规范；

——第 12 部分：110（66）kV 变电站 10kV－3600kvar－5%电抗率框架式并联电容器成套装置专用技术规范；

——第 13 部分：110（66）kV 变电站 10kV－3600kvar－12%电抗率框架式并联电容器成套装置专用技术规范；

——第 14 部分：110（66）kV 变电站 10kV－4000kvar－1%电抗率框架式并联电容器成套装置专用技术规范；

——第 15 部分：110（66）kV 变电站 10kV－4000kvar－5%电抗率框架式并联电容器成套装置专用技术规范；

——第 16 部分：110（66）kV 变电站 10kV－4000kvar－12%电抗率框架式并联电容器成套装置专用技术规范；

——第 17 部分：110（66）kV 变电站 10kV－4800kvar－1%电抗率框架式并联电容器成套装置专用技术规范；

——第 18 部分：110（66）kV 变电站 10kV－4800kvar－5%电抗率框架式并联电容器成套装置专用技术规范；

——第 19 部分：110（66）kV 变电站 10kV－4800kvar－12%电抗率框架式并联电容器成套装置专用技术规范；

——第 20 部分：110（66）kV 变电站 10kV－5000kvar－1%电抗率框架式并联电容器成套装置专用

技术规范；

——第 21 部分：110（66）kV 变电站 10kV－5000kvar－5%电抗率框架式并联电容器成套装置专用技术规范；

——第 22 部分：110（66）kV 变电站 10kV－5000kvar－12%电抗率框架式并联电容器成套装置专用技术规范；

——第 23 部分：110（66）kV 变电站 10kV－6000kvar－1%电抗率框架式并联电容器成套装置专用技术规范；

——第 24 部分：110（66）kV 变电站 10kV－6000kvar－5%电抗率框架式并联电容器成套装置专用技术规范；

——第 25 部分：110（66）kV 变电站 10kV－6000kvar－12%电抗率框架式并联电容器成套装置专用技术规范；

——第 26 部分：220kV 变电站 10kV－8000kvar－5%电抗率框架式并联电容器成套装置专用技术规范；

——第 27 部分：220kV 变电站 10kV－8000kvar－12%电抗率框架式并联电容器成套装置专用技术规范；

——第 28 部分：220kV 变电站 10kV－10Mvar－5%电抗率框架式并联电容器成套装置专用技术规范；

——第 29 部分：220kV 变电站 10kV－10Mvar－12%电抗率框架式并联电容器成套装置专用技术规范；

——第 30 部分：220kV 变电站 35kV－10Mvar－5%电抗率框架式并联电容器成套装置专用技术规范；

——第 31 部分：220kV 变电站 35kV－10Mvar－12%电抗率框架式并联电容器成套装置专用技术规范；

——第 32 部分：330（220）kV 变电站 35kV－20Mvar－5%电抗率框架式并联电容器成套装置专用技术规范；

——第 33 部分：330（220）kV 变电站 35kV－20Mvar－12%电抗率框架式并联电容器成套装置专用技术规范；

——第 34 部分：330kV 变电站 35kV－30Mvar－5%电抗率框架式并联电容器成套装置专用技术规范；

——第 35 部分：330kV 变电站 35kV－30Mvar－12%电抗率框架式并联电容器成套装置专用技术规范；

——第 36 部分：330kV 变电站 35kV－40Mvar－5%电抗率框架式并联电容器成套装置专用技术规范；

——第 37 部分：330kV 变电站 35kV－40Mvar－12%电抗率框架式并联电容器成套装置专用技术规范；

——第 38 部分：500kV 变电站 35kV－60Mvar－5%电抗率框架式并联电容器成套装置专用技术规范；

——第 39 部分：500kV 变电站 35kV－60Mvar－12%电抗率框架式并联电容器成套装置专用技术规范；

——第 40 部分：220kV 变电站 66kV－10Mvar－5%电抗率框架式并联电容器成套装置专用技术规范；

——第 41 部分：220kV 变电站 66kV－10Mvar－12%电抗率框架式并联电容器成套装置专用技术规范；

——第 42 部分：220kV 变电站 66kV－20Mvar－5%电抗率框架式并联电容器成套装置专用技术规范；

——第 43 部分：220kV 变电站 66kV－20Mvar－12%电抗率框架式并联电容器成套装置专用技术规范；

——第 44 部分：220kV 变电站 66kV－25Mvar－5%电抗率框架式并联电容器成套装置专用技术规范；

——第 45 部分：220kV 变电站 66kV－25Mvar－12%电抗率框架式并联电容器成套装置专用技术规范；

——第 46 部分：750（500）kV 变电站 66kV－60Mvar－5%电抗率框架式并联电容器成套装置专用技术规范；

——第 47 部分：750（500）kV 变电站 66kV－60Mvar－12%电抗率框架式并联电容器成套装置专用技术规范；

——第 48 部分：750kV 变电站 66kV－90Mvar－5%电抗率框架式并联电容器成套装置专用技术规范；

——第 49 部分：750kV 变电站 66kV－90Mvar－12%电抗率框架式并联电容器成套装置专用技术规范；

——第 50 部分：750kV 变电站 66kV－120Mvar－5%电抗率框架式并联电容器成套装置专用技术规范；

——第 51 部分：750kV 变电站 66kV－120Mvar－12%电抗率框架式并联电容器成套装置专用技术规范；

——第 52 部分：110（66）kV 变电站 10kV－3000kvar－1%电抗率集合式并联电容器成套装置专用技术规范；

——第 86 部分：农网 10kV－300kvar－50kvar 柱上式并联电容器成套装置专用技术规范；

——第 87 部分：农网 10kV－450kvar－50kvar 柱上式并联电容器成套装置专用技术规范。

本部分为《35kV～750kV 变电站、农网变电站用并联电容器成套装置采购标准》的第 58 部分。

本部分替代 Q/GDW 13053.58—2014，与 Q/GDW 13053.58—2014 相比，主要的技术性差异如下：

——修改了单台电容器短路放电试验的标准参数值；

——修改了单台电容器放电器件性能的标准参数值；

——修改了放电线圈放电性能的标准参数值；

——修改了金属氧化物避雷器标称放电电流下的残压的标准参数值。

本部分由国家电网有限公司物资部提出并解释。

本部分由国家电网有限公司科技部归口。

本部分起草单位：国网冀北电力有限公司，国网吉林省电力有限公司，中国电力科学研究院有限公司。

本部分主要起草人：李卓伦，张建军，路杰，王亚菲，李士雷，葛志成，林浩，黄想，国江，姜胜宝。

本部分 2014 年 5 月首次发布，2018 年 8 月第一次修订。

本部分在执行过程中的意见或建议反馈至国家电网有限公司科技部。

35kV～750kV 变电站、农网变电站用
并联电容器成套装置采购标准
第 58 部分：110（66）kV 变电站 10kV－4800kvar－1%
电抗率集合式并联电容器成套装置专用技术规范

1 范围

本部分规定了 110（66）kV 变电站 10kV－4800kvar－1%电抗率集合式并联电容器成套装置专用技术规范招标的标准技术参数、项目需求及投标人响应的相关内容。

本部分适用于 110（66）kV 变电站 10kV－4800kvar－1%电抗率集合式并联电容器成套装置专用技术规范招标。

2 规范性引用文件

下列文件对于本文件的应用是必不可少的。凡是注日期的引用文件，仅所注日期的版本适用于本文件。凡是不注日期的引用文件，其最新版本（包括所有的修改单）适用于本文件。

Q/GDW 13053.1 35kV～750kV 变电站、农网变电站用并联电容器成套装置采购标准 第 1 部分：通用技术规范

3 术语和定义

下列术语和定义适用于本文件。

3.1

招标人 bidder
提出招标项目，进行招标的法人或其他组织。

3.2

投标人 tenderer
响应招标、参加投标竞争的法人或者其他组织。

3.3

卖方 seller
提供本部分货物和技术服务的法人或其他组织，包括其法定的承继者。

3.4

买方 buyer
购买本部分货物和技术服务的法人或其他组织，包括其法定的承继者和经许可的受让人。

4 标准技术参数

技术参数特性表是国家电网有限公司对采购设备的基础技术参数要求，在招投标过程中，投标人应依据招标文件，对技术参数特性表中标准参数值进行响应。110（66）kV 变电站 10kV－4800kvar－1%电抗率集合式并联电容器成套装置技术参数特性见表 1。装置应满足 Q/GDW 13053.1 的要求。

表 1　技 术 参 数 特 性 表

序号	项　　目	单位	标准参数值
一	并联电容器装置		
1	型号		TBB10－4800/4800－ACW
2	额定电压	kV	10
3	额定容量	kvar	4800
4	额定电抗率	%	≤1
5	额定相电容	μF	138.7
6	电容器组额定电压（相）	kV	$10.5/\sqrt{3}$
7	电容器组电容与额定电容偏差	%	0～5
8	电容器组各相电容的最大值与最小值之比		≤1.01
9	电容器组各串联段的最大与最小电容之比		≤1.005
10	接线方式		单星形
11	每相电容器串并联数		—
12	继电保护方式		相电压差动保护
13	初始不平衡电流（或电压）二次计算值		（生产厂家提供）
14	继电保护整定值		（生产厂家提供）
15	装置接线图		—
16	电容器组围栏尺寸 （户内安装时应提供装置高度）	m	（项目单位提供）
17	电容器组进线方向和进线位置		围栏（长或宽）方向 （上或下）进线
18	装置耐受短路电流能力	kA	（项目单位提供）
二	单台集合式电容器		
1	型号		BAMH（$10.5/2\sqrt{3}$＋$10.5/2\sqrt{3}$） －4800－3W 或 BFMH （$10.5/2\sqrt{3}$＋$10.5/2\sqrt{3}$）－4800－3W
2	额定电压	kV	$10.5/\sqrt{3}$
3	额定容量	kvar	4800
4	单台集合式电容器内部单元串并数		—
5	爬电比距	mm/kV	（项目单位提供）
注：如采用全密封结构，要求有足够的油补充容量，最高运行温度下，压力不超过 0.05MPa			
三	集合式电容器内部小单台电容器		
1	型号		（投标人提供）
2	额定电压	kV	—
3	额定容量	kvar	—
4	设计场强（$K=1$）	kV/mm	≤50

表1（续）

序号	项　　目	单位	标准参数值
5	局部放电性能	pC	局部放电量≤50
		U_N	温度下限时局部放电熄灭电压 不低于 1.2
6	温度类别	℃	−/＋（项目单位提供）
7	短路放电试验		$2.5U_N$ 直流电压作用下，经电容器端子的最小间隙（短接线长度不应大于 1.5m），10min 内放电 5 次，测量放电试验前和电压试验后电容器值，偏差应小于相当于一个元件击穿或一根内熔丝动作之量
8	电容器内部元件串并数及电气接线图		（生产厂家提供）
9	熔丝保护方式		有内熔丝或无熔丝
10	放电器件性能		10min 内从 $\sqrt{2}\,U_N$ 降到 50V
11	固体介质厚度及层数		—
12	浸渍剂		—
13	外绝缘海拔修正耐受试验电压 （工频/雷电）	kV/kV	（需要修正时由项目单位提供）
四	放电线圈		
1	型号		FDE（$10.5/2\sqrt{3}$＋$10.5/2\sqrt{3}$） −1.7−1W （油浸全密封） 或 FDGE（$10.5/2\sqrt{3}$＋$10.5/2\sqrt{3}$） −1.7−1W（干式）
2	一次绕组的额定电压	kV	$10.5/2\sqrt{3}$＋$10.5/2\sqrt{3}$
3	二次绕组的额定电压	V	100
4	二次绕组的额定容量	VA	50
5	准确级		0.5
6	a. 工频耐受电压（1min）/试验电压	kV/kV	42
	b. 雷电冲击耐受电压/试验电压	kV/kV	75
	c. 一次绕组感应耐受电压		$2.5U_{1N}$/60s
	d. 二次绕组对地工频耐受电压	kV/min	3
7	结构方式		全密封或干式 （干式宜户内安装） （项目单位提供）
8	配套电容器容量（相）	kvar	≥1600
9	放电性能		断开电源后，电容器组上的电压在 5s 内由 $\sqrt{2}\,U_N$ 降至 50V 以下 在最大允许容量电容器组的 $1.9\sqrt{2}\,U_N$ 下放电不损坏

表1（续）

序号	项　目	单位	标准参数值
10	外绝缘海拔修正耐受试验电压（工频/雷电）	kV/kV	（需要修正时由项目单位提供）
五	金属氧化物避雷器		
1	型号		YHWR5－17/45（复合）或 YWR5－17/45（瓷）
2	额定电压	kV	17
3	持续运行电压	kV	13.6
4	标称放电电流	kA	5
5	标称放电电流下的残压	kV	45
6	2ms 方波通流容量	A	≥500
7	外绝缘海拔修正耐受试验电压（工频/雷电）	kV/kV	（需要修正时由项目单位提供）
六	支柱绝缘子		
1	额定电压	kV	10
2	额定抗弯强度	N·m	—
3	爬电比距	mm/kV	（项目单位提供）
4	外绝缘海拔修正耐受试验电压（工频/雷电）	kV/kV	（需要修正时由项目单位提供）
5	安装方式		正装
七	隔离开关和接地开关		
1	型号		GW－12/500 或 GN－12/500
2	额定电压	kV	12
3	额定短时耐受电流及持续时间	kA（4s）	（项目单位提供）
4	额定峰值耐受电流	kA	（项目单位提供）
5	额定电流（隔离开关）	A	≥800
6	外绝缘海拔修正耐受试验电压（工频/雷电）	kV/kV	（需要修正时由项目单位提供）
八	串联电抗器		
1	型号		CKDK－10/□/□－1（干式空心）或 CKSC－10－□/□－1（干式铁芯）
2	额定电压	kV	10
3	额定端电压	kV	—
4	额定容量	kvar	—
5	额定电感	mH	—
6	额定电流	A	—
7	损耗	kW/kvar	空心≤0.030 铁芯≤0.015

表1（续）

序号	项 目	单位	标准参数值
8	温升	K	≤70
9	电抗率	%	≤1
10	绝缘水平（工频/雷电）	kV/kV	42/75
11	噪声	dB	≤55
12	电感值偏差	%	0～5
13	外绝缘海拔修正耐受试验电压（工频/雷电）	kV/kV	（需要修正时由项目单位提供）
14	三相间电感偏差	%	每相电抗与三相平均值的偏差不大于±2%
15	安装布置方式		项目单位提供户内装置的高度要求

5 组件材料配置表

组件材料配置表包括元件名称、规格形式参数、单位、数量和产地等信息，具体内容和格式根据招标项目情况进行编制。

6 使用环境条件表

典型 110（66）kV 变电站 10kV−4800kvar−1%电抗率集合式并联电容器成套装置使用环境条件见表2。特殊环境要求根据项目情况进行编制。

表2 使 用 环 境 条 件 表

序号	名 称		单位	标准参数值
1	环境温度	最高日温度	℃	40
		最低日温度		−25
		最大日温差		25
2	海拔		m	≤1000
3	太阳辐射强度		W/cm²	0.11
4	污秽等级			Ⅲ（d）
5	覆冰厚度		mm	10
6	风速/风压		（m/s）/Pa	35/700
7	相对湿度	最大日相对湿度	%	≤95
		最大月平均相对湿度		≤90
8	耐受地震能力（指水平加速度，安全系数不小于1.67。水平加速度应计及设备支架的动力放大系数1.2）		m/s²	2
注：有较严酷使用条件时，如低温、高海拔、重污秽等，项目单位应提出相应差异要求				

7 投标人提供的其他资料

投标人提供的其他资料如下：

a) 耐久性试验报告（应提供）；

b) 保护计算单（应提供）；

c) 抗震计算或试验报告（应提供，10kV 装置除外）；

d) 装置的爆破能量计算单（应提供）；

e) 其他提高装置质量或运行可靠性的研究报告、研究性试验等；

f) 新结构方式等。

ICS 29.240

Q/GDW

国家电网有限公司企业标准

Q／GDW 13053.59 — 2018

代替 Q／GDW 13053.59 — 2014

35kV～750kV 变电站、农网变电站用

并联电容器成套装置采购标准

第 59 部分：110（66）kV 变电站

10kV-4800kvar-5% 电抗率集合式

并联电容器成套装置专用技术规范

Purchasing standard for shunt capacitor installation of 35kV～750kV
and rural power network substation
Part 59: Special technical specification for 10kV-4800kvar-5% reactance
ratio collective shunt capacitor installation of 110(66)kV substation

2019-06-28发布   2019-06-28实施

国家电网有限公司   发 布

目　次

前　　言

为规范 110（66）kV 变电站 10kV－4800kvar－5%电抗率集合式并联电容器成套装置的采购，制定本部分。

《35kV～750kV 变电站、农网变电站用并联电容器成套装置采购标准》分为 87 个部分：

——第 1 部分：通用技术规范；

——第 2 部分：35kV 变电站 10kV－1000kvar－1%电抗率框架式并联电容器成套装置专用技术规范；

——第 3 部分：35kV 变电站 10kV－1000kvar－12%电抗率框架式并联电容器成套装置专用技术规范；

——第 4 部分：66kV 变电站 10kV－1000kvar－5%电抗率框架式并联电容器成套装置专用技术规范；

——第 5 部分：110（66）kV 变电站 10kV－2000kvar－1%电抗率框架式并联电容器成套装置专用技术规范；

——第 6 部分：110（66）kV 变电站 10kV－2000kvar－5%电抗率框架式并联电容器成套装置专用技术规范；

——第 7 部分：110（66）kV 变电站 10kV－2000kvar－12%电抗率框架式并联电容器成套装置专用技术规范；

——第 8 部分：110（66）kV 变电站 10kV－3000kvar－1%电抗率框架式并联电容器成套装置专用技术规范；

——第 9 部分：110（66）kV 变电站 10kV－3000kvar－5%电抗率框架式并联电容器成套装置专用技术规范；

——第 10 部分：110（66）kV 变电站 10kV－3000kvar－12%电抗率框架式并联电容器成套装置专用技术规范；

——第 11 部分：110（66）kV 变电站 10kV－3600kvar－1%电抗率框架式并联电容器成套装置专用技术规范；

——第 12 部分：110（66）kV 变电站 10kV－3600kvar－5%电抗率框架式并联电容器成套装置专用技术规范；

——第 13 部分：110（66）kV 变电站 10kV－3600kvar－12%电抗率框架式并联电容器成套装置专用技术规范；

——第 14 部分：110（66）kV 变电站 10kV－4000kvar－1%电抗率框架式并联电容器成套装置专用技术规范；

——第 15 部分：110（66）kV 变电站 10kV－4000kvar－5%电抗率框架式并联电容器成套装置专用技术规范；

——第 16 部分：110（66）kV 变电站 10kV－4000kvar－12%电抗率框架式并联电容器成套装置专用技术规范；

——第 17 部分：110（66）kV 变电站 10kV－4800kvar－1%电抗率框架式并联电容器成套装置专用技术规范；

——第 18 部分：110（66）kV 变电站 10kV－4800kvar－5%电抗率框架式并联电容器成套装置专用技术规范；

——第 19 部分：110（66）kV 变电站 10kV－4800kvar－12%电抗率框架式并联电容器成套装置专用技术规范；

——第 20 部分：110（66）kV 变电站 10kV－5000kvar－1%电抗率框架式并联电容器成套装置专用

技术规范；

——第 21 部分：110（66）kV 变电站 10kV－5000kvar－5%电抗率框架式并联电容器成套装置专用技术规范；

——第 22 部分：110（66）kV 变电站 10kV－5000kvar－12%电抗率框架式并联电容器成套装置专用技术规范；

——第 23 部分：110（66）kV 变电站 10kV－6000kvar－1%电抗率框架式并联电容器成套装置专用技术规范；

——第 24 部分：110（66）kV 变电站 10kV－6000kvar－5%电抗率框架式并联电容器成套装置专用技术规范；

——第 25 部分：110（66）kV 变电站 10kV－6000kvar－12%电抗率框架式并联电容器成套装置专用技术规范；

——第 26 部分：220kV 变电站 10kV－8000kvar－5%电抗率框架式并联电容器成套装置专用技术规范；

——第 27 部分：220kV 变电站 10kV－8000kvar－12%电抗率框架式并联电容器成套装置专用技术规范；

——第 28 部分：220kV 变电站 10kV－10Mvar－5%电抗率框架式并联电容器成套装置专用技术规范；

——第 29 部分：220kV 变电站 10kV－10Mvar－12%电抗率框架式并联电容器成套装置专用技术规范；

——第 30 部分：220kV 变电站 35kV－10Mvar－5%电抗率框架式并联电容器成套装置专用技术规范；

——第 31 部分：220kV 变电站 35kV－10Mvar－12%电抗率框架式并联电容器成套装置专用技术规范；

——第 32 部分：330（220）kV 变电站 35kV－20Mvar－5%电抗率框架式并联电容器成套装置专用技术规范；

——第 33 部分：330（220）kV 变电站 35kV－20Mvar－12%电抗率框架式并联电容器成套装置专用技术规范；

——第 34 部分：330kV 变电站 35kV－30Mvar－5%电抗率框架式并联电容器成套装置专用技术规范；

——第 35 部分：330kV 变电站 35kV－30Mvar－12%电抗率框架式并联电容器成套装置专用技术规范；

——第 36 部分：330kV 变电站 35kV－40Mvar－5%电抗率框架式并联电容器成套装置专用技术规范；

——第 37 部分：330kV 变电站 35kV－40Mvar－12%电抗率框架式并联电容器成套装置专用技术规范；

——第 38 部分：500kV 变电站 35kV－60Mvar－5%电抗率框架式并联电容器成套装置专用技术规范；

——第 39 部分：500kV 变电站 35kV－60Mvar－12%电抗率框架式并联电容器成套装置专用技术规范；

——第 40 部分：220kV 变电站 66kV－10Mvar－5%电抗率框架式并联电容器成套装置专用技术规范；

——第 41 部分：220kV 变电站 66kV－10Mvar－12%电抗率框架式并联电容器成套装置专用技术规范；

——第 42 部分：220kV 变电站 66kV－20Mvar－5%电抗率框架式并联电容器成套装置专用技术规范；

——第 43 部分：220kV 变电站 66kV－20Mvar－12%电抗率框架式并联电容器成套装置专用技术规范；

——第 44 部分：220kV 变电站 66kV－25Mvar－5%电抗率框架式并联电容器成套装置专用技术规范；

——第 45 部分：220kV 变电站 66kV－25Mvar－12%电抗率框架式并联电容器成套装置专用技术规范；

——第 46 部分：750（500）kV 变电站 66kV－60Mvar－5%电抗率框架式并联电容器成套装置专用技术规范；

——第 47 部分：750（500）kV 变电站 66kV－60Mvar－12%电抗率框架式并联电容器成套装置专用技术规范；

——第 48 部分：750kV 变电站 66kV－90Mvar－5%电抗率框架式并联电容器成套装置专用技术规范；

——第 49 部分：750kV 变电站 66kV－90Mvar－12%电抗率框架式并联电容器成套装置专用技术规范；

——第 50 部分：750kV 变电站 66kV－120Mvar－5%电抗率框架式并联电容器成套装置专用技术规范；

——第 51 部分：750kV 变电站 66kV－120Mvar－12%电抗率框架式并联电容器成套装置专用技术规范；

——第 52 部分：110（66）kV 变电站 10kV－3000kvar－1%电抗率集合式并联电容器成套装置专用技术规范；

——第 53 部分：110（66）kV 变电站 10kV－3000kvar－5%电抗率集合式并联电容器成套装置专用技术规范；

——第 54 部分：110（66）kV 变电站 10kV－3000kvar－12%电抗率集合式并联电容器成套装置专用技术规范；

——第 55 部分：110（66）kV 变电站 10kV－3600kvar－1%电抗率集合式并联电容器成套装置专用技术规范；

——第 56 部分：110（66）kV 变电站 10kV－3600kvar－5%电抗率集合式并联电容器成套装置专用技术规范；

——第 57 部分：110（66）kV 变电站 10kV－3600kvar－12%电抗率集合式并联电容器成套装置专用技术规范；

——第 58 部分：110（66）kV 变电站 10kV－4800kvar－1%电抗率集合式并联电容器成套装置专用技术规范；

——第 59 部分：110（66）kV 变电站 10kV－4800kvar－5%电抗率集合式并联电容器成套装置专用技术规范；

——第 60 部分：110（66）kV 变电站 10kV－4800kvar－12%电抗率集合式并联电容器成套装置专用技术规范；

——第 61 部分：330（220）kV 变电站 35kV－20Mvar－5%电抗率集合式并联电容器成套装置专用技术规范；

——第 62 部分：330（220）kV 变电站 35kV－20Mvar－12%电抗率集合式并联电容器成套装置专用技术规范；

——第 63 部分：330kV 变电站 35kV－30Mvar－5%电抗率集合式并联电容器成套装置专用技术规范；

——第 64 部分：330kV 变电站 35kV－30Mvar－12%电抗率集合式并联电容器成套装置专用技术规范；

——第 65 部分：500kV 变电站 35kV－60Mvar－5%电抗率集合式并联电容器成套装置专用技术规范；

——第 66 部分：500kV 变电站 35kV－60Mvar－12%电抗率集合式并联电容器成套装置专用技术规范；

——第 67 部分：500kV 变电站 66kV－60Mvar－5%电抗率集合式并联电容器成套装置专用技术规范；

——第 68 部分：500kV 变电站 66kV－60Mvar－12%电抗率集合式并联电容器成套装置专用技术规范；

——第 69 部分：农网变电站 10kV－300kvar－1%电抗率框架式并联电容器成套装置专用技术规范；

——第 70 部分：农网变电站 10kV－300kvar－5%电抗率框架式并联电容器成套装置专用技术规范；

——第 71 部分：农网变电站 10kV－600kvar－1%电抗率框架式并联电容器成套装置专用技术规范；

——第 72 部分：农网变电站 10kV－600kvar－5%电抗率框架式并联电容器成套装置专用技术规范；

——第 73 部分：农网变电站 10kV－1000kvar－1%电抗率框架式并联电容器成套装置专用技术规范；

——第 74 部分：农网变电站 10kV－1000kvar－5%电抗率框架式并联电容器成套装置专用技术规范；

——第 75 部分：农网变电站 10kV－1200kvar－1%电抗率框架式并联电容器成套装置专用技术规范；

——第 76 部分：农网变电站 10kV－1200kvar－5%电抗率框架式并联电容器成套装置专用技术规范；

——第 77 部分：农网变电站 10kV－2000kvar－1%电抗率框架式并联电容器成套装置专用技术规范；

——第 78 部分：农网变电站 10kV－2000kvar－5%电抗率框架式并联电容器成套装置专用技术规范；

——第 79 部分：农网变电站 10kV－3000kvar－1%电抗率框架式并联电容器成套装置专用技术规范；

——第 80 部分：农网变电站 10kV－3000kvar－5%电抗率框架式并联电容器成套装置专用技术规范；

——第 81 部分：农网变电站 10kV－4000kvar－1%电抗率框架式并联电容器成套装置专用技术规范；

——第 82 部分：农网变电站 10kV－4000kvar－5%电抗率框架式并联电容器成套装置专用技术规范；

——第 83 部分：农网变电站 10kV－6000kvar－1%电抗率框架式并联电容器成套装置专用技术规范；

——第 84 部分：农网变电站 10kV－6000kvar－5%电抗率框架式并联电容器成套装置专用技术规范；

——第 85 部分：农网 10kV－150kvar－50kvar 柱上式并联电容器成套装置专用技术规范；

——第 86 部分：农网 10kV－300kvar－50kvar 柱上式并联电容器成套装置专用技术规范；

——第 87 部分：农网 10kV－450kvar－50kvar 柱上式并联电容器成套装置专用技术规范。

本部分为《35kV～750kV 变电站、农网变电站用并联电容器成套装置采购标准》的第 59 部分。

本部分替代 Q/GDW 13053.59—2014，与 Q/GDW 13053.59—2014 相比，主要的技术性差异如下：

——修改了单台电容器短路放电试验的标准参数值；

——修改了单台电容器放电器件性能的标准参数值；

——修改了放电线圈放电性能的标准参数值；

——修改了金属氧化物避雷器标称放电电流下的残压的标准参数值。

本部分由国家电网有限公司物资部提出并解释。

本部分由国家电网有限公司科技部归口。

本部分起草单位：国网冀北电力有限公司，国网吉林省电力有限公司，中国电力科学研究院有限公司。

本部分主要起草人：李卓伦，张建军，路杰，王亚菲，李士雷，葛志成，林浩，黄想，国江，姜胜宝。

本部分 2014 年 5 月首次发布，2018 年 8 月第一次修订。

本部分在执行过程中的意见或建议反馈至国家电网有限公司科技部。

35kV～750kV 变电站、农网变电站用
并联电容器成套装置采购标准
第 59 部分：110（66）kV 变电站 10kV−4800kvar−5%
电抗率集合式并联电容器成套装置专用技术规范

1 范围

本部分规定了 110（66）kV 变电站 10kV−4800kvar−5%电抗率集合式并联电容器成套装置专用技术规范招标的标准技术参数、项目需求及投标人响应的相关内容。

本部分适用于 110（66）kV 变电站 10kV−4800kvar−5%电抗率集合式并联电容器成套装置专用技术规范招标。

2 规范性引用文件

下列文件对于本文件的应用是必不可少的。凡是注日期的引用文件，仅所注日期的版本适用于本文件。凡是不注日期的引用文件，其最新版本（包括所有的修改单）适用于本文件。

Q/GDW 13053.1 35kV～750kV 变电站、农网变电站用并联电容器成套装置采购标准 第 1 部分：通用技术规范

3 术语和定义

下列术语和定义适用于本文件。

3.1

招标人 bidder
提出招标项目，进行招标的法人或其他组织。

3.2

投标人 tenderer
响应招标、参加投标竞争的法人或者其他组织。

3.3

卖方 seller
提供本部分货物和技术服务的法人或其他组织，包括其法定的承继者。

3.4

买方 buyer
购买本部分货物和技术服务的法人或其他组织，包括其法定的承继者和经许可的受让人。

4 标准技术参数

技术参数特性表是国家电网有限公司对采购设备的基础技术参数要求，在招投标过程中，投标人应依据招标文件，对技术参数特性表中标准参数值进行响应。110（66）kV 变电站 10kV−4800kvar−5%电抗率集合式并联电容器成套装置技术参数特性见表 1。装置应满足 Q/GDW 13053.1 的要求。

表1 技 术 参 数 特 性 表

序号	项　目	单位	标准参数值
一	并联电容器装置		
1	型号		TBB10－4800/4800－ACW
2	额定电压	kV	10
3	额定容量	kvar	4800
4	额定电抗率	%	5
5	额定相电容	μF	126.3
6	电容器组额定电压（相）	kV	$11/\sqrt{3}$
7	电容器组电容与额定电容偏差	%	0～5
8	电容器组各相电容的最大值与最小值之比		≤1.01
9	电容器组各串联段的最大与最小电容之比		≤1.005
10	接线方式		单星形
11	每相电容器串并联数		—
12	继电保护方式		相电压差动保护
13	初始不平衡电流（或电压）二次计算值		（生产厂家提供）
14	继电保护整定值		（生产厂家提供）
15	装置接线图		—
16	电容器组围栏尺寸（户内安装时应提供装置高度）	m	（项目单位提供）
17	电容器组进线方向和进线位置		围栏（长或宽）方向（上或下）进线
18	装置耐受短路电流能力	kA	（项目单位提供）
二	单台集合式电容器		
1	型号		BAMH（$11/2\sqrt{3}$＋$11/2\sqrt{3}$）－4800－3W 或 BFMH（$11/2\sqrt{3}$＋$11/2\sqrt{3}$）－4800－3W
2	额定电压	kV	$11/\sqrt{3}$
3	额定容量	kvar	4800
4	单台集合式电容器内部单元串并数		—
5	爬电比距	mm/kV	（项目单位提供）

注：如采用全密封结构，要求有足够的油补充容量，最高运行温度下，压力不超过 0.05MPa

三	集合式电容器内部小单台电容器		
1	型号		（投标人提供）
2	额定电压	kV	—
3	额定容量	kvar	—

表1（续）

序号	项　　目	单位	标准参数值
4	设计场强（$K=1$）	kV/mm	≤50
5	局部放电性能	pC	局部放电量≤50
		U_N	温度下限时局部放电熄灭电压不低于 1.2
6	温度类别	℃	−/+（项目单位提供）
7	短路放电试验		$2.5U_N$ 直流电压作用下，经电容器端子的最小间隙（短接线长度不应大于 1.5m），10min 内放电 5 次，测量放电试验前和电压试验后电容器值，偏差应小于相当于一个元件击穿或一根内熔丝动作之量
8	电容器内部元件串并数及电气接线图		（生产厂家提供）
9	熔丝保护方式		有内熔丝或无熔丝
10	放电器件性能		10min 内从 $\sqrt{2}\,U_N$ 降到 50V
11	固体介质厚度及层数		—
12	浸渍剂		—
13	外绝缘海拔修正耐受试验电压（工频/雷电）	kV/kV	（需要修正时由项目单位提供）
四	放电线圈		
1	型号		FDE（11/2$\sqrt{3}$ + 11/2$\sqrt{3}$）−1.7−1W（油浸全密封）或 FDGE（11/2$\sqrt{3}$ + 11/2$\sqrt{3}$）−1.7−1W（干式）
2	一次绕组的额定电压	kV	11/2$\sqrt{3}$ + 11/2$\sqrt{3}$
3	二次绕组的额定电压	V	100
4	二次绕组的额定容量	VA	50
5	准确级		0.5
6	a. 工频耐受电压（1min）/试验电压	kV/kV	42
	b. 雷电冲击耐受电压/试验电压	kV/kV	75
	c. 一次绕组感应耐受电压		$2.5U_{1N}$/60s
	d. 二次绕组对地工频耐受电压	kV/min	3
7	结构方式		全密封或干式（干式宜户内安装）（项目单位提供）
8	配套电容器容量（相）	kvar	≥1600
9	放电性能		断开电源后，电容器组上的电压在 5s 内由 $\sqrt{2}\,U_N$ 降至 50V 以下在最大允许容量电容器组的 1.9$\sqrt{2}\,U_N$ 下放电不损坏

表 1（续）

序号	项 目	单位	标准参数值
10	外绝缘海拔修正耐受试验电压（工频/雷电）	kV/kV	（需要修正时由项目单位提供）
五	金属氧化物避雷器		
1	型号		YHWR5-17/45（复合）或YWR5-17/45（瓷）
2	额定电压	kV	17
3	持续运行电压	kV	13.6
4	标称放电电流	kA	5
5	标称放电电流下的残压	kV	45
6	2ms 方波通流容量	A	≥500
7	外绝缘海拔修正耐受试验电压（工频/雷电）	kV/kV	（需要修正时由项目单位提供）
六	支柱绝缘子		
1	额定电压	kV	10
2	额定抗弯强度	N·m	—
3	爬电比距	mm/kV	（项目单位提供）
4	外绝缘海拔修正耐受试验电压（工频/雷电）	kV/kV	（需要修正时由项目单位提供）
5	安装方式		正装
七	隔离开关和接地开关		
1	型号		GW-12/500 或 GN-12/500
2	额定电压	kV	12
3	额定短时耐受电流及持续时间	kA（4s）	（项目单位提供）
4	额定峰值耐受电流	kA	（项目单位提供）
5	额定电流（隔离开关）	A	≥800
6	外绝缘海拔修正耐受试验电压（工频/雷电）	kV/kV	（需要修正时由项目单位提供）
八	串联电抗器		
1	型号		CKDK-10-80/0.32-5（干式空心）或 CKSC-10-240/0.32-5（干式铁芯）
2	额定电压	kV	10
3	额定端电压	kV	0.32
4	额定容量	kvar	80 或 240
5	额定电感	mH	4.0
6	额定电流	A	251.9

表1（续）

序号	项目	单位	标准参数值
7	损耗	kW/kvar	空心≤0.030
			铁芯≤0.015
8	温升	K	≤70
9	电抗率	%	5
10	绝缘水平（工频/雷电）	kV/kV	42/75
11	噪声	dB	≤55
12	电感值偏差	%	0～5
13	外绝缘海拔修正耐受试验电压 （工频/雷电）	kV/kV	（需要修正时由项目单位提供）
14	三相间电感偏差	%	每相电抗与三相平均值的偏差 不大于±2%
15	安装布置方式		项目单位提供户内装置的高度要求

5 组件材料配置表

组件材料配置表包括元件名称、规格形式参数、单位、数量和产地等信息，具体内容和格式根据招标项目情况进行编制。

6 使用环境条件表

典型 110（66）kV 变电站 10kV－4800kvar－5%电抗率集合式并联电容器成套装置使用环境条件见表2。特殊环境要求根据项目情况进行编制。

表2 使 用 环 境 条 件 表

序号	名 称		单位	标准参数值
1	环境温度	最高日温度	℃	40
		最低日温度		－25
		最大日温差		25
2	海拔		m	≤1000
3	太阳辐射强度		W/cm²	0.11
4	污秽等级			Ⅲ（d）
5	覆冰厚度		mm	10
6	风速/风压		（m/s）/Pa	35/700
7	相对湿度	最大日相对湿度	%	≤95
		最大月平均相对湿度		≤90
8	耐受地震能力（指水平加速度，安全系数不小于1.67。水平加速度应计及设备支架的动力放大系数1.2）		m/s²	2
注：有较严酷使用条件时，如低温、高海拔、重污秽等，项目单位应提出相应差异要求				

7 投标人提供的其他资料

投标人提供的其他资料如下：

a) 耐久性试验报告（应提供）；

b) 保护计算单（应提供）；

c) 抗震计算或试验报告（应提供，10kV 装置除外）；

d) 装置的爆破能量计算单（应提供）；

e) 其他提高装置质量或运行可靠性的研究报告、研究性试验等；

f) 新结构方式等。

ICS 29.240

Q/GDW

国家电网有限公司企业标准

Q/GDW 13053.60 — 2018

代替 Q/GDW 13053.60 — 2014

35kV～750kV 变电站、农网变电站用并联电容器成套装置采购标准

第 60 部分：110（66）kV 变电站 10kV-4800kvar-12% 电抗率集合式并联电容器成套装置专用技术规范

Purchasing standard for shunt capacitor installation of 35kV～750kV and rural power network substation

Part 60: Special technical specification for 10kV-4800kvar-12% reactance ratio collective shunt capacitor installation of 110(66)kV substation

2019-06-28发布　　　　　　　　　　　　　　　2019-06-28实施

国家电网有限公司　　发　布

目　次

前　言

为规范 110（66）kV 变电站 10kV－4800kvar－12%电抗率集合式并联电容器成套装置的采购，制定本部分。

《35kV～750kV 变电站、农网变电站用并联电容器成套装置采购标准》分为 87 个部分：

——第 1 部分：通用技术规范；

——第 2 部分：35kV 变电站 10kV－1000kvar－1%电抗率框架式并联电容器成套装置专用技术规范；

——第 3 部分：35kV 变电站 10kV－1000kvar－12%电抗率框架式并联电容器成套装置专用技术规范；

——第 4 部分：66kV 变电站 10kV－1000kvar－5%电抗率框架式并联电容器成套装置专用技术规范；

——第 5 部分：110（66）kV 变电站 10kV－2000kvar－1%电抗率框架式并联电容器成套装置专用技术规范；

——第 6 部分：110（66）kV 变电站 10kV－2000kvar－5%电抗率框架式并联电容器成套装置专用技术规范；

——第 7 部分：110（66）kV 变电站 10kV－2000kvar－12%电抗率框架式并联电容器成套装置专用技术规范；

——第 8 部分：110（66）kV 变电站 10kV－3000kvar－1%电抗率框架式并联电容器成套装置专用技术规范；

——第 9 部分：110（66）kV 变电站 10kV－3000kvar－5%电抗率框架式并联电容器成套装置专用技术规范；

——第 10 部分：110（66）kV 变电站 10kV－3000kvar－12%电抗率框架式并联电容器成套装置专用技术规范；

——第 11 部分：110（66）kV 变电站 10kV－3600kvar－1%电抗率框架式并联电容器成套装置专用技术规范；

——第 12 部分：110（66）kV 变电站 10kV－3600kvar－5%电抗率框架式并联电容器成套装置专用技术规范；

——第 13 部分：110（66）kV 变电站 10kV－3600kvar－12%电抗率框架式并联电容器成套装置专用技术规范；

——第 14 部分：110（66）kV 变电站 10kV－4000kvar－1%电抗率框架式并联电容器成套装置专用技术规范；

——第 15 部分：110（66）kV 变电站 10kV－4000kvar－5%电抗率框架式并联电容器成套装置专用技术规范；

——第 16 部分：110（66）kV 变电站 10kV－4000kvar－12%电抗率框架式并联电容器成套装置专用技术规范；

——第 17 部分：110（66）kV 变电站 10kV－4800kvar－1%电抗率框架式并联电容器成套装置专用技术规范；

——第 18 部分：110（66）kV 变电站 10kV－4800kvar－5%电抗率框架式并联电容器成套装置专用技术规范；

——第 19 部分：110（66）kV 变电站 10kV－4800kvar－12%电抗率框架式并联电容器成套装置专用技术规范；

——第 20 部分：110（66）kV 变电站 10kV－5000kvar－1%电抗率框架式并联电容器成套装置专用

技术规范；

——第 21 部分：110（66）kV 变电站 10kV－5000kvar－5%电抗率框架式并联电容器成套装置专用技术规范；

——第 22 部分：110（66）kV 变电站 10kV－5000kvar－12%电抗率框架式并联电容器成套装置专用技术规范；

——第 23 部分：110（66）kV 变电站 10kV－6000kvar－1%电抗率框架式并联电容器成套装置专用技术规范；

——第 24 部分：110（66）kV 变电站 10kV－6000kvar－5%电抗率框架式并联电容器成套装置专用技术规范；

——第 25 部分：110（66）kV 变电站 10kV－6000kvar－12%电抗率框架式并联电容器成套装置专用技术规范；

——第 26 部分：220kV 变电站 10kV－8000kvar-5%电抗率框架式并联电容器成套装置专用技术规范；

——第 27 部分：220kV 变电站 10kV－8000kvar－12%电抗率框架式并联电容器成套装置专用技术规范；

——第 28 部分：220kV 变电站 10kV－10Mvar－5%电抗率框架式并联电容器成套装置专用技术规范；

——第 29 部分：220kV 变电站 10kV－10Mvar－12%电抗率框架式并联电容器成套装置专用技术规范；

——第 30 部分：220kV 变电站 35kV－10Mvar－5%电抗率框架式并联电容器成套装置专用技术规范；

——第 31 部分：220kV 变电站 35kV－10Mvar－12%电抗率框架式并联电容器成套装置专用技术规范；

——第 32 部分：330（220）kV 变电站 35kV－20Mvar－5%电抗率框架式并联电容器成套装置专用技术规范；

——第 33 部分：330（220）kV 变电站 35kV－20Mvar－12%电抗率框架式并联电容器成套装置专用技术规范；

——第 34 部分：330kV 变电站 35kV－30Mvar－5%电抗率框架式并联电容器成套装置专用技术规范；

——第 35 部分：330kV 变电站 35kV－30Mvar－12%电抗率框架式并联电容器成套装置专用技术规范；

——第 36 部分：330kV 变电站 35kV－40Mvar－5%电抗率框架式并联电容器成套装置专用技术规范；

——第 37 部分：330kV 变电站 35kV－40Mvar－12%电抗率框架式并联电容器成套装置专用技术规范；

——第 38 部分：500kV 变电站 35kV－60Mvar－5%电抗率框架式并联电容器成套装置专用技术规范；

——第 39 部分：500kV 变电站 35kV－60Mvar－12%电抗率框架式并联电容器成套装置专用技术规范；

——第 40 部分：220kV 变电站 66kV－10Mvar－5%电抗率框架式并联电容器成套装置专用技术规范；

——第 41 部分：220kV 变电站 66kV－10Mvar－12%电抗率框架式并联电容器成套装置专用技术规范；

——第 42 部分：220kV 变电站 66kV－20Mvar－5%电抗率框架式并联电容器成套装置专用技术规范；

——第 43 部分：220kV 变电站 66kV－20Mvar－12%电抗率框架式并联电容器成套装置专用技术规范；

——第 44 部分：220kV 变电站 66kV－25Mvar－5%电抗率框架式并联电容器成套装置专用技术规范；

——第 45 部分：220kV 变电站 66kV－25Mvar－12%电抗率框架式并联电容器成套装置专用技术规范；

——第 46 部分：750（500）kV 变电站 66kV－60Mvar－5%电抗率框架式并联电容器成套装置专用技术规范；

——第 47 部分：750（500）kV 变电站 66kV－60Mvar－12%电抗率框架式并联电容器成套装置专用技术规范；

——第 48 部分：750kV 变电站 66kV－90Mvar－5%电抗率框架式并联电容器成套装置专用技术规范；

——第 49 部分：750kV 变电站 66kV－90Mvar－12%电抗率框架式并联电容器成套装置专用技术规范；

——第 50 部分：750kV 变电站 66kV－120Mvar－5%电抗率框架式并联电容器成套装置专用技术规范；

——第 51 部分：750kV 变电站 66kV－120Mvar－12%电抗率框架式并联电容器成套装置专用技术规范；

——第 52 部分：110（66）kV 变电站 10kV－3000kvar－1%电抗率集合式并联电容器成套装置专用技术规范；

——第 53 部分：110（66）kV 变电站 10kV－3000kvar－5%电抗率集合式并联电容器成套装置专用技术规范；

——第 54 部分：110（66）kV 变电站 10kV－3000kvar－12%电抗率集合式并联电容器成套装置专用技术规范；

——第 55 部分：110（66）kV 变电站 10kV－3600kvar－1%电抗率集合式并联电容器成套装置专用技术规范；

——第 56 部分：110（66）kV 变电站 10kV－3600kvar－5%电抗率集合式并联电容器成套装置专用技术规范；

——第 57 部分：110（66）kV 变电站 10kV－3600kvar－12%电抗率集合式并联电容器成套装置专用技术规范；

——第 58 部分：110（66）kV 变电站 10kV－4800kvar－1%电抗率集合式并联电容器成套装置专用技术规范；

——第 59 部分：110（66）kV 变电站 10kV－4800kvar－5%电抗率集合式并联电容器成套装置专用技术规范；

——第 60 部分：110（66）kV 变电站 10kV－4800kvar－12%电抗率集合式并联电容器成套装置专用技术规范；

——第 61 部分：330（220）kV 变电站 35kV－20Mvar－5%电抗率集合式并联电容器成套装置专用技术规范；

——第 62 部分：330（220）kV 变电站 35kV－20Mvar－12%电抗率集合式并联电容器成套装置专用技术规范；

——第 63 部分：330kV 变电站 35kV－30Mvar－5%电抗率集合式并联电容器成套装置专用技术规范；

——第 64 部分：330kV 变电站 35kV－30Mvar－12%电抗率集合式并联电容器成套装置专用技术规范；

——第 65 部分：500kV 变电站 35kV－60Mvar－5%电抗率集合式并联电容器成套装置专用技术规范；

——第 66 部分：500kV 变电站 35kV－60Mvar－12%电抗率集合式并联电容器成套装置专用技术规范；

——第 67 部分：500kV 变电站 66kV－60Mvar－5%电抗率集合式并联电容器成套装置专用技术规范；

——第 68 部分：500kV 变电站 66kV－60Mvar－12%电抗率集合式并联电容器成套装置专用技术规范；

——第 69 部分：农网变电站 10kV－300kvar－1%电抗率框架式并联电容器成套装置专用技术规范；

——第 70 部分：农网变电站 10kV－300kvar－5%电抗率框架式并联电容器成套装置专用技术规范；

——第 71 部分：农网变电站 10kV－600kvar－1%电抗率框架式并联电容器成套装置专用技术规范；

——第 72 部分：农网变电站 10kV－600kvar－5%电抗率框架式并联电容器成套装置专用技术规范；

——第 73 部分：农网变电站 10kV－1000kvar－1%电抗率框架式并联电容器成套装置专用技术规范；

——第 74 部分：农网变电站 10kV－1000kvar－5%电抗率框架式并联电容器成套装置专用技术规范；

——第 75 部分：农网变电站 10kV－1200kvar－1%电抗率框架式并联电容器成套装置专用技术规范；

——第 76 部分：农网变电站 10kV－1200kvar－5%电抗率框架式并联电容器成套装置专用技术规范；

——第 77 部分：农网变电站 10kV－2000kvar－1%电抗率框架式并联电容器成套装置专用技术规范；

——第 78 部分：农网变电站 10kV－2000kvar－5%电抗率框架式并联电容器成套装置专用技术规范；

——第 79 部分：农网变电站 10kV－3000kvar－1%电抗率框架式并联电容器成套装置专用技术规范；

——第 80 部分：农网变电站 10kV－3000kvar－5%电抗率框架式并联电容器成套装置专用技术规范；

——第 81 部分：农网变电站 10kV－4000kvar－1%电抗率框架式并联电容器成套装置专用技术规范；

——第 82 部分：农网变电站 10kV－4000kvar－5%电抗率框架式并联电容器成套装置专用技术规范；

——第 83 部分：农网变电站 10kV－6000kvar－1%电抗率框架式并联电容器成套装置专用技术规范；

——第 84 部分：农网变电站 10kV－6000kvar－5%电抗率框架式并联电容器成套装置专用技术规范；

——第 85 部分：农网 10kV－150kvar－50kvar 柱上式并联电容器成套装置专用技术规范；

——第 86 部分：农网 10kV－300kvar－50kvar 柱上式并联电容器成套装置专用技术规范；

——第 87 部分：农网 10kV－450kvar－50kvar 柱上式并联电容器成套装置专用技术规范。

本部分为《35kV～750kV 变电站、农网变电站用并联电容器成套装置采购标准》的第 60 部分。

本部分替代 Q/GDW 13053.60—2014，与 Q/GDW 13053.60—2014 相比，主要的技术性差异如下：

——修改了单台电容器短路放电试验的标准参数值；

——修改了单台电容器放电器件性能的标准参数值；

——修改了放电线圈放电性能的标准参数值；

——修改了金属氧化物避雷器标称放电电流下的残压的标准参数值。

本部分由国家电网有限公司物资部提出并解释。

本部分由国家电网有限公司科技部归口。

本部分起草单位：国网冀北电力有限公司，国网吉林省电力有限公司，中国电力科学研究院有限公司。

本部分主要起草人：李卓伦，张建军，路杰，王亚菲，李士雷，葛志成，林浩，黄想，国江，姜胜宝。

本部分 2014 年 5 月首次发布，2018 年 8 月第一次修订。

本部分在执行过程中的意见或建议反馈至国家电网有限公司科技部。

35kV～750kV 变电站、农网变电站用
并联电容器成套装置采购标准
第 60 部分：110（66）kV 变电站 10kV－4800kvar－12%
电抗率集合式并联电容器成套装置专用技术规范

1 范围

本部分规定了 110（66）kV 变电站 10kV－4800kvar－12%电抗率集合式并联电容器成套装置专用技术规范招标的标准技术参数、项目需求及投标人响应的相关内容。

本部分适用于 110（66）kV 变电站 10kV－4800kvar－12%电抗率集合式并联电容器成套装置专用技术规范招标。

2 规范性引用文件

下列文件对于本文件的应用是必不可少的。凡是注日期的引用文件，仅所注日期的版本适用于本文件。凡是不注日期的引用文件，其最新版本（包括所有的修改单）适用于本文件。

Q/GDW 13053.1　35kV～750kV 变电站、农网变电站用并联电容器成套装置采购标准　第 1 部分：通用技术规范

3 术语和定义

下列术语和定义适用于本文件。

3.1

招标人　bidder

提出招标项目，进行招标的法人或其他组织。

3.2

投标人　tenderer

响应招标、参加投标竞争的法人或者其他组织。

3.3

卖方　seller

提供本部分货物和技术服务的法人或其他组织，包括其法定的承继者。

3.4

买方　buyer

购买本部分货物和技术服务的法人或其他组织，包括其法定的承继者和经许可的受让人。

4 标准技术参数

技术参数特性表是国家电网有限公司对采购设备的基础技术参数要求，在招投标过程中，投标人应依据招标文件，对技术参数特性表中标准参数值进行响应。110（66）kV 变电站 10kV－4800kvar－12%电抗率集合式并联电容器成套装置技术参数特性见表 1。装置应满足 Q/GDW 13053.1 的要求。

表 1 技 术 参 数 特 性 表

序号	项　　目	单位	标准参数值
一	并联电容器装置		
1	型号		TBB10－4800/4800－ACW
2	额定电压	kV	10
3	额定容量	kvar	4800
4	额定电抗率	%	12
5	额定相电容	μF	106.2
6	电容器组额定电压（相）	kV	$12/\sqrt{3}$
7	电容器组电容与额定电容偏差	%	0～5
8	电容器组各相电容的最大值与最小值之比		≤1.01
9	电容器组各串联段的最大与最小电容之比		≤1.005
10	接线方式		单星形
11	每相电容器串并联数		—
12	继电保护方式		相电压差动保护
13	初始不平衡电流（或电压）二次计算值		（生产厂家提供）
14	继电保护整定值		（生产厂家提供）
15	装置接线图		—
16	电容器组围栏尺寸 （户内安装时应提供装置高度）	m	（项目单位提供）
17	电容器组进线方向和进线位置		围栏（长或宽）方向 （上或下）进线
18	装置耐受短路电流能力	kA	（项目单位提供）
二	单台集合式电容器		
1	型号		BAMH（$12/2\sqrt{3}$＋$12/2\sqrt{3}$） －4800－3W 或 BFMH （$12/2\sqrt{3}$＋$12/2\sqrt{3}$）－4800－3W
2	额定电压	kV	$12/\sqrt{3}$
3	额定容量	kvar	4800
4	单台集合式电容器内部单元串并数		—
5	爬电比距	mm/kV	（项目单位提供）
注：如采用全密封结构，要求有足够的油补充容量，最高运行温度下，压力不超过 0.05MPa			
三	集合式电容器内部小单台电容器		
1	型号		（投标人提供）
2	额定电压	kV	
3	额定容量	kvar	—
4	设计场强（$K＝1$）	kV/mm	≤50

表 1（续）

序号	项 目	单位	标准参数值
5	局部放电性能	pC	局部放电量≤50
		U_N	温度下限时局部放电熄灭电压不低于1.2
6	温度类别	℃	－/+（项目单位提供）
7	短路放电试验		$2.5U_N$ 直流电压作用下，经电容器端子的最小间隙（短接线长度不应大于1.5m），10min 内放电 5 次，测量放电试验前和电压试验后电容器值，偏差应小于相当于一个元件击穿或一根内熔丝动作之量
8	电容器内部元件串并数及电气接线图		（生产厂家提供）
9	熔丝保护方式		有内熔丝或无熔丝
10	放电器件性能		10min 内从 $\sqrt{2}\,U_N$ 降到 50V
11	固体介质厚度及层数		—
12	浸渍剂		—
13	外绝缘海拔修正耐受试验电压（工频/雷电）	kV/kV	（需要修正时由项目单位提供）
四		放电线圈	
1	型号		FDE（$12/2\sqrt{3}$ ＋$12/2\sqrt{3}$）－1.7－1W（油浸全密封）或 FDGE（$12/2\sqrt{3}$ ＋$12/2\sqrt{3}$）－1.7－1W（干式）
2	一次绕组的额定电压	kV	$12/2\sqrt{3}$ ＋$12/2\sqrt{3}$
3	二次绕组的额定电压	V	100
4	二次绕组的额定容量	VA	50
5	准确级		0.5
6	a. 工频耐受电压（1min）/试验电压	kV/kV	42
	b. 雷电冲击耐受电压/试验电压	kV/kV	75
	c. 一次绕组感应耐受电压		$2.5U_{1N}$/60s
	d. 二次绕组对地工频耐受电压	kV/min	3
7	结构方式		全密封或干式（干式宜户内安装）（项目单位提供）
8	配套电容器容量（相）	kvar	≥1600
9	放电性能		断开电源后，电容器组上的电压在 5s 内由 $\sqrt{2}\,U_N$ 降至 50V 以下 在最大允许容量电容器组的 $1.9\sqrt{2}\,U_N$ 下放电不损坏

表1（续）

序号	项 目	单位	标准参数值
10	外绝缘海拔修正耐受试验电压（工频/雷电）	kV/kV	（需要修正时由项目单位提供）
五	金属氧化物避雷器		
1	型号		YHWR5－17/45（复合）或 YWR5－17/45（瓷）
2	额定电压	kV	17
3	持续运行电压	kV	13.6
4	标称放电电流	kA	5
5	标称放电电流下的残压	kV	45
6	2ms 方波通流容量	A	≥500
7	外绝缘海拔修正耐受试验电压（工频/雷电）	kV/kV	（需要修正时由项目单位提供）
六	支柱绝缘子		
1	额定电压	kV	10
2	额定抗弯强度	N·m	—
3	爬电比距	mm/kV	（项目单位提供）
4	外绝缘海拔修正耐受试验电压（工频/雷电）	kV/kV	（需要修正时由项目单位提供）
5	安装方式		正装
七	隔离开关和接地开关		
1	型号		GW－12/500 或 GN－12/500
2	额定电压	kV	12
3	额定短时耐受电流及持续时间	kA（4s）	（项目单位提供）
4	额定峰值耐受电流	kA	（项目单位提供）
5	额定电流（隔离开关）	A	≥800
6	外绝缘海拔修正耐受试验电压（工频/雷电）	kV/kV	（需要修正时由项目单位提供）
八	串联电抗器		
1	型号		CKDK－10－192/0.83－12（干式空心）或 CKSC－10－576/0.83－12（干式铁芯）
2	额定电压	kV	10
3	额定端电压	kV	0.83
4	额定容量	kvar	192 或 576
5	额定电感	mH	11.4
6	额定电流	A	231.3

表 1（续）

序号	项　　目	单位	标准参数值
7	损耗	kW/kvar	空心≤0.024
			铁芯≤0.012
8	温升	K	≤70
9	电抗率	%	12
10	绝缘水平（工频/雷电）	kV/kV	42/75
11	噪声	dB	≤55
12	电感值偏差	%	0～5
13	外绝缘海拔修正耐受试验电压 （工频/雷电）	kV/kV	（需要修正时由项目单位提供）
14	三相间电感偏差	%	每相电抗与三相平均值的偏差 不大于±2%
15	安装布置方式		项目单位提供户内装置的高度要求

5　组件材料配置表

组件材料配置表包括元件名称、规格形式参数、单位、数量和产地等信息，具体内容和格式根据招标项目情况进行编制。

6　使用环境条件表

典型 110（66）kV 变电站 10kV-4800kvar-5%电抗率集合式并联电容器成套装置使用环境条件见表 2。特殊环境要求根据项目情况进行编制。

表 2　使 用 环 境 条 件 表

序号	名　　称		单位	标准参数值
1	环境温度	最高日温度	℃	40
		最低日温度		−25
		最大日温差		25
2	海拔		m	≤1000
3	太阳辐射强度		W/cm²	0.11
4	污秽等级			Ⅲ（d）
5	覆冰厚度		mm	10
6	风速/风压		（m/s）/Pa	35/700
7	相对湿度	最大日相对湿度	%	≤95
		最大月平均相对湿度		≤90
8	耐受地震能力（指水平加速度，安全系数不小于1.67。 水平加速度应计及设备支架的动力放大系数1.2）		m/s²	2
注：有较严酷使用条件时，如低温、高海拔、重污秽等，项目单位应提出相应差异要求				

7 投标人提供的其他资料

投标人提供的其他资料如下：

a) 耐久性试验报告（应提供）；

b) 保护计算单（应提供）；

c) 抗震计算或试验报告（应提供，10kV 装置除外）；

d) 装置的爆破能量计算单（应提供）；

e) 其他提高装置质量或运行可靠性的研究报告、研究性试验等；

f) 新结构方式等。

ICS 29.240

Q/GDW

国家电网有限公司企业标准

Q/GDW 13053.61—2018
代替 Q/GDW 13053.61—2014

35kV～750kV 变电站、农网变电站用并联电容器成套装置采购标准 第 61 部分：330（220）kV 变电站 35kV-20Mvar-5% 电抗率集合式并联电容器成套装置专用技术规范

Purchasing standard for shunt capacitor installation of 35kV～750kV and rural power network substation
Part 61: Special technical specification for 35kV－20Mvar－5% reactance ratio collective shunt capacitor installation of 330(220)kV substation

2019-06-28发布　　　　　　　　　　　　　　2019-06-28实施

国家电网有限公司　　发　布

目　次

前　言

为规范 330（220）kV 变电站 35kV－20Mvar－5%电抗率集合式并联电容器成套装置的采购，制定本部分。

《35kV～750kV 变电站、农网变电站用并联电容器成套装置采购标准》分为 87 个部分：

——第 1 部分：通用技术规范；

——第 2 部分：35kV 变电站 10kV－1000kvar－1%电抗率框架式并联电容器成套装置专用技术规范；

——第 3 部分：35kV 变电站 10kV－1000kvar－12%电抗率框架式并联电容器成套装置专用技术规范；

——第 4 部分：66kV 变电站 10kV－1000kvar－5%电抗率框架式并联电容器成套装置专用技术规范；

——第 5 部分：110（66）kV 变电站 10kV－2000kvar－1%电抗率框架式并联电容器成套装置专用技术规范；

——第 6 部分：110（66）kV 变电站 10kV－2000kvar－5%电抗率框架式并联电容器成套装置专用技术规范；

——第 7 部分：110（66）kV 变电站 10kV－2000kvar－12%电抗率框架式并联电容器成套装置专用技术规范；

——第 8 部分：110（66）kV 变电站 10kV－3000kvar－1%电抗率框架式并联电容器成套装置专用技术规范；

——第 9 部分：110（66）kV 变电站 10kV－3000kvar－5%电抗率框架式并联电容器成套装置专用技术规范；

——第 10 部分：110（66）kV 变电站 10kV－3000kvar－12%电抗率框架式并联电容器成套装置专用技术规范；

——第 11 部分：110（66）kV 变电站 10kV－3600kvar－1%电抗率框架式并联电容器成套装置专用技术规范；

——第 12 部分：110（66）kV 变电站 10kV－3600kvar－5%电抗率框架式并联电容器成套装置专用技术规范；

——第 13 部分：110（66）kV 变电站 10kV－3600kvar－12%电抗率框架式并联电容器成套装置专用技术规范；

——第 14 部分：110（66）kV 变电站 10kV－4000kvar－1%电抗率框架式并联电容器成套装置专用技术规范；

——第 15 部分：110（66）kV 变电站 10kV－4000kvar－5%电抗率框架式并联电容器成套装置专用技术规范；

——第 16 部分：110（66）kV 变电站 10kV－4000kvar－12%电抗率框架式并联电容器成套装置专用技术规范；

——第 17 部分：110（66）kV 变电站 10kV－4800kvar－1%电抗率框架式并联电容器成套装置专用技术规范；

——第 18 部分：110（66）kV 变电站 10kV－4800kvar－5%电抗率框架式并联电容器成套装置专用技术规范；

——第 19 部分：110（66）kV 变电站 10kV－4800kvar－12%电抗率框架式并联电容器成套装置专用技术规范；

——第 20 部分：110（66）kV 变电站 10kV－5000kvar－1%电抗率框架式并联电容器成套装置专用

技术规范；

——第 21 部分：110（66）kV 变电站 10kV－5000kvar－5%电抗率框架式并联电容器成套装置专用技术规范；

——第 22 部分：110（66）kV 变电站 10kV－5000kvar－12%电抗率框架式并联电容器成套装置专用技术规范；

——第 23 部分：110（66）kV 变电站 10kV－6000kvar－1%电抗率框架式并联电容器成套装置专用技术规范；

——第 24 部分：110（66）kV 变电站 10kV－6000kvar－5%电抗率框架式并联电容器成套装置专用技术规范；

——第 25 部分：110（66）kV 变电站 10kV－6000kvar－12%电抗率框架式并联电容器成套装置专用技术规范；

——第 26 部分：220kV 变电站 10kV－8000kvar－5%电抗率框架式并联电容器成套装置专用技术规范；

——第 27 部分：220kV 变电站 10kV－8000kvar－12%电抗率框架式并联电容器成套装置专用技术规范；

——第 28 部分：220kV 变电站 10kV－10Mvar－5%电抗率框架式并联电容器成套装置专用技术规范；

——第 29 部分：220kV 变电站 10kV－10Mvar－12%电抗率框架式并联电容器成套装置专用技术规范；

——第 30 部分：220kV 变电站 35kV－10Mvar－5%电抗率框架式并联电容器成套装置专用技术规范；

——第 31 部分：220kV 变电站 35kV－10Mvar－12%电抗率框架式并联电容器成套装置专用技术规范；

——第 32 部分：330（220）kV 变电站 35kV－20Mvar－5%电抗率框架式并联电容器成套装置专用技术规范；

——第 33 部分：330（220）kV 变电站 35kV－20Mvar－12%电抗率框架式并联电容器成套装置专用技术规范；

——第 34 部分：330kV 变电站 35kV－30Mvar－5%电抗率框架式并联电容器成套装置专用技术规范；

——第 35 部分：330kV 变电站 35kV－30Mvar－12%电抗率框架式并联电容器成套装置专用技术规范；

——第 36 部分：330kV 变电站 35kV－40Mvar－5%电抗率框架式并联电容器成套装置专用技术规范；

——第 37 部分：330kV 变电站 35kV－40Mvar－12%电抗率框架式并联电容器成套装置专用技术规范；

——第 38 部分：500kV 变电站 35kV－60Mvar－5%电抗率框架式并联电容器成套装置专用技术规范；

——第 39 部分：500kV 变电站 35kV－60Mvar－12%电抗率框架式并联电容器成套装置专用技术规范；

——第 40 部分：220kV 变电站 66kV－10Mvar－5%电抗率框架式并联电容器成套装置专用技术规范；

——第 41 部分：220kV 变电站 66kV－10Mvar－12%电抗率框架式并联电容器成套装置专用技术规范；

——第 42 部分：220kV 变电站 66kV－20Mvar－5%电抗率框架式并联电容器成套装置专用技术规范；

——第 43 部分：220kV 变电站 66kV－20Mvar－12%电抗率框架式并联电容器成套装置专用技术规范；

——第 44 部分：220kV 变电站 66kV－25Mvar－5%电抗率框架式并联电容器成套装置专用技术规范；

——第 45 部分：220kV 变电站 66kV－25Mvar－12%电抗率框架式并联电容器成套装置专用技术规范；

——第 46 部分：750（500）kV 变电站 66kV－60Mvar－5%电抗率框架式并联电容器成套装置专用技术规范；

——第 47 部分：750（500）kV 变电站 66kV－60Mvar－12%电抗率框架式并联电容器成套装置专用技术规范；

——第 48 部分：750kV 变电站 66kV－90Mvar－5%电抗率框架式并联电容器成套装置专用技术规范；

——第 49 部分：750kV 变电站 66kV－90Mvar－12%电抗率框架式并联电容器成套装置专用技术规范；

——第 50 部分：750kV 变电站 66kV－120Mvar－5%电抗率框架式并联电容器成套装置专用技术规范；

——第 51 部分：750kV 变电站 66kV－120Mvar－12%电抗率框架式并联电容器成套装置专用技术规范；

——第 52 部分：110（66）kV 变电站 10kV－3000kvar－1%电抗率集合式并联电容器成套装置专用技术规范；

——第 53 部分：110（66）kV 变电站 10kV－3000kvar－5%电抗率集合式并联电容器成套装置专用技术规范；

——第 54 部分：110（66）kV 变电站 10kV－3000kvar－12%电抗率集合式并联电容器成套装置专用技术规范；

——第 55 部分：110（66）kV 变电站 10kV－3600kvar－1%电抗率集合式并联电容器成套装置专用技术规范；

——第 56 部分：110（66）kV 变电站 10kV－3600kvar－5%电抗率集合式并联电容器成套装置专用技术规范；

——第 57 部分：110（66）kV 变电站 10kV－3600kvar－12%电抗率集合式并联电容器成套装置专用技术规范；

——第 58 部分：110（66）kV 变电站 10kV－4800kvar－1%电抗率集合式并联电容器成套装置专用技术规范；

——第 59 部分：110（66）kV 变电站 10kV－4800kvar－5%电抗率集合式并联电容器成套装置专用技术规范；

——第 60 部分：110（66）kV 变电站 10kV－4800kvar－12%电抗率集合式并联电容器成套装置专用技术规范；

——第 61 部分：330（220）kV 变电站 35kV－20Mvar－5%电抗率集合式并联电容器成套装置专用技术规范；

——第 62 部分：330（220）kV 变电站 35kV－20Mvar－12%电抗率集合式并联电容器成套装置专用技术规范；

——第 63 部分：330kV 变电站 35kV－30Mvar－5%电抗率集合式并联电容器成套装置专用技术规范；
——第 64 部分：330kV 变电站 35kV－30Mvar－12%电抗率集合式并联电容器成套装置专用技术规范；
——第 65 部分：500kV 变电站 35kV－60Mvar－5%电抗率集合式并联电容器成套装置专用技术规范；
——第 66 部分：500kV 变电站 35kV－60Mvar－12%电抗率集合式并联电容器成套装置专用技术规范；
——第 67 部分：500kV 变电站 66kV－60Mvar－5%电抗率集合式并联电容器成套装置专用技术规范；
——第 68 部分：500kV 变电站 66kV－60Mvar－12%电抗率集合式并联电容器成套装置专用技术规范；
——第 69 部分：农网变电站 10kV－300kvar－1%电抗率框架式并联电容器成套装置专用技术规范；
——第 70 部分：农网变电站 10kV－300kvar－5%电抗率框架式并联电容器成套装置专用技术规范；
——第 71 部分：农网变电站 10kV－600kvar－1%电抗率框架式并联电容器成套装置专用技术规范；
——第 72 部分：农网变电站 10kV－600kvar－5%电抗率框架式并联电容器成套装置专用技术规范；
——第 73 部分：农网变电站 10kV－1000kvar－1%电抗率框架式并联电容器成套装置专用技术规范；
——第 74 部分：农网变电站 10kV－1000kvar－5%电抗率框架式并联电容器成套装置专用技术规范；
——第 75 部分：农网变电站 10kV－1200kvar－1%电抗率框架式并联电容器成套装置专用技术规范；
——第 76 部分：农网变电站 10kV－1200kvar－5%电抗率框架式并联电容器成套装置专用技术规范；
——第 77 部分：农网变电站 10kV－2000kvar－1%电抗率框架式并联电容器成套装置专用技术规范；
——第 78 部分：农网变电站 10kV－2000kvar－5%电抗率框架式并联电容器成套装置专用技术规范；
——第 79 部分：农网变电站 10kV－3000kvar－1%电抗率框架式并联电容器成套装置专用技术规范；
——第 80 部分：农网变电站 10kV－3000kvar－5%电抗率框架式并联电容器成套装置专用技术规范；
——第 81 部分：农网变电站 10kV－4000kvar－1%电抗率框架式并联电容器成套装置专用技术规范；
——第 82 部分：农网变电站 10kV－4000kvar－5%电抗率框架式并联电容器成套装置专用技术规范；
——第 83 部分：农网变电站 10kV－6000kvar－1%电抗率框架式并联电容器成套装置专用技术规范；
——第 84 部分：农网变电站 10kV－6000kvar－5%电抗率框架式并联电容器成套装置专用技术规范；
——第 85 部分：农网 10kV－150kvar－50kvar 柱上式并联电容器成套装置专用技术规范；

——第 86 部分：农网 10kV－300kvar－50kvar 柱上式并联电容器成套装置专用技术规范；

——第 87 部分：农网 10kV－450kvar－50kvar 柱上式并联电容器成套装置专用技术规范。

本部分为《35kV～750kV 变电站、农网变电站用并联电容器成套装置采购标准》的第 61 部分。

本部分替代 Q/GDW 13053.61—2014，与 Q/GDW 13053.61—2014 相比，主要的技术性差异如下：

——修改了单台电容器短路放电试验的标准参数值；

——修改了单台电容器放电器件性能的标准参数值；

——修改了放电线圈放电性能的标准参数值；

——修改了金属氧化物避雷器标称放电电流下的残压的标准参数值。

本部分由国家电网有限公司物资部提出并解释。

本部分由国家电网有限公司科技部归口。

本部分起草单位：国网冀北电力有限公司，国网吉林省电力有限公司，中国电力科学研究院有限公司。

本部分主要起草人：林浩，国江，黄想，姜胜宝，张建军，路杰，王亚菲，李士雷，李卓伦，葛志成。

本部分 2014 年 5 月首次发布，2018 年 8 月第一次修订。

本部分在执行过程中的意见或建议反馈至国家电网有限公司科技部。

35kV～750kV 变电站、农网变电站用
并联电容器成套装置采购标准
第 61 部分：330（220）kV 变电站 35kV−20Mvar−5%
电抗率集合式并联电容器成套装置专用技术规范

1 范围

本部分规定了 330（220）kV 变电站 35kV−20Mvar−5%电抗率集合式并联电容器成套装置专用技术规范招标的标准技术参数、项目需求及投标人响应的相关内容。

本部分适用于 330（220）kV 变电站 35kV−20Mvar−5%电抗率集合式并联电容器成套装置专用技术规范招标。

2 规范性引用文件

下列文件对于本文件的应用是必不可少的。凡是注日期的引用文件，仅所注日期的版本适用于本文件。凡是不注日期的引用文件，其最新版本（包括所有的修改单）适用于本文件。

Q/GDW 13053.1　35kV～750kV 变电站、农网变电站用并联电容器成套装置采购标准　第 1 部分：通用技术规范

3 术语和定义

下列术语和定义适用于本文件。

3.1
招标人　bidder
提出招标项目，进行招标的法人或其他组织。

3.2
投标人　tenderer
响应招标、参加投标竞争的法人或者其他组织。

3.3
卖方　seller
提供本部分货物和技术服务的法人或其他组织，包括其法定的承继者。

3.4
买方　buyer
购买本部分货物和技术服务的法人或其他组织，包括其法定的承继者和经许可的受让人。

4 标准技术参数

技术参数特性表是国家电网有限公司对采购设备的基础技术参数要求，在招投标过程中，投标人应依据招标文件，对技术参数特性表中标准参数值进行响应。330（220）kV 变电站 35kV−20Mvar−5%电抗率集合式并联电容器成套装置技术参数特性见表 1。装置应满足 Q/GDW 13053.1 的要求。

表 1 技 术 参 数 特 性 表

序号	项 目	单位	标准参数值
一	并联电容器装置		
1	型号		TBB35－20000/6667－ACW
2	额定电压	kV	35
3	额定容量	kvar	20 001
4	额定电抗率	%	5
5	额定相电容	μF	43.9
6	电容器组额定电压（相）	kV	$38.5/\sqrt{3}$
7	电容器组电容与额定电容偏差	%	0～5
8	电容器组各相电容的最大值与最小值之比		≤1.01
9	电容器组各串联段的最大与最小电容之比		≤1.005
10	接线方式		单星形
11	每相电容器串并联数		—
12	继电保护方式		相电压差动保护
13	初始不平衡电流（或电压）二次计算值		（生产厂家提供）
14	继电保护整定值		（生产厂家提供）
15	装置接线图		—
16	电容器组围栏尺寸 （户内安装时应提供装置高度）	m	（项目单位提供）
17	电容器组进线方向和进线位置		围栏（长或宽）方向 （上或下）进线
18	装置耐受短路电流能力	kA	（项目单位提供）
二	单台集合式电容器		
1	型号		BAMH（$38.5/2\sqrt{3}+38.5/$ $2\sqrt{3}$）－6667－1W 或 BFMH （$38.5/2\sqrt{3}+38.5/2\sqrt{3}$）－6667－1W
2	额定电压	kV	$38.5/2\sqrt{3}+38.5/2\sqrt{3}$
3	额定容量	kvar	6667
4	单台集合式电容器内部单元串并数		—
5	爬电比距	mm/kV	（项目单位提供）
注：如采用全密封结构，要求有足够的油补充容量，最高运行温度下，压力不超过 0.05MPa			
三	集合式电容器内部小单台电容器		
1	型号		（投标人提供）
2	额定电压	kV	—
3	额定容量	kvar	—
4	设计场强（$K＝1$）	kV/mm	≤50

表1（续）

序号	项目	单位	标准参数值
5	局部放电性能	pC	局部放电量≤50
		U_N	温度下限时局部放电熄灭电压不低于1.2
6	温度类别	℃	−/+（项目单位提供）
7	短路放电试验		$2.5U_N$直流电压作用下，经电容器端子的最小间隙（短接线长度不应大于1.5m），10min内放电5次，测量放电试验前和电压试验后电容器值，偏差应小于相当于一个元件击穿或一根内熔丝动作之量
8	电容器内部元件串并数及电气接线图		（生产厂家提供）
9	熔丝保护方式		有内熔丝或无熔丝
10	放电器件性能		10min内从$\sqrt{2}\,U_N$降到50V
11	固体介质厚度及层数		—
12	浸渍剂		—
13	外绝缘海拔修正耐受试验电压（工频/雷电）	kV/kV	（需要修正时由项目单位提供）
四		放电线圈	
1	型号		FDE（$38.5/2\sqrt{3}$＋$38.5/2\sqrt{3}$）－8.0－1W（油浸全密封）
2	一次绕组的额定电压	kV	$38.5/2\sqrt{3}$＋$38.5/2\sqrt{3}$
3	二次绕组的额定电压	V	100
4	二次绕组的额定容量	VA	50
5	准确级		0.5
6	a. 工频耐受电压（1min）/试验电压	kV/kV	95
	b. 雷电冲击耐受电压/试验电压	kV/kV	200
	c. 一次绕组感应耐受电压		$2.5U_{1N}$/60s
	d. 二次绕组对地工频耐受电压	kV/min	3
7	结构方式		全密封（项目单位提供）
8	配套电容器容量（相）	kvar	≥6667
9	放电性能		断开电源后，电容器组上的电压在5s内由$\sqrt{2}\,U_N$降至50V以下 在最大允许容量电容器组的$1.9\sqrt{2}\,U_N$下放电不损坏
10	外绝缘海拔修正耐受试验电压（工频/雷电）	kV/kV	（需要修正时由项目单位提供）
五		金属氧化物避雷器	
1	型号		YHWR5－51/134（复合）或 YWR5－51/134（瓷）

表1（续）

序号	项 目	单位	标准参数值	
2	额定电压	kV	51	
3	持续运行电压	kV	40.8	
4	标称放电电流	kA	5	
5	标称放电电流下的残压	kV	134	
6	2ms 方波通流容量	A	≥500	
7	外绝缘海拔修正耐受试验电压（工频/雷电）	kV/kV	（需要修正时由项目单位提供）	
六	支柱绝缘子			
1	额定电压	kV	35	
2	额定抗弯强度	N·m	—	
3	爬电比距	mm/kV	（项目单位提供）	
4	外绝缘海拔修正耐受试验电压（工频/雷电）	kV/kV	（需要修正时由项目单位提供）	
5	安装方式		正装	
七	隔离开关和接地开关			
1	型号		GW－40.5/630 或 GN－40.5/630	
2	额定电压	kV	40.5	
3	额定短时耐受电流及持续时间	kA（4s）	（项目单位提供）	
4	额定峰值耐受电流	kA	（项目单位提供）	
5	额定电流（隔离开关）	A	≥600	
6	外绝缘海拔修正耐受试验电压（工频/雷电）	kV/kV	（需要修正时由项目单位提供）	
八	串联电抗器			
1	型号		CKDK－35－333.4/1.1－5（干式空心）	CKSQ－35－1000/1.1－5（油浸）
2	额定电压	kV	35	35
3	额定端电压	kV	1.1	1.1
4	额定容量	kvar	333.4	1000
5	额定电感	mH	11.6	11.6
6	额定电流	A	303	303
7	损耗	kW/kvar	空心≤0.02	≤0.009
8	温升	K	≤70	≤60
9	电抗率	%	5	5
10	绝缘水平（工频/雷电）	kV/kV	95/200	85/200

表 1（续）

序号	项 目	单位	标准参数值	
11	噪声	dB	≤55	≤60
12	电感值偏差	%	0～5	0～5
13	外绝缘海拔修正耐受试验电压 （工频/雷电）	kV/kV	（需要修正时由项目 单位提供）	（需要修正时由项目 单位提供）
14	三相间电感偏差	%	每相电抗与三相平均 值的偏差不大于 ±2%	每相电抗与三相平均 值的偏差不大于 ±2%
15	安装布置方式		（项目单位提供）	（项目单位提供）

5 组件材料配置表

组件材料配置表包括元件名称、规格形式参数、单位、数量和产地等信息，具体内容和格式根据招标项目情况进行编制。

6 使用环境条件表

典型 330（220）kV 变电站 35kV-20Mvar-5%电抗率集合式并联电容器成套装置使用环境条件见表 2。特殊环境要求根据项目情况进行编制。

表 2 使 用 环 境 条 件 表

序号	名 称		单位	标准参数值
1	环境温度	最高日温度	℃	40
		最低日温度		−25
		最大日温差		25
2	海拔		m	≤1000
3	太阳辐射强度		W/cm²	0.11
4	污秽等级			Ⅲ（d）
5	覆冰厚度		mm	10
6	风速/风压		（m/s）/Pa	35/700
7	相对湿度	最大日相对湿度	%	≤95
		最大月平均相对湿度		≤90
8	耐受地震能力（指水平加速度，安全系数不小于 1.67。 水平加速度应计及设备支架的动力放大系数 1.2）		m/s²	2
注：有较严酷使用条件时，如低温、高海拔、重污秽等，项目单位应提出相应差异要求				

7 投标人提供的其他资料

投标人提供的其他资料如下：

a） 耐久性试验报告（应提供）；

b) 保护计算单（应提供）；

c) 抗震计算或试验报告（应提供，10kV 装置除外）；

d) 装置的爆破能量计算单（应提供）；

e) 其他提高装置质量或运行可靠性的研究报告、研究性试验等；

f) 新结构方式等。

ICS 29.240

Q/GDW

国家电网有限公司企业标准

Q/GDW 13053.62—2018
代替 Q/GDW 13053.62—2014

35kV～750kV 变电站、农网变电站用

并联电容器成套装置采购标准

第 62 部分：330（220）kV 变电站

35kV-20Mvar-12%电抗率集合式

并联电容器成套装置专用技术规范

Purchasing standard for shunt capacitor installation of 35kV～750kV
and rural power network substation
Part 62: Special technical specification for 35kV–20Mvar–12% reactance
ratio collective shunt capacitor installation of 330（220）kV substation

2019-06-28发布　　　　　　　　　　　　　　　　2019-06-28实施

国家电网有限公司　　发 布

目　次

前　　言

为规范 330（220）kV 变电站 35kV－20Mvar－12%电抗率集合式并联电容器成套装置的采购，制定本部分。

《35kV～750kV 变电站、农网变电站用并联电容器成套装置采购标准》分为 87 个部分：

——第 1 部分：通用技术规范；

——第 2 部分：35kV 变电站 10kV－1000kvar－1%电抗率框架式并联电容器成套装置专用技术规范；

——第 3 部分：35kV 变电站 10kV－1000kvar－12%电抗率框架式并联电容器成套装置专用技术规范；

——第 4 部分：66kV 变电站 10kV－1000kvar－5%电抗率框架式并联电容器成套装置专用技术规范；

——第 5 部分：110（66）kV 变电站 10kV－2000kvar－1%电抗率框架式并联电容器成套装置专用技术规范；

——第 6 部分：110（66）kV 变电站 10kV－2000kvar－5%电抗率框架式并联电容器成套装置专用技术规范；

——第 7 部分：110（66）kV 变电站 10kV－2000kvar－12%电抗率框架式并联电容器成套装置专用技术规范；

——第 8 部分：110（66）kV 变电站 10kV－3000kvar－1%电抗率框架式并联电容器成套装置专用技术规范；

——第 9 部分：110（66）kV 变电站 10kV－3000kvar－5%电抗率框架式并联电容器成套装置专用技术规范；

——第 10 部分：110（66）kV 变电站 10kV－3000kvar－12%电抗率框架式并联电容器成套装置专用技术规范；

——第 11 部分：110（66）kV 变电站 10kV－3600kvar－1%电抗率框架式并联电容器成套装置专用技术规范；

——第 12 部分：110（66）kV 变电站 10kV－3600kvar－5%电抗率框架式并联电容器成套装置专用技术规范；

——第 13 部分：110（66）kV 变电站 10kV－3600kvar－12%电抗率框架式并联电容器成套装置专用技术规范；

——第 14 部分：110（66）kV 变电站 10kV－4000kvar－1%电抗率框架式并联电容器成套装置专用技术规范；

——第 15 部分：110（66）kV 变电站 10kV－4000kvar－5%电抗率框架式并联电容器成套装置专用技术规范；

——第 16 部分：110（66）kV 变电站 10kV－4000kvar－12%电抗率框架式并联电容器成套装置专用技术规范；

——第 17 部分：110（66）kV 变电站 10kV－4800kvar－1%电抗率框架式并联电容器成套装置专用技术规范；

——第 18 部分：110（66）kV 变电站 10kV－4800kvar－5%电抗率框架式并联电容器成套装置专用技术规范；

——第 19 部分：110（66）kV 变电站 10kV－4800kvar－12%电抗率框架式并联电容器成套装置专用技术规范；

——第 20 部分：110（66）kV 变电站 10kV－5000kvar－1%电抗率框架式并联电容器成套装置专用

技术规范；

——第 21 部分：110（66）kV 变电站 10kV－5000kvar－5%电抗率框架式并联电容器成套装置专用技术规范；

——第 22 部分：110（66）kV 变电站 10kV－5000kvar－12%电抗率框架式并联电容器成套装置专用技术规范；

——第 23 部分：110（66）kV 变电站 10kV－6000kvar－1%电抗率框架式并联电容器成套装置专用技术规范；

——第 24 部分：110（66）kV 变电站 10kV－6000kvar－5%电抗率框架式并联电容器成套装置专用技术规范；

——第 25 部分：110（66）kV 变电站 10kV－6000kvar－12%电抗率框架式并联电容器成套装置专用技术规范；

——第 26 部分：220kV 变电站 10kV－8000kvar－5%电抗率框架式并联电容器成套装置专用技术规范；

——第 27 部分：220kV 变电站 10kV－8000kvar－12%电抗率框架式并联电容器成套装置专用技术规范；

——第 28 部分：220kV 变电站 10kV－10Mvar－5%电抗率框架式并联电容器成套装置专用技术规范；

——第 29 部分：220kV 变电站 10kV－10Mvar－12%电抗率框架式并联电容器成套装置专用技术规范；

——第 30 部分：220kV 变电站 35kV－10Mvar－5%电抗率框架式并联电容器成套装置专用技术规范；

——第 31 部分：220kV 变电站 35kV－10Mvar－12%电抗率框架式并联电容器成套装置专用技术规范；

——第 32 部分：330（220）kV 变电站 35kV－20Mvar－5%电抗率框架式并联电容器成套装置专用技术规范；

——第 33 部分：330（220）kV 变电站 35kV－20Mvar－12%电抗率框架式并联电容器成套装置专用技术规范；

——第 34 部分：330kV 变电站 35kV－30Mvar－5%电抗率框架式并联电容器成套装置专用技术规范；

——第 35 部分：330kV 变电站 35kV－30Mvar－12%电抗率框架式并联电容器成套装置专用技术规范；

——第 36 部分：330kV 变电站 35kV－40Mvar－5%电抗率框架式并联电容器成套装置专用技术规范；

——第 37 部分：330kV 变电站 35kV－40Mvar－12%电抗率框架式并联电容器成套装置专用技术规范；

——第 38 部分：500kV 变电站 35kV－60Mvar－5%电抗率框架式并联电容器成套装置专用技术规范；

——第 39 部分：500kV 变电站 35kV－60Mvar－12%电抗率框架式并联电容器成套装置专用技术规范；

——第 40 部分：220kV 变电站 66kV－10Mvar－5%电抗率框架式并联电容器成套装置专用技术规范；

——第 41 部分：220kV 变电站 66kV－10Mvar－12%电抗率框架式并联电容器成套装置专用技术规范；

——第 42 部分：220kV 变电站 66kV－20Mvar－5%电抗率框架式并联电容器成套装置专用技术规范；

——第 43 部分：220kV 变电站 66kV－20Mvar－12%电抗率框架式并联电容器成套装置专用技术规范；

——第 44 部分：220kV 变电站 66kV－25Mvar－5%电抗率框架式并联电容器成套装置专用技术规范；

——第 45 部分：220kV 变电站 66kV－25Mvar－12%电抗率框架式并联电容器成套装置专用技术规范；

——第 46 部分：750（500）kV 变电站 66kV－60Mvar－5%电抗率框架式并联电容器成套装置专用技术规范；

——第 47 部分：750（500）kV 变电站 66kV－60Mvar－12%电抗率框架式并联电容器成套装置专用技术规范；

——第 48 部分：750kV 变电站 66kV－90Mvar－5%电抗率框架式并联电容器成套装置专用技术规范；

——第 49 部分：750kV 变电站 66kV－90Mvar－12%电抗率框架式并联电容器成套装置专用技术规范；

——第 50 部分：750kV 变电站 66kV－120Mvar－5%电抗率框架式并联电容器成套装置专用技术规范；

——第 51 部分：750kV 变电站 66kV－120Mvar－12%电抗率框架式并联电容器成套装置专用技术规范；

——第 52 部分：110（66）kV 变电站 10kV－3000kvar－1%电抗率集合式并联电容器成套装置专用技术规范；

——第 53 部分：110（66）kV 变电站 10kV－3000kvar－5%电抗率集合式并联电容器成套装置专用技术规范；

——第 54 部分：110（66）kV 变电站 10kV－3000kvar－12%电抗率集合式并联电容器成套装置专用技术规范；

——第 55 部分：110（66）kV 变电站 10kV－3600kvar－1%电抗率集合式并联电容器成套装置专用技术规范；

——第 56 部分：110（66）kV 变电站 10kV－3600kvar－5%电抗率集合式并联电容器成套装置专用技术规范；

——第 57 部分：110（66）kV 变电站 10kV－3600kvar－12%电抗率集合式并联电容器成套装置专用技术规范；

——第 58 部分：110（66）kV 变电站 10kV－4800kvar－1%电抗率集合式并联电容器成套装置专用技术规范；

——第 59 部分：110（66）kV 变电站 10kV－4800kvar－5%电抗率集合式并联电容器成套装置专用技术规范；

——第 60 部分：110（66）kV 变电站 10kV－4800kvar－12%电抗率集合式并联电容器成套装置专用技术规范；

——第 61 部分：330（220）kV 变电站 35kV－20Mvar－5%电抗率集合式并联电容器成套装置专用技术规范；

——第 62 部分：330（220）kV 变电站 35kV－20Mvar－12%电抗率集合式并联电容器成套装置专用技术规范；

——第 63 部分：330kV 变电站 35kV－30Mvar－5%电抗率集合式并联电容器成套装置专用技术规范；

——第 64 部分：330kV 变电站 35kV－30Mvar－12%电抗率集合式并联电容器成套装置专用技术规范；

——第 65 部分：500kV 变电站 35kV－60Mvar－5%电抗率集合式并联电容器成套装置专用技术规范；

——第 66 部分：500kV 变电站 35kV－60Mvar－12%电抗率集合式并联电容器成套装置专用技术规范；

——第 67 部分：500kV 变电站 66kV－60Mvar－5%电抗率集合式并联电容器成套装置专用技术规范；

——第 68 部分：500kV 变电站 66kV－60Mvar－12%电抗率集合式并联电容器成套装置专用技术规范；

——第 69 部分：农网变电站 10kV－300kvar－1%电抗率框架式并联电容器成套装置专用技术规范；

——第 70 部分：农网变电站 10kV－300kvar－5%电抗率框架式并联电容器成套装置专用技术规范；

——第 71 部分：农网变电站 10kV－600kvar－1%电抗率框架式并联电容器成套装置专用技术规范；

——第 72 部分：农网变电站 10kV－600kvar－5%电抗率框架式并联电容器成套装置专用技术规范；

——第 73 部分：农网变电站 10kV－1000kvar－1%电抗率框架式并联电容器成套装置专用技术规范；

——第 74 部分：农网变电站 10kV－1000kvar－5%电抗率框架式并联电容器成套装置专用技术规范；

——第 75 部分：农网变电站 10kV－1200kvar－1%电抗率框架式并联电容器成套装置专用技术规范；

——第 76 部分：农网变电站 10kV－1200kvar－5%电抗率框架式并联电容器成套装置专用技术规范；

——第 77 部分：农网变电站 10kV－2000kvar－1%电抗率框架式并联电容器成套装置专用技术规范；

——第 78 部分：农网变电站 10kV－2000kvar－5%电抗率框架式并联电容器成套装置专用技术规范；

——第 79 部分：农网变电站 10kV－3000kvar－1%电抗率框架式并联电容器成套装置专用技术规范；

——第 80 部分：农网变电站 10kV－3000kvar－5%电抗率框架式并联电容器成套装置专用技术规范；

——第 81 部分：农网变电站 10kV－4000kvar－1%电抗率框架式并联电容器成套装置专用技术规范；

——第 82 部分：农网变电站 10kV－4000kvar－5%电抗率框架式并联电容器成套装置专用技术规范；

——第 83 部分：农网变电站 10kV－6000kvar－1%电抗率框架式并联电容器成套装置专用技术规范；

——第 84 部分：农网变电站 10kV－6000kvar－5%电抗率框架式并联电容器成套装置专用技术规范；

——第 85 部分：农网 10kV－150kvar－50kvar 柱上式并联电容器成套装置专用技术规范；

——第 86 部分：农网 10kV－300kvar－50kvar 柱上式并联电容器成套装置专用技术规范；

——第 87 部分：农网 10kV－450kvar－50kvar 柱上式并联电容器成套装置专用技术规范。

本部分为《35kV～750kV 变电站、农网变电站用并联电容器成套装置采购标准》的第 62 部分。

本部分替代 Q/GDW 13053.62—2014，与 Q/GDW 13053.62—2014 相比，主要的技术性差异如下：

——修改了单台电容器短路放电试验的标准参数值；

——修改了单台电容器放电器件性能的标准参数值；

——修改了放电线圈放电性能的标准参数值；

——修改了金属氧化物避雷器标称放电电流下的残压的标准参数值。

本部分由国家电网有限公司物资部提出并解释。

本部分由国家电网有限公司科技部归口。

本部分起草单位：国网冀北电力有限公司，国网吉林省电力有限公司，中国电力科学研究院有限公司。

本部分主要起草人：林浩，国江，黄想，姜胜宝，张建军，路杰，王亚菲，李士雷，李卓伦，葛志成。

本部分 2014 年 5 月首次发布，2018 年 8 月第一次修订。

本部分在执行过程中的意见或建议反馈至国家电网有限公司科技部。

35kV～750kV 变电站、农网变电站用
并联电容器成套装置采购标准
第 62 部分：330（220）kV 变电站 35kV－20Mvar－12%
电抗率集合式并联电容器成套装置专用技术规范

1 范围

本部分规定了 330（220）kV 变电站 35kV－20Mvar－12%电抗率集合式并联电容器成套装置专用技术规范招标的标准技术参数、项目需求及投标人响应的相关内容。

本部分适用于 330（220）kV 变电站 35kV－20Mvar－12%电抗率集合式并联电容器成套装置专用技术规范招标。

2 规范性引用文件

下列文件对于本文件的应用是必不可少的。凡是注日期的引用文件，仅所注日期的版本适用于本文件。凡是不注日期的引用文件，其最新版本（包括所有的修改单）适用于本文件。

Q/GDW 13053.1　35kV～750kV 变电站、农网变电站用并联电容器成套装置采购标准　第 1 部分：通用技术规范

3 术语和定义

下列术语和定义适用于本文件。

3.1
招标人　bidder
提出招标项目，进行招标的法人或其他组织。

3.2
投标人　tenderer
响应招标、参加投标竞争的法人或者其他组织。

3.3
卖方　seller
提供本部分货物和技术服务的法人或其他组织，包括其法定的承继者。

3.4
买方　buyer
购买本部分货物和技术服务的法人或其他组织，包括其法定的承继者和经许可的受让人。

4 标准技术参数

技术参数特性表是国家电网有限公司对采购设备的基础技术参数要求，在招投标过程中，投标人应依据招标文件，对技术参数特性表中标准参数值进行响应。330（220）kV 变电站 35kV－20Mvar－12%电抗率集合式并联电容器成套装置技术参数特性见表 1。装置应满足 Q/GDW 13053.1 的要求。

表 1 技 术 参 数 特 性 表

序号	项　　目	单位	标准参数值
一	并联电容器装置		
1	型号		TBB35－20000/6667－ACW
2	额定电压	kV	35
3	额定容量	kvar	20 001
4	额定电抗率	%	12
5	额定相电容	μF	36.8
6	电容器组额定电压（相）	kV	$42/\sqrt{3}$
7	电容器组电容与额定电容偏差	%	0～5
8	电容器组各相电容的最大值与最小值之比		≤1.01
9	电容器组各串联段的最大与最小电容之比		≤1.005
10	接线方式		单星形
11	每相电容器串并联数		—
12	继电保护方式		相电压差动保护
13	初始不平衡电流（或电压）二次计算值		（生产厂家提供）
14	继电保护整定值		（生产厂家提供）
15	装置接线图		—
16	电容器组围栏尺寸 （户内安装时应提供装置高度）	m	（项目单位提供）
17	电容器组进线方向和进线位置		围栏（长或宽）方向 （上或下）进线
18	装置耐受短路电流能力	kA	（项目单位提供）
二	单台集合式电容器		
1	型号		BAMH（$42/2\sqrt{3}$＋$42/2\sqrt{3}$）－6667－1W 或 BFMH（$42/2\sqrt{3}$＋$42/2\sqrt{3}$）－6667－1W
2	额定电压	kV	$42/2\sqrt{3}$＋$42/2\sqrt{3}$
3	额定容量	kvar	6667
4	单台集合式电容器内部单元串并数		—
5	爬电比距	mm/kV	（项目单位提供）
注：如采用全密封结构，要求有足够的油补充容量，最高运行温度下，压力不超过 0.05MPa			
三	集合式电容器内部小单台电容器		
1	型号		（投标人提供）
2	额定电压	kV	—
3	额定容量	kvar	—
4	设计场强（K＝1）	kV/mm	≤50
5	局部放电性能	pC	局部放电量≤50
		U_N	温度下限时局部放电熄灭电压不低于1.2

表1（续）

序号	项　目	单位	标准参数值
6	温度类别	℃	−/+（项目单位提供）
7	短路放电试验		$2.5U_N$ 直流电压作用下，经电容器端子的最小间隙（短接线长度不应大于 1.5m），10min 内放电 5 次，测量放电试验前和电压试验后电容器值，偏差应小于相当于一个元件击穿或一根内熔丝动作之量
8	电容器内部元件串并数及电气接线图		（生产厂家提供）
9	熔丝保护方式		有内熔丝或无熔丝
10	放电器件性能		10min 内从 $\sqrt{2}\,U_N$ 降到 50V
11	固体介质厚度及层数		—
12	浸渍剂		—
13	外绝缘海拔修正耐受试验电压（工频/雷电）	kV/kV	（需要修正时由项目单位提供）
四			放电线圈
1	型号		FDE（$42/2\sqrt{3}$＋$42/2\sqrt{3}$）−8.0−1W（油浸全密封）
2	一次绕组的额定电压	kV	$42/2\sqrt{3}$＋$42/2\sqrt{3}$
3	二次绕组的额定电压	V	100
4	二次绕组的额定容量	VA	50
5	准确级		0.5
6	a. 工频耐受电压（1min）/试验电压	kV/kV	95
	b. 雷电冲击耐受电压/试验电压	kV/kV	200
	c. 一次绕组感应耐受电压		$2.5U_{1N}$/60s
	d. 二次绕组对地工频耐受电压	kV/min	3
7	结构方式		全密封（项目单位提供）
8	配套电容器容量（相）	kvar	≥6667
9	放电性能		断开电源后，电容器组上的电压在 5s 内由 $\sqrt{2}\,U_N$ 降至 50V 以下 在最大允许容量电容器组的 $1.9\sqrt{2}\,U_N$ 下放电不损坏
10	外绝缘海拔修正耐受试验电压（工频/雷电）	kV/kV	（需要修正时由项目单位提供）
五			金属氧化物避雷器
1	型号		YHWR5−51/134（复合）或 YWR5−51/134（瓷）
2	额定电压	kV	51

表1（续）

序号	项　　目	单位	标准参数值	
3	持续运行电压	kV	40.8	
4	标称放电电流	kA	5	
5	标称放电电流下的残压	kV	134	
6	2ms 方波通流容量	A	≥500	
7	外绝缘海拔修正耐受试验电压（工频/雷电）	kV/kV	（需要修正时由项目单位提供）	
六	支柱绝缘子			
1	额定电压	kV	35	
2	额定抗弯强度	N·m	—	
3	爬电比距	mm/kV	（项目单位提供）	
4	外绝缘海拔修正耐受试验电压（工频/雷电）	kV/kV	（需要修正时由项目单位提供）	
5	安装方式		正装	
七	隔离开关和接地开关			
1	型号		GW－40.5/630 或 GW－40.5/630	
2	额定电压	kV	40.5	
3	额定短时耐受电流及持续时间	kA（4s）	（项目单位提供）	
4	额定峰值耐受电流	kA	（项目单位提供）	
5	额定电流（隔离开关）	A	≥600	
6	外绝缘海拔修正耐受试验电压（工频/雷电）	kV/kV	（需要修正时由项目单位提供）	
八	串联电抗器			
1	型号		CKDK－35－800/2.88－12（干式空心）	CKSQ－35－2400/2.88－12（油浸）
2	额定电压	kV	35	35
3	额定端电压	kV	2.88	2.88
4	额定容量	kvar	800	2400
5	额定电感	mH	33.1	33.1
6	额定电流	A	278	278
7	损耗	kW/kvar	空心≤0.016 铁芯≤0.008	≤0.007
8	温升	K	≤70	≤60
9	电抗率	%	12	12
10	绝缘水平（工频/雷电）	kV/kV	95/200	85/200

表 1（续）

序号	项 目	单位	标准参数值	
11	噪声	dB	≤55	≤66
12	电感值偏差	%	0～5	0～5
13	外绝缘海拔修正耐受试验电压（工频/雷电）	kV/kV	（需要修正时由项目单位提供）	（需要修正时由项目单位提供）
14	三相间电感偏差	%	每相电抗与三相平均值的偏差不大于±2%	每相电抗与三相平均值的偏差不大于±2%
15	安装布置方式		（项目单位提供）	（项目单位提供）

5 组件材料配置表

组件材料配置表包括元件名称、规格形式参数、单位、数量和产地等信息，具体内容和格式根据招标项目情况进行编制。

6 使用环境条件表

典型 330（220）kV 变电站 35kV-20Mvar-12%电抗率集合式并联电容器成套装置使用环境条件见表 2。特殊环境要求根据项目情况进行编制。

表 2 使 用 环 境 条 件 表

序号	名 称		单位	标准参数值
1	环境温度	最高日温度	℃	40
		最低日温度		-25
		最大日温差		25
2	海拔		m	≤1000
3	太阳辐射强度		W/cm²	0.11
4	污秽等级			Ⅲ（d）
5	覆冰厚度		mm	10
6	风速/风压		（m/s）/Pa	35/700
7	相对湿度	最大日相对湿度	%	≤95
		最大月平均相对湿度		≤90
8	耐受地震能力（指水平加速度，安全系数不小于1.67。水平加速度应计及设备支架的动力放大系数1.2）		m/s²	2
注：有较严酷使用条件时，如低温、高海拔、重污秽等，项目单位应提出相应差异要求				

7 投标人提供的其他资料

投标人提供的其他资料如下：

a) 耐久性试验报告（应提供）；

b) 保护计算单（应提供）；

c) 抗震计算或试验报告（应提供，10kV 装置除外）；

d) 装置的爆破能量计算单（应提供）；

e) 其他提高装置质量或运行可靠性的研究报告、研究性试验等；

f) 新结构方式等。

ICS 29.240

Q/GDW

国家电网有限公司企业标准

Q/GDW 13053.63 — 2018
代替 Q/GDW 13053.63 — 2014

35kV～750kV 变电站、农网变电站用并联电容器成套装置采购标准 第 63 部分：330kV 变电站 35kV-30Mvar-5% 电抗率集合式并联电容器成套装置专用技术规范

Purchasing standard for shunt capacitor installation of 35kV～750kV and rural power network substation

Part 63: Special technical specification for 35kV-30Mvar-5% reactance ratio collective shunt capacitor installation of 330kV substation

2019-06-28发布　　　　　　　　　　　　　　2019-06-28实施

国家电网有限公司　　发　布

目　次

前　言

为规范 330kV 变电站 35kV－30Mvar－5%电抗率集合式并联电容器成套装置的采购，制定本部分。

《35kV～750kV 变电站、农网变电站用并联电容器成套装置采购标准》分为 87 个部分：

——第 1 部分：通用技术规范；

——第 2 部分：35kV 变电站 10kV－1000kvar－1%电抗率框架式并联电容器成套装置专用技术规范；

——第 3 部分：35kV 变电站 10kV－1000kvar－12%电抗率框架式并联电容器成套装置专用技术规范；

——第 4 部分：66kV 变电站 10kV－1000kvar－5%电抗率框架式并联电容器成套装置专用技术规范；

——第 5 部分：110（66）kV 变电站 10kV－2000kvar－1%电抗率框架式并联电容器成套装置专用技术规范；

——第 6 部分：110（66）kV 变电站 10kV－2000kvar－5%电抗率框架式并联电容器成套装置专用技术规范；

——第 7 部分：110（66）kV 变电站 10kV－2000kvar－12%电抗率框架式并联电容器成套装置专用技术规范；

——第 8 部分：110（66）kV 变电站 10kV－3000kvar－1%电抗率框架式并联电容器成套装置专用技术规范；

——第 9 部分：110（66）kV 变电站 10kV－3000kvar－5%电抗率框架式并联电容器成套装置专用技术规范；

——第 10 部分：110（66）kV 变电站 10kV－3000kvar－12%电抗率框架式并联电容器成套装置专用技术规范；

——第 11 部分：110（66）kV 变电站 10kV－3600kvar－1%电抗率框架式并联电容器成套装置专用技术规范；

——第 12 部分：110（66）kV 变电站 10kV－3600kvar－5%电抗率框架式并联电容器成套装置专用技术规范；

——第 13 部分：110（66）kV 变电站 10kV－3600kvar－12%电抗率框架式并联电容器成套装置专用技术规范；

——第 14 部分：110（66）kV 变电站 10kV－4000kvar－1%电抗率框架式并联电容器成套装置专用技术规范；

——第 15 部分：110（66）kV 变电站 10kV－4000kvar－5%电抗率框架式并联电容器成套装置专用技术规范；

——第 16 部分：110（66）kV 变电站 10kV－4000kvar－12%电抗率框架式并联电容器成套装置专用技术规范；

——第 17 部分：110（66）kV 变电站 10kV－4800kvar－1%电抗率框架式并联电容器成套装置专用技术规范；

——第 18 部分：110（66）kV 变电站 10kV－4800kvar－5%电抗率框架式并联电容器成套装置专用技术规范；

——第 19 部分：110（66）kV 变电站 10kV－4800kvar－12%电抗率框架式并联电容器成套装置专用技术规范；

——第 20 部分：110（66）kV 变电站 10kV－5000kvar－1%电抗率框架式并联电容器成套装置专用技术规范；

——第 21 部分：110（66）kV 变电站 10kV－5000kvar－5%电抗率框架式并联电容器成套装置专用技术规范；

——第 22 部分：110（66）kV 变电站 10kV－5000kvar－12%电抗率框架式并联电容器成套装置专用技术规范；

——第 23 部分：110（66）kV 变电站 10kV－6000kvar－1%电抗率框架式并联电容器成套装置专用技术规范；

——第 24 部分：110（66）kV 变电站 10kV－6000kvar－5%电抗率框架式并联电容器成套装置专用技术规范；

——第 25 部分：110（66）kV 变电站 10kV－6000kvar－12%电抗率框架式并联电容器成套装置专用技术规范；

——第 26 部分：220kV 变电站 10kV－8000kvar－5%电抗率框架式并联电容器成套装置专用技术规范；

——第 27 部分：220kV 变电站 10kV－8000kvar－12%电抗率框架式并联电容器成套装置专用技术规范；

——第 28 部分：220kV 变电站 10kV－10Mvar－5%电抗率框架式并联电容器成套装置专用技术规范；

——第 29 部分：220kV 变电站 10kV－10Mvar－12%电抗率框架式并联电容器成套装置专用技术规范；

——第 30 部分：220kV 变电站 35kV－10Mvar－5%电抗率框架式并联电容器成套装置专用技术规范；

——第 31 部分：220kV 变电站 35kV－10Mvar－12%电抗率框架式并联电容器成套装置专用技术规范；

——第 32 部分：330（220）kV 变电站 35kV－20Mvar－5%电抗率框架式并联电容器成套装置专用技术规范；

——第 33 部分：330（220）kV 变电站 35kV－20Mvar－12%电抗率框架式并联电容器成套装置专用技术规范；

——第 34 部分：330kV 变电站 35kV－30Mvar－5%电抗率框架式并联电容器成套装置专用技术规范；

——第 35 部分：330kV 变电站 35kV－30Mvar－12%电抗率框架式并联电容器成套装置专用技术规范；

——第 36 部分：330kV 变电站 35kV－40Mvar－5%电抗率框架式并联电容器成套装置专用技术规范；

——第 37 部分：330kV 变电站 35kV－40Mvar－12%电抗率框架式并联电容器成套装置专用技术规范；

——第 38 部分：500kV 变电站 35kV－60Mvar－5%电抗率框架式并联电容器成套装置专用技术规范；

——第 39 部分：500kV 变电站 35kV－60Mvar－12%电抗率框架式并联电容器成套装置专用技术规范；

——第 40 部分：220kV 变电站 66kV－10Mvar－5%电抗率框架式并联电容器成套装置专用技术规范；

——第 41 部分：220kV 变电站 66kV－10Mvar－12%电抗率框架式并联电容器成套装置专用技术规范；

——第 42 部分：220kV 变电站 66kV－20Mvar－5%电抗率框架式并联电容器成套装置专用技术规范；

——第 43 部分：220kV 变电站 66kV－20Mvar－12%电抗率框架式并联电容器成套装置专用技术规范；

——第 44 部分：220kV 变电站 66kV－25Mvar－5%电抗率框架式并联电容器成套装置专用技术规范；

——第 45 部分：220kV 变电站 66kV－25Mvar－12%电抗率框架式并联电容器成套装置专用技术规范；

——第 46 部分：750（500）kV 变电站 66kV－60Mvar－5%电抗率框架式并联电容器成套装置专用技术规范；

——第 47 部分：750（500）kV 变电站 66kV－60Mvar－12%电抗率框架式并联电容器成套装置专用技术规范；

——第 48 部分：750kV 变电站 66kV－90Mvar－5%电抗率框架式并联电容器成套装置专用技术规范；

——第 49 部分：750kV 变电站 66kV－90Mvar－12%电抗率框架式并联电容器成套装置专用技术规范；

——第 50 部分：750kV 变电站 66kV－120Mvar－5%电抗率框架式并联电容器成套装置专用技术规范；

——第 51 部分：750kV 变电站 66kV－120Mvar－12%电抗率框架式并联电容器成套装置专用技术规范；

——第 52 部分：110（66）kV 变电站 10kV－3000kvar－1%电抗率集合式并联电容器成套装置专用技术规范；

——第 53 部分：110（66）kV 变电站 10kV－3000kvar－5%电抗率集合式并联电容器成套装置专用

技术规范；

——第 54 部分：110（66）kV 变电站 10kV－3000kvar－12%电抗率集合式并联电容器成套装置专用技术规范；

——第 55 部分：110（66）kV 变电站 10kV－3600kvar－1%电抗率集合式并联电容器成套装置专用技术规范；

——第 56 部分：110（66）kV 变电站 10kV－3600kvar－5%电抗率集合式并联电容器成套装置专用技术规范；

——第 57 部分：110（66）kV 变电站 10kV－3600kvar－12%电抗率集合式并联电容器成套装置专用技术规范；

——第 58 部分：110（66）kV 变电站 10kV－4800kvar－1%电抗率集合式并联电容器成套装置专用技术规范；

——第 59 部分：110（66）kV 变电站 10kV－4800kvar－5%电抗率集合式并联电容器成套装置专用技术规范；

——第 60 部分：110（66）kV 变电站 10kV－4800kvar－12%电抗率集合式并联电容器成套装置专用技术规范；

——第 61 部分：330（220）kV 变电站 35kV－20Mvar－5%电抗率集合式并联电容器成套装置专用技术规范；

——第 62 部分：330（220）kV 变电站 35kV－20Mvar－12%电抗率集合式并联电容器成套装置专用技术规范；

——第 63 部分：330kV 变电站 35kV－30Mvar－5%电抗率集合式并联电容器成套装置专用技术规范；

——第 64 部分：330kV 变电站 35kV－30Mvar－12%电抗率集合式并联电容器成套装置专用技术规范；

——第 65 部分：500kV 变电站 35kV－60Mvar－5%电抗率集合式并联电容器成套装置专用技术规范；

——第 66 部分：500kV 变电站 35kV－60Mvar－12%电抗率集合式并联电容器成套装置专用技术规范；

——第 67 部分：500kV 变电站 66kV－60Mvar－5%电抗率集合式并联电容器成套装置专用技术规范；

——第 68 部分：500kV 变电站 66kV－60Mvar－12%电抗率集合式并联电容器成套装置专用技术规范；

——第 69 部分：农网变电站 10kV－300kvar－1%电抗率框架式并联电容器成套装置专用技术规范；

——第 70 部分：农网变电站 10kV－300kvar－5%电抗率框架式并联电容器成套装置专用技术规范；

——第 71 部分：农网变电站 10kV－600kvar－1%电抗率框架式并联电容器成套装置专用技术规范；

——第 72 部分：农网变电站 10kV－600kvar－5%电抗率框架式并联电容器成套装置专用技术规范；

——第 73 部分：农网变电站 10kV－1000kvar－1%电抗率框架式并联电容器成套装置专用技术规范；

——第 74 部分：农网变电站 10kV－1000kvar－5%电抗率框架式并联电容器成套装置专用技术规范；

——第 75 部分：农网变电站 10kV－1200kvar－1%电抗率框架式并联电容器成套装置专用技术规范；

——第 76 部分：农网变电站 10kV－1200kvar－5%电抗率框架式并联电容器成套装置专用技术规范；

——第 77 部分：农网变电站 10kV－2000kvar－1%电抗率框架式并联电容器成套装置专用技术规范；

——第 78 部分：农网变电站 10kV－2000kvar－5%电抗率框架式并联电容器成套装置专用技术规范；

——第 79 部分：农网变电站 10kV－3000kvar－1%电抗率框架式并联电容器成套装置专用技术规范；

——第 80 部分：农网变电站 10kV－3000kvar－5%电抗率框架式并联电容器成套装置专用技术规范；

——第 81 部分：农网变电站 10kV－4000kvar－1%电抗率框架式并联电容器成套装置专用技术规范；

——第 82 部分：农网变电站 10kV－4000kvar－5%电抗率框架式并联电容器成套装置专用技术规范；

——第 83 部分：农网变电站 10kV－6000kvar－1%电抗率框架式并联电容器成套装置专用技术规范；

——第 84 部分：农网变电站 10kV－6000kvar－5%电抗率框架式并联电容器成套装置专用技术规范；

——第 85 部分：农网 10kV－150kvar－50kvar 柱上式并联电容器成套装置专用技术规范；

——第 86 部分：农网 10kV－300kvar－50kvar 柱上式并联电容器成套装置专用技术规范；

——第 87 部分：农网 10kV－450kvar－50kvar 柱上式并联电容器成套装置专用技术规范。

本部分为《35kV～750kV 变电站、农网变电站用并联电容器成套装置采购标准》的第 63 部分。

本部分替代 Q/GDW 13053.63—2014，与 Q/GDW 13053.63—2014 相比，主要的技术性差异如下：

——修改了单台电容器短路放电试验的标准参数值；

——修改了单台电容器放电器件性能的标准参数值；

——修改了放电线圈放电性能的标准参数值；

——修改了金属氧化物避雷器标称放电电流下的残压的标准参数值。

本部分由国家电网有限公司物资部提出并解释。

本部分由国家电网有限公司科技部归口。

本部分起草单位：国网冀北电力有限公司，国网吉林省电力有限公司，中国电力科学研究院有限公司。

本部分主要起草人：林浩，国江，黄想，姜胜宝，张建军，路杰，王亚菲，李士雷，李卓伦，葛志成，邓志轩。

本部分 2014 年 5 月首次发布，2018 年 8 月第一次修订。

本部分在执行过程中的意见或建议反馈至国家电网有限公司科技部。

35kV～750kV 变电站、农网变电站用
并联电容器成套装置采购标准
第 63 部分：330kV 变电站 35kV－30Mvar－5%
电抗率集合式并联电容器成套装置专用技术规范

1 范围

本部分规定了 330kV 变电站 35kV－30Mvar－5%电抗率集合式并联电容器成套装置专用技术规范招标的标准技术参数、项目需求及投标人响应的相关内容。

本部分适用于 330kV 变电站 35kV－30Mvar－5%电抗率集合式并联电容器成套装置专用技术规范招标。

2 规范性引用文件

下列文件对于本文件的应用是必不可少的。凡是注日期的引用文件，仅所注日期的版本适用于本文件。凡是不注日期的引用文件，其最新版本（包括所有的修改单）适用于本文件。

Q/GDW 13053.1 35kV～750kV 变电站、农网变电站用并联电容器成套装置采购标准 第 1 部分：通用技术规范

3 术语和定义

下列术语和定义适用于本文件。

3.1

招标人 bidder

提出招标项目，进行招标的法人或其他组织。

3.2

投标人 tenderer

响应招标、参加投标竞争的法人或者其他组织。

3.3

卖方 seller

提供本部分货物和技术服务的法人或其他组织，包括其法定的承继者。

3.4

买方 buyer

购买本部分货物和技术服务的法人或其他组织，包括其法定的承继者和经许可的受让人。

4 标准技术参数

技术参数特性表是国家电网有限公司对采购设备的基础技术参数要求，在招投标过程中，投标人应依据招标文件，对技术参数特性表中标准参数值进行响应。330kV 变电站 35kV－30Mvar－5%电抗率集合式并联电容器成套装置技术参数特性见表 1。装置应满足 Q/GDW 13053.1 的要求。

表 1 技 术 参 数 特 性 表

序号	项　　目	单位	标准参数值
一	并联电容器装置		
1	型号		TBB35－30000/10000－ACW
2	额定电压	kV	35
3	额定容量	kvar	30 000
4	额定电抗率	%	5
5	额定相电容	μF	65.8
6	电容器组额定电压（相）	kV	$38.5/\sqrt{3}$
7	电容器组电容与额定电容偏差	%	0～5
8	电容器组各相电容的最大值与最小值之比		≤1.01
9	电容器组各串联段的最大与最小电容之比		≤1.005
10	接线方式		单星形
11	每相电容器串并联数		—
12	继电保护方式		相电压差动保护
13	初始不平衡电流（或电压）二次计算值		（生产厂家提供）
14	继电保护整定值		（生产厂家提供）
15	装置接线图		—
16	电容器组围栏尺寸 （户内安装时应提供装置高度）	m	（项目单位提供）
17	电容器组进线方向和进线位置		围栏（长或宽）方向 （上或下）进线
18	装置耐受短路电流能力	kA	（项目单位提供）
二	单台集合式电容器		
1	型号		**BAMH** （$38.5/2\sqrt{3}＋38.5/2\sqrt{3}$）－10000－1W 或 BFMH （$38.5/2\sqrt{3}＋38.5/2\sqrt{3}$）－10000－1W
2	额定电压	kV	$38.5/2\sqrt{3}＋38.5/2\sqrt{3}$
3	额定容量	kvar	10 000
4	单台集合式电容器内部单元串并数		—
5	爬电比距	mm/kV	（项目单位提供）
注：如采用全密封结构，要求有足够的油补充容量，最高运行温度下，压力不超过 0.05MPa			
三	集合式电容器内部小单台电容器		
1	型号		（投标人提供）
2	额定电压	kV	—
3	额定容量	kvar	—

表1（续）

序号	项　　目	单位	标准参数值
4	设计场强（$K=1$）	kV/mm	$\leqslant 50$
5	局部放电性能	pC	局部放电量$\leqslant 50$
		U_N	温度下限时局部放电熄灭电压不低于1.2
6	温度类别	℃	$-/+$（项目单位提供）
7	短路放电试验		$2.5U_N$ 直流电压作用下，经电容器端子的最小间隙（短接线长度不应大于1.5m），10min 内放电 5 次，测量放电试验前和电压试验后电容器值，偏差应小于相当于一个元件击穿或一根内熔丝动作之量
8	电容器内部元件串并数及电气接线图		（生产厂家提供）
9	熔丝保护方式		有内熔丝或无熔丝
10	放电器件性能		10min 内从$\sqrt{2}\,U_N$降到 50V
11	固体介质厚度及层数		—
12	浸渍剂		—
13	外绝缘海拔修正耐受试验电压（工频/雷电）	kV/kV	（需要修正时由项目单位提供）
四		放电线圈	
1	型号		FDE（38.5/2$\sqrt{3}$＋38.5/2$\sqrt{3}$）－14.0－1W（油浸全密封）
2	一次绕组的额定电压	kV	38.5/2$\sqrt{3}$＋38.5/2$\sqrt{3}$
3	二次绕组的额定电压	V	100
4	二次绕组的额定容量	VA	50
5	准确级		0.5
6	a. 工频耐受电压（1min）/试验电压	kV/kV	95
	b. 雷电冲击耐受电压/试验电压	kV/kV	200
	c. 一次绕组感应耐受电压		$2.5U_{1N}$/60s
	d. 二次绕组对地工频耐受电压	kV/min	3
7	结构方式		全密封（项目单位提供）
8	配套电容器容量（相）	kvar	$\geqslant 10\,000$
9	放电性能		断开电源后，电容器组上的电压在 5s 内由$\sqrt{2}\,U_N$降至 50V 以下；在最大允许容量电容器组的 1.9$\sqrt{2}\,U_N$下放电不损坏

表1（续）

序号	项 目	单位	标准参数值	
10	外绝缘海拔修正耐受试验电压 （工频/雷电）	kV/kV	（需要修正时由项目单位提供）	
五	金属氧化物避雷器			
1	型号		YHWR5－51/134（复合）或 YWR5－51/134（瓷）	
2	额定电压	kV	51	
3	持续运行电压	kV	40.8	
4	标称放电电流	kA	5	
5	标称放电电流下的残压	kV	134	
6	2ms方波通流容量	A	≥700	
7	外绝缘海拔修正耐受试验电压 （工频/雷电）	kV/kV	（需要修正时由项目单位提供）	
六	支柱绝缘子			
1	额定电压	kV	35	
2	额定抗弯强度	N·m	—	
3	爬电比距	mm/kV	（项目单位提供）	
4	外绝缘海拔修正耐受试验电压 （工频/雷电）	kV/kV	（需要修正时由项目单位提供）	
5	安装方式		正装	
七	接地开关			
1	型号		JW－40.5/1250	
2	额定电压	kV	40.5	
3	额定短时耐受电流及持续时间	kA（4s）	（项目单位提供）	
4	额定峰值耐受电流	kA	（项目单位提供）	
5	外绝缘海拔修正耐受试验电压	kV/kV	（需要修正时由项目单位提供）	
	（工频/雷电）			
八	串联电抗器			
1	型号		CKDK－35－500/ 1.1－5（干式空心）	CKSQ－35－1500/ 1.1－5（油浸）
2	额定电压	kV	35	35
3	额定端电压	kV	1.1	1.1
4	额定容量	kvar	500	1500
5	额定电感	mH	7.7	7.7
6	额定电流	A	455	455

表 1（续）

序号	项　目	单位	标准参数值	
7	损耗	kW/kvar	空心≤0.02	≤0.008
8	温升	K	≤70	≤60
9	电抗率	%	5	5
10	绝缘水平（工频/雷电）	kV/kV	95/200	85/200
11	噪声	dB	≤55	≤63
12	电感值偏差	%	0～5	0～5
13	外绝缘海拔修正耐受试验电压 （工频/雷电）	kV/kV	（需要修正时由项目单位提供）	（需要修正时由项目单位提供）
14	三相间电感偏差	%	每相电抗与三相平均值的偏差不大于±2%	每相电抗与三相平均值的偏差不大于±2%
15	安装布置方式		（项目单位提供）	（项目单位提供）

5　组件材料配置表

组件材料配置表包括元件名称、规格形式参数、单位、数量和产地等信息，具体内容和格式根据招标项目情况进行编制。

6　使用环境条件表

典型 330（220）kV 变电站 35kV－30Mvar－5%电抗率集合式并联电容器成套装置使用环境条件见表 2。特殊环境要求根据项目情况进行编制。

表 2　使 用 环 境 条 件 表

序号	名　称		单位	标准参数值
1	环境温度	最高日温度	℃	40
		最低日温度		－25
		最大日温差		25
2	海拔		m	≤1000
3	太阳辐射强度		W/cm²	0.11
4	污秽等级			Ⅲ（d）
5	覆冰厚度		mm	10
6	风速/风压		（m/s）/Pa	35/700
7	相对湿度	最大日相对湿度	%	≤95
		最大月平均相对湿度		≤90
8	耐受地震能力（指水平加速度，安全系数不小于1.67。水平加速度应计及设备支架的动力放大系数1.2）		m/s²	2
注：有较严酷使用条件时，如低温、高海拔、重污秽等，项目单位应提出相应差异要求				

7 投标人提供的其他资料

投标人提供的其他资料如下：

a) 耐久性试验报告（应提供）；

b) 保护计算单（应提供）；

c) 抗震计算或试验报告（应提供，10kV 装置除外）；

d) 装置的爆破能量计算单（应提供）；

e) 其他提高装置质量或运行可靠性的研究报告、研究性试验等；

f) 新结构方式等。

_____

ICS 29.240

Q/GDW

国家电网有限公司企业标准

Q/GDW 13053.64—2018

代替 Q/GDW 13053.64—2014

35kV～750kV 变电站、农网变电站用并联电容器成套装置采购标准

第 64 部分：330kV 变电站 35kV–30Mvar–12% 电抗率集合式并联电容器成套装置专用技术规范

Purchasing standard for shunt capacitor installation of 35kV～750kV and rural power network substation

Part 64: Special technical specification for 35kV–30Mvar–12% reactance ratio collective shunt capacitor installation of 330kV substation

2019-06-28发布　　　　　　　　　　　　2019-06-28实施

国家电网有限公司　　发布

目　　次

前　言

为规范 330kV 变电站 35kV–30Mvar–12%电抗率集合式并联电容器成套装置的采购，制定本部分。

《35kV～750kV 变电站、农网变电站用并联电容器成套装置采购标准》分为 87 个部分：

——第 1 部分：通用技术规范；

——第 2 部分：35kV 变电站 10kV–1000kvar–1%电抗率框架式并联电容器成套装置专用技术规范；

——第 3 部分：35kV 变电站 10kV–1000kvar–12%电抗率框架式并联电容器成套装置专用技术规范；

——第 4 部分：66kV 变电站 10kV–1000kvar–5%电抗率框架式并联电容器成套装置专用技术规范；

——第 5 部分：110（66）kV 变电站 10kV–2000kvar–1%电抗率框架式并联电容器成套装置专用技术规范；

——第 6 部分：110（66）kV 变电站 10kV–2000kvar–5%电抗率框架式并联电容器成套装置专用技术规范；

——第 7 部分：110（66）kV 变电站 10kV–2000kvar–12%电抗率框架式并联电容器成套装置专用技术规范；

——第 8 部分：110（66）kV 变电站 10kV–3000kvar–1%电抗率框架式并联电容器成套装置专用技术规范；

——第 9 部分：110（66）kV 变电站 10kV–3000kvar–5%电抗率框架式并联电容器成套装置专用技术规范；

——第 10 部分：110（66）kV 变电站 10kV–3000kvar–12%电抗率框架式并联电容器成套装置专用技术规范；

——第 11 部分：110（66）kV 变电站 10kV–3600kvar–1%电抗率框架式并联电容器成套装置专用技术规范；

——第 12 部分：110（66）kV 变电站 10kV–3600kvar–5%电抗率框架式并联电容器成套装置专用技术规范；

——第 13 部分：110（66）kV 变电站 10kV–3600kvar–12%电抗率框架式并联电容器成套装置专用技术规范；

——第 14 部分：110（66）kV 变电站 10kV–4000kvar–1%电抗率框架式并联电容器成套装置专用技术规范；

——第 15 部分：110（66）kV 变电站 10kV–4000kvar–5%电抗率框架式并联电容器成套装置专用技术规范；

——第 16 部分：110（66）kV 变电站 10kV–4000kvar–12%电抗率框架式并联电容器成套装置专用技术规范；

——第 17 部分：110（66）kV 变电站 10kV–4800kvar–1%电抗率框架式并联电容器成套装置专用技术规范；

——第 18 部分：110（66）kV 变电站 10kV–4800kvar–5%电抗率框架式并联电容器成套装置专用技术规范；

——第 19 部分：110（66）kV 变电站 10kV–4800kvar–12%电抗率框架式并联电容器成套装置专用技术规范；

——第 20 部分：110（66）kV 变电站 10kV–5000kvar–1%电抗率框架式并联电容器成套装置专用技术规范；

——第 21 部分：110（66）kV 变电站 10kV－5000kvar－5%电抗率框架式并联电容器成套装置专用技术规范；

——第 22 部分：110（66）kV 变电站 10kV－5000kvar－12%电抗率框架式并联电容器成套装置专用技术规范；

——第 23 部分：110（66）kV 变电站 10kV－6000kvar－1%电抗率框架式并联电容器成套装置专用技术规范；

——第 24 部分：110（66）kV 变电站 10kV－6000kvar－5%电抗率框架式并联电容器成套装置专用技术规范；

——第 25 部分：110（66）kV 变电站 10kV－6000kvar－12%电抗率框架式并联电容器成套装置专用技术规范；

——第 26 部分：220kV 变电站 10kV－8000kvar－5%电抗率框架式并联电容器成套装置专用技术规范；

——第 27 部分：220kV 变电站 10kV－8000kvar－12%电抗率框架式并联电容器成套装置专用技术规范；

——第 28 部分：220kV 变电站 10kV－10Mvar－5%电抗率框架式并联电容器成套装置专用技术规范；

——第 29 部分：220kV 变电站 10kV－10Mvar－12%电抗率框架式并联电容器成套装置专用技术规范；

——第 30 部分：220kV 变电站 35kV－10Mvar－5%电抗率框架式并联电容器成套装置专用技术规范；

——第 31 部分：220kV 变电站 35kV－10Mvar－12%电抗率框架式并联电容器成套装置专用技术规范；

——第 32 部分：330（220）kV 变电站 35kV－20Mvar－5%电抗率框架式并联电容器成套装置专用技术规范；

——第 33 部分：330（220）kV 变电站 35kV－20Mvar－12%电抗率框架式并联电容器成套装置专用技术规范；

——第 34 部分：330kV 变电站 35kV－30Mvar－5%电抗率框架式并联电容器成套装置专用技术规范；

——第 35 部分：330kV 变电站 35kV－30Mvar－12%电抗率框架式并联电容器成套装置专用技术规范；

——第 36 部分：330kV 变电站 35kV－40Mvar－5%电抗率框架式并联电容器成套装置专用技术规范；

——第 37 部分：330kV 变电站 35kV－40Mvar－12%电抗率框架式并联电容器成套装置专用技术规范；

——第 38 部分：500kV 变电站 35kV－60Mvar－5%电抗率框架式并联电容器成套装置专用技术规范；

——第 39 部分：500kV 变电站 35kV－60Mvar－12%电抗率框架式并联电容器成套装置专用技术规范；

——第 40 部分：220kV 变电站 66kV－10Mvar－5%电抗率框架式并联电容器成套装置专用技术规范；

——第 41 部分：220kV 变电站 66kV－10Mvar－12%电抗率框架式并联电容器成套装置专用技术规范；

——第 42 部分：220kV 变电站 66kV－20Mvar－5%电抗率框架式并联电容器成套装置专用技术规范；

——第 43 部分：220kV 变电站 66kV－20Mvar－12%电抗率框架式并联电容器成套装置专用技术规范；

——第 44 部分：220kV 变电站 66kV－25Mvar－5%电抗率框架式并联电容器成套装置专用技术规范；

——第 45 部分：220kV 变电站 66kV－25Mvar－12%电抗率框架式并联电容器成套装置专用技术规范；

——第 46 部分：750（500）kV 变电站 66kV－60Mvar－5%电抗率框架式并联电容器成套装置专用技术规范；

——第 47 部分：750（500）kV 变电站 66kV－60Mvar－12%电抗率框架式并联电容器成套装置专用技术规范；

——第 48 部分：750kV 变电站 66kV－90Mvar－5%电抗率框架式并联电容器成套装置专用技术规范；

——第 49 部分：750kV 变电站 66kV－90Mvar－12%电抗率框架式并联电容器成套装置专用技术规范；

——第 50 部分：750kV 变电站 66kV－120Mvar－5%电抗率框架式并联电容器成套装置专用技术规范；

——第 51 部分：750kV 变电站 66kV－120Mvar－12%电抗率框架式并联电容器成套装置专用技术规范；

——第 52 部分：110（66）kV 变电站 10kV－3000kvar－1%电抗率集合式并联电容器成套装置专用技术规范；

——第 53 部分：110（66）kV 变电站 10kV－3000kvar－5%电抗率集合式并联电容器成套装置专用

技术规范；

——第 54 部分：110（66）kV 变电站 10kV－3000kvar－12%电抗率集合式并联电容器成套装置专用技术规范；

——第 55 部分：110（66）kV 变电站 10kV－3600kvar－1%电抗率集合式并联电容器成套装置专用技术规范；

——第 56 部分：110（66）kV 变电站 10kV－3600kvar－5%电抗率集合式并联电容器成套装置专用技术规范；

——第 57 部分：110（66）kV 变电站 10kV－3600kvar－12%电抗率集合式并联电容器成套装置专用技术规范；

——第 58 部分：110（66）kV 变电站 10kV－4800kvar－1%电抗率集合式并联电容器成套装置专用技术规范；

——第 59 部分：110（66）kV 变电站 10kV－4800kvar－5%电抗率集合式并联电容器成套装置专用技术规范；

——第 60 部分：110（66）kV 变电站 10kV－4800kvar－12%电抗率集合式并联电容器成套装置专用技术规范；

——第 61 部分：330（220）kV 变电站 35kV－20Mvar－5%电抗率集合式并联电容器成套装置专用技术规范；

——第 62 部分：330（220）kV 变电站 35kV－20Mvar－12%电抗率集合式并联电容器成套装置专用技术规范；

——第 63 部分：330kV 变电站 35kV－30Mvar－5%电抗率集合式并联电容器成套装置专用技术规范；

——第 64 部分：330kV 变电站 35kV－30Mvar－12%电抗率集合式并联电容器成套装置专用技术规范；

——第 65 部分：500kV 变电站 35kV－60Mvar－5%电抗率集合式并联电容器成套装置专用技术规范；

——第 66 部分：500kV 变电站 35kV－60Mvar－12%电抗率集合式并联电容器成套装置专用技术规范；

——第 67 部分：500kV 变电站 66kV－60Mvar－5%电抗率集合式并联电容器成套装置专用技术规范；

——第 68 部分：500kV 变电站 66kV－60Mvar－12%电抗率集合式并联电容器成套装置专用技术规范；

——第 69 部分：农网变电站 10kV－300kvar－1%电抗率框架式并联电容器成套装置专用技术规范；

——第 70 部分：农网变电站 10kV－300kvar－5%电抗率框架式并联电容器成套装置专用技术规范；

——第 71 部分：农网变电站 10kV－600kvar－1%电抗率框架式并联电容器成套装置专用技术规范；

——第 72 部分：农网变电站 10kV－600kvar－5%电抗率框架式并联电容器成套装置专用技术规范；

——第 73 部分：农网变电站 10kV－1000kvar－1%电抗率框架式并联电容器成套装置专用技术规范；

——第 74 部分：农网变电站 10kV－1000kvar－5%电抗率框架式并联电容器成套装置专用技术规范；

——第 75 部分：农网变电站 10kV－1200kvar－1%电抗率框架式并联电容器成套装置专用技术规范；

——第 76 部分：农网变电站 10kV－1200kvar－5%电抗率框架式并联电容器成套装置专用技术规范；

——第 77 部分：农网变电站 10kV－2000kvar－1%电抗率框架式并联电容器成套装置专用技术规范；

——第 78 部分：农网变电站 10kV－2000kvar－5%电抗率框架式并联电容器成套装置专用技术规范；

——第 79 部分：农网变电站 10kV－3000kvar－1%电抗率框架式并联电容器成套装置专用技术规范；

——第 80 部分：农网变电站 10kV－3000kvar－5%电抗率框架式并联电容器成套装置专用技术规范；

——第 81 部分：农网变电站 10kV－4000kvar－1%电抗率框架式并联电容器成套装置专用技术规范；

——第 82 部分：农网变电站 10kV－4000kvar－5%电抗率框架式并联电容器成套装置专用技术规范；

——第 83 部分：农网变电站 10kV－6000kvar－1%电抗率框架式并联电容器成套装置专用技术规范；

——第 84 部分：农网变电站 10kV－6000kvar－5%电抗率框架式并联电容器成套装置专用技术规范；

——第 85 部分：农网 10kV－150kvar－50kvar 柱上式并联电容器成套装置专用技术规范；

——第 86 部分：农网 10kV－300kvar－50kvar 柱上式并联电容器成套装置专用技术规范；

——第 87 部分：农网 10kV－450kvar－50kvar 柱上式并联电容器成套装置专用技术规范。

本部分为《35kV～750kV 变电站、农网变电站用并联电容器成套装置采购标准》的第 64 部分。

本部分代替 Q/GDW 13053.64—2014，与 Q/GDW 13053.64—2014 相比，主要技术性差异如下：

——修改了单台电容器短路放电试验要求；

——修改了单台电容器放电器件性能要求；

——修改了放电线圈放电性能要求；

——增加了油浸铁芯串联电抗器参数要求。

本部分由国家电网有限公司物资部提出并解释。

本部分由国家电网有限公司科技部归口。

本部分起草单位：国网冀北电力有限公司，国网吉林省电力有限公司，中国电力科学研究院有限公司。

本部分主要起草人：林浩，黄想，姜胜宝，国江，张建军，路杰，王亚菲，李士雷，李卓伦，葛志成。

本部分 2014 年 8 月首次发布，2018 年 8 月第一次修订。

本部分在执行过程中的意见或建议反馈至国家电网有限公司科技部。

35kV～750kV 变电站、农网变电站用
并联电容器成套装置采购标准
第 64 部分：330kV 变电站 35kV－30Mvar－12%
电抗率集合式并联电容器成套装置专用技术规范

1 范围

本部分规定了 330kV 变电站 35kV－30Mvar－12%电抗率集合式并联电容器成套装置招标的标准技术参数、项目需求及投标人响应的相关内容。

本部分适用于 330kV 变电站 35kV－30Mvar－12%电抗率集合式并联电容器成套装置招标。

2 规范性引用文件

下列文件对于本文件的应用是必不可少的。凡是注日期的引用文件，仅所注日期的版本适用于本文件。凡是不注日期的引用文件，其最新版本（包括所有的修改单）适用于本文件。

Q/GDW 13053.1 35kV～750kV 变电站、农网变电站用并联电容器成套装置采购标准 第 1 部分：通用技术规范

3 术语和定义

下列术语和定义适用于本文件。

3.1

招标人 bidder

提出招标项目，进行招标的法人或其他组织。

3.2

投标人 tenderer

响应招标、参加投标竞争的法人或者其他组织。

3.3

卖方 seller

提供本部分货物和技术服务的法人或其他组织，包括其法定的承继者。

3.4

买方 buyer

购买本部分货物和技术服务的法人或其他组织，包括其法定的承继者和经许可的受让人。

4 标准技术参数

技术参数特性表是国家电网有限公司对采购设备的基础技术参数要求，在招投标过程中，投标人应依据招标文件，对技术参数特性表中标准参数值进行响应。330kV 变电站 35kV－30Mvar－12%电抗率集合式并联电容器成套装置技术参数特性见表 1。装置应满足 Q/GDW 13053.1 的要求。

表 1 技 术 参 数 特 性 表

序号	项　　目	单位	标准参数值
一	并联电容器装置		
1	型号		TBB35－30000/10000－ACW
2	额定电压	kV	35
3	额定容量	kvar	30 000
4	额定电抗率	%	12
5	额定相电容	F	55.2
6	电容器组额定电压（相）	kV	$42/\sqrt{3}$
7	电容器组电容与额定电容偏差	%	0～5
8	电容器组各相电容的最大值与最小值之比		≤1.01
9	电容器组各串联段的最大与最小电容之比		≤1.005
10	接线方式		单星形
11	每相电容器串并联数		—
12	继电保护方式		相电压差动保护
13	初始不平衡电流（或电压）二次计算值		（生产单位提供）
14	继电保护整定值		（生产单位提供）
15	装置接线图		—
16	电容器组围栏尺寸 （户内安装时应提供装置高度限值）	m	（项目单位提供）
17	电容器组进线方向和进线位置		围栏（长或宽）方向（上或下）进线
18	装置耐受短路电流能力	kA	（项目单位提供）
二	单台集合式电容器		
1	型号		BAMH（$42/2\sqrt{3}$＋$42/2\sqrt{3}$）－10000－1W 或 BFMH（$42/2\sqrt{3}$＋$42/2\sqrt{3}$）－10000－1W
2	额定电压	kV	$42/2\sqrt{3}$＋$42/2\sqrt{3}$
3	额定容量	kvar	10 000
4	单台集合式电容器内部单元串并数		—
5	爬电比距	mm/kV	（项目单位提供）
注：如采用全密封结构，要求有足够的油补充容量，最高运行温度下，压力不超过 0.05MPa			
三	集合式电容器内部小单台电容器		
1	型号		（投标人提供）
2	额定电压	kV	—
3	额定容量	kvar	—
4	设计场强（$K＝1$）	kV/mm	≤50
5	局部放电性能	pC	局部放电量≤50
		U_N	温度下限时局部放电熄灭电压不低于 1.2

表1（续）

序号	项　目	单位	标准参数值
6	温度类别	℃	−/+ （项目单位提供）
7	短路放电试验		$2.5U_N$直流电压作用下，经电容器端子的最小间隙（短接线长度不应大于1.5m），10min内放电5次，电容量变化不超过1根内熔丝动作或一个元件击穿之量
8	电容器内部元件串并数及附图		（生产单位提供）
9	熔丝保护方式		有内熔丝或无熔丝
10	放电器件性能		10min内从$\sqrt{2}\,U_N$降到50V
11	固体介质厚度及层数		—
12	浸渍剂		—
13	外绝缘海拔修正耐受试验电压（工频/雷电）	kV/kV	（需要修正时由项目单位提供）
四		放电线圈	
1	型号		FDE（$42/2\sqrt{3}+42/2\sqrt{3}$）−14.0−1W （油浸全密封）
2	一次绕组的额定电压	kV	$42/2\sqrt{3}+42/2\sqrt{3}$
3	二次绕组的额定电压	V	100
4	二次绕组的额定容量	VA	50
5	准确级		0.5
6	a. 工频耐受电压（1min）/试验电压	kV/kV	95
	b. 雷电冲击耐受电压/试验电压	kV/kV	200
	c. 一次绕组感应耐受电压		$2.5U_{1N}/60s$
	d. 二次绕组对地工频耐受电压	kV/min	3
7	结构方式		全密封或干式 （干式宜户内使用） （项目单位提供）
8	配套电容器容量（相）	kvar	≥10 000
9	放电性能		断开电源后，电容器组上的电压在5s内由$\sqrt{2}\,U_N$降至50V以下
			在最大允许容量电容器组的$1.9\sqrt{2}\,U_N$下放电不损坏
10	外绝缘海拔修正耐受试验电压（工频/雷电）	kV/kV	（需要修正时由项目单位提供）
五		金属氧化物避雷器	
1	型号		YHWR5−51/134（复合）或 YWR5−51/134（瓷）
2	额定电压	kV	51
3	持续运行电压	kV	40.8
4	标称放电电流	kA	5

表1（续）

序号	项　目	单位	标准参数值	
5	标称放电电流下的残压	kV	134	
6	2ms方波通流容量	A	≥700	
7	外绝缘海拔修正耐受试验电压（工频/雷电）	kV/kV	（需要修正时由项目单位提供）	
六	支柱绝缘子			
1	额定电压	kV	35	
2	额定抗弯强度	N·m	—	
3	爬电比距	mm/kV	（项目单位提供）	
4	外绝缘海拔修正耐受试验电压（工频/雷电）	kV/kV	（需要修正时由项目单位提供）	
5	安装方式		正装	
七	接地开关			
1	型号		JW－40.5/1250	
2	额定电压	kV	40.5	
3	额定短时耐受电流及持续时间	kA（4s）	（项目单位提供）	
4	额定峰值耐受电流	kA	（项目单位提供）	
5	外绝缘海拔修正耐受试验电压（工频/雷电）	kV/kV	（需要修正时由项目单位提供）	
八	串联电抗器			
1	型号		CKDK－35－1200/2.88－12（干式空心）	CKSQ－35－3600/2.88－12（油浸）
2	额定电压	kV	35	35
3	额定端电压	kV	2.88	2.88
4	额定容量	kvar	1200	3600
5	额定电感	mH	22	22
6	额定电流	A	416	416
7	损耗	kW/kvar	空心≤0.012	≤0.012
8	温升	K	≤70	≤60
9	电抗率	%	12	12
10	绝缘水平（工频/雷电）	kV/kV	95/200	85/200
11	噪声	dB	≤55	≤66
12	电感值偏差	%	0～5	0～5
13	外绝缘海拔修正耐受试验电压（工频/雷电）	kV/kV	（项目单位提供）	（项目单位提供）
14	三相间电感偏差	%	每相电抗与三相平均值的偏差不大于±2%	每相电抗与三相平均值的偏差不大于±2%
15	安装布置方式		（项目单位提供）	（项目单位提供）

5 组件材料配置表

组件材料配置表包括元件名称、规格形式参数、单位、数量和产地等信息，具体内容和格式根据招标项目情况进行编制。

6 使用环境条件表

典型 330kV 变电站 35kV－30Mvar－12%电抗率集合式并联电容器成套装置使用环境条件见表2。特殊环境要求根据项目情况进行编制。

表 2 使 用 环 境 条 件 表

序号	名 称		单位	标准参数值
1	环境温度	最高日温度	℃	+40
		最低日温度		−25
		最大日温差		25
2	海拔		m	≤1000
3	太阳辐射强度		W/cm²	0.11
4	污秽等级			Ⅲ（d）
5	覆冰厚度		mm	10
6	风速/风压		（m/s）/Pa	35/700
7	相对湿度	最大日相对湿度	%	≤95
		最大月平均相对湿度		≤90
8	耐受地震能力（指水平加速度，安全系数不小于1.67。水平加速度应计及设备支架的动力放大系数1.2）		m/s²	2

注：有较严酷使用条件时，如低温、高海拔、重污秽等，项目单位应提出相应差异要求

7 投标人提供的其他资料

投标人提供的其他资料如下：
a) 耐久性试验报告（应提供）；
b) 保护计算单（应提供）；
c) 抗震计算或试验报告（应提供，10kV 装置除外）；
d) 装置的爆破能量计算单（应提供）；
e) 其他提高装置质量或运行可靠性的研究报告、研究性试验等；
f) 新结构方式等。

ICS 29.240

Q/GDW

国家电网有限公司企业标准

Q/GDW 13053.65—2018
代替 Q/GDW 13053.65—2014

35kV～750kV 变电站、农网变电站用并联电容器成套装置采购标准 第 65 部分：500kV 变电站 35kV-60Mvar-5% 电抗率集合式并联电容器成套装置专用技术规范

Purchasing standard for shunt capacitor installation of 35kV～750kV and rural power network substation

Part 65: Special technical specification for 35kV-60Mvar-5% reactance ratio collective shunt capacitor installation of 500kV substation

2019-06-28发布

2019-06-28实施

国家电网有限公司 发 布

目　次

前　言

为规范 500kV 变电站 35kV－60Mvar－5%电抗率集合式并联电容器成套装置的采购，制定本部分。

《35kV～750kV 变电站、农网变电站用并联电容器成套装置采购标准》分为 87 个部分：

——第 1 部分：通用技术规范；

——第 2 部分：35kV 变电站 10kV－1000kvar－1%电抗率框架式并联电容器成套装置专用技术规范；

——第 3 部分：35kV 变电站 10kV－1000kvar－12%电抗率框架式并联电容器成套装置专用技术规范；

——第 4 部分：66kV 变电站 10kV－1000kvar－5%电抗率框架式并联电容器成套装置专用技术规范；

——第 5 部分：110（66）kV 变电站 10kV－2000kvar－1%电抗率框架式并联电容器成套装置专用技术规范；

——第 6 部分：110（66）kV 变电站 10kV－2000kvar－5%电抗率框架式并联电容器成套装置专用技术规范；

——第 7 部分：110（66）kV 变电站 10kV－2000kvar－12%电抗率框架式并联电容器成套装置专用技术规范；

——第 8 部分：110（66）kV 变电站 10kV－3000kvar－1%电抗率框架式并联电容器成套装置专用技术规范；

——第 9 部分：110（66）kV 变电站 10kV－3000kvar－5%电抗率框架式并联电容器成套装置专用技术规范；

——第 10 部分：110（66）kV 变电站 10kV－3000kvar－12%电抗率框架式并联电容器成套装置专用技术规范；

——第 11 部分：110（66）kV 变电站 10kV－3600kvar－1%电抗率框架式并联电容器成套装置专用技术规范；

——第 12 部分：110（66）kV 变电站 10kV－3600kvar－5%电抗率框架式并联电容器成套装置专用技术规范；

——第 13 部分：110（66）kV 变电站 10kV－3600kvar－12%电抗率框架式并联电容器成套装置专用技术规范；

——第 14 部分：110（66）kV 变电站 10kV－4000kvar－1%电抗率框架式并联电容器成套装置专用技术规范；

——第 15 部分：110（66）kV 变电站 10kV－4000kvar－5%电抗率框架式并联电容器成套装置专用技术规范；

——第 16 部分：110（66）kV 变电站 10kV－4000kvar－12%电抗率框架式并联电容器成套装置专用技术规范；

——第 17 部分：110（66）kV 变电站 10kV－4800kvar－1%电抗率框架式并联电容器成套装置专用技术规范；

——第 18 部分：110（66）kV 变电站 10kV－4800kvar－5%电抗率框架式并联电容器成套装置专用技术规范；

——第 19 部分：110（66）kV 变电站 10kV－4800kvar－12%电抗率框架式并联电容器成套装置专用技术规范；

——第 20 部分：110（66）kV 变电站 10kV－5000kvar－1%电抗率框架式并联电容器成套装置专用技术规范；

——第 21 部分：110（66）kV 变电站 10kV－5000kvar－5%电抗率框架式并联电容器成套装置专用技术规范；

——第 22 部分：110（66）kV 变电站 10kV－5000kvar－12%电抗率框架式并联电容器成套装置专用技术规范；

——第 23 部分：110（66）kV 变电站 10kV－6000kvar－1%电抗率框架式并联电容器成套装置专用技术规范；

——第 24 部分：110（66）kV 变电站 10kV－6000kvar－5%电抗率框架式并联电容器成套装置专用技术规范；

——第 25 部分：110（66）kV 变电站 10kV－6000kvar－12%电抗率框架式并联电容器成套装置专用技术规范；

——第 26 部分：220kV 变电站 10kV－8000kvar－5%电抗率框架式并联电容器成套装置专用技术规范；

——第 27 部分：220kV 变电站 10kV－8000kvar－12%电抗率框架式并联电容器成套装置专用技术规范；

——第 28 部分：220kV 变电站 10kV－10Mvar－5%电抗率框架式并联电容器成套装置专用技术规范；

——第 29 部分：220kV 变电站 10kV－10Mvar－12%电抗率框架式并联电容器成套装置专用技术规范；

——第 30 部分：220kV 变电站 35kV－10Mvar－5%电抗率框架式并联电容器成套装置专用技术规范；

——第 31 部分：220kV 变电站 35kV－10Mvar－12%电抗率框架式并联电容器成套装置专用技术规范；

——第 32 部分：330（220）kV 变电站 35kV－20Mvar－5%电抗率框架式并联电容器成套装置专用技术规范；

——第 33 部分：330（220）kV 变电站 35kV－20Mvar－12%电抗率框架式并联电容器成套装置专用技术规范；

——第 34 部分：330kV 变电站 35kV－30Mvar－5%电抗率框架式并联电容器成套装置专用技术规范；

——第 35 部分：330kV 变电站 35kV－30Mvar－12%电抗率框架式并联电容器成套装置专用技术规范；

——第 36 部分：330kV 变电站 35kV－40Mvar－5%电抗率框架式并联电容器成套装置专用技术规范；

——第 37 部分：330kV 变电站 35kV－40Mvar－12%电抗率框架式并联电容器成套装置专用技术规范；

——第 38 部分：500kV 变电站 35kV－60Mvar－5%电抗率框架式并联电容器成套装置专用技术规范；

——第 39 部分：500kV 变电站 35kV－60Mvar－12%电抗率框架式并联电容器成套装置专用技术规范；

——第 40 部分：220kV 变电站 66kV－10Mvar－5%电抗率框架式并联电容器成套装置专用技术规范；

——第 41 部分：220kV 变电站 66kV－10Mvar－12%电抗率框架式并联电容器成套装置专用技术规范；

——第 42 部分：220kV 变电站 66kV－20Mvar－5%电抗率框架式并联电容器成套装置专用技术规范；

——第 43 部分：220kV 变电站 66kV－20Mvar－12%电抗率框架式并联电容器成套装置专用技术规范；

——第 44 部分：220kV 变电站 66kV－25Mvar－5%电抗率框架式并联电容器成套装置专用技术规范；

——第 45 部分：220kV 变电站 66kV－25Mvar－12%电抗率框架式并联电容器成套装置专用技术规范；

——第 46 部分：750（500）kV 变电站 66kV－60Mvar－5%电抗率框架式并联电容器成套装置专用技术规范；

——第 47 部分：750（500）kV 变电站 66kV－60Mvar－12%电抗率框架式并联电容器成套装置专用技术规范；

——第 48 部分：750kV 变电站 66kV－90Mvar－5%电抗率框架式并联电容器成套装置专用技术规范；

——第 49 部分：750kV 变电站 66kV－90Mvar－12%电抗率框架式并联电容器成套装置专用技术规范；

——第 50 部分：750kV 变电站 66kV－120Mvar－5%电抗率框架式并联电容器成套装置专用技术规范；

——第 51 部分：750kV 变电站 66kV－120Mvar－12%电抗率框架式并联电容器成套装置专用技术规范；

——第 52 部分：110（66）kV 变电站 10kV－3000kvar－1%电抗率集合式并联电容器成套装置专用技术规范；

——第 53 部分：110（66）kV 变电站 10kV－3000kvar－5%电抗率集合式并联电容器成套装置专用

技术规范；

——第 54 部分：110（66）kV 变电站 10kV－3000kvar－12%电抗率集合式并联电容器成套装置专用技术规范；

——第 55 部分：110（66）kV 变电站 10kV－3600kvar－1%电抗率集合式并联电容器成套装置专用技术规范；

——第 56 部分：110（66）kV 变电站 10kV－3600kvar－5%电抗率集合式并联电容器成套装置专用技术规范；

——第 57 部分：110（66）kV 变电站 10kV－3600kvar－12%电抗率集合式并联电容器成套装置专用技术规范；

——第 58 部分：110（66）kV 变电站 10kV－4800kvar－1%电抗率集合式并联电容器成套装置专用技术规范；

——第 59 部分：110（66）kV 变电站 10kV－4800kvar－5%电抗率集合式并联电容器成套装置专用技术规范；

——第 60 部分：110（66）kV 变电站 10kV－4800kvar－12%电抗率集合式并联电容器成套装置专用技术规范；

——第 61 部分：330（220）kV 变电站 35kV－20Mvar－5%电抗率集合式并联电容器成套装置专用技术规范；

——第 62 部分：330（220）kV 变电站 35kV－20Mvar－12%电抗率集合式并联电容器成套装置专用技术规范；

——第 63 部分：330kV 变电站 35kV－30Mvar－5%电抗率集合式并联电容器成套装置专用技术规范；

——第 64 部分：330kV 变电站 35kV－30Mvar－12%电抗率集合式并联电容器成套装置专用技术规范；

——第 65 部分：500kV 变电站 35kV－60Mvar－5%电抗率集合式并联电容器成套装置专用技术规范；

——第 66 部分：500kV 变电站 35kV－60Mvar－12%电抗率集合式并联电容器成套装置专用技术规范；

——第 67 部分：500kV 变电站 66kV－60Mvar－5%电抗率集合式并联电容器成套装置专用技术规范；

——第 68 部分：500kV 变电站 66kV－60Mvar－12%电抗率集合式并联电容器成套装置专用技术规范；

——第 69 部分：农网变电站 10kV－300kvar－1%电抗率框架式并联电容器成套装置专用技术规范；

——第 70 部分：农网变电站 10kV－300kvar－5%电抗率框架式并联电容器成套装置专用技术规范；

——第 71 部分：农网变电站 10kV－600kvar－1%电抗率框架式并联电容器成套装置专用技术规范；

——第 72 部分：农网变电站 10kV－600kvar－5%电抗率框架式并联电容器成套装置专用技术规范；

——第 73 部分：农网变电站 10kV－1000kvar－1%电抗率框架式并联电容器成套装置专用技术规范；

——第 74 部分：农网变电站 10kV－1000kvar－5%电抗率框架式并联电容器成套装置专用技术规范；

——第 75 部分：农网变电站 10kV－1200kvar－1%电抗率框架式并联电容器成套装置专用技术规范；

——第 76 部分：农网变电站 10kV－1200kvar－5%电抗率框架式并联电容器成套装置专用技术规范；

——第 77 部分：农网变电站 10kV－2000kvar－1%电抗率框架式并联电容器成套装置专用技术规范；

——第 78 部分：农网变电站 10kV－2000kvar－5%电抗率框架式并联电容器成套装置专用技术规范；

——第 79 部分：农网变电站 10kV－3000kvar－1%电抗率框架式并联电容器成套装置专用技术规范；

——第 80 部分：农网变电站 10kV－3000kvar－5%电抗率框架式并联电容器成套装置专用技术规范；

——第 81 部分：农网变电站 10kV－4000kvar－1%电抗率框架式并联电容器成套装置专用技术规范；

——第 82 部分：农网变电站 10kV－4000kvar－5%电抗率框架式并联电容器成套装置专用技术规范；

——第 83 部分：农网变电站 10kV－6000kvar－1%电抗率框架式并联电容器成套装置专用技术规范；

——第 84 部分：农网变电站 10kV－6000kvar－5%电抗率框架式并联电容器成套装置专用技术规范；

——第 85 部分：农网 10kV－150kvar－50kvar 柱上式并联电容器成套装置专用技术规范；

——第 86 部分：农网 10kV－300kvar－50kvar 柱上式并联电容器成套装置专用技术规范；

——第 87 部分：农网 10kV－450kvar－50kvar 柱上式并联电容器成套装置专用技术规范。

本部分为《35kV～750kV 变电站、农网变电站用并联电容器成套装置采购标准》的第 65 部分。

本部分代替 Q/GDW 13053.65—2014，与 Q/GDW 13053.65—2014 相比，主要技术性差异如下：

——修改了单台电容器短路放电试验要求；

——修改了单台电容器放电器件性能要求；

——修改了放电线圈放电性能要求；

——增加了油浸铁芯串联电抗器参数要求。

本部分由国家电网有限公司物资部提出并解释。

本部分由国家电网有限公司科技部归口。

本部分起草单位：国网冀北电力有限公司，国网吉林省电力有限公司，中国电力科学研究院有限公司。

本部分主要起草人：林浩，姜胜宝，黄想，国江，张建军，路杰，王亚菲，李士雷，李卓伦，葛志成。

本部分 2014 年 8 月首次发布，2018 年 8 月第一次修订。

本部分在执行过程中的意见或建议反馈至国家电网有限公司科技部。

35kV～750kV 变电站、农网变电站用
并联电容器成套装置采购标准
第 65 部分：500kV 变电站 35kV-60Mvar-5%
电抗率集合式并联电容器成套装置专用技术规范

1 范围

本部分规定了 500kV 变电站 35kV-60Mvar-5%电抗率集合式并联电容器成套装置招标的标准技术参数、项目需求及投标人响应的相关内容。

本部分适用于 500kV 变电站 35kV-60Mvar-5%电抗率集合式并联电容器成套装置招标。

2 规范性引用文件

下列文件对于本文件的应用是必不可少的。凡是注日期的引用文件，仅所注日期的版本适用于本文件。凡是不注日期的引用文件，其最新版本（包括所有的修改单）适用于本文件。

Q/GDW 13053.1 35kV～750kV 变电站、农网变电站用并联电容器成套装置采购标准 第 1 部分：通用技术规范

3 术语和定义

下列术语和定义适用于本文件。

3.1

招标人 bidder
提出招标项目，进行招标的法人或其他组织。

3.2

投标人 tenderer
响应招标、参加投标竞争的法人或者其他组织。

3.3

卖方 seller
提供本部分货物和技术服务的法人或其他组织，包括其法定的承继者。

3.4

买方 buyer
购买本部分货物和技术服务的法人或其他组织，包括其法定的承继者和经许可的受让人。

4 标准技术参数

技术参数特性表是国家电网有限公司对采购设备的基础技术参数要求，在招投标过程中，投标人应依据招标文件，对技术参数特性表中标准参数值进行响应。500kV 变电站 35kV-60Mvar-5%电抗率集合式并联电容器成套装置技术参数特性见表 1。装置应满足 Q/GDW 13053.1 的要求。

表 1 技 术 参 数 特 性 表

序号	项　　目	单位	标准参数值
一	并联电容器装置		
1	型号		TBB35−60000/20000−ACW
2	额定电压	kV	35
3	额定容量	kvar	60 000
4	额定电抗率	%	5
5	额定相电容	F	128.9
6	电容器组额定电压（相）	kV	$38.5/\sqrt{3}$
7	电容器组电容与额定电容偏差	%	0～5
8	电容器组各相电容的最大值与最小值之比		≤1.01
9	电容器组各串联段的最大与最小电容之比		≤1.005
10	接线方式		单星形
11	每相电容器串并联数		—
12	继电保护方式		桥式差电流保护
13	初始不平衡电流（或电压）二次计算值		（生产单位提供）
14	继电保护整定值		（生产单位提供）
15	装置接线图		—
16	电容器组围栏尺寸 （户内安装时应提供装置高度限值）	m	（项目单位提供）
17	电容器组进线方向和进线位置		围栏（长或宽）方向（上或下）进线
18	装置耐受短路电流能力	kA	（项目单位提供）
二	单台集合式电容器		
1	型号		BAMH （$38.5/2\sqrt{3}+38.5/2\sqrt{3}$）−20000−1W 或 BFMH （$38.5/2\sqrt{3}+38.5/2\sqrt{3}$）−20000−1W
2	额定电压	kV	$38.5/2\sqrt{3}+38.5/2\sqrt{3}$
3	额定容量	kvar	20 000
4	单台集合式电容器内部单元串并数		—
5	爬电比距	mm/kV	（项目单位提供）
注：如采用全密封结构，要求有足够的油补充容量，最高运行温度下，压力不超过 0.05MPa			
三	集合式电容器内部小单台电容器		
1	型号		（投标人提供）
2	额定电压	kV	—
3	额定容量	kvar	—
4	设计场强（$K＝1$）	kV/mm	≤50
5	局部放电性能	pC	局部放电量≤50
		U_N	温度下限时局部放电熄灭电压不低于 1.2

表 1（续）

序号	项 目	单位	标准参数值
6	温度类别	℃	−/+ （项目单位提供）
7	短路放电试验		$2.5U_N$ 直流电压作用下，经电容器端子的最小间隙（短接线长度不应大于 1.5m），10min 内放电 5 次，电容量变化不超过 1 根内熔丝动作或一个元件击穿之量
8	电容器内部元件串并数及附图		（生产单位提供）
9	熔丝保护方式		有内熔丝或无熔丝
10	放电器件性能		10min 内从 $\sqrt{2}\,U_N$ 降到 50V
11	固体介质厚度及层数		—
12	浸渍剂		—
13	外绝缘海拔修正耐受试验电压（工频/雷电）	kV/kV	（需要修正时由项目单位提供）
四			放电线圈
1	型号		FDE（$38.2/2\sqrt{3}+38.5/2\sqrt{3}$）−20.0−1W（油浸全密封）
2	一次绕组的额定电压	kV	$38.5/2\sqrt{3}+38.5/2\sqrt{3}$
3	二次绕组的额定电压	V	100
4	二次绕组的额定容量	VA	50
5	准确级		0.5
6	a. 工频耐受电压（1min）/试验电压	kV/kV	95
	b. 雷电冲击耐受电压/试验电压	kV/kV	200
	c. 一次绕组感应耐受电压		$2.5U_{1N}$/60s
	d. 二次绕组对地工频耐受电压	kV/min	3
7	结构方式		全密封 （项目单位提供）
8	配套电容器容量（相）	kvar	≥20 000
9	放电性能		断开电源后，电容器组上的电压在 5s 内由 $\sqrt{2}\,U_N$ 降至 50V 以下
			在最大允许容量电容器组的 $1.9\sqrt{2}\,U_N$ 下放电不损坏
10	外绝缘海拔修正耐受试验电压（工频/雷电）	kV/kV	（需要修正时由项目单位提供）
五			金属氧化物避雷器
1	型号		YHWR5−51/134（复合）或 YWR5−51/134（瓷）
2	额定电压	kV	51
3	持续运行电压	kV	40.8
4	标称放电电流	kA	5
5	标称放电电流下的残压	kV	134

表1（续）

序号	项 目	单位	标准参数值	
6	2ms 方波通流容量	A	≥1500	
7	外绝缘海拔修正耐受试验电压（工频/雷电）	kV/kV	（需要修正时由项目单位提供）	
六			支柱绝缘子	
1	额定电压	kV	35	
2	额定抗弯强度	N·m	—	
3	爬电比距	mm/kV	（项目单位提供）	
4	外绝缘海拔修正耐受试验电压（工频/雷电）	kV/kV	（需要修正时由项目单位提供）	
5	安装方式		正装	
七			接地开关	
1	型号		JW40.5/□（额定峰值耐受电流）	
2	额定电压	kV	40.5	
3	额定短时耐受电流及持续时间	kA（4s）	（项目单位提供）	
4	额定峰值耐受电流	kA	（项目单位提供）	
5	外绝缘海拔修正耐受试验电压（工频/雷电）	kV/kV	（需要修正时由项目单位提供）	
八			串联电抗器	
1	型号		CKDK－35－1000/ 1.1－5（干式空心）	CKSQ－35－3000/ 1.1－5（油浸）
2	额定电压	kV	35	35
3	额定端电压	kV	1.1	1.1
4	额定容量	kvar	1000	3000
5	额定电感	mH	3.85	3.85
6	额定电流	A	909	909
7	损耗	kW/kvar	空心≤0.016	≤0.007
8	温升	K	≤70	≤60
9	电抗率	%	5	5
10	绝缘水平（工频/雷电）	kV/kV	95/200	85/200
11	噪声	dB	≤55	≤66
12	电感值偏差	%	0～5	0～5
13	外绝缘海拔修正耐受试验电压（工频/雷电）	kV/kV	（需要修正时由项目 单位提供）	（需要修正时由项目 单位提供）
14	三相间电感偏差	%	每相电抗与三相平 均值的偏差 不大于±2%	每相电抗与三相平均 值的偏差 不大于±2%
15	安装布置方式		（项目单位提供）	（项目单位提供）

5 组件材料配置表

组件材料配置表包括元件名称、规格形式参数、单位、数量和产地等信息，具体内容和格式根据招标项目情况进行编制。

6 使用环境条件表

典型 500kV 变电站 35kV－60Mvar－5%电抗率集合式并联电容器成套装置使用环境条件见表 2。特殊环境要求根据项目情况进行编制。

表 2 使 用 环 境 条 件 表

序号	名　　称		单位	标准参数值
1	环境温度	最高日温度	℃	＋40
		最低日温度		－25
		最大日温差		25
2	海拔		m	≤1000
3	太阳辐射强度		W/cm²	0.11
4	污秽等级			Ⅲ（d）
5	覆冰厚度		mm	10
6	风速/风压		（m/s）/Pa	35/700
7	相对湿度	最大日相对湿度	%	≤95
		最大月平均相对湿度		≤90
8	耐受地震能力（指水平加速度，安全系数不小于 1.67。水平加速度应计及设备支架的动力放大系数 1.2）		m/s²	2
注：有较严酷使用条件时，如低温、高海拔、重污秽等，项目单位应提出相应差异要求				

7 投标人提供的其他资料

投标人提供的其他资料如下：

a) 耐久性试验报告（应提供）；

b) 保护计算单（应提供）；

c) 抗震计算或试验报告（应提供，10kV 装置除外）；

d) 装置的爆破能量计算单（应提供）；

e) 其他提高装置质量或运行可靠性的研究报告、研究性试验等；

f) 新结构方式等。

ICS 29.240

Q/GDW

国家电网有限公司企业标准

Q／GDW 13053.66—2018
代替 Q／GDW 13053.66—2014

35kV～750kV 变电站、农网变电站用并联电容器成套装置采购标准

第 66 部分：500kV 变电站 35kV-60Mvar-12% 电抗率集合式并联电容器成套装置专用技术规范

Purchasing standard for shunt capacitor installation of 35kV～750kV and rural power network substation

Part 66: Special technical specification for 35kV-60Mvar-12% reactance ratio collective shunt capacitor installation of 500kV substation

2019-06-28发布
2019-06-28实施

国家电网有限公司　　发　布

目　次

前　言

为规范 500kV 变电站 35kV－60Mvar－12%电抗率集合式并联电容器成套装置的采购，制定本部分。

《35kV～750kV 变电站、农网变电站用并联电容器成套装置采购标准》分为 87 个部分：

——第 1 部分：通用技术规范；

——第 2 部分：35kV 变电站 10kV－1000kvar－1%电抗率框架式并联电容器成套装置专用技术规范；

——第 3 部分：35kV 变电站 10kV－1000kvar－12%电抗率框架式并联电容器成套装置专用技术规范；

——第 4 部分：66kV 变电站 10kV－1000kvar－5%电抗率框架式并联电容器成套装置专用技术规范；

——第 5 部分：110（66）kV 变电站 10kV－2000kvar－1%电抗率框架式并联电容器成套装置专用技术规范；

——第 6 部分：110（66）kV 变电站 10kV－2000kvar－5%电抗率框架式并联电容器成套装置专用技术规范；

——第 7 部分：110（66）kV 变电站 10kV－2000kvar－12%电抗率框架式并联电容器成套装置专用技术规范；

——第 8 部分：110（66）kV 变电站 10kV－3000kvar－1%电抗率框架式并联电容器成套装置专用技术规范；

——第 9 部分：110（66）kV 变电站 10kV－3000kvar－5%电抗率框架式并联电容器成套装置专用技术规范；

——第 10 部分：110（66）kV 变电站 10kV－3000kvar－12%电抗率框架式并联电容器成套装置专用技术规范；

——第 11 部分：110（66）kV 变电站 10kV－3600kvar－1%电抗率框架式并联电容器成套装置专用技术规范；

——第 12 部分：110（66）kV 变电站 10kV－3600kvar－5%电抗率框架式并联电容器成套装置专用技术规范；

——第 13 部分：110（66）kV 变电站 10kV－3600kvar－12%电抗率框架式并联电容器成套装置专用技术规范；

——第 14 部分：110（66）kV 变电站 10kV－4000kvar－1%电抗率框架式并联电容器成套装置专用技术规范；

——第 15 部分：110（66）kV 变电站 10kV－4000kvar－5%电抗率框架式并联电容器成套装置专用技术规范；

——第 16 部分：110（66）kV 变电站 10kV－4000kvar－12%电抗率框架式并联电容器成套装置专用技术规范；

——第 17 部分：110（66）kV 变电站 10kV－4800kvar－1%电抗率框架式并联电容器成套装置专用技术规范；

——第 18 部分：110（66）kV 变电站 10kV－4800kvar－5%电抗率框架式并联电容器成套装置专用技术规范；

——第 19 部分：110（66）kV 变电站 10kV－4800kvar－12%电抗率框架式并联电容器成套装置专用技术规范；

——第 20 部分：110（66）kV 变电站 10kV－5000kvar－1%电抗率框架式并联电容器成套装置专用技术规范；

——第 21 部分：110（66）kV 变电站 10kV－5000kvar－5%电抗率框架式并联电容器成套装置专用技术规范；

——第 22 部分：110（66）kV 变电站 10kV－5000kvar－12%电抗率框架式并联电容器成套装置专用技术规范；

——第 23 部分：110（66）kV 变电站 10kV－6000kvar－1%电抗率框架式并联电容器成套装置专用技术规范；

——第 24 部分：110（66）kV 变电站 10kV－6000kvar－5%电抗率框架式并联电容器成套装置专用技术规范；

——第 25 部分：110（66）kV 变电站 10kV－6000kvar－12%电抗率框架式并联电容器成套装置专用技术规范；

——第 26 部分：220kV 变电站 10kV－8000kvar－5%电抗率框架式并联电容器成套装置专用技术规范；

——第 27 部分：220kV 变电站 10kV－8000kvar－12%电抗率框架式并联电容器成套装置专用技术规范；

——第 28 部分：220kV 变电站 10kV－10Mvar－5%电抗率框架式并联电容器成套装置专用技术规范；

——第 29 部分：220kV 变电站 10kV－10Mvar－12%电抗率框架式并联电容器成套装置专用技术规范；

——第 30 部分：220kV 变电站 35kV－10Mvar－5%电抗率框架式并联电容器成套装置专用技术规范；

——第 31 部分：220kV 变电站 35kV－10Mvar－12%电抗率框架式并联电容器成套装置专用技术规范；

——第 32 部分：330（220）kV 变电站 35kV－20Mvar－5%电抗率框架式并联电容器成套装置专用技术规范；

——第 33 部分：330（220）kV 变电站 35kV－20Mvar－12%电抗率框架式并联电容器成套装置专用技术规范；

——第 34 部分：330kV 变电站 35kV－30Mvar－5%电抗率框架式并联电容器成套装置专用技术规范；

——第 35 部分：330kV 变电站 35kV－30Mvar－12%电抗率框架式并联电容器成套装置专用技术规范；

——第 36 部分：330kV 变电站 35kV－40Mvar－5%电抗率框架式并联电容器成套装置专用技术规范；

——第 37 部分：330kV 变电站 35kV－40Mvar－12%电抗率框架式并联电容器成套装置专用技术规范；

——第 38 部分：500kV 变电站 35kV－60Mvar－5%电抗率框架式并联电容器成套装置专用技术规范；

——第 39 部分：500kV 变电站 35kV－60Mvar－12%电抗率框架式并联电容器成套装置专用技术规范；

——第 40 部分：220kV 变电站 66kV－10Mvar－5%电抗率框架式并联电容器成套装置专用技术规范；

——第 41 部分：220kV 变电站 66kV－10Mvar－12%电抗率框架式并联电容器成套装置专用技术规范；

——第 42 部分：220kV 变电站 66kV－20Mvar－5%电抗率框架式并联电容器成套装置专用技术规范；

——第 43 部分：220kV 变电站 66kV－20Mvar－12%电抗率框架式并联电容器成套装置专用技术规范；

——第 44 部分：220kV 变电站 66kV－25Mvar－5%电抗率框架式并联电容器成套装置专用技术规范；

——第 45 部分：220kV 变电站 66kV－25Mvar－12%电抗率框架式并联电容器成套装置专用技术规范；

——第 46 部分：750（500）kV 变电站 66kV－60Mvar－5%电抗率框架式并联电容器成套装置专用技术规范；

——第 47 部分：750（500）kV 变电站 66kV－60Mvar－12%电抗率框架式并联电容器成套装置专用技术规范；

——第 48 部分：750kV 变电站 66kV－90Mvar－5%电抗率框架式并联电容器成套装置专用技术规范；

——第 49 部分：750kV 变电站 66kV－90Mvar－12%电抗率框架式并联电容器成套装置专用技术规范；

——第 50 部分：750kV 变电站 66kV－120Mvar－5%电抗率框架式并联电容器成套装置专用技术规范；

——第 51 部分：750kV 变电站 66kV－120Mvar－12%电抗率框架式并联电容器成套装置专用技术规范；

——第 52 部分：110（66）kV 变电站 10kV－3000kvar－1%电抗率集合式并联电容器成套装置专用技术规范；

——第 53 部分：110（66）kV 变电站 10kV－3000kvar－5%电抗率集合式并联电容器成套装置专用

技术规范；

——第 54 部分：110（66）kV 变电站 10kV－3000kvar－12%电抗率集合式并联电容器成套装置专用
技术规范；

——第 55 部分：110（66）kV 变电站 10kV－3600kvar－1%电抗率集合式并联电容器成套装置专用
技术规范；

——第 56 部分：110（66）kV 变电站 10kV－3600kvar－5%电抗率集合式并联电容器成套装置专用
技术规范；

——第 57 部分：110（66）kV 变电站 10kV－3600kvar－12%电抗率集合式并联电容器成套装置专用
技术规范；

——第 58 部分：110（66）kV 变电站 10kV－4800kvar－1%电抗率集合式并联电容器成套装置专用
技术规范；

——第 59 部分：110（66）kV 变电站 10kV－4800kvar－5%电抗率集合式并联电容器成套装置专用
技术规范；

——第 60 部分：110（66）kV 变电站 10kV－4800kvar－12%电抗率集合式并联电容器成套装置专用
技术规范；

——第 61 部分：330（220）kV 变电站 35kV－20Mvar－5%电抗率集合式并联电容器成套装置专用
技术规范；

——第 62 部分：330（220）kV 变电站 35kV－20Mvar－12%电抗率集合式并联电容器成套装置专用
技术规范；

——第 63 部分：330kV 变电站 35kV－30Mvar－5%电抗率集合式并联电容器成套装置专用技术规范；
——第 64 部分：330kV 变电站 35kV－30Mvar－12%电抗率集合式并联电容器成套装置专用技术规范；
——第 65 部分：500kV 变电站 35kV－60Mvar－5%电抗率集合式并联电容器成套装置专用技术规范；
——第 66 部分：500kV 变电站 35kV－60Mvar－12%电抗率集合式并联电容器成套装置专用技术规范；
——第 67 部分：500kV 变电站 66kV－60Mvar－5%电抗率集合式并联电容器成套装置专用技术规范；
——第 68 部分：500kV 变电站 66kV－60Mvar－12%电抗率集合式并联电容器成套装置专用技术规范；
——第 69 部分：农网变电站 10kV－300kvar－1%电抗率框架式并联电容器成套装置专用技术规范；
——第 70 部分：农网变电站 10kV－300kvar－5%电抗率框架式并联电容器成套装置专用技术规范；
——第 71 部分：农网变电站 10kV－600kvar－1%电抗率框架式并联电容器成套装置专用技术规范；
——第 72 部分：农网变电站 10kV－600kvar－5%电抗率框架式并联电容器成套装置专用技术规范；
——第 73 部分：农网变电站 10kV－1000kvar－1%电抗率框架式并联电容器成套装置专用技术规范；
——第 74 部分：农网变电站 10kV－1000kvar－5%电抗率框架式并联电容器成套装置专用技术规范；
——第 75 部分：农网变电站 10kV－1200kvar－1%电抗率框架式并联电容器成套装置专用技术规范；
——第 76 部分：农网变电站 10kV－1200kvar－5%电抗率框架式并联电容器成套装置专用技术规范；
——第 77 部分：农网变电站 10kV－2000kvar－1%电抗率框架式并联电容器成套装置专用技术规范；
——第 78 部分：农网变电站 10kV－2000kvar－5%电抗率框架式并联电容器成套装置专用技术规范；
——第 79 部分：农网变电站 10kV－3000kvar－1%电抗率框架式并联电容器成套装置专用技术规范；
——第 80 部分：农网变电站 10kV－3000kvar－5%电抗率框架式并联电容器成套装置专用技术规范；
——第 81 部分：农网变电站 10kV－4000kvar－1%电抗率框架式并联电容器成套装置专用技术规范；
——第 82 部分：农网变电站 10kV－4000kvar－5%电抗率框架式并联电容器成套装置专用技术规范；
——第 83 部分：农网变电站 10kV－6000kvar－1%电抗率框架式并联电容器成套装置专用技术规范；
——第 84 部分：农网变电站 10kV－6000kvar－5%电抗率框架式并联电容器成套装置专用技术规范；
——第 85 部分：农网 10kV－150kvar－50kvar 柱上式并联电容器成套装置专用技术规范；
——第 86 部分：农网 10kV－300kvar－50kvar 柱上式并联电容器成套装置专用技术规范；

——第 87 部分：农网 10kV－450kvar－50kvar 柱上式并联电容器成套装置专用技术规范。

本部分为《35kV～750kV 变电站、农网变电站用并联电容器成套装置采购标准》的第 66 部分。

本部分代替 Q/GDW 13053.66—2014，与 Q/GDW 13053.66—2014 相比，主要技术性差异如下：

——修改了单台电容器短路放电试验要求；

——修改了单台电容器放电器件性能要求；

——修改了放电线圈放电性能要求；

——增加了油浸铁芯串联电抗器参数要求。

本部分由国家电网有限公司物资部提出并解释。

本部分由国家电网有限公司科技部归口。

本部分起草单位：国网冀北电力有限公司，国网吉林省电力有限公司，中国电力科学研究院有限公司。

本部分主要起草人：林浩，姜胜宝，国江，黄想，张建军，路杰，王亚菲，李士雷，李卓伦，葛志成。

本部分 2014 年 8 月首次发布，2018 年 8 月第一次修订。

本部分在执行过程中的意见或建议反馈至国家电网有限公司科技部。

35kV～750kV 变电站、农网变电站用
并联电容器成套装置采购标准
第 66 部分：500kV 变电站 35kV−60Mvar−12%
电抗率集合式并联电容器成套装置专用技术规范

1 范围

本部分规定了 500kV 变电站 35kV−60Mvar−12%电抗率集合式并联电容器成套装置招标的标准技术参数、项目需求及投标人响应的相关内容。

本部分适用于 500kV 变电站 35kV−60Mvar−12%电抗率集合式并联电容器成套装置招标。

2 规范性引用文件

下列文件对于本文件的应用是必不可少的。凡是注日期的引用文件，仅所注日期的版本适用于本文件。凡是不注日期的引用文件，其最新版本（包括所有的修改单）适用于本文件。

Q/GDW 13053.1　35kV～750kV 变电站、农网变电站用并联电容器成套装置采购标准　第 1 部分：通用技术规范

3 术语和定义

下列术语和定义适用于本文件。

3.1
招标人　bidder
提出招标项目，进行招标的法人或其他组织。

3.2
投标人　tenderer
响应招标、参加投标竞争的法人或者其他组织。

3.3
卖方　seller
提供本部分货物和技术服务的法人或其他组织，包括其法定的承继者。

3.4
买方　buyer
购买本部分货物和技术服务的法人或其他组织，包括其法定的承继者和经许可的受让人。

4 标准技术参数

技术参数特性表是国家电网有限公司对采购设备的基础技术参数要求，在招投标过程中，投标人应依据招标文件，对技术参数特性表中标准参数值进行响应。500kV 变电站 35kV−60Mvar−12%电抗率集合式并联电容器成套装置技术参数特性见表 1。装置应满足 Q/GDW 13053.1 的要求。

表 1　技 术 参 数 特 性 表

序号	项　　目	单位	标准参数值
一	并联电容器装置		
1	型号		TBB35－60000/20000－ACW
2	额定电压	kV	35
3	额定容量	kvar	60 000
4	额定电抗率	%	12
5	额定相电容	F	108.3
6	电容器组额定电压（相）	kV	$42/\sqrt{3}$
7	电容器组电容与额定电容偏差	%	0～5
8	电容器组各相电容的最大值与最小值之比		≤1.01
9	电容器组各串联段的最大与最小电容之比		≤1.005
10	接线方式		单星形
11	每相电容器串并联数		—
12	继电保护方式		桥式差电流保护
13	初始不平衡电流（或电压）二次计算值		（生产单位提供）
14	继电保护整定值		（生产单位提供）
15	装置接线图		—
16	电容器组围栏尺寸（户内安装时应提供装置高度限值）	m	（项目单位提供）
17	电容器组进线方向和进线位置		围栏（长或宽）方向（上或下）进线
18	装置耐受短路电流能力	kA	（项目单位提供）
二	单台集合式电容器		
1	型号		BAMH（$42/2\sqrt{3}$＋$42/2\sqrt{3}$）－20000－1W 或 BFMH（$42/2\sqrt{3}$＋$42/2\sqrt{3}$）－20000－1W
2	额定电压	kV	$42/2\sqrt{3}$＋$42/2\sqrt{3}$
3	额定容量	kvar	20 000
4	单台集合式电容器内部单元串并数		—
5	爬电比距	mm/kV	（项目单位提供）

注：如采用全密封结构，要求有足够的油补充容量，最高运行温度下，压力不超过 0.05MPa

序号	项　　目	单位	标准参数值
三	集合式电容器内部小单台电容器		
1	型号		（投标人提供）
2	额定电压	kV	—
3	额定容量	kvar	—
4	设计场强（$K＝1$）	kV/mm	≤50
5	局部放电性能	pC	局部放电量≤50
		U_N	温度下限时局部放电熄灭电压不低于 1.2
6	温度类别	℃	－/+（项目单位提供）

表1（续）

序号	项　目	单位	标准参数值
7	短路放电试验		2.5U_N 直流电压作用下，经电容器端子的最小间隙（短接线长度不应大于1.5m），10min 内放电 5 次，电容量变化不超过 1 根内熔丝动作或一个元件击穿之量
8	电容器内部元件串并数及附图		（生产单位提供）
9	熔丝保护方式		有内熔丝或无熔丝
10	放电器件性能		10min 内从 $\sqrt{2}\,U_N$ 降到 50V
11	固体介质厚度及层数		—
12	浸渍剂		—
13	外绝缘海拔修正耐受试验电压（工频/雷电）	kV/kV	（需要修正时由项目单位提供）
四			放电线圈
1	型号		FDE（42/2$\sqrt{3}$ ＋42/2$\sqrt{3}$）－20.0－1W（油浸全密封）
2	一次绕组的额定电压	kV	42/2$\sqrt{3}$ ＋42/2$\sqrt{3}$
3	二次绕组的额定电压	V	100
4	二次绕组的额定容量	VA	50
5	准确级		0.5
6	a. 工频耐受电压（1min）/试验电压	kV/kV	95
	b. 雷电冲击耐受电压/试验电压	kV/kV	200
	c. 一次绕组感应耐受电压		2.5U_{1N}/60s
	d. 二次绕组对地工频耐受电压	kV/min	3
7	结构方式		全密封（项目单位提供）
8	配套电容器容量（相）	kvar	≥20 000
9	放电性能		断开电源后，电容器组上的电压在 5s 内由 $\sqrt{2}\,U_N$ 降至 50V 以下 在最大允许容量电容器组的 1.9$\sqrt{2}\,U_N$ 下放电不损坏
10	外绝缘海拔修正耐受试验电压（工频/雷电）	kV/kV	（需要修正时由项目单位提供）
五			金属氧化物避雷器
1	型号		YHWR5－51/134（复合）或YWR5－51/134（瓷）
2	额定电压	kV	51
3	持续运行电压	kV	40.8
4	标称放电电流	kA	5

表1（续）

序号	项 目	单位	标准参数值	
5	标称放电电流下的残压	kV	134	
6	2ms 方波通流容量	A	≥1500	
7	外绝缘海拔修正耐受试验电压（工频/雷电）	kV/kV	（需要修正时由项目单位提供）	
六		支柱绝缘子		
1	额定电压	kV	35	
2	额定抗弯强度	N·m	—	
3	爬电比距	mm/kV	（项目单位提供）	
4	外绝缘海拔修正耐受试验电压（工频/雷电）	kV/kV	（需要修正时由项目单位提供）	
5	安装方式		正装	
七		接地开关		
1	型号		JW40.5/□（额定峰值耐受电流）	
2	额定电压	kV	40.5	
3	额定短时耐受电流及持续时间	kA（4s）	（项目单位提供）	
4	额定峰值耐受电流	kA	（项目单位提供）	
5	外绝缘海拔修正耐受试验电压（工频/雷电）	kV/kV	（需要修正时由项目单位提供）	
八		串联电抗器		
1	型号		CKDK－35－2400/2.9－12（干式空心）	CKSQ－35－7200/2.88－12（油浸）
2	额定电压	kV	35	35
3	额定端电压	kV	2.88	2.88
4	额定容量	kvar	2400	7200
5	额定电感	mH	11.2	11.2
6	额定电流	A	828	828
7	损耗	kW/kvar	空心≤0.012	≤0.005
8	温升	K	≤70	≤60
9	电抗率	%	12	12
10	绝缘水平（工频/雷电）	kV/kV	95/200	85/200
11	噪声	dB	≤55	≤66
12	电感值偏差	%	0～5	0～5
13	外绝缘海拔修正耐受试验电压（工频/雷电）	kV/kV	（需要修正时由项目单位提供）	（需要修正时由项目单位提供）
14	三相间电感偏差	%	每相电抗与三相平均值的偏差不大于±2%	每相电抗与三相平均值的偏差不大于±2%
15	安装布置方式		（项目单位提供）	（项目单位提供）

5 组件材料配置表

组件材料配置表包括元件名称、规格形式参数、单位、数量和产地等信息，具体内容和格式根据招标项目情况进行编制。

6 使用环境条件表

典型500kV变电站35kV－60Mvar－12%电抗率集合式并联电容器成套装置使用环境条件见表2。特殊环境要求根据项目情况进行编制。

表 2 使 用 环 境 条 件 表

序号	名 称		单位	标准参数值
1	环境温度	最高日温度	℃	＋40
		最低日温度		－25
		最大日温差		25
2	海拔		m	≤1000
3	太阳辐射强度		W/cm²	0.11
4	污秽等级			Ⅲ（d）
5	覆冰厚度		mm	10
6	风速/风压		（m/s）/Pa	35/700
7	相对湿度	最大日相对湿度	%	≤95
		最大月平均相对湿度		≤90
8	耐受地震能力（指水平加速度，安全系数不小于1.67。水平加速度应计及设备支架的动力放大系数1.2）		m/s²	2
注：有较严酷使用条件时，如低温、高海拔、重污秽等，项目单位应提出相应差异要求				

7 投标人提供的其他资料

投标人提供的其他资料如下：
a） 耐久性试验报告（应提供）；
b） 保护计算单（应提供）；
c） 抗震计算或试验报告（应提供，10kV 装置除外）；
d） 装置的爆破能量计算单（应提供）；
e） 其他提高装置质量或运行可靠性的研究报告、研究性试验等；
f） 新结构方式等。

ICS 29.240

Q/GDW

国家电网有限公司企业标准

Q/GDW 13053.67—2018

代替 Q/GDW 13053.67—2014

35kV～750kV 变电站、农网变电站用并联电容器成套装置采购标准 第 67 部分：500kV 变电站 66kV-60Mvar-5% 电抗率集合式并联电容器成套装置专用技术规范

Purchasing standard for shunt capacitor installation of 35kV～750kV and rural power network substation

Part 67: Special technical specification for 66kV-60Mvar-5% reactance ratio collective shunt capacitor installation of 500kV substation

2019-06-28发布   2019-06-28实施

国家电网有限公司   发 布

Q/GDW 13053.67—2018

目　　次

前　言

为规范 500kV 变电站 66kV－60Mvar－5%电抗率集合式并联电容器成套装置的采购，制定本部分。

《35kV～750kV 变电站、农网变电站用并联电容器成套装置采购标准》分为 87 个部分：

——第 1 部分：通用技术规范；

——第 2 部分：35kV 变电站 10kV－1000kvar－1%电抗率框架式并联电容器成套装置专用技术规范；

——第 3 部分：35kV 变电站 10kV－1000kvar－12%电抗率框架式并联电容器成套装置专用技术规范；

——第 4 部分：66kV 变电站 10kV－1000kvar－5%电抗率框架式并联电容器成套装置专用技术规范；

——第 5 部分：110（66）kV 变电站 10kV－2000kvar－1%电抗率框架式并联电容器成套装置专用技术规范；

——第 6 部分：110（66）kV 变电站 10kV－2000kvar－5%电抗率框架式并联电容器成套装置专用技术规范；

——第 7 部分：110（66）kV 变电站 10kV－2000kvar－12%电抗率框架式并联电容器成套装置专用技术规范；

——第 8 部分：110（66）kV 变电站 10kV－3000kvar－1%电抗率框架式并联电容器成套装置专用技术规范；

——第 9 部分：110（66）kV 变电站 10kV－3000kvar－5%电抗率框架式并联电容器成套装置专用技术规范；

——第 10 部分：110（66）kV 变电站 10kV－3000kvar－12%电抗率框架式并联电容器成套装置专用技术规范；

——第 11 部分：110（66）kV 变电站 10kV－3600kvar－1%电抗率框架式并联电容器成套装置专用技术规范；

——第 12 部分：110（66）kV 变电站 10kV－3600kvar－5%电抗率框架式并联电容器成套装置专用技术规范；

——第 13 部分：110（66）kV 变电站 10kV－3600kvar－12%电抗率框架式并联电容器成套装置专用技术规范；

——第 14 部分：110（66）kV 变电站 10kV－4000kvar－1%电抗率框架式并联电容器成套装置专用技术规范；

——第 15 部分：110（66）kV 变电站 10kV－4000kvar－5%电抗率框架式并联电容器成套装置专用技术规范；

——第 16 部分：110（66）kV 变电站 10kV－4000kvar－12%电抗率框架式并联电容器成套装置专用技术规范；

——第 17 部分：110（66）kV 变电站 10kV－4800kvar－1%电抗率框架式并联电容器成套装置专用技术规范；

——第 18 部分：110（66）kV 变电站 10kV－4800kvar－5%电抗率框架式并联电容器成套装置专用技术规范；

——第 19 部分：110（66）kV 变电站 10kV－4800kvar－12%电抗率框架式并联电容器成套装置专用技术规范；

——第 20 部分：110（66）kV 变电站 10kV－5000kvar－1%电抗率框架式并联电容器成套装置专用技术规范；

——第 21 部分：110（66）kV 变电站 10kV－5000kvar－5%电抗率框架式并联电容器成套装置专用技术规范；

——第 22 部分：110（66）kV 变电站 10kV－5000kvar－12%电抗率框架式并联电容器成套装置专用技术规范；

——第 23 部分：110（66）kV 变电站 10kV－6000kvar－1%电抗率框架式并联电容器成套装置专用技术规范；

——第 24 部分：110（66）kV 变电站 10kV－6000kvar－5%电抗率框架式并联电容器成套装置专用技术规范；

——第 25 部分：110（66）kV 变电站 10kV－6000kvar－12%电抗率框架式并联电容器成套装置专用技术规范；

——第 26 部分：220kV 变电站 10kV－8000kvar－5%电抗率框架式并联电容器成套装置专用技术规范；

——第 27 部分：220kV 变电站 10kV－8000kvar－12%电抗率框架式并联电容器成套装置专用技术规范；

——第 28 部分：220kV 变电站 10kV－10Mvar－5%电抗率框架式并联电容器成套装置专用技术规范；

——第 29 部分：220kV 变电站 10kV－10Mvar－12%电抗率框架式并联电容器成套装置专用技术规范；

——第 30 部分：220kV 变电站 35kV－10Mvar－5%电抗率框架式并联电容器成套装置专用技术规范；

——第 31 部分：220kV 变电站 35kV－10Mvar－12%电抗率框架式并联电容器成套装置专用技术规范；

——第 32 部分：330（220）kV 变电站 35kV－20Mvar－5%电抗率框架式并联电容器成套装置专用技术规范；

——第 33 部分：330（220）kV 变电站 35kV－20Mvar－12%电抗率框架式并联电容器成套装置专用技术规范；

——第 34 部分：330kV 变电站 35kV－30Mvar－5%电抗率框架式并联电容器成套装置专用技术规范；

——第 35 部分：330kV 变电站 35kV－30Mvar－12%电抗率框架式并联电容器成套装置专用技术规范；

——第 36 部分：330kV 变电站 35kV－40Mvar－5%电抗率框架式并联电容器成套装置专用技术规范；

——第 37 部分：330kV 变电站 35kV－40Mvar－12%电抗率框架式并联电容器成套装置专用技术规范；

——第 38 部分：500kV 变电站 35kV－60Mvar－5%电抗率框架式并联电容器成套装置专用技术规范；

——第 39 部分：500kV 变电站 35kV－60Mvar－12%电抗率框架式并联电容器成套装置专用技术规范；

——第 40 部分：220kV 变电站 66kV－10Mvar－5%电抗率框架式并联电容器成套装置专用技术规范；

——第 41 部分：220kV 变电站 66kV－10Mvar－12%电抗率框架式并联电容器成套装置专用技术规范；

——第 42 部分：220kV 变电站 66kV－20Mvar－5%电抗率框架式并联电容器成套装置专用技术规范；

——第 43 部分：220kV 变电站 66kV－20Mvar－12%电抗率框架式并联电容器成套装置专用技术规范；

——第 44 部分：220kV 变电站 66kV－25Mvar－5%电抗率框架式并联电容器成套装置专用技术规范；

——第 45 部分：220kV 变电站 66kV－25Mvar－12%电抗率框架式并联电容器成套装置专用技术规范；

——第 46 部分：750（500）kV 变电站 66kV－60Mvar－5%电抗率框架式并联电容器成套装置专用技术规范；

——第 47 部分：750（500）kV 变电站 66kV－60Mvar－12%电抗率框架式并联电容器成套装置专用技术规范；

——第 48 部分：750kV 变电站 66kV－90Mvar－5%电抗率框架式并联电容器成套装置专用技术规范；

——第 49 部分：750kV 变电站 66kV－90Mvar－12%电抗率框架式并联电容器成套装置专用技术规范；

——第 50 部分：750kV 变电站 66kV－120Mvar－5%电抗率框架式并联电容器成套装置专用技术规范；

——第 51 部分：750kV 变电站 66kV－120Mvar－12%电抗率框架式并联电容器成套装置专用技术规范；

——第 52 部分：110（66）kV 变电站 10kV－3000kvar－1%电抗率集合式并联电容器成套装置专用技术规范；

——第 53 部分：110（66）kV 变电站 10kV－3000kvar－5%电抗率集合式并联电容器成套装置专用

技术规范；

——第 54 部分：110（66）kV 变电站 10kV－3000kvar－12%电抗率集合式并联电容器成套装置专用技术规范；

——第 55 部分：110（66）kV 变电站 10kV－3600kvar－1%电抗率集合式并联电容器成套装置专用技术规范；

——第 56 部分：110（66）kV 变电站 10kV－3600kvar－5%电抗率集合式并联电容器成套装置专用技术规范；

——第 57 部分：110（66）kV 变电站 10kV－3600kvar－12%电抗率集合式并联电容器成套装置专用技术规范；

——第 58 部分：110（66）kV 变电站 10kV－4800kvar－1%电抗率集合式并联电容器成套装置专用技术规范；

——第 59 部分：110（66）kV 变电站 10kV－4800kvar－5%电抗率集合式并联电容器成套装置专用技术规范；

——第 60 部分：110（66）kV 变电站 10kV－4800kvar－12%电抗率集合式并联电容器成套装置专用技术规范；

——第 61 部分：330（220）kV 变电站 35kV－20Mvar－5%电抗率集合式并联电容器成套装置专用技术规范；

——第 62 部分：330（220）kV 变电站 35kV－20Mvar－12%电抗率集合式并联电容器成套装置专用技术规范；

——第 63 部分：330kV 变电站 35kV－30Mvar－5%电抗率集合式并联电容器成套装置专用技术规范；

——第 64 部分：330kV 变电站 35kV－30Mvar－12%电抗率集合式并联电容器成套装置专用技术规范；

——第 65 部分：500kV 变电站 35kV－60Mvar－5%电抗率集合式并联电容器成套装置专用技术规范；

——第 66 部分：500kV 变电站 35kV－60Mvar－12%电抗率集合式并联电容器成套装置专用技术规范；

——第 67 部分：500kV 变电站 66kV－60Mvar－5%电抗率集合式并联电容器成套装置专用技术规范；

——第 68 部分：500kV 变电站 66kV－60Mvar－12%电抗率集合式并联电容器成套装置专用技术规范；

——第 69 部分：农网变电站 10kV－300kvar－1%电抗率框架式并联电容器成套装置专用技术规范；

——第 70 部分：农网变电站 10kV－300kvar－5%电抗率框架式并联电容器成套装置专用技术规范；

——第 71 部分：农网变电站 10kV－600kvar－1%电抗率框架式并联电容器成套装置专用技术规范；

——第 72 部分：农网变电站 10kV－600kvar－5%电抗率框架式并联电容器成套装置专用技术规范；

——第 73 部分：农网变电站 10kV－1000kvar－1%电抗率框架式并联电容器成套装置专用技术规范；

——第 74 部分：农网变电站 10kV－1000kvar－5%电抗率框架式并联电容器成套装置专用技术规范；

——第 75 部分：农网变电站 10kV－1200kvar－1%电抗率框架式并联电容器成套装置专用技术规范；

——第 76 部分：农网变电站 10kV－1200kvar－5%电抗率框架式并联电容器成套装置专用技术规范；

——第 77 部分：农网变电站 10kV－2000kvar－1%电抗率框架式并联电容器成套装置专用技术规范；

——第 78 部分：农网变电站 10kV－2000kvar－5%电抗率框架式并联电容器成套装置专用技术规范；

——第 79 部分：农网变电站 10kV－3000kvar－1%电抗率框架式并联电容器成套装置专用技术规范；

——第 80 部分：农网变电站 10kV－3000kvar－5%电抗率框架式并联电容器成套装置专用技术规范；

——第 81 部分：农网变电站 10kV－4000kvar－1%电抗率框架式并联电容器成套装置专用技术规范；

——第 82 部分：农网变电站 10kV－4000kvar－5%电抗率框架式并联电容器成套装置专用技术规范；

——第 83 部分：农网变电站 10kV－6000kvar－1%电抗率框架式并联电容器成套装置专用技术规范；

——第 84 部分：农网变电站 10kV－6000kvar－5%电抗率框架式并联电容器成套装置专用技术规范；

——第 85 部分：农网 10kV－150kvar－50kvar 柱上式并联电容器成套装置专用技术规范；

——第 86 部分：农网 10kV－300kvar－50kvar 柱上式并联电容器成套装置专用技术规范；

——第 87 部分：农网 10kV－450kvar－50kvar 柱上式并联电容器成套装置专用技术规范。

本部分为《35kV～750kV 变电站、农网变电站用并联电容器成套装置采购标准》的第 67 部分。

本部分代替 Q/GDW 13053.67—2014，与 Q/GDW 13053.67—2014 相比，主要技术性差异如下：

——修改了单台电容器短路放电试验要求；

——修改了单台电容器放电器件性能要求；

——修改了放电线圈放电性能要求；

——增加了油浸铁芯串联电抗器参数要求。

本部分由国家电网有限公司物资部提出并解释。

本部分由国家电网有限公司科技部归口。

本部分起草单位：国网冀北电力有限公司，国网吉林省电力有限公司，中国电力科学研究院有限公司。

本部分主要起草人：黄想，林浩，国江，姜胜宝，张建军，路杰，王亚菲，李士雷，李卓伦，葛志成。

本部分 2014 年 8 月首次发布，2018 年 8 月第一次修订。

本部分在执行过程中的意见或建议反馈至国家电网有限公司科技部。

35kV～750kV 变电站、农网变电站用
并联电容器成套装置采购标准
第 67 部分：500kV 变电站 66kV－60Mvar－5%
电抗率集合式并联电容器成套装置专用技术规范

1 范围

本部分规定了 500kV 变电站 66kV－60Mvar－5%电抗率集合式并联电容器成套装置招标的标准技术参数、项目需求及投标人响应的相关内容。

本部分适用于 500kV 变电站 66kV－60Mvar－5%电抗率集合式并联电容器成套装置招标。

2 规范性引用文件

下列文件对于本文件的应用是必不可少的。凡是注日期的引用文件，仅所注日期的版本适用于本文件。凡是不注日期的引用文件，其最新版本（包括所有的修改单）适用于本文件。

Q/GDW 13053.1 35kV～750kV 变电站、农网变电站用并联电容器成套装置采购标准 第 1 部分：通用技术规范

3 术语和定义

下列术语和定义适用于本文件。

3.1

招标人 bidder
提出招标项目，进行招标的法人或其他组织。

3.2

投标人 tenderer
响应招标、参加投标竞争的法人或者其他组织。

3.3

卖方 seller
提供本部分货物和技术服务的法人或其他组织，包括其法定的承继者。

3.4

买方 buyer
购买本部分货物和技术服务的法人或其他组织，包括其法定的承继者和经许可的受让人。

4 标准技术参数

技术参数特性表是国家电网有限公司对采购设备的基础技术参数要求，在招投标过程中，投标人应依据招标文件，对技术参数特性表中标准参数值进行响应。500kV 变电站 66kV－60Mvar－5%电抗率集合式并联电容器成套装置技术参数特性见表 1。装置应满足 Q/GDW 13053.1 的要求。

表 1 技 术 参 数 特 性 表

序号	项　　目	单位	标准参数值
一		并联电容器装置	
1	型号		TBB66－60000/20000－ACW
2	额定电压	kV	66
3	额定容量	kvar	60 000
4	额定电抗率	%	5
5	额定相电容	F	35.9
6	电容器组额定电压（相）	kV	$73/\sqrt{3}$
7	电容器组电容与额定电容偏差	%	0～5
8	电容器组各相电容的最大值与最小值之比		≤1.01
9	电容器组各串联段的最大与最小电容之比		≤1.005
10	接线方式		单星形
11	每相电容器串并联数		—
12	继电保护方式		相电压差动保护
13	初始不平衡电流（或电压）二次计算值		（生产单位提供）
14	继电保护整定值		（生产单位提供）
15	装置接线图		—
16	电容器组围栏尺寸 （户内安装时应提供装置高度限值）	m	（项目单位提供）
17	电容器组进线方向和进线位置		围栏（长或宽）方向（上或下）进线
18	装置耐受短路电流能力	kA	（项目单位提供）
二		单台集合式电容器	
1	型号		BAMH（$73/2\sqrt{3}$＋$73/2\sqrt{3}$）－20000－1W 或 BFMH（$73/2\sqrt{3}$＋$73/2\sqrt{3}$）－20000－1W
2	额定电压	kV	$73/2\sqrt{3}$＋$73/2\sqrt{3}$
3	额定容量	kvar	20 000
4	单台集合式电容器内部单元串并数		—
5	爬电比距	mm/kV	（项目单位提供）
注：如采用全密封结构，要求有足够的油补充容量，最高运行温度下，压力不超过 0.05MPa			
三		集合式电容器内部小单台电容器	
1	型号		（投标人提供）
2	额定电压	kV	—
3	额定容量	kvar	—
4	设计场强（$K=1$）	kV/mm	≤50
5	局部放电性能	pC	局部放电量≤50
		U_N	温度下限时局部放电熄灭电压不低于 1.2

表1（续）

序号	项　目	单位	标准参数值
6	温度类别	℃	$-/+$（项目单位提供）
7	短路放电试验		$2.5U_N$直流电压作用下，经电容器端子的最小间隙（短接线长度不应大于1.5m），10min内放电5次，电容量变化不超过1根内熔丝动作或一个元件击穿之量
8	电容器内部元件串并数及附图		（生产单位提供）
9	熔丝保护方式		有内熔丝或无熔丝
10	放电器件性能		10min内从$\sqrt{2}U_N$降到50V
11	固体介质厚度及层数		—
12	浸渍剂		—
13	外绝缘海拔修正耐受试验电压（工频/雷电）	kV/kV	（需要修正时由项目单位提供）
四	放电线圈		
1	型号		FDE（$73/2\sqrt{3}+73/2\sqrt{3}$）$-20.0-1W$（油浸全密封）
2	一次绕组的额定电压	kV	$73/2\sqrt{3}+73/2\sqrt{3}$
3	二次绕组的额定电压	V	100
4	二次绕组的额定容量	VA	50
5	准确级		0.5
6	a.工频耐受电压（1min）/试验电压	kV/kV	140
	b.雷电冲击耐受电压/试验电压	kV/kV	325
	c.一次绕组感应耐受电压		$2.5U_{1N}/60s$
	d.二次绕组对地工频耐受电压	kV/min	3
7	结构方式		全密封（项目单位提供）
8	配套电容器容量（相）	kvar	≥20 000
9	放电性能		断开电源后，电容器组上的电压在5s内由$\sqrt{2}U_N$降至50V以下
			在最大允许容量电容器组的$1.9\sqrt{2}U_N$下放电不损坏
10	外绝缘海拔修正耐受试验电压（工频/雷电）	kV/kV	（需要修正时由项目单位提供）
五	金属氧化物避雷器		
1	型号		YHWR5－90/236（复合）或YWR5－90/236（瓷）
2	额定电压	kV	90
3	持续运行电压	kV	72.5
4	标称放电电流	kA	5

187

表 1（续）

序号	项 目	单位	标准参数值	
5	标称放电电流下的残压	kV	236	
6	2ms 方波通流容量	A	≥1500	
7	外绝缘海拔修正耐受试验电压（工频/雷电）	kV/kV	（需要修正时由项目单位提供）	
六			支柱绝缘子	
1	额定电压	kV	66	
2	额定抗弯强度	N·m	—	
3	爬电比距	mm/kV	（项目单位提供）	
4	外绝缘海拔修正耐受试验电压（工频/雷电）	kV/kV	（需要修正时由项目单位提供）	
5	安装方式		正装	
七			接地开关	
1	型号		JW72.5/□（额定峰值耐受电流）	
2	额定电压	kV	72.5	
3	额定短时耐受电流及持续时间	kA（4s）	（项目单位提供）	
4	额定峰值耐受电流	kA	（项目单位提供）	
5	外绝缘海拔修正耐受试验电压（工频/雷电）	kV/kV	（需要修正时由项目单位提供）	
八			串联电抗器	
1	型号		CKDK－66－1000/2.1－5（干式空心）	CKSQ－66－3000/2.1－5（油浸）
2	额定电压	kV	66	66
3	额定端电压	kV	2.1	2.1
4	额定容量	kvar	1000	3000
5	额定电感	mH	13.87	13.87
6	额定电流	A	476	476
7	损耗	kW/kvar	空心≤0.016	≤0.007
8	温升	K	≤70	≤60
9	电抗率	%	5	5
10	绝缘水平（工频/雷电）	kV/kV	140/325	140/325
11	噪声	dB	≤55	≤66
12	电感值偏差	%	0～5	0～5
13	外绝缘海拔修正耐受试验电压（工频/雷电）	kV/kV	（需要修正时由项目单位提供）	（需要修正时由项目单位提供）
14	三相间电感偏差	%	每相电抗与三相平均值的偏差不大于±2%	每相电抗与三相平均值的偏差不大于±2%
15	安装布置方式		（项目单位提供）	（项目单位提供）

5 组件材料配置表

组件材料配置表包括元件名称、规格形式参数、单位、数量和产地等信息，具体内容和格式根据招标项目情况进行编制。

6 使用环境条件表

典型 500kV 变电站 66kV－60Mvar－5%电抗率集合式并联电容器成套装置使用环境条件见表2。特殊环境要求根据项目情况进行编制。

表 2 使 用 环 境 条 件 表

序号	名 称		单位	标准参数值
1	环境温度	最高日温度	℃	＋40
		最低日温度		－25
		最大日温差		25
2	海拔		m	≤1000
3	太阳辐射强度		W/cm²	0.11
4	污秽等级			Ⅲ（d）
5	覆冰厚度		mm	10
6	风速/风压		（m/s）/Pa	35/700
7	相对湿度	最大日相对湿度	%	≤95
		最大月平均相对湿度		≤90
8	耐受地震能力（指水平加速度，安全系数不小于1.67。水平加速度应计及设备支架的动力放大系数1.2）		m/s²	2
注：有较严酷使用条件时，如低温、高海拔、重污秽等，项目单位应提出相应差异要求				

7 投标人提供的其他资料

投标人提供的其他资料如下：

a）耐久性试验报告（应提供）；

b）保护计算单（应提供）；

c）抗震计算或试验报告（应提供，10kV 装置除外）；

d）装置的爆破能量计算单（应提供）；

e）其他提高装置质量或运行可靠性的研究报告、研究性试验等；

f）新结构方式等。

ICS 29.240

Q/GDW

国家电网有限公司企业标准

Q／GDW 13053.68 — 2018

代替 Q／GDW 13053.68 — 2014

35kV～750kV 变电站、农网变电站用并联电容器成套装置采购标准 第 68 部分：500kV 变电站 66kV–60Mvar–12% 电抗率集合式并联电容器成套装置专用技术规范

Purchasing standard for shunt capacitor installation of 35kV～750kV and rural power network substation

Part 68: Special technical specification for 66kV–60Mvar–12% reactance ratio collective shunt capacitor installation of 500kV substation

2019-06-28发布   2019-06-28实施

国家电网有限公司   发 布

目　次

前　言

为规范 500kV 变电站 66kV－60Mvar－12%电抗率集合式并联电容器成套装置的采购，制定本部分。

《35kV～750kV 变电站、农网变电站用并联电容器成套装置采购标准》分为 87 个部分：

——第 1 部分：通用技术规范；

——第 2 部分：35kV 变电站 10kV－1000kvar－1%电抗率框架式并联电容器成套装置专用技术规范；

——第 3 部分：35kV 变电站 10kV－1000kvar－12%电抗率框架式并联电容器成套装置专用技术规范；

——第 4 部分：66kV 变电站 10kV－1000kvar－5%电抗率框架式并联电容器成套装置专用技术规范；

——第 5 部分：110（66）kV 变电站 10kV－2000kvar－1%电抗率框架式并联电容器成套装置专用技术规范；

——第 6 部分：110（66）kV 变电站 10kV－2000kvar－5%电抗率框架式并联电容器成套装置专用技术规范；

——第 7 部分：110（66）kV 变电站 10kV－2000kvar－12%电抗率框架式并联电容器成套装置专用技术规范；

——第 8 部分：110（66）kV 变电站 10kV－3000kvar－1%电抗率框架式并联电容器成套装置专用技术规范；

——第 9 部分：110（66）kV 变电站 10kV－3000kvar－5%电抗率框架式并联电容器成套装置专用技术规范；

——第 10 部分：110（66）kV 变电站 10kV－3000kvar－12%电抗率框架式并联电容器成套装置专用技术规范；

——第 11 部分：110（66）kV 变电站 10kV－3600kvar－1%电抗率框架式并联电容器成套装置专用技术规范；

——第 12 部分：110（66）kV 变电站 10kV－3600kvar－5%电抗率框架式并联电容器成套装置专用技术规范；

——第 13 部分：110（66）kV 变电站 10kV－3600kvar－12%电抗率框架式并联电容器成套装置专用技术规范；

——第 14 部分：110（66）kV 变电站 10kV－4000kvar－1%电抗率框架式并联电容器成套装置专用技术规范；

——第 15 部分：110（66）kV 变电站 10kV－4000kvar－5%电抗率框架式并联电容器成套装置专用技术规范；

——第 16 部分：110（66）kV 变电站 10kV－4000kvar－12%电抗率框架式并联电容器成套装置专用技术规范；

——第 17 部分：110（66）kV 变电站 10kV－4800kvar－1%电抗率框架式并联电容器成套装置专用技术规范；

——第 18 部分：110（66）kV 变电站 10kV－4800kvar－5%电抗率框架式并联电容器成套装置专用技术规范；

——第 19 部分：110（66）kV 变电站 10kV－4800kvar－12%电抗率框架式并联电容器成套装置专用技术规范；

——第 20 部分：110（66）kV 变电站 10kV－5000kvar－1%电抗率框架式并联电容器成套装置专用技术规范；

——第 21 部分：110（66）kV 变电站 10kV－5000kvar－5%电抗率框架式并联电容器成套装置专用技术规范；

——第 22 部分：110（66）kV 变电站 10kV－5000kvar－12%电抗率框架式并联电容器成套装置专用技术规范；

——第 23 部分：110（66）kV 变电站 10kV－6000kvar－1%电抗率框架式并联电容器成套装置专用技术规范；

——第 24 部分：110（66）kV 变电站 10kV－6000kvar－5%电抗率框架式并联电容器成套装置专用技术规范；

——第 25 部分：110（66）kV 变电站 10kV－6000kvar－12%电抗率框架式并联电容器成套装置专用技术规范；

——第 26 部分：220kV 变电站 10kV－8000kvar－5%电抗率框架式并联电容器成套装置专用技术规范；

——第 27 部分：220kV 变电站 10kV－8000kvar－12%电抗率框架式并联电容器成套装置专用技术规范；

——第 28 部分：220kV 变电站 10kV－10Mvar－5%电抗率框架式并联电容器成套装置专用技术规范；

——第 29 部分：220kV 变电站 10kV－10Mvar－12%电抗率框架式并联电容器成套装置专用技术规范；

——第 30 部分：220kV 变电站 35kV－10Mvar－5%电抗率框架式并联电容器成套装置专用技术规范；

——第 31 部分：220kV 变电站 35kV－10Mvar－12%电抗率框架式并联电容器成套装置专用技术规范；

——第 32 部分：330（220）kV 变电站 35kV－20Mvar－5%电抗率框架式并联电容器成套装置专用技术规范；

——第 33 部分：330（220）kV 变电站 35kV－20Mvar－12%电抗率框架式并联电容器成套装置专用技术规范；

——第 34 部分：330kV 变电站 35kV－30Mvar－5%电抗率框架式并联电容器成套装置专用技术规范；

——第 35 部分：330kV 变电站 35kV－30Mvar－12%电抗率框架式并联电容器成套装置专用技术规范；

——第 36 部分：330kV 变电站 35kV－40Mvar－5%电抗率框架式并联电容器成套装置专用技术规范；

——第 37 部分：330kV 变电站 35kV－40Mvar－12%电抗率框架式并联电容器成套装置专用技术规范；

——第 38 部分：500kV 变电站 35kV－60Mvar－5%电抗率框架式并联电容器成套装置专用技术规范；

——第 39 部分：500kV 变电站 35kV－60Mvar－12%电抗率框架式并联电容器成套装置专用技术规范；

——第 40 部分：220kV 变电站 66kV－10Mvar－5%电抗率框架式并联电容器成套装置专用技术规范；

——第 41 部分：220kV 变电站 66kV－10Mvar－12%电抗率框架式并联电容器成套装置专用技术规范；

——第 42 部分：220kV 变电站 66kV－20Mvar－5%电抗率框架式并联电容器成套装置专用技术规范；

——第 43 部分：220kV 变电站 66kV－20Mvar－12%电抗率框架式并联电容器成套装置专用技术规范；

——第 44 部分：220kV 变电站 66kV－25Mvar－5%电抗率框架式并联电容器成套装置专用技术规范；

——第 45 部分：220kV 变电站 66kV－25Mvar－12%电抗率框架式并联电容器成套装置专用技术规范；

——第 46 部分：750（500）kV 变电站 66kV－60Mvar－5%电抗率框架式并联电容器成套装置专用技术规范；

——第 47 部分：750（500）kV 变电站 66kV－60Mvar－12%电抗率框架式并联电容器成套装置专用技术规范；

——第 48 部分：750kV 变电站 66kV－90Mvar－5%电抗率框架式并联电容器成套装置专用技术规范；

——第 49 部分：750kV 变电站 66kV－90Mvar－12%电抗率框架式并联电容器成套装置专用技术规范；

——第 50 部分：750kV 变电站 66kV－120Mvar－5%电抗率框架式并联电容器成套装置专用技术规范；

——第 51 部分：750kV 变电站 66kV－120Mvar－12%电抗率框架式并联电容器成套装置专用技术规范；

——第 52 部分：110（66）kV 变电站 10kV－3000kvar－1%电抗率集合式并联电容器成套装置专用技术规范；

——第 53 部分：110（66）kV 变电站 10kV－3000kvar－5%电抗率集合式并联电容器成套装置专用

技术规范；

——第 54 部分：110（66）kV 变电站 10kV－3000kvar－12%电抗率集合式并联电容器成套装置专用技术规范；

——第 55 部分：110（66）kV 变电站 10kV－3600kvar－1%电抗率集合式并联电容器成套装置专用技术规范；

——第 56 部分：110（66）kV 变电站 10kV－3600kvar－5%电抗率集合式并联电容器成套装置专用技术规范；

——第 57 部分：110（66）kV 变电站 10kV－3600kvar－12%电抗率集合式并联电容器成套装置专用技术规范；

——第 58 部分：110（66）kV 变电站 10kV－4800kvar－1%电抗率集合式并联电容器成套装置专用技术规范；

——第 59 部分：110（66）kV 变电站 10kV－4800kvar－5%电抗率集合式并联电容器成套装置专用技术规范；

——第 60 部分：110（66）kV 变电站 10kV－4800kvar－12%电抗率集合式并联电容器成套装置专用技术规范；

——第 61 部分：330（220）kV 变电站 35kV－20Mvar－5%电抗率集合式并联电容器成套装置专用技术规范；

——第 62 部分：330（220）kV 变电站 35kV－20Mvar－12%电抗率集合式并联电容器成套装置专用技术规范；

——第 63 部分：330kV 变电站 35kV－30Mvar－5%电抗率集合式并联电容器成套装置专用技术规范；

——第 64 部分：330kV 变电站 35kV－30Mvar－12%电抗率集合式并联电容器成套装置专用技术规范；

——第 65 部分：500kV 变电站 35kV－60Mvar－5%电抗率集合式并联电容器成套装置专用技术规范；

——第 66 部分：500kV 变电站 35kV－60Mvar－12%电抗率集合式并联电容器成套装置专用技术规范；

——第 67 部分：500kV 变电站 66kV－60Mvar－5%电抗率集合式并联电容器成套装置专用技术规范；

——第 68 部分：500kV 变电站 66kV－60Mvar－12%电抗率集合式并联电容器成套装置专用技术规范；

——第 69 部分：农网变电站 10kV－300kvar－1%电抗率框架式并联电容器成套装置专用技术规范；

——第 70 部分：农网变电站 10kV－300kvar－5%电抗率框架式并联电容器成套装置专用技术规范；

——第 71 部分：农网变电站 10kV－600kvar－1%电抗率框架式并联电容器成套装置专用技术规范；

——第 72 部分：农网变电站 10kV－600kvar－5%电抗率框架式并联电容器成套装置专用技术规范；

——第 73 部分：农网变电站 10kV－1000kvar－1%电抗率框架式并联电容器成套装置专用技术规范；

——第 74 部分：农网变电站 10kV－1000kvar－5%电抗率框架式并联电容器成套装置专用技术规范；

——第 75 部分：农网变电站 10kV－1200kvar－1%电抗率框架式并联电容器成套装置专用技术规范；

——第 76 部分：农网变电站 10kV－1200kvar－5%电抗率框架式并联电容器成套装置专用技术规范；

——第 77 部分：农网变电站 10kV－2000kvar－1%电抗率框架式并联电容器成套装置专用技术规范；

——第 78 部分：农网变电站 10kV－2000kvar－5%电抗率框架式并联电容器成套装置专用技术规范；

——第 79 部分：农网变电站 10kV－3000kvar－1%电抗率框架式并联电容器成套装置专用技术规范；

——第 80 部分：农网变电站 10kV－3000kvar－5%电抗率框架式并联电容器成套装置专用技术规范；

——第 81 部分：农网变电站 10kV－4000kvar－1%电抗率框架式并联电容器成套装置专用技术规范；

——第 82 部分：农网变电站 10kV－4000kvar－5%电抗率框架式并联电容器成套装置专用技术规范；

——第 83 部分：农网变电站 10kV－6000kvar－1%电抗率框架式并联电容器成套装置专用技术规范；

——第 84 部分：农网变电站 10kV－6000kvar－5%电抗率框架式并联电容器成套装置专用技术规范；

——第 85 部分：农网 10kV－150kvar－50kvar 柱上式并联电容器成套装置专用技术规范；

——第 86 部分：农网 10kV－300kvar－50kvar 柱上式并联电容器成套装置专用技术规范；

——第 87 部分：农网 10kV－450kvar－50kvar 柱上式并联电容器成套装置专用技术规范。

本部分为《35kV～750kV 变电站、农网变电站用并联电容器成套装置采购标准》的第 68 部分。

本部分代替 Q/GDW 13053.68—2014，与 Q/GDW 13053.68—2014 相比，主要技术性差异如下：

——修改了单台电容器短路放电试验要求；

——修改了单台电容器放电器件性能要求；

——修改了放电线圈放电性能要求；

——增加了油浸铁芯串联电抗器参数要求。

本部分由国家电网有限公司物资部提出并解释。

本部分由国家电网有限公司科技部归口。

本部分起草单位：国网冀北电力有限公司，国网吉林省电力有限公司，中国电力科学研究院有限公司。

本部分主要起草人：黄想，林浩，姜胜宝，国江，张建军，路杰，王亚菲，李士雷，李卓伦，葛志成。

本部分 2014 年 8 月首次发布，2018 年 8 月第一次修订。

本部分在执行过程中的意见或建议反馈至国家电网有限公司科技部。

Q／GDW 13053.68－2018

35kV～750kV 变电站、农网变电站用
并联电容器成套装置采购标准
第 68 部分：500kV 变电站 66kV－60Mvar－12%
电抗率集合式并联电容器成套装置专用技术规范

1 范围

本部分规定了 500kV 变电站 66kV－60Mvar－12%电抗率集合式并联电容器成套装置招标的标准技术参数、项目需求及投标人响应的相关内容。

本部分适用于 500kV 变电站 66kV－60Mvar－12%电抗率集合式并联电容器成套装置招标。

2 规范性引用文件

下列文件对于本文件的应用是必不可少的。凡是注日期的引用文件，仅所注日期的版本适用于本文件。凡是不注日期的引用文件，其最新版本（包括所有的修改单）适用于本文件。

Q/GDW 13053.1　35kV～750kV 变电站、农网变电站用并联电容器成套装置采购标准　第 1 部分：通用技术规范

3 术语和定义

下列术语和定义适用于本文件。

3.1
招标人　bidder
提出招标项目，进行招标的法人或其他组织。

3.2
投标人　tenderer
响应招标、参加投标竞争的法人或者其他组织。

3.3
卖方　seller
提供本部分货物和技术服务的法人或其他组织，包括其法定的承继者。

3.4
买方　buyer
购买本部分货物和技术服务的法人或其他组织，包括其法定的承继者和经许可的受让人。

4 标准技术参数

技术参数特性表是国家电网有限公司对采购设备的基础技术参数要求，在招投标过程中，投标人应依据招标文件，对技术参数特性表中标准参数值进行响应。500kV 变电站 66kV－60Mvar－12%电抗率集合式并联电容器成套装置技术参数特性见表 1。装置应满足 Q/GDW 13053.1 的要求。

表 1 技 术 参 数 特 性 表

序号	项　　目	单位	标准参数值
一	并联电容器装置		
1	型号		TBB66－60000/20000－ACW
2	额定电压	kV	66
3	额定容量	kvar	60 000
4	额定电抗率	%	12
5	额定相电容	F	30.6
6	电容器组额定电压（相）	kV	$79/\sqrt{3}$
7	电容器组电容与额定电容偏差	%	0～5
8	电容器组各相电容的最大值与最小值之比		≤1.01
9	电容器组各串联段的最大与最小电容之比		≤1.005
10	接线方式		单星形
11	每相电容器串并联数		—
12	继电保护方式		相电压差动保护
13	初始不平衡电流（或电压）二次计算值		（生产单位提供）
14	继电保护整定值		（生产单位提供）
15	装置接线图		—
16	电容器组围栏尺寸 （户内安装时应提供装置高度限值）	m	（项目单位提供）
17	电容器组进线方向和进线位置		围栏（长或宽）方向（上或下）进线
18	装置耐受短路电流能力	kA	（项目单位提供）
二	单台集合式电容器		
1	型号		BAMH（$79/2\sqrt{3}$＋$79/2\sqrt{3}$）－20000－1W 或 BFMH（$79/2\sqrt{3}$＋$79/2\sqrt{3}$）－20000－1W
2	额定电压	kV	$79/2\sqrt{3}$＋$79/2\sqrt{3}$
3	额定容量	kvar	20 000
4	单台集合式电容器内部单元串并数		—
5	爬电比距	mm/kV	（项目单位提供）
注：如采用全密封结构，要求有足够的油补充容量，最高运行温度下，压力不超过 0.05MPa			
三	集合式电容器内部小单台电容器		
1	型号		（投标人提供）
2	额定电压	kV	—
3	额定容量	kvar	—
4	设计场强（$K=1$）	kV/mm	≤50
5	局部放电性能	pC	局部放电量≤50
		U_N	温度下限时局部放电熄灭电压不低于 1.2
6	温度类别	℃	－/＋ （项目单位提供）

表 1（续）

序号	项 目	单位	标准参数值
7	短路放电试验		$2.5U_N$ 直流电压作用下，经电容器端子的最小间隙（短接线长度不应大于 1.5m），10min 内放电 5 次，电容量变化不超过 1 根内熔丝动作或一个元件击穿之量
8	电容器内部元件串并数及附图		（生产单位提供）
9	熔丝保护方式		有内熔丝或无熔丝
10	放电器件性能		10min 内从 $\sqrt{2}\,U_N$ 降到 50V
11	固体介质厚度及层数		—
12	浸渍剂		—
13	外绝缘海拔修正耐受试验电压（工频/雷电）	kV/kV	（需要修正时由项目单位提供）
四		放电线圈	
1	型号		FDE（$79/2\sqrt{3}$ ＋$79/2\sqrt{3}$）－20.0－1W（油浸全密封）
2	一次绕组的额定电压	kV	$79/2\sqrt{3}$ ＋$79/2\sqrt{3}$
3	二次绕组的额定电压	V	100
4	二次绕组的额定容量	VA	50
5	准确级		0.5
6	a. 工频耐受电压（1min）/试验电压	kV/kV	140
	b. 雷电冲击耐受电压/试验电压	kV/kV	325
	c. 一次绕组感应耐受电压		$2.5U_{1N}$/60s
	d. 二次绕组对地工频耐受电压	kV/min	3
7	结构方式		全密封（项目单位提供）
8	配套电容器容量（相）	kvar	≥20 000
9	放电性能		断开电源后，电容器组上的电压在 5s 内由 $\sqrt{2}\,U_N$ 降至 50V 以下
			在最大允许容量电容器组的 $1.9\sqrt{2}\,U_N$ 下放电不损坏
10	外绝缘海拔修正耐受试验电压（工频/雷电）	kV/kV	（需要修正时由项目单位提供）
五		金属氧化物避雷器	
1	型号		YHWR5－90/236（复合）或 YWR5－90/236（瓷）
2	额定电压	kV	90
3	持续运行电压	kV	72.5

表1（续）

序号	项　目	单位	标准参数值	
4	标称放电电流	kA	5	
5	标称放电电流下的残压	kV	236	
6	2ms 方波通流容量	A	≥1500	
7	外绝缘海拔修正耐受试验电压（工频/雷电）	kV/kV	（需要修正时由项目单位提供）	
六			支柱绝缘子	
1	额定电压	kV	66	
2	额定抗弯强度	N·m	—	
3	爬电比距	mm/kV	（项目单位提供）	
4	外绝缘海拔修正耐受试验电压（工频/雷电）	kV/kV	（需要修正时由项目单位提供）	
5	安装方式		正装	
七			接地开关	
1	型号		JW72.5/□（额定峰值耐受电流）	
2	额定电压	kV	72.5	
3	额定短时耐受电流及持续时间	kA（4s）	（项目单位提供）	
4	额定峰值耐受电流	kA	（项目单位提供）	
5	外绝缘海拔修正耐受试验电压（工频/雷电）	kV/kV	（需要修正时由项目单位提供）	
八			串联电抗器	
1	型号		CKDK－66－2400/5.5－12（干式空心）	CKSQ－66－7200/5.52－12（油浸）
2	额定电压	kV	66	66
3	额定端电压	kV	5.5	5.52
4	额定容量	kvar	2400	7200
5	额定电感	mH	40.41	40.41
6	额定电流	A	436	436
7	损耗	kW/kvar	空心≤0.012	≤0.005
8	温升	K	≤70	≤60
9	电抗率	%	12	12
10	绝缘水平（工频/雷电）	kV/kV	140/325	140/325
11	噪声	dB	≤55	≤66
12	电感值偏差	%	0～5	0～5
13	外绝缘海拔修正耐受试验电压（工频/雷电）	kV/kV	（需要修正时由项目单位提供）	（需要修正时由项目单位提供）
14	三相间电感偏差	%	每相电抗与三相平均值的偏差不大于±2%	每相电抗与三相平均值的偏差不大于±2%
15	安装布置方式		（项目单位提供）	（项目单位提供）

5 组件材料配置表

组件材料配置表包括元件名称、规格形式参数、单位、数量和产地等信息，具体内容和格式根据招标项目情况进行编制。

6 使用环境条件表

典型 500kV 变电站 66kV－60Mvar－12%电抗率集合式并联电容器成套装置使用环境条件见表 2。特殊环境要求根据项目情况进行编制。

表2 使用环境条件表

序号	名　　称		单位	标准参数值
1	环境温度	最高日温度	℃	＋40
		最低日温度		－25
		最大日温差		25
2	海拔		m	≤1000
3	太阳辐射强度		W/cm²	0.11
4	污秽等级			Ⅲ（d）
5	覆冰厚度		mm	10
6	风速/风压		（m/s）/Pa	35/700
7	相对湿度	最大日相对湿度	%	≤95
		最大月平均相对湿度		≤90
8	耐受地震能力（指水平加速度，安全系数不小于1.67。水平加速度应计及设备支架的动力放大系数1.2）		m/s²	2
注：有较严酷使用条件时，如低温、高海拔、重污秽等，项目单位应提出相应差异要求				

7 投标人提供的其他资料

投标人提供的其他资料如下：

a) 耐久性试验报告（应提供）；

b) 保护计算单（应提供）；

c) 抗震计算或试验报告（应提供，10kV 装置除外）；

d) 装置的爆破能量计算单（应提供）；

e) 其他提高装置质量或运行可靠性的研究报告、研究性试验等；

f) 新结构方式等。

ICS 29.240

Q/GDW

国家电网有限公司企业标准

Q/GDW 13053.69—2018

代替 Q/GDW 13053.69—2014

35kV～750kV 变电站、农网变电站用并联电容器成套装置采购标准 第 69 部分：农网变电站 10kV-300kvar-1%电抗率框架式并联电容器成套装置专用技术规范

Purchasing standard for shunt capacitor installation of 35kV～750kV and rural power network substation

Part 69: Special technical specification for 10kV-300kvar-1% reactance ratio frame-type shunt capacitor installation of rural power network substation

2019-06-28发布   2019-06-28实施

国家电网有限公司   发 布

目　　次

前　言

为规范农网变电站 10kV－300kvar－1%电抗率框架式并联电容器成套装置的采购，制定本部分。

《35kV～750kV 变电站、农网变电站用并联电容器成套装置采购标准》分为 87 个部分：

——第 1 部分：通用技术规范；

——第 2 部分：35kV 变电站 10kV－1000kvar－1%电抗率框架式并联电容器成套装置专用技术规范；

——第 3 部分：35kV 变电站 10kV－1000kvar－12%电抗率框架式并联电容器成套装置专用技术规范；

——第 4 部分：66kV 变电站 10kV－1000kvar－5%电抗率框架式并联电容器成套装置专用技术规范；

——第 5 部分：110（66）kV 变电站 10kV－2000kvar－1%电抗率框架式并联电容器成套装置专用技术规范；

——第 6 部分：110（66）kV 变电站 10kV－2000kvar－5%电抗率框架式并联电容器成套装置专用技术规范；

——第 7 部分：110（66）kV 变电站 10kV－2000kvar－12%电抗率框架式并联电容器成套装置专用技术规范；

——第 8 部分：110（66）kV 变电站 10kV－3000kvar－1%电抗率框架式并联电容器成套装置专用技术规范；

——第 9 部分：110（66）kV 变电站 10kV－3000kvar－5%电抗率框架式并联电容器成套装置专用技术规范；

——第 10 部分：110（66）kV 变电站 10kV－3000kvar－12%电抗率框架式并联电容器成套装置专用技术规范；

——第 11 部分：110（66）kV 变电站 10kV－3600kvar－1%电抗率框架式并联电容器成套装置专用技术规范；

——第 12 部分：110（66）kV 变电站 10kV－3600kvar－5%电抗率框架式并联电容器成套装置专用技术规范；

——第 13 部分：110（66）kV 变电站 10kV－3600kvar－12%电抗率框架式并联电容器成套装置专用技术规范；

——第 14 部分：110（66）kV 变电站 10kV－4000kvar－1%电抗率框架式并联电容器成套装置专用技术规范；

——第 15 部分：110（66）kV 变电站 10kV－4000kvar－5%电抗率框架式并联电容器成套装置专用技术规范；

——第 16 部分：110（66）kV 变电站 10kV－4000kvar－12%电抗率框架式并联电容器成套装置专用技术规范；

——第 17 部分：110（66）kV 变电站 10kV－4800kvar－1%电抗率框架式并联电容器成套装置专用技术规范；

——第 18 部分：110（66）kV 变电站 10kV－4800kvar－5%电抗率框架式并联电容器成套装置专用技术规范；

——第 19 部分：110（66）kV 变电站 10kV－4800kvar－12%电抗率框架式并联电容器成套装置专用技术规范；

——第 20 部分：110（66）kV 变电站 10kV－5000kvar－1%电抗率框架式并联电容器成套装置专用技术规范；

——第 21 部分：110（66）kV 变电站 10kV－5000kvar－5%电抗率框架式并联电容器成套装置专用技术规范；

——第 22 部分：110（66）kV 变电站 10kV－5000kvar－12%电抗率框架式并联电容器成套装置专用技术规范；

——第 23 部分：110（66）kV 变电站 10kV－6000kvar－1%电抗率框架式并联电容器成套装置专用技术规范；

——第 24 部分：110（66）kV 变电站 10kV－6000kvar－5%电抗率框架式并联电容器成套装置专用技术规范；

——第 25 部分：110（66）kV 变电站 10kV－6000kvar－12%电抗率框架式并联电容器成套装置专用技术规范；

——第 26 部分：220kV 变电站 10kV－8000kvar－5%电抗率框架式并联电容器成套装置专用技术规范；

——第 27 部分：220kV 变电站 10kV－8000kvar－12%电抗率框架式并联电容器成套装置专用技术规范；

——第 28 部分：220kV 变电站 10kV－10Mvar－5%电抗率框架式并联电容器成套装置专用技术规范；

——第 29 部分：220kV 变电站 10kV－10Mvar－12%电抗率框架式并联电容器成套装置专用技术规范；

——第 30 部分：220kV 变电站 35kV－10Mvar－5%电抗率框架式并联电容器成套装置专用技术规范；

——第 31 部分：220kV 变电站 35kV－10Mvar－12%电抗率框架式并联电容器成套装置专用技术规范；

——第 32 部分：330（220）kV 变电站 35kV－20Mvar－5%电抗率框架式并联电容器成套装置专用技术规范；

——第 33 部分：330（220）kV 变电站 35kV－20Mvar－12%电抗率框架式并联电容器成套装置专用技术规范；

——第 34 部分：330kV 变电站 35kV－30Mvar－5%电抗率框架式并联电容器成套装置专用技术规范；

——第 35 部分：330kV 变电站 35kV－30Mvar－12%电抗率框架式并联电容器成套装置专用技术规范；

——第 36 部分：330kV 变电站 35kV－40Mvar－5%电抗率框架式并联电容器成套装置专用技术规范；

——第 37 部分：330kV 变电站 35kV－40Mvar－12%电抗率框架式并联电容器成套装置专用技术规范；

——第 38 部分：500kV 变电站 35kV－60Mvar－5%电抗率框架式并联电容器成套装置专用技术规范；

——第 39 部分：500kV 变电站 35kV－60Mvar－12%电抗率框架式并联电容器成套装置专用技术规范；

——第 40 部分：220kV 变电站 66kV－10Mvar－5%电抗率框架式并联电容器成套装置专用技术规范；

——第 41 部分：220kV 变电站 66kV－10Mvar－12%电抗率框架式并联电容器成套装置专用技术规范；

——第 42 部分：220kV 变电站 66kV－20Mvar－5%电抗率框架式并联电容器成套装置专用技术规范；

——第 43 部分：220kV 变电站 66kV－20Mvar－12%电抗率框架式并联电容器成套装置专用技术规范；

——第 44 部分：220kV 变电站 66kV－25Mvar－5%电抗率框架式并联电容器成套装置专用技术规范；

——第 45 部分：220kV 变电站 66kV－25Mvar－12%电抗率框架式并联电容器成套装置专用技术规范；

——第 46 部分：750（500）kV 变电站 66kV－60Mvar－5%电抗率框架式并联电容器成套装置专用技术规范；

——第 47 部分：750（500）kV 变电站 66kV－60Mvar－12%电抗率框架式并联电容器成套装置专用技术规范；

——第 48 部分：750kV 变电站 66kV－90Mvar－5%电抗率框架式并联电容器成套装置专用技术规范；

——第 49 部分：750kV 变电站 66kV－90Mvar－12%电抗率框架式并联电容器成套装置专用技术规范；

——第 50 部分：750kV 变电站 66kV－120Mvar－5%电抗率框架式并联电容器成套装置专用技术规范；

——第 51 部分：750kV 变电站 66kV－120Mvar－12%电抗率框架式并联电容器成套装置专用技术规范；

——第 52 部分：110（66）kV 变电站 10kV－3000kvar－1%电抗率集合式并联电容器成套装置专用技术规范；

——第 53 部分：110（66）kV 变电站 10kV－3000kvar－5%电抗率集合式并联电容器成套装置专用

技术规范；

——第 54 部分：110（66）kV 变电站 10kV－3000kvar－12%电抗率集合式并联电容器成套装置专用技术规范；

——第 55 部分：110（66）kV 变电站 10kV－3600kvar－1%电抗率集合式并联电容器成套装置专用技术规范；

——第 56 部分：110（66）kV 变电站 10kV－3600kvar－5%电抗率集合式并联电容器成套装置专用技术规范；

——第 57 部分：110（66）kV 变电站 10kV－3600kvar－12%电抗率集合式并联电容器成套装置专用技术规范；

——第 58 部分：110（66）kV 变电站 10kV－4800kvar－1%电抗率集合式并联电容器成套装置专用技术规范；

——第 59 部分：110（66）kV 变电站 10kV－4800kvar－5%电抗率集合式并联电容器成套装置专用技术规范；

——第 60 部分：110（66）kV 变电站 10kV－4800kvar－12%电抗率集合式并联电容器成套装置专用技术规范；

——第 61 部分：330（220）kV 变电站 35kV－20Mvar－5%电抗率集合式并联电容器成套装置专用技术规范；

——第 62 部分：330（220）kV 变电站 35kV－20Mvar－12%电抗率集合式并联电容器成套装置专用技术规范；

——第 63 部分：330kV 变电站 35kV－30Mvar－5%电抗率集合式并联电容器成套装置专用技术规范；

——第 64 部分：330kV 变电站 35kV－30Mvar－12%电抗率集合式并联电容器成套装置专用技术规范；

——第 65 部分：500kV 变电站 35kV－60Mvar－5%电抗率集合式并联电容器成套装置专用技术规范；

——第 66 部分：500kV 变电站 35kV－60Mvar－12%电抗率集合式并联电容器成套装置专用技术规范；

——第 67 部分：500kV 变电站 66kV－60Mvar－5%电抗率集合式并联电容器成套装置专用技术规范；

——第 68 部分：500kV 变电站 66kV－60Mvar－12%电抗率集合式并联电容器成套装置专用技术规范；

——第 69 部分：农网变电站 10kV－300kvar－1%电抗率框架式并联电容器成套装置专用技术规范；

——第 70 部分：农网变电站 10kV－300kvar－5%电抗率框架式并联电容器成套装置专用技术规范；

——第 71 部分：农网变电站 10kV－600kvar－1%电抗率框架式并联电容器成套装置专用技术规范；

——第 72 部分：农网变电站 10kV－600kvar－5%电抗率框架式并联电容器成套装置专用技术规范；

——第 73 部分：农网变电站 10kV－1000kvar－1%电抗率框架式并联电容器成套装置专用技术规范；

——第 74 部分：农网变电站 10kV－1000kvar－5%电抗率框架式并联电容器成套装置专用技术规范；

——第 75 部分：农网变电站 10kV－1200kvar－1%电抗率框架式并联电容器成套装置专用技术规范；

——第 76 部分：农网变电站 10kV－1200kvar－5%电抗率框架式并联电容器成套装置专用技术规范；

——第 77 部分：农网变电站 10kV－2000kvar－1%电抗率框架式并联电容器成套装置专用技术规范；

——第 78 部分：农网变电站 10kV－2000kvar－5%电抗率框架式并联电容器成套装置专用技术规范；

——第 79 部分：农网变电站 10kV－3000kvar－1%电抗率框架式并联电容器成套装置专用技术规范；

——第 80 部分：农网变电站 10kV－3000kvar－5%电抗率框架式并联电容器成套装置专用技术规范；

——第 81 部分：农网变电站 10kV－4000kvar－1%电抗率框架式并联电容器成套装置专用技术规范；

——第 82 部分：农网变电站 10kV－4000kvar－5%电抗率框架式并联电容器成套装置专用技术规范；

——第 83 部分：农网变电站 10kV－6000kvar－1%电抗率框架式并联电容器成套装置专用技术规范；

——第 84 部分：农网变电站 10kV－6000kvar－5%电抗率框架式并联电容器成套装置专用技术规范；

——第 85 部分：农网 10kV－150kvar－50kvar 柱上式并联电容器成套装置专用技术规范；

——第 86 部分：农网 10kV－300kvar－50kvar 柱上式并联电容器成套装置专用技术规范；

——第 87 部分：农网 10kV－450kvar－50kvar 柱上式并联电容器成套装置专用技术规范。

本部分为《35kV～750kV 变电站、农网变电站用并联电容器成套装置采购标准》的第 69 部分。

本部分代替 Q/GDW 13053.69—2014，与 Q/GDW 13053.69—2014 相比，主要技术性差异如下：

——修改了单台电容器短路放电试验要求；

——修改了单台电容器放电器件性能要求；

——修改了放电线圈放电性能要求。

本部分由国家电网有限公司物资部提出并解释。

本部分由国家电网有限公司科技部归口。

本部分起草单位：国网冀北电力有限公司，国网吉林省电力有限公司，中国电力科学研究院有限公司。

本部分主要起草人：黄想，国江，林浩，姜胜宝，张建军，路杰，王亚菲，李士雷，李卓伦，葛志成。

本部分 2014 年 8 月首次发布，2018 年 8 月第一次修订。

本部分在执行过程中的意见或建议反馈至国家电网有限公司科技部。

35kV～750kV变电站、农网变电站用
并联电容器成套装置采购标准
第69部分：农网变电站10kV-300kvar-1%
电抗率框架式并联电容器成套装置专用技术规范

1 范围

本部分规定了农网变电站10kV-300kvar-1%电抗率框架式并联电容器成套装置招标的标准技术参数、项目需求及投标人响应的相关内容。

本部分适用于农网变电站10kV-300kvar-1%电抗率框架式并联电容器成套装置招标。

2 规范性引用文件

下列文件对于本文件的应用是必不可少的。凡是注日期的引用文件，仅所注日期的版本适用于本文件。凡是不注日期的引用文件，其最新版本（包括所有的修改单）适用于本文件。

Q/GDW 13053.1 35kV～750kV变电站、农网变电站用并联电容器成套装置采购标准 第1部分：通用技术规范

3 术语和定义

下列术语和定义适用于本文件。

3.1

招标人 bidder

提出招标项目，进行招标的法人或其他组织。

3.2

投标人 tenderer

响应招标、参加投标竞争的法人或者其他组织。

3.3

卖方 seller

提供本部分货物和技术服务的法人或其他组织，包括其法定的承继者。

3.4

买方 buyer

购买本部分货物和技术服务的法人或其他组织，包括其法定的承继者和经许可的受让人。

4 标准技术参数

技术参数特性表是国家电网有限公司对采购设备的基础技术参数要求，在招投标过程中，投标人应依据招标文件，对技术参数特性表中标准参数值进行响应。农网变电站10kV-300kvar-1%电抗率框架式并联电容器成套装置技术参数特性见表1。装置应满足Q/GDW 13053.1的要求。

表 1 技术参数特性表

序号	项 目	单位	标准参数值
一	并联电容器装置		
1	型号		TBB10－300/100－AKW
2	额定电压	kV	10
3	额定容量	kvar	300
4	额定电抗率	%	≤1
5	额定相电容	μF	8.67
6	电容器组额定电压（相）	kV	10.5/$\sqrt{3}$
7	电容器组电容与额定电容偏差	%	0～5
8	电容器组各相电容的最大值与最小值之比		≤1.02
9	接线方式		单星形
10	每相电容器串并联数		1串1并
11	继电保护方式		开口三角电压保护
12	初始不平衡电流（或电压）二次计算值		（生产单位提供）
13	继电保护整定值		（生产单位提供）
14	在继电保护整定计算中，允许击穿串段百分数	%	50
15	装置接线图		—
16	电容器组围栏尺寸（户内安装时应提供装置高度限值）	m	（项目单位提供）
17	电容器组进线方向和进线位置		围栏（长或宽）方向（上或下）进线
18	装置耐受短路电流能力	kA	（项目单位提供）
二	单台电容器		
1	型号		BAM10.5/$\sqrt{3}$－100－1W 或 BFM10.5/$\sqrt{3}$－100－1W
2	额定电压	kV	10.5/$\sqrt{3}$
3	额定容量	kvar	100
4	设计场强（$K=1$）	kV/mm	≤57
5	局部放电性能	pC	局部放电量≤50
		U_N	温度下限时局部放电熄灭电压不低于1.2
6	温度类别	℃	－/＋（项目单位提供）
7	套管结构		滚装一体化结构套管
8	引出端子及套管的要求	N	≥500（水平拉力）
9	电容器耐受爆破能量	kW·s	≥15
10	短路放电试验		2.5U_N直流电压作用下，经电容器端子的最小间隙（短接线长度不应大于1.5m），10min内放电5次，电容量变化不超过1根内熔丝动作或一个元件击穿之量

表 1（续）

序号	项 目	单位	标准参数值
11	电容器内部元件串并数及附图		（生产单位提供）
12	单台电容器保护方式		外熔断器保护
13	无内熔丝电容器单元允许过电压倍数		≤1.1 倍单元额定电压
14	放电器件性能		10min 内从 $\sqrt{2}\,U_N$ 降到 50V
15	电容器安装方式		立式或卧式 （项目单位提供）
16	固体介质厚度及层数		—
17	浸渍剂		—
18	外绝缘海拔修正耐受试验电压（工频/雷电）	kV/kV	（需要修正时由项目单位提供）
三			放电线圈
1	型号		FDE10.5/$\sqrt{3}$ $-1.7-1W$ 或 FDGE10.5/$\sqrt{3}$ $-1.7-1W$
2	一次绕组的额定电压	kV	10.5/$\sqrt{3}$
3	二次绕组的额定电压	V	100
4	二次绕组的额定容量	VA	50
5	准确级		0.5
6	a. 工频耐受电压（1min）/试验电压	kV/kV	42
	b. 雷电冲击耐受电压/试验电压	kV/kV	75
	c. 一次绕组感应耐受电压		$2.5U_{1N}/60s$
	d. 二次绕组对地工频耐受电压	kV/min	3
7	结构方式		全密封或干式 （干式宜户内使用） （项目单位提供）
8	配套电容器容量（相）	kvar	≥1700
9	放电性能		断开电源后，电容器组上的电压在 5s 内由 $\sqrt{2}\,U_N$ 降至 50V 以下
			在最大允许容量电容器组的 $1.9\sqrt{2}\,U_N$ 下放电不损坏
10	外绝缘海拔修正耐受试验电压（工频/雷电）	kV/kV	（需要修正时由项目单位提供）
四			金属氧化物避雷器
1	型号		YHWR5－17/45（复合）或 YWR5－17/45（瓷）
2	额定电压	kV	17
3	持续运行电压	kV	13.6
4	标称放电电流	kA	5
5	标称放电电流下的残压	kV	45
6	2ms 方波通流容量	A	≥500

表 1（续）

序号	项　　目	单位	标准参数值
7	外绝缘海拔修正耐受试验电压（工频/雷电）	kV/kV	（需要修正时由项目单位提供）
五	支柱绝缘子		
1	额定电压	kV	10
2	额定抗弯强度	N·m	—
3	爬电比距	mm/kV	（项目单位提供）
4	外绝缘海拔修正耐受试验电压（工频/雷电）	kV/kV	（需要修正时由项目单位提供）
5	安装方式		正装
六	隔离开关和接地开关		
1	型号		GW－12/200 或 GN－12/200
2	额定电压	kV	12
3	额定短时耐受电流及持续时间	kA（4s）	（项目单位提供）
4	额定峰值耐受电流	kA	（项目单位提供）
5	额定电流（隔离开关）	A	≥200
6	型号		（项目单位提供）
7	外绝缘海拔修正耐受试验电压（工频/雷电）	kV/kV	（需要修正时由项目单位提供）
七	串联电抗器		
1	型号		CKDK－10－□/□－1（干式空心）或 CKSC－10－□/□－1（干式铁芯）
2	额定电压	kV	10
3	额定电感	mH	—
4	额定电流	A	—
5	损耗	kW/kvar	— —
6	温升	K	≤70
7	电抗率	%	≤1
8	绝缘水平（工频/雷电）	kV/kV	42/75
9	噪声	dB	≤50
10	电感值偏差	%	0～10
11	外绝缘海拔修正耐受试验电压（工频/雷电）	kV/kV	（需要修正时由项目单位提供）
12	三相间电感偏差	%	每相电抗与三相平均值的偏差不大于±2%
13	安装布置方式		（项目单位提供）
八	外熔断器		
1	型号		BRW7/25（24）
2	额定电压	kV	7
3	额定电流	A	25
4	熔丝额定电流	A	24
5	耐爆能量	kW·s	≥15

5 组件材料配置表

组件材料配置表包括元件名称、规格形式参数、单位、数量和产地等信息，具体内容和格式根据招标项目情况进行编制。

6 使用环境条件表

典型农网变电站 10kV－300kvar－1%电抗率集合式并联电容器成套装置使用环境条件见表 2。特殊环境要求根据项目情况进行编制。

表 2 使 用 环 境 条 件 表

序号	名 称		单位	标准参数值
1	环境温度	最高日温度	℃	＋40
		最低日温度		－25
		最大日温差		25
2	海拔		m	≤1000
3	太阳辐射强度		W/cm²	0.11
4	污秽等级			Ⅲ（d）
5	覆冰厚度		mm	10
6	风速/风压		（m/s）/Pa	35/700
7	相对湿度	最大日相对湿度	%	≤95
		最大月平均相对湿度		≤90
8	耐受地震能力（指水平加速度，安全系数不小于1.67。水平加速度应计及设备支架的动力放大系数1.2）		m/s²	2
注：有较严酷使用条件时，如低温、高海拔、重污秽等，项目单位应提出相应差异要求				

7 投标人提供的其他资料

投标人提供的其他资料如下：
a) 耐久性试验报告（应提供）；
b) 保护计算单（应提供）；
c) 抗震计算或试验报告（应提供，10kV 装置除外）；
d) 装置的爆破能量计算单（应提供）；
e) 其他提高装置质量或运行可靠性的研究报告、研究性试验等；
f) 新结构方式等。

ICS 29.240

Q/GDW

国家电网有限公司企业标准

Q/GDW 13053.70—2018

代替 Q/GDW 13053.70—2014

35kV～750kV 变电站、农网变电站用 并联电容器成套装置采购标准 第 70 部分：农网变电站 10kV–300kvar–5% 电抗率框架式 并联电容器成套装置专用技术规范

Purchasing standard for shunt capacitor installation of 35kV～750kV and rural power network substation

Part 70: Special technical specification for 10kV–300kvar–5% reactance ratio frame-type shunt capacitor installation of rural power network substation

2019–06–28发布 2019–06–28实施

国家电网有限公司 发 布

目　次

Q / GDW 13053.70—2018

前　言

为规范农网变电站 10kV－300kvar－5%电抗率框架式并联电容器成套装置的采购，制定本部分。

《35kV～750kV 变电站、农网变电站用并联电容器成套装置采购标准》分为 87 个部分：

——第 1 部分：通用技术规范；

——第 2 部分：35kV 变电站 10kV－1000kvar－1%电抗率框架式并联电容器成套装置专用技术规范；

——第 3 部分：35kV 变电站 10kV－1000kvar－12%电抗率框架式并联电容器成套装置专用技术规范；

——第 4 部分：66kV 变电站 10kV－1000kvar－5%电抗率框架式并联电容器成套装置专用技术规范；

——第 5 部分：110（66）kV 变电站 10kV－2000kvar－1%电抗率框架式并联电容器成套装置专用技术规范；

——第 6 部分：110（66）kV 变电站 10kV－2000kvar－5%电抗率框架式并联电容器成套装置专用技术规范；

——第 7 部分：110（66）kV 变电站 10kV－2000kvar－12%电抗率框架式并联电容器成套装置专用技术规范；

——第 8 部分：110（66）kV 变电站 10kV－3000kvar－1%电抗率框架式并联电容器成套装置专用技术规范；

——第 9 部分：110（66）kV 变电站 10kV－3000kvar－5%电抗率框架式并联电容器成套装置专用技术规范；

——第 10 部分：110（66）kV 变电站 10kV－3000kvar－12%电抗率框架式并联电容器成套装置专用技术规范；

——第 11 部分：110（66）kV 变电站 10kV－3600kvar－1%电抗率框架式并联电容器成套装置专用技术规范；

——第 12 部分：110（66）kV 变电站 10kV－3600kvar－5%电抗率框架式并联电容器成套装置专用技术规范；

——第 13 部分：110（66）kV 变电站 10kV－3600kvar－12%电抗率框架式并联电容器成套装置专用技术规范；

——第 14 部分：110（66）kV 变电站 10kV－4000kvar－1%电抗率框架式并联电容器成套装置专用技术规范；

——第 15 部分：110（66）kV 变电站 10kV－4000kvar－5%电抗率框架式并联电容器成套装置专用技术规范；

——第 16 部分：110（66）kV 变电站 10kV－4000kvar－12%电抗率框架式并联电容器成套装置专用技术规范；

——第 17 部分：110（66）kV 变电站 10kV－4800kvar－1%电抗率框架式并联电容器成套装置专用技术规范；

——第 18 部分：110（66）kV 变电站 10kV－4800kvar－5%电抗率框架式并联电容器成套装置专用技术规范；

——第 19 部分：110（66）kV 变电站 10kV－4800kvar－12%电抗率框架式并联电容器成套装置专用技术规范；

——第 20 部分：110（66）kV 变电站 10kV－5000kvar－1%电抗率框架式并联电容器成套装置专用技术规范；

——第 21 部分：110（66）kV 变电站 10kV－5000kvar－5%电抗率框架式并联电容器成套装置专用技术规范；

——第 22 部分：110（66）kV 变电站 10kV－5000kvar－12%电抗率框架式并联电容器成套装置专用技术规范；

——第 23 部分：110（66）kV 变电站 10kV－6000kvar－1%电抗率框架式并联电容器成套装置专用技术规范；

——第 24 部分：110（66）kV 变电站 10kV－6000kvar－5%电抗率框架式并联电容器成套装置专用技术规范；

——第 25 部分：110（66）kV 变电站 10kV－6000kvar－12%电抗率框架式并联电容器成套装置专用技术规范；

——第 26 部分：220kV 变电站 10kV－8000kvar－5%电抗率框架式并联电容器成套装置专用技术规范；

——第 27 部分：220kV 变电站 10kV－8000kvar－12%电抗率框架式并联电容器成套装置专用技术规范；

——第 28 部分：220kV 变电站 10kV－10Mvar－5%电抗率框架式并联电容器成套装置专用技术规范；

——第 29 部分：220kV 变电站 10kV－10Mvar－12%电抗率框架式并联电容器成套装置专用技术规范；

——第 30 部分：220kV 变电站 35kV－10Mvar－5%电抗率框架式并联电容器成套装置专用技术规范；

——第 31 部分：220kV 变电站 35kV－10Mvar－12%电抗率框架式并联电容器成套装置专用技术规范；

——第 32 部分：330（220）kV 变电站 35kV－20Mvar－5%电抗率框架式并联电容器成套装置专用技术规范；

——第 33 部分：330（220）kV 变电站 35kV－20Mvar－12%电抗率框架式并联电容器成套装置专用技术规范；

——第 34 部分：330kV 变电站 35kV－30Mvar－5%电抗率框架式并联电容器成套装置专用技术规范；

——第 35 部分：330kV 变电站 35kV－30Mvar－12%电抗率框架式并联电容器成套装置专用技术规范；

——第 36 部分：330kV 变电站 35kV－40Mvar－5%电抗率框架式并联电容器成套装置专用技术规范；

——第 37 部分：330kV 变电站 35kV－40Mvar－12%电抗率框架式并联电容器成套装置专用技术规范；

——第 38 部分：500kV 变电站 35kV－60Mvar－5%电抗率框架式并联电容器成套装置专用技术规范；

——第 39 部分：500kV 变电站 35kV－60Mvar－12%电抗率框架式并联电容器成套装置专用技术规范；

——第 40 部分：220kV 变电站 66kV－10Mvar－5%电抗率框架式并联电容器成套装置专用技术规范；

——第 41 部分：220kV 变电站 66kV－10Mvar－12%电抗率框架式并联电容器成套装置专用技术规范；

——第 42 部分：220kV 变电站 66kV－20Mvar－5%电抗率框架式并联电容器成套装置专用技术规范；

——第 43 部分：220kV 变电站 66kV－20Mvar－12%电抗率框架式并联电容器成套装置专用技术规范；

——第 44 部分：220kV 变电站 66kV－25Mvar－5%电抗率框架式并联电容器成套装置专用技术规范；

——第 45 部分：220kV 变电站 66kV－25Mvar－12%电抗率框架式并联电容器成套装置专用技术规范；

——第 46 部分：750（500）kV 变电站 66kV－60Mvar－5%电抗率框架式并联电容器成套装置专用技术规范；

——第 47 部分：750（500）kV 变电站 66kV－60Mvar－12%电抗率框架式并联电容器成套装置专用技术规范；

——第 48 部分：750kV 变电站 66kV－90Mvar－5%电抗率框架式并联电容器成套装置专用技术规范；

——第 49 部分：750kV 变电站 66kV－90Mvar－12%电抗率框架式并联电容器成套装置专用技术规范；

——第 50 部分：750kV 变电站 66kV－120Mvar－5%电抗率框架式并联电容器成套装置专用技术规范；

——第 51 部分：750kV 变电站 66kV－120Mvar－12%电抗率框架式并联电容器成套装置专用技术规范；

——第 52 部分：110（66）kV 变电站 10kV－3000kvar－1%电抗率集合式并联电容器成套装置专用技术规范；

——第 53 部分：110（66）kV 变电站 10kV－3000kvar－5%电抗率集合式并联电容器成套装置专用

技术规范；

——第 54 部分：110（66）kV 变电站 10kV－3000kvar－12%电抗率集合式并联电容器成套装置专用技术规范；

——第 55 部分：110（66）kV 变电站 10kV－3600kvar－1%电抗率集合式并联电容器成套装置专用技术规范；

——第 56 部分：110（66）kV 变电站 10kV－3600kvar－5%电抗率集合式并联电容器成套装置专用技术规范；

——第 57 部分：110（66）kV 变电站 10kV－3600kvar－12%电抗率集合式并联电容器成套装置专用技术规范；

——第 58 部分：110（66）kV 变电站 10kV－4800kvar－1%电抗率集合式并联电容器成套装置专用技术规范；

——第 59 部分：110（66）kV 变电站 10kV－4800kvar－5%电抗率集合式并联电容器成套装置专用技术规范；

——第 60 部分：110（66）kV 变电站 10kV－4800kvar－12%电抗率集合式并联电容器成套装置专用技术规范；

——第 61 部分：330（220）kV 变电站 35kV－20Mvar－5%电抗率集合式并联电容器成套装置专用技术规范；

——第 62 部分：330（220）kV 变电站 35kV－20Mvar－12%电抗率集合式并联电容器成套装置专用技术规范；

——第 63 部分：330kV 变电站 35kV－30Mvar－5%电抗率集合式并联电容器成套装置专用技术规范；

——第 64 部分：330kV 变电站 35kV－30Mvar－12%电抗率集合式并联电容器成套装置专用技术规范；

——第 65 部分：500kV 变电站 35kV－60Mvar－5%电抗率集合式并联电容器成套装置专用技术规范；

——第 66 部分：500kV 变电站 35kV－60Mvar－12%电抗率集合式并联电容器成套装置专用技术规范；

——第 67 部分：500kV 变电站 66kV－60Mvar－5%电抗率集合式并联电容器成套装置专用技术规范；

——第 68 部分：500kV 变电站 66kV－60Mvar－12%电抗率集合式并联电容器成套装置专用技术规范；

——第 69 部分：农网变电站 10kV－300kvar－1%电抗率框架式并联电容器成套装置专用技术规范；

——第 70 部分：农网变电站 10kV－300kvar－5%电抗率框架式并联电容器成套装置专用技术规范；

——第 71 部分：农网变电站 10kV－600kvar－1%电抗率框架式并联电容器成套装置专用技术规范；

——第 72 部分：农网变电站 10kV－600kvar－5%电抗率框架式并联电容器成套装置专用技术规范；

——第 73 部分：农网变电站 10kV－1000kvar－1%电抗率框架式并联电容器成套装置专用技术规范；

——第 74 部分：农网变电站 10kV－1000kvar－5%电抗率框架式并联电容器成套装置专用技术规范；

——第 75 部分：农网变电站 10kV－1200kvar－1%电抗率框架式并联电容器成套装置专用技术规范；

——第 76 部分：农网变电站 10kV－1200kvar－5%电抗率框架式并联电容器成套装置专用技术规范；

——第 77 部分：农网变电站 10kV－2000kvar－1%电抗率框架式并联电容器成套装置专用技术规范；

——第 78 部分：农网变电站 10kV－2000kvar－5%电抗率框架式并联电容器成套装置专用技术规范；

——第 79 部分：农网变电站 10kV－3000kvar－1%电抗率框架式并联电容器成套装置专用技术规范；

——第 80 部分：农网变电站 10kV－3000kvar－5%电抗率框架式并联电容器成套装置专用技术规范；

——第 81 部分：农网变电站 10kV－4000kvar－1%电抗率框架式并联电容器成套装置专用技术规范；

——第 82 部分：农网变电站 10kV－4000kvar－5%电抗率框架式并联电容器成套装置专用技术规范；

——第 83 部分：农网变电站 10kV－6000kvar－1%电抗率框架式并联电容器成套装置专用技术规范；

——第 84 部分：农网变电站 10kV－6000kvar－5%电抗率框架式并联电容器成套装置专用技术规范；

——第 85 部分：农网 10kV－150kvar－50kvar 柱上式并联电容器成套装置专用技术规范；

——第 86 部分：农网 10kV－300kvar－50kvar 柱上式并联电容器成套装置专用技术规范；

——第 87 部分：农网 10kV－450kvar－50kvar 柱上式并联电容器成套装置专用技术规范。

本部分为《35kV～750kV 变电站、农网变电站用并联电容器成套装置采购标准》的第 70 部分。

本部分代替 Q/GDW 13053.70—2014，与 Q/GDW 13053.70—2014 相比，主要技术性差异如下：

——修改了单台电容器短路放电试验要求；

——修改了单台电容器放电器件性能要求；

——修改了放电线圈放电性能要求。

本部分由国家电网有限公司物资部提出并解释。

本部分由国家电网有限公司科技部归口。

本部分起草单位：国网冀北电力有限公司，国网吉林省电力有限公司，中国电力科学研究院有限公司。

本部分主要起草人：黄想，国江，姜胜宝，林浩，张建军，路杰，王亚菲，李士雷，李卓伦，葛志成。

本部分 2014 年 8 月首次发布，2018 年 8 月第一次修订。

本部分在执行过程中的意见或建议反馈至国家电网有限公司科技部。

35kV～750kV 变电站、农网变电站用并联电容器成套装置采购标准
第 70 部分：农网变电站 10kV–300kvar–5% 电抗率框架式并联电容器成套装置专用技术规范

1 范围

本部分规定了农网变电站 10kV–300kvar–5%电抗率框架式并联电容器成套装置招标的标准技术参数、项目需求及投标人响应的相关内容。

本部分适用于农网变电站 10kV–300kvar–5%电抗率框架式并联电容器成套装置招标。

2 规范性引用文件

下列文件对于本文件的应用是必不可少的。凡是注日期的引用文件，仅所注日期的版本适用于本文件。凡是不注日期的引用文件，其最新版本（包括所有的修改单）适用于本文件。

Q/GDW 13053.1　35kV～750kV 变电站、农网变电站用并联电容器成套装置采购标准　第 1 部分：通用技术规范

3 术语和定义

下列术语和定义适用于本文件。

3.1

招标人　bidder

提出招标项目，进行招标的法人或其他组织。

3.2

投标人　tenderer

响应招标、参加投标竞争的法人或者其他组织。

3.3

卖方　seller

提供本部分货物和技术服务的法人或其他组织，包括其法定的承继者。

3.4

买方　buyer

购买本部分货物和技术服务的法人或其他组织，包括其法定的承继者和经许可的受让人。

4 标准技术参数

技术参数特性表是国家电网有限公司对采购设备的基础技术参数要求，在招投标过程中，投标人应依据招标文件，对技术参数特性表中标准参数值进行响应。农网变电站 10kV–300kvar–5%电抗率框架式并联电容器成套装置技术参数特性见表 1。装置应满足 Q/GDW 13053.1 的要求。

表 1　技 术 参 数 特 性 表

序号	项　　目	单位	标准参数值
一	并联电容器装置		
1	型号		TBB10－300/100－AKW
2	额定电压	kV	10
3	额定容量	kvar	300
4	额定电抗率	%	5
5	额定相电容	μF	7.89
6	电容器组额定电压（相）	kV	$11/\sqrt{3}$
7	电容器组电容与额定电容偏差	%	0～5
8	电容器组各相电容的最大值与最小值之比		≤1.02
9	接线方式		单星形
10	每相电容器串并联数		1 串 1 并
11	继电保护方式		开口三角电压保护
12	初始不平衡电流（或电压）二次计算值		（生产单位提供）
13	继电保护整定值		（生产单位提供）
14	在继电保护整定计算中，允许击穿串段百分数		50
15	装置接线图		—
16	电容器组围栏尺寸 （户内安装时应提供装置高度限值）	m	（项目单位提供）
17	电容器组进线方向和进线位置		围栏（长或宽）方向（上或下）进线
18	装置耐受短路电流能力	kA	（项目单位提供）
二	单台电容器		
1	型号		$BAM11/\sqrt{3}－100－1W$ 或 $BFM11/\sqrt{3}－100－1W$
2	额定电压	kV	$11/\sqrt{3}$
3	额定容量	kvar	100
4	设计场强（$K=1$）	kV/mm	≤57
5	局部放电性能	pC	局部放电量≤50
		U_N	温度下限时局部放电熄灭电压不低于 1.2
6	温度类别	℃	－/+ （项目单位提供）
7	套管结构		滚装一体化结构套管
8	引出端子及套管的要求	N	≥500（水平拉力）
9	电容器耐受爆破能量	kW·s	≥15
10	短路放电试验		$2.5U_N$ 直流电压作用下,经电容器端子的最小间隙（短接线长度不应大于 1.5m）,10min 内放电 5 次,电容量变化不超过 1 根内熔丝动作或一个元件击穿之量

表1（续）

序号	项 目	单位	标准参数值
11	电容器内部元件串并数及附图		（生产单位提供）
12	单台电容器保护方式		外熔断器保护
13	无内熔丝电容器单元允许过电压倍数		≤1.1倍单元额定电压
14	放电器件性能		10min内从$\sqrt{2}\,U_N$降到50V
15	电容器安装方式		立式或卧式 （项目单位提供）
16	固体介质厚度及层数		—
17	浸渍剂		—
18	外绝缘海拔修正耐受试验电压 （工频/雷电）	kV/kV	（需要修正时由项目单位提供）

注：如采用全密封结构，要求有足够的油补充容量，最高运行温度下，压力不超过 0.05MPa

三			放电线圈
1	型号		FDE11/$\sqrt{3}$－1.7－1W（油浸全密封）或 FDGE11/$\sqrt{3}$－1.7－1W（干式）
2	一次绕组的额定电压	kV	11/$\sqrt{3}$
3	二次绕组的额定电压	V	100
4	二次绕组的额定容量	VA	50
5	准确级		0.5
6	a. 工频耐受电压（1min）/试验电压	kV/kV	42
	b. 雷电冲击耐受电压/试验电压	kV/kV	75
	c. 一次绕组感应耐受电压		2.5U_{1N}/60s
	d. 二次绕组对地工频耐受电压	kV/min	3
7	结构方式		全密封或干式 （干式宜户内使用） （项目单位提供）
8	配套电容器容量（相）	kvar	≥1700
9	放电性能		断开电源后，电容器组上的电压在 5s 内由 $\sqrt{2}\,U_N$降至50V以下
			在最大允许容量电容器组的 1.9$\sqrt{2}\,U_N$下放 电不损坏
10	外绝缘海拔修正耐受试验电压（工频/雷电）	kV/kV	（需要修正时由项目单位提供）
四			金属氧化物避雷器
1	型号		YHWR5－17/45（复合）或 YWR5－17/45（瓷）
2	额定电压	kV	17
3	持续运行电压	kV	13.6
4	标称放电电流	kA	5
5	标称放电电流下的残压	kV	45
6	2ms 方波通流容量	A	≥500

表1（续）

序号	项 目	单位	标准参数值
7	外绝缘海拔修正耐受试验电压（工频/雷电）	kV/kV	（需要修正时由项目单位提供）
五	支柱绝缘子		
1	额定电压	kV	10
2	额定抗弯强度	N·m	—
3	爬电比距	mm/kV	（项目单位提供）
4	外绝缘海拔修正耐受试验电压（工频/雷电）	kV/kV	（需要修正时由项目单位提供）
5	安装方式		正装
六	隔离开关和接地开关		
1	型号		GW－12/200 或 GN－12/200
2	额定电压	kV	12
3	额定短时耐受电流及持续时间	kA（4s）	（项目单位提供）
4	额定峰值耐受电流	kA	（项目单位提供）
5	额定电流（隔离开关）	A	≥200
6	型号		（项目单位提供）
7	外绝缘海拔修正耐受试验电压（工频/雷电）	kV/kV	（需要修正时由项目单位提供）
七	串联电抗器		
1	型号		CKDK－10－5/0.32－5（干式空心）或 CKSC－10－15/0.32－5（干式铁芯）
2	额定电压	kV	10
3	额定端电压	kV	0.32
4	额定容量	kvar	5 或 15
5	额定电感	mH	64.9
6	额定电流	A	15.7
7	损耗	kW/kvar	— —
8	温升	K	≤70
9	电抗率	%	5
10	绝缘水平（工频/雷电）	kV/kV	42/75
11	噪声	dB	≤50
12	电感值偏差	%	0～5
13	外绝缘海拔修正耐受试验电压（工频/雷电）	kV/kV	（需要修正时由项目单位提供）
14	三相间电感偏差	%	每相电抗与三相平均值的偏差不大于±2%
15	安装布置方式		（项目单位提供）
八	外熔断器		
1	型号		BRW7/25（24）
2	额定电压	kV	7
3	额定电流	A	25
4	熔丝额定电流	A	24
5	耐爆能量	kW·s	≥15

5 组件材料配置表

组件材料配置表包括元件名称、规格形式参数、单位、数量和产地等信息，具体内容和格式根据招标项目情况进行编制。

6 使用环境条件表

典型农网变电站 10kV−300kvar−5%电抗率集合式并联电容器成套装置使用环境条件见表 2。特殊环境要求根据项目情况进行编制。

表 2 使 用 环 境 条 件 表

序号	名 称		单位	标准参数值
1	环境温度	最高日温度	℃	+40
		最低日温度		−25
		最大日温差		25
2	海拔		m	≤1000
3	太阳辐射强度		W/cm²	0.11
4	污秽等级			Ⅲ（d）
5	覆冰厚度		mm	10
6	风速/风压		（m/s）/Pa	35/700
7	相对湿度	最大日相对湿度	%	≤95
		最大月平均相对湿度		≤90
8	耐受地震能力（指水平加速度，安全系数不小于1.67。水平加速度应计及设备支架的动力放大系数1.2）		m/s²	2
注：有较严酷使用条件时，如低温、高海拔、重污秽等，项目单位应提出相应差异要求				

7 投标人提供的其他资料

投标人提供的其他资料如下：

a）耐久性试验报告（应提供）；

b）保护计算单（应提供）；

c）抗震计算或试验报告（应提供，10kV 装置除外）；

d）装置的爆破能量计算单（应提供）；

e）其他提高装置质量或运行可靠性的研究报告、研究性试验等；

f）新结构方式等。

ICS 29.240

Q/GDW

国家电网有限公司企业标准

Q/GDW 13053.71—2018
代替 Q/GDW 13053.71—2014

35kV～750kV 变电站、农网变电站用并联电容器成套装置采购标准 第 71 部分：农网变电站 10kV-600kvar-1%电抗率框架式并联电容器成套装置专用技术规范

Purchasing standard for shunt capacitor installation of 35kV～750kV and rural power network substation
Part 71: Special technical specification for 10kV-600kvar-1% reactance ratio frame-type shunt capacitor installation of rural power network substation

2019-06-28发布   2019-06-28实施

国家电网有限公司   发 布

目　次

前　言

为规范农网变电站 10kV－600kvar－1%电抗率框架式并联电容器成套装置的采购，制定本部分。

《35kV～750kV 变电站、农网变电站用并联电容器成套装置采购标准》分为 87 个部分：

——第 1 部分：通用技术规范；

——第 2 部分：35kV 变电站 10kV－1000kvar－1%电抗率框架式并联电容器成套装置专用技术规范；

——第 3 部分：35kV 变电站 10kV－1000kvar－12%电抗率框架式并联电容器成套装置专用技术规范；

——第 4 部分：66kV 变电站 10kV－1000kvar－5%电抗率框架式并联电容器成套装置专用技术规范；

——第 5 部分：110（66）kV 变电站 10kV－2000kvar－1%电抗率框架式并联电容器成套装置专用技术规范；

——第 6 部分：110（66）kV 变电站 10kV－2000kvar－5%电抗率框架式并联电容器成套装置专用技术规范；

——第 7 部分：110（66）kV 变电站 10kV－2000kvar－12%电抗率框架式并联电容器成套装置专用技术规范；

——第 8 部分：110（66）kV 变电站 10kV－3000kvar－1%电抗率框架式并联电容器成套装置专用技术规范；

——第 9 部分：110（66）kV 变电站 10kV－3000kvar－5%电抗率框架式并联电容器成套装置专用技术规范；

——第 10 部分：110（66）kV 变电站 10kV－3000kvar－12%电抗率框架式并联电容器成套装置专用技术规范；

——第 11 部分：110（66）kV 变电站 10kV－3600kvar－1%电抗率框架式并联电容器成套装置专用技术规范；

——第 12 部分：110（66）kV 变电站 10kV－3600kvar－5%电抗率框架式并联电容器成套装置专用技术规范；

——第 13 部分：110（66）kV 变电站 10kV－3600kvar－12%电抗率框架式并联电容器成套装置专用技术规范；

——第 14 部分：110（66）kV 变电站 10kV－4000kvar－1%电抗率框架式并联电容器成套装置专用技术规范；

——第 15 部分：110（66）kV 变电站 10kV－4000kvar－5%电抗率框架式并联电容器成套装置专用技术规范；

——第 16 部分：110（66）kV 变电站 10kV－4000kvar－12%电抗率框架式并联电容器成套装置专用技术规范；

——第 17 部分：110（66）kV 变电站 10kV－4800kvar－1%电抗率框架式并联电容器成套装置专用技术规范；

——第 18 部分：110（66）kV 变电站 10kV－4800kvar－5%电抗率框架式并联电容器成套装置专用技术规范；

——第 19 部分：110（66）kV 变电站 10kV－4800kvar－12%电抗率框架式并联电容器成套装置专用技术规范；

——第 20 部分：110（66）kV 变电站 10kV－5000kvar－1%电抗率框架式并联电容器成套装置专用技术规范；

——第 21 部分：110（66）kV 变电站 10kV－5000kvar－5%电抗率框架式并联电容器成套装置专用技术规范；

——第 22 部分：110（66）kV 变电站 10kV－5000kvar－12%电抗率框架式并联电容器成套装置专用技术规范；

——第 23 部分：110（66）kV 变电站 10kV－6000kvar－1%电抗率框架式并联电容器成套装置专用技术规范；

——第 24 部分：110（66）kV 变电站 10kV－6000kvar－5%电抗率框架式并联电容器成套装置专用技术规范；

——第 25 部分：110（66）kV 变电站 10kV－6000kvar－12%电抗率框架式并联电容器成套装置专用技术规范；

——第 26 部分：220kV 变电站 10kV－8000kvar－5%电抗率框架式并联电容器成套装置专用技术规范；

——第 27 部分：220kV 变电站 10kV－8000kvar－12%电抗率框架式并联电容器成套装置专用技术规范；

——第 28 部分：220kV 变电站 10kV－10Mvar－5%电抗率框架式并联电容器成套装置专用技术规范；

——第 29 部分：220kV 变电站 10kV－10Mvar－12%电抗率框架式并联电容器成套装置专用技术规范；

——第 30 部分：220kV 变电站 35kV－10Mvar－5%电抗率框架式并联电容器成套装置专用技术规范；

——第 31 部分：220kV 变电站 35kV－10Mvar－12%电抗率框架式并联电容器成套装置专用技术规范；

——第 32 部分：330（220）kV 变电站 35kV－20Mvar－5%电抗率框架式并联电容器成套装置专用技术规范；

——第 33 部分：330（220）kV 变电站 35kV－20Mvar－12%电抗率框架式并联电容器成套装置专用技术规范；

——第 34 部分：330kV 变电站 35kV－30Mvar－5%电抗率框架式并联电容器成套装置专用技术规范；

——第 35 部分：330kV 变电站 35kV－30Mvar－12%电抗率框架式并联电容器成套装置专用技术规范；

——第 36 部分：330kV 变电站 35kV－40Mvar－5%电抗率框架式并联电容器成套装置专用技术规范；

——第 37 部分：330kV 变电站 35kV－40Mvar－12%电抗率框架式并联电容器成套装置专用技术规范；

——第 38 部分：500kV 变电站 35kV－60Mvar－5%电抗率框架式并联电容器成套装置专用技术规范；

——第 39 部分：500kV 变电站 35kV－60Mvar－12%电抗率框架式并联电容器成套装置专用技术规范；

——第 40 部分：220kV 变电站 66kV－10Mvar－5%电抗率框架式并联电容器成套装置专用技术规范；

——第 41 部分：220kV 变电站 66kV－10Mvar－12%电抗率框架式并联电容器成套装置专用技术规范；

——第 42 部分：220kV 变电站 66kV－20Mvar－5%电抗率框架式并联电容器成套装置专用技术规范；

——第 43 部分：220kV 变电站 66kV－20Mvar－12%电抗率框架式并联电容器成套装置专用技术规范；

——第 44 部分：220kV 变电站 66kV－25Mvar－5%电抗率框架式并联电容器成套装置专用技术规范；

——第 45 部分：220kV 变电站 66kV－25Mvar－12%电抗率框架式并联电容器成套装置专用技术规范；

——第 46 部分：750（500）kV 变电站 66kV－60Mvar－5%电抗率框架式并联电容器成套装置专用技术规范；

——第 47 部分：750（500）kV 变电站 66kV－60Mvar－12%电抗率框架式并联电容器成套装置专用技术规范；

——第 48 部分：750kV 变电站 66kV－90Mvar－5%电抗率框架式并联电容器成套装置专用技术规范；

——第 49 部分：750kV 变电站 66kV－90Mvar－12%电抗率框架式并联电容器成套装置专用技术规范；

——第 50 部分：750kV 变电站 66kV－120Mvar－5%电抗率框架式并联电容器成套装置专用技术规范；

——第 51 部分：750kV 变电站 66kV－120Mvar－12%电抗率框架式并联电容器成套装置专用技术规范；

——第 52 部分：110（66）kV 变电站 10kV－3000kvar－1%电抗率集合式并联电容器成套装置专用技术规范；

——第 53 部分：110（66）kV 变电站 10kV－3000kvar－5%电抗率集合式并联电容器成套装置专用

技术规范；

——第 54 部分：110（66）kV 变电站 10kV－3000kvar－12%电抗率集合式并联电容器成套装置专用技术规范；

——第 55 部分：110（66）kV 变电站 10kV－3600kvar－1%电抗率集合式并联电容器成套装置专用技术规范；

——第 56 部分：110（66）kV 变电站 10kV－3600kvar－5%电抗率集合式并联电容器成套装置专用技术规范；

——第 57 部分：110（66）kV 变电站 10kV－3600kvar－12%电抗率集合式并联电容器成套装置专用技术规范；

——第 58 部分：110（66）kV 变电站 10kV－4800kvar－1%电抗率集合式并联电容器成套装置专用技术规范；

——第 59 部分：110（66）kV 变电站 10kV－4800kvar－5%电抗率集合式并联电容器成套装置专用技术规范；

——第 60 部分：110（66）kV 变电站 10kV－4800kvar－12%电抗率集合式并联电容器成套装置专用技术规范；

——第 61 部分：330（220）kV 变电站 35kV－20Mvar－5%电抗率集合式并联电容器成套装置专用技术规范；

——第 62 部分：330（220）kV 变电站 35kV－20Mvar－12%电抗率集合式并联电容器成套装置专用技术规范；

——第 63 部分：330kV 变电站 35kV－30Mvar－5%电抗率集合式并联电容器成套装置专用技术规范；

——第 64 部分：330kV 变电站 35kV－30Mvar－12%电抗率集合式并联电容器成套装置专用技术规范；

——第 65 部分：500kV 变电站 35kV－60Mvar－5%电抗率集合式并联电容器成套装置专用技术规范；

——第 66 部分：500kV 变电站 35kV－60Mvar－12%电抗率集合式并联电容器成套装置专用技术规范；

——第 67 部分：500kV 变电站 66kV－60Mvar－5%电抗率集合式并联电容器成套装置专用技术规范；

——第 68 部分：500kV 变电站 66kV－60Mvar－12%电抗率集合式并联电容器成套装置专用技术规范；

——第 69 部分：农网变电站 10kV－300kvar－1%电抗率框架式并联电容器成套装置专用技术规范；

——第 70 部分：农网变电站 10kV－300kvar－5%电抗率框架式并联电容器成套装置专用技术规范；

——第 71 部分：农网变电站 10kV－600kvar－1%电抗率框架式并联电容器成套装置专用技术规范；

——第 72 部分：农网变电站 10kV－600kvar－5%电抗率框架式并联电容器成套装置专用技术规范；

——第 73 部分：农网变电站 10kV－1000kvar－1%电抗率框架式并联电容器成套装置专用技术规范；

——第 74 部分：农网变电站 10kV－1000kvar－5%电抗率框架式并联电容器成套装置专用技术规范；

——第 75 部分：农网变电站 10kV－1200kvar－1%电抗率框架式并联电容器成套装置专用技术规范；

——第 76 部分：农网变电站 10kV－1200kvar－5%电抗率框架式并联电容器成套装置专用技术规范；

——第 77 部分：农网变电站 10kV－2000kvar－1%电抗率框架式并联电容器成套装置专用技术规范；

——第 78 部分：农网变电站 10kV－2000kvar－5%电抗率框架式并联电容器成套装置专用技术规范；

——第 79 部分：农网变电站 10kV－3000kvar－1%电抗率框架式并联电容器成套装置专用技术规范；

——第 80 部分：农网变电站 10kV－3000kvar－5%电抗率框架式并联电容器成套装置专用技术规范；

——第 81 部分：农网变电站 10kV－4000kvar－1%电抗率框架式并联电容器成套装置专用技术规范；

——第 82 部分：农网变电站 10kV－4000kvar－5%电抗率框架式并联电容器成套装置专用技术规范；

——第 83 部分：农网变电站 10kV－6000kvar－1%电抗率框架式并联电容器成套装置专用技术规范；

——第 84 部分：农网变电站 10kV－6000kvar－5%电抗率框架式并联电容器成套装置专用技术规范；

——第 85 部分：农网 10kV－150kvar－50kvar 柱上式并联电容器成套装置专用技术规范；

——第 86 部分：农网 10kV－300kvar－50kvar 柱上式并联电容器成套装置专用技术规范；

——第 87 部分：农网 10kV－450kvar－50kvar 柱上式并联电容器成套装置专用技术规范。

本部分为《35kV～750kV 变电站、农网变电站用并联电容器成套装置采购标准》的第 71 部分。

本部分代替 Q/GDW 13053.71—2014，与 Q/GDW 13053.71—2014 相比，主要技术性差异如下：

——修改了单台电容器短路放电试验要求；

——修改了单台电容器放电器件性能要求；

——修改了放电线圈放电性能要求。

本部分由国家电网有限公司物资部提出并解释。

本部分由国家电网有限公司科技部归口。

本部分起草单位：国网冀北电力有限公司，国网吉林省电力有限公司，中国电力科学研究院有限公司。

本部分主要起草人：黄想，姜胜宝，林浩，国江，张建军，路杰，王亚菲，李士雷，李卓伦，葛志成。

本部分 2014 年 8 月首次发布，2018 年 8 月第一次修订。

本部分在执行过程中的意见或建议反馈至国家电网有限公司科技部。

35kV～750kV 变电站、农网变电站用
并联电容器成套装置采购标准
第71部分：农网变电站 10kV-600kvar-1%
电抗率框架式并联电容器成套装置专用技术规范

1 范围

本部分规定了农网变电站 10kV-600kvar-1%电抗率框架式并联电容器成套装置招标的标准技术参数、项目需求及投标人响应的相关内容。

本部分适用于农网变电站 10kV-600kvar-1%电抗率框架式并联电容器成套装置招标。

2 规范性引用文件

下列文件对于本文件的应用是必不可少的。凡是注日期的引用文件，仅所注日期的版本适用于本文件。凡是不注日期的引用文件，其最新版本（包括所有的修改单）适用于本文件。

Q/GDW 13053.1 35kV～750kV 变电站、农网变电站用并联电容器成套装置采购标准 第1部分：通用技术规范

3 术语和定义

下列术语和定义适用于本文件。

3.1

招标人 bidder

提出招标项目，进行招标的法人或其他组织。

3.2

投标人 tenderer

响应招标、参加投标竞争的法人或者其他组织。

3.3

卖方 seller

提供本部分货物和技术服务的法人或其他组织，包括其法定的承继者。

3.4

买方 buyer

购买本部分货物和技术服务的法人或其他组织，包括其法定的承继者和经许可的受让人。

4 标准技术参数

技术参数特性表是国家电网有限公司对采购设备的基础技术参数要求，在招投标过程中，投标人应依据招标文件，对技术参数特性表中标准参数值进行响应。农网变电站 10kV-600kvar-1%电抗率框架式并联电容器成套装置技术参数特性见表1。装置应满足 Q/GDW 13053.1 的要求。

表 1 技 术 参 数 特 性 表

序号	项　　目	单位	标准参数值
一	并联电容器装置		
1	型号		TBB10－600/200（100）－AKW
2	额定电压	kV	10
3	额定容量	kvar	600
4	额定电抗率	%	≤1
5	额定相电容	μF	17.3
6	电容器组额定电压（相）	kV	10.5/$\sqrt{3}$
7	电容器组电容与额定电容偏差	%	0～5
8	电容器组各相电容的最大值与最小值之比		≤1.02
9	接线方式		单星形
10	每相电容器串并联数		1串1并（1串2并）
11	继电保护方式		开口三角电压保护
12	初始不平衡电流（或电压）二次计算值		（生产单位提供）
13	继电保护整定值		（生产单位提供）
14	在继电保护整定计算中，允许击穿串段百分数		50
15	装置接线图		—
16	电容器组围栏尺寸 （户内安装时应提供装置高度限值）	m	（项目单位提供）
17	电容器组进线方向和进线位置		围栏（长或宽）方向（上或下）进线
18	装置耐受短路电流能力	kA	（项目单位提供）
二	单台电容器		
1	型号		BAM10.5/$\sqrt{3}$－200（100）－1W 或 BFM10.5/$\sqrt{3}$－200（100）－1W
2	额定电压	kV	10.5/$\sqrt{3}$
3	额定容量	kvar	200（100）
4	设计场强（$K＝1$）	kV/mm	≤57
5	局部放电性能	pC	局部放电量≤50
		U_N	温度下限时局部放电熄灭电压不低于1.2
6	温度类别	℃	－/+（项目单位提供）
7	套管结构		滚装一体化结构套管
8	引出端子及套管的要求	N	≥500（水平拉力）
9	电容器耐受爆破能量	kW·s	≥15
10	短路放电试验		2.5U_N直流电压作用下，经电容器端子的最小间隙（短接线长度不应大于1.5m），10min内放电5次，电容量变化不超过1根内熔丝动作或一个元件击穿之量
11	电容器内部元件串并数及附图		（生产单位提供）

表1（续）

序号	项　　目	单位	标准参数值
12	单台电容器保护方式		内熔丝保护
13	无内熔丝电容器单元允许过电压倍数		≤1.1 倍单元额定电压
14	放电器件性能		10min 内从 $\sqrt{2}\,U_N$ 降到 50V
15	电容器安装方式		立式或卧式 （项目单位提供）
16	固体介质厚度及层数		—
17	浸渍剂		—
18	外绝缘海拔修正耐受试验电压（工频/雷电）	kV/kV	（需要修正时由项目单位提供）
三			放电线圈
1	型号		FDE10.5/$\sqrt{3}$－1.7－1W（油浸全密封）或 FDGE10.5/$\sqrt{3}$－1.7－1W（干式铁芯）
2	一次绕组的额定电压	kV	10.5/$\sqrt{3}$
3	二次绕组的额定电压	V	100
4	二次绕组的额定容量	VA	50
5	准确级		0.5
6	a. 工频耐受电压（1min）/试验电压	kV/kV	42
	b. 雷电冲击耐受电压/试验电压	kV/kV	75
	c. 一次绕组感应耐受电压		$2.5U_{1N}$/60s
	d. 二次绕组对地工频耐受电压	kV/min	3
7	结构方式		全密封或干式 （干式宜户内使用） （项目单位提供）
8	配套电容器容量（相）	kvar	≥1700
9	放电性能		断开电源后，电容器组上的电压在 5s 内由 $\sqrt{2}\,U_N$ 降至 50V 以下 在最大允许容量电容器组的 $1.9\sqrt{2}\,U_N$ 下放电不损坏
10	外绝缘海拔修正耐受试验电压（工频/雷电）	kV/kV	（需要修正时由项目单位提供）
四			金属氧化物避雷器
1	型号		YHWR5－17/45（复合）或 YWR5－17/45（瓷）
2	额定电压	kV	17
3	持续运行电压	kV	13.6
4	标称放电电流	kA	5
5	标称放电电流下的残压	kV	45
6	2ms 方波通流容量	A	≥500
7	外绝缘海拔修正耐受试验电压（工频/雷电）	kV/kV	（需要修正时由项目单位提供）
五			支柱绝缘子

表1（续）

序号	项 目	单位	标准参数值
1	额定电压	kV	10
2	额定抗弯强度	N·m	—
3	爬电比距	mm/kV	（项目单位提供）
4	外绝缘海拔修正耐受试验电压（工频/雷电）	kV/kV	（需要修正时由项目单位提供）
5	安装方式		正装
六	隔离开关和接地开关		
1	型号		GW－12/200 或 GN－12/200
2	额定电压	kV	12
3	额定短时耐受电流及持续时间	kA（4s）	（项目单位提供）
4	额定峰值耐受电流	kA	（项目单位提供）
5	额定电流（隔离开关）	A	≥200
6	型号		（项目单位提供）
7	外绝缘海拔修正耐受试验电压（工频/雷电）	kV/kV	（需要修正时由项目单位提供）
七	串联电抗器		
1	型号		CKDK－10－□/□－1（干式空心）或 CKSC－10－□/□－1（干式铁芯）
2	额定电压	kV	10
3	额定电感	mH	
4	额定电流	A	—
5	损耗	kW/ kvar	— —
6	温升	K	≤70
7	电抗率	%	≤1
8	绝缘水平（工频/雷电）	kV/kV	42/75
9	噪声	dB	≤50
10	电感值偏差	%	0～10
11	外绝缘海拔修正耐受试验电压（工频/雷电）	kV/kV	（需要修正时由项目单位提供）
12	三相间电感偏差	%	每相电抗与三相平均值的偏差不大于±2%
13	安装布置方式		（项目单位提供）
八	外熔断器		
1	型号		BRW7/50（47）；BRW7/25（24）
2	额定电压	kV	7
3	额定电流	A	50；25
4	熔丝额定电流	A	47；24
5	耐爆能量	kW·s	≥15

5 组件材料配置表

组件材料配置表包括元件名称、规格形式参数、单位、数量和产地等信息，具体内容和格式根据招标项目情况进行编制。

6 使用环境条件表

典型农网变电站 10kV－600kvar－1%电抗率集合式并联电容器成套装置使用环境条件见表 2。特殊环境要求根据项目情况进行编制。

表 2　使 用 环 境 条 件 表

序号	名　　　称		单位	标准参数值
1	环境温度	最高日温度	℃	＋40
		最低日温度		－25
		最大日温差		25
2	海拔		m	≤1000
3	太阳辐射强度		W/cm²	0.11
4	污秽等级			Ⅲ（d）
5	覆冰厚度		mm	10
6	风速/风压		（m/s）/Pa	35/700
7	相对湿度	最大日相对湿度	％	≤95
		最大月平均相对湿度		≤90
8	耐受地震能力（指水平加速度，安全系数不小于 1.67。水平加速度应计及设备支架的动力放大系数 1.2）		m/s²	2
注：有较严酷使用条件时，如低温、高海拔、重污秽等，项目单位应提出相应差异要求				

7 投标人提供的其他资料

投标人提供的其他资料如下：

a) 耐久性试验报告（应提供）；

b) 保护计算单（应提供）；

c) 抗震计算或试验报告（应提供，10kV 装置除外）；

d) 装置的爆破能量计算单（应提供）；

e) 其他提高装置质量或运行可靠性的研究报告、研究性试验等；

f) 新结构方式等。

ICS 29.240

Q/GDW

国家电网有限公司企业标准

Q/GDW 13053.72—2018

代替 Q/GDW 13053.72—2014

35kV～750kV 变电站、农网变电站用并联电容器成套装置采购标准 第 72 部分：农网变电站 10kV-600kvar-5% 电抗率框架式并联电容器成套装置专用技术规范

Purchasing standard for shunt capacitor installation of 35kV～750kV
and rural power network substation
Part 72: Special technical specification for 10kV-600kvar-5% reactance
ratio frame-type shunt capacitor installation of rural
power network substation

2019-06-28发布 2019-06-28实施

国家电网有限公司　发布

目　次

前　言

为规范农网变电站 10kV－600kvar－5%电抗率框架式并联电容器成套装置的采购，制定本部分。

《35kV～750kV 变电站、农网变电站用并联电容器成套装置采购标准》分为 87 个部分：

——第 1 部分：通用技术规范；

——第 2 部分：35kV 变电站 10kV－1000kvar－1%电抗率框架式并联电容器成套装置专用技术规范；

——第 3 部分：35kV 变电站 10kV－1000kvar－12%电抗率框架式并联电容器成套装置专用技术规范；

——第 4 部分：66kV 变电站 10kV－1000kvar－5%电抗率框架式并联电容器成套装置专用技术规范；

——第 5 部分：110（66）kV 变电站 10kV－2000kvar－1%电抗率框架式并联电容器成套装置专用技术规范；

——第 6 部分：110（66）kV 变电站 10kV－2000kvar－5%电抗率框架式并联电容器成套装置专用技术规范；

——第 7 部分：110（66）kV 变电站 10kV－2000kvar－12%电抗率框架式并联电容器成套装置专用技术规范；

——第 8 部分：110（66）kV 变电站 10kV－3000kvar－1%电抗率框架式并联电容器成套装置专用技术规范；

——第 9 部分：110（66）kV 变电站 10kV－3000kvar－5%电抗率框架式并联电容器成套装置专用技术规范；

——第 10 部分：110（66）kV 变电站 10kV－3000kvar－12%电抗率框架式并联电容器成套装置专用技术规范；

——第 11 部分：110（66）kV 变电站 10kV－3600kvar－1%电抗率框架式并联电容器成套装置专用技术规范；

——第 12 部分：110（66）kV 变电站 10kV－3600kvar－5%电抗率框架式并联电容器成套装置专用技术规范；

——第 13 部分：110（66）kV 变电站 10kV－3600kvar－12%电抗率框架式并联电容器成套装置专用技术规范；

——第 14 部分：110（66）kV 变电站 10kV－4000kvar－1%电抗率框架式并联电容器成套装置专用技术规范；

——第 15 部分：110（66）kV 变电站 10kV－4000kvar－5%电抗率框架式并联电容器成套装置专用技术规范；

——第 16 部分：110（66）kV 变电站 10kV－4000kvar－12%电抗率框架式并联电容器成套装置专用技术规范；

——第 17 部分：110（66）kV 变电站 10kV－4800kvar－1%电抗率框架式并联电容器成套装置专用技术规范；

——第 18 部分：110（66）kV 变电站 10kV－4800kvar－5%电抗率框架式并联电容器成套装置专用技术规范；

——第 19 部分：110（66）kV 变电站 10kV－4800kvar－12%电抗率框架式并联电容器成套装置专用技术规范；

——第 20 部分：110（66）kV 变电站 10kV－5000kvar－1%电抗率框架式并联电容器成套装置专用技术规范；

——第 21 部分：110（66）kV 变电站 10kV－5000kvar－5%电抗率框架式并联电容器成套装置专用技术规范；

——第 22 部分：110（66）kV 变电站 10kV－5000kvar－12%电抗率框架式并联电容器成套装置专用技术规范；

——第 23 部分：110（66）kV 变电站 10kV－6000kvar－1%电抗率框架式并联电容器成套装置专用技术规范；

——第 24 部分：110（66）kV 变电站 10kV－6000kvar－5%电抗率框架式并联电容器成套装置专用技术规范；

——第 25 部分：110（66）kV 变电站 10kV－6000kvar－12%电抗率框架式并联电容器成套装置专用技术规范；

——第 26 部分：220kV 变电站 10kV－8000kvar－5%电抗率框架式并联电容器成套装置专用技术规范；

——第 27 部分：220kV 变电站 10kV－8000kvar－12%电抗率框架式并联电容器成套装置专用技术规范；

——第 28 部分：220kV 变电站 10kV－10Mvar－5%电抗率框架式并联电容器成套装置专用技术规范；

——第 29 部分：220kV 变电站 10kV－10Mvar－12%电抗率框架式并联电容器成套装置专用技术规范；

——第 30 部分：220kV 变电站 35kV－10Mvar－5%电抗率框架式并联电容器成套装置专用技术规范；

——第 31 部分：220kV 变电站 35kV－10Mvar－12%电抗率框架式并联电容器成套装置专用技术规范；

——第 32 部分：330（220）kV 变电站 35kV－20Mvar－5%电抗率框架式并联电容器成套装置专用技术规范；

——第 33 部分：330（220）kV 变电站 35kV－20Mvar－12%电抗率框架式并联电容器成套装置专用技术规范；

——第 34 部分：330kV 变电站 35kV－30Mvar－5%电抗率框架式并联电容器成套装置专用技术规范；

——第 35 部分：330kV 变电站 35kV－30Mvar－12%电抗率框架式并联电容器成套装置专用技术规范；

——第 36 部分：330kV 变电站 35kV－40Mvar－5%电抗率框架式并联电容器成套装置专用技术规范；

——第 37 部分：330kV 变电站 35kV－40Mvar－12%电抗率框架式并联电容器成套装置专用技术规范；

——第 38 部分：500kV 变电站 35kV－60Mvar－5%电抗率框架式并联电容器成套装置专用技术规范；

——第 39 部分：500kV 变电站 35kV－60Mvar－12%电抗率框架式并联电容器成套装置专用技术规范；

——第 40 部分：220kV 变电站 66kV－10Mvar－5%电抗率框架式并联电容器成套装置专用技术规范；

——第 41 部分：220kV 变电站 66kV－10Mvar－12%电抗率框架式并联电容器成套装置专用技术规范；

——第 42 部分：220kV 变电站 66kV－20Mvar－5%电抗率框架式并联电容器成套装置专用技术规范；

——第 43 部分：220kV 变电站 66kV－20Mvar－12%电抗率框架式并联电容器成套装置专用技术规范；

——第 44 部分：220kV 变电站 66kV－25Mvar－5%电抗率框架式并联电容器成套装置专用技术规范；

——第 45 部分：220kV 变电站 66kV－25Mvar－12%电抗率框架式并联电容器成套装置专用技术规范；

——第 46 部分：750（500）kV 变电站 66kV－60Mvar－5%电抗率框架式并联电容器成套装置专用技术规范；

——第 47 部分：750（500）kV 变电站 66kV－60Mvar－12%电抗率框架式并联电容器成套装置专用技术规范；

——第 48 部分：750kV 变电站 66kV－90Mvar－5%电抗率框架式并联电容器成套装置专用技术规范；

——第 49 部分：750kV 变电站 66kV－90Mvar－12%电抗率框架式并联电容器成套装置专用技术规范；

——第 50 部分：750kV 变电站 66kV－120Mvar－5%电抗率框架式并联电容器成套装置专用技术规范；

——第 51 部分：750kV 变电站 66kV－120Mvar－12%电抗率框架式并联电容器成套装置专用技术规范；

——第 52 部分：110（66）kV 变电站 10kV－3000kvar－1%电抗率集合式并联电容器成套装置专用技术规范；

——第 53 部分：110（66）kV 变电站 10kV－3000kvar－5%电抗率集合式并联电容器成套装置专用

技术规范；

——第 54 部分：110（66）kV 变电站 10kV－3000kvar－12%电抗率集合式并联电容器成套装置专用技术规范；

——第 55 部分：110（66）kV 变电站 10kV－3600kvar－1%电抗率集合式并联电容器成套装置专用技术规范；

——第 56 部分：110（66）kV 变电站 10kV－3600kvar－5%电抗率集合式并联电容器成套装置专用技术规范；

——第 57 部分：110（66）kV 变电站 10kV－3600kvar－12%电抗率集合式并联电容器成套装置专用技术规范；

——第 58 部分：110（66）kV 变电站 10kV－4800kvar－1%电抗率集合式并联电容器成套装置专用技术规范；

——第 59 部分：110（66）kV 变电站 10kV－4800kvar－5%电抗率集合式并联电容器成套装置专用技术规范；

——第 60 部分：110（66）kV 变电站 10kV－4800kvar－12%电抗率集合式并联电容器成套装置专用技术规范；

——第 61 部分：330（220）kV 变电站 35kV－20Mvar－5%电抗率集合式并联电容器成套装置专用技术规范；

——第 62 部分：330（220）kV 变电站 35kV－20Mvar－12%电抗率集合式并联电容器成套装置专用技术规范；

——第 63 部分：330kV 变电站 35kV－30Mvar－5%电抗率集合式并联电容器成套装置专用技术规范；

——第 64 部分：330kV 变电站 35kV－30Mvar－12%电抗率集合式并联电容器成套装置专用技术规范；

——第 65 部分：500kV 变电站 35kV－60Mvar－5%电抗率集合式并联电容器成套装置专用技术规范；

——第 66 部分：500kV 变电站 35kV－60Mvar－12%电抗率集合式并联电容器成套装置专用技术规范；

——第 67 部分：500kV 变电站 66kV－60Mvar－5%电抗率集合式并联电容器成套装置专用技术规范；

——第 68 部分：500kV 变电站 66kV－60Mvar－12%电抗率集合式并联电容器成套装置专用技术规范；

——第 69 部分：农网变电站 10kV－300kvar－1%电抗率框架式并联电容器成套装置专用技术规范；

——第 70 部分：农网变电站 10kV－300kvar－5%电抗率框架式并联电容器成套装置专用技术规范；

——第 71 部分：农网变电站 10kV－600kvar－1%电抗率框架式并联电容器成套装置专用技术规范；

——第 72 部分：农网变电站 10kV－600kvar－5%电抗率框架式并联电容器成套装置专用技术规范；

——第 73 部分：农网变电站 10kV－1000kvar－1%电抗率框架式并联电容器成套装置专用技术规范；

——第 74 部分：农网变电站 10kV－1000kvar－5%电抗率框架式并联电容器成套装置专用技术规范；

——第 75 部分：农网变电站 10kV－1200kvar－1%电抗率框架式并联电容器成套装置专用技术规范；

——第 76 部分：农网变电站 10kV－1200kvar－5%电抗率框架式并联电容器成套装置专用技术规范；

——第 77 部分：农网变电站 10kV－2000kvar－1%电抗率框架式并联电容器成套装置专用技术规范；

——第 78 部分：农网变电站 10kV－2000kvar－5%电抗率框架式并联电容器成套装置专用技术规范；

——第 79 部分：农网变电站 10kV－3000kvar－1%电抗率框架式并联电容器成套装置专用技术规范；

——第 80 部分：农网变电站 10kV－3000kvar－5%电抗率框架式并联电容器成套装置专用技术规范；

——第 81 部分：农网变电站 10kV－4000kvar－1%电抗率框架式并联电容器成套装置专用技术规范；

——第 82 部分：农网变电站 10kV－4000kvar－5%电抗率框架式并联电容器成套装置专用技术规范；

——第 83 部分：农网变电站 10kV－6000kvar－1%电抗率框架式并联电容器成套装置专用技术规范；

——第 84 部分：农网变电站 10kV－6000kvar－5%电抗率框架式并联电容器成套装置专用技术规范；

——第 85 部分：农网 10kV－150kvar－50kvar 柱上式并联电容器成套装置专用技术规范；

——第 86 部分：农网 10kV－300kvar－50kvar 柱上式并联电容器成套装置专用技术规范；

——第 87 部分： 农网 10kV－450kvar－50kvar 柱上式并联电容器成套装置专用技术规范。

本部分为《35kV～750kV 变电站、农网变电站用并联电容器成套装置采购标准》的第 72 部分。

本部分代替 Q/GDW 13053.72—2014，与 Q/GDW 13053.72—2014 相比，主要技术性差异如下：

——修改了单台电容器短路放电试验要求；

——修改了单台电容器放电器件性能要求；

——修改了放电线圈放电性能要求。

本部分由国家电网有限公司物资部提出并解释。

本部分由国家电网有限公司科技部归口。

本部分起草单位：国网冀北电力有限公司，国网吉林省电力有限公司，中国电力科学研究院有限公司。

本部分主要起草人：黄想，姜胜宝，国江，林浩，张建军，路杰，王亚菲，李士雷，李卓伦，葛志成。

本部分 2014 年 8 月首次发布，2018 年 8 月第一次修订。

本部分在执行过程中的意见或建议反馈至国家电网有限公司科技部。

35kV～750kV 变电站、农网变电站用
并联电容器成套装置采购标准
第 72 部分：农网变电站 10kV－600kvar－5%
电抗率框架式并联电容器成套装置专用技术规范

1 范围

本部分规定了农网变电站 10kV－600kvar－5%电抗率框架式并联电容器成套装置招标的标准技术参数、项目需求及投标人响应的相关内容。

本部分适用于农网变电站 10kV－600kvar－5%电抗率框架式并联电容器成套装置招标。

2 规范性引用文件

下列文件对于本文件的应用是必不可少的。凡是注日期的引用文件，仅所注日期的版本适用于本文件。凡是不注日期的引用文件，其最新版本（包括所有的修改单）适用于本文件。

Q/GDW 13053.1 35kV～750kV 变电站、农网变电站用并联电容器成套装置采购标准 第 1 部分：通用技术规范

3 术语和定义

下列术语和定义适用于本文件。

3.1

招标人 bidder

提出招标项目，进行招标的法人或其他组织。

3.2

投标人 tenderer

响应招标、参加投标竞争的法人或者其他组织。

3.3

卖方 seller

提供本部分货物和技术服务的法人或其他组织，包括其法定的承继者。

3.4

买方 buyer

购买本部分货物和技术服务的法人或其他组织，包括其法定的承继者和经许可的受让人。

4 标准技术参数

技术参数特性表是国家电网有限公司对采购设备的基础技术参数要求，在招投标过程中，投标人应依据招标文件，对技术参数特性表中标准参数值进行响应。农网变电站 10kV－600kvar－5%电抗率框架式并联电容器成套装置技术参数特性见表 1。装置应满足 Q/GDW 13053.1 的要求。

表 1　技 术 参 数 特 性 表

序号	项　　目	单位	标准参数值
一		并联电容器装置	
1	型号		TBB10－600/200（100）－AKW
2	额定电压	kV	10
3	额定容量	kvar	600
4	额定电抗率	%	5
5	额定相电容	μF	15.8
6	电容器组额定电压（相）	kV	$11/\sqrt{3}$
7	电容器组电容与额定电容偏差	%	0～5
8	电容器组各相电容的最大值与最小值之比		≤1.02
9	接线方式		单星形
10	每相电容器串并联数		1串1并（1串2并）
11	继电保护方式		开口三角电压保护
12	初始不平衡电流（或电压）二次计算值		（生产单位提供）
13	继电保护整定值		（生产单位提供）
14	在继电保护整定计算中,允许击穿串段百分数		50
15	装置接线图		—
16	电容器组围栏尺寸 （户内安装时应提供装置高度限值）	m	（项目单位提供）
17	电容器组进线方向和进线位置		围栏（长或宽）方向（上或下）进线
18	装置耐受短路电流能力	kA	（项目单位提供）
二		单台电容器	
1	型号		BAM11/$\sqrt{3}$－200（100）－1W 或 BFM11/$\sqrt{3}$－200（100）－1W
2	额定电压	kV	$11/\sqrt{3}$
3	额定容量	kvar	200（100）
4	设计场强（$K=1$）	kV/mm	≤57
5	局部放电性能	pC	局部放电量≤50
		U_N	温度下限时局部放电熄灭电压不低于1.2
6	温度类别	℃	－/+（项目单位提供）
7	套管结构		滚装一体化结构套管
8	引出端子及套管的要求	N	≥500（水平拉力）
9	电容器耐受爆破能量	kW·s	≥15
10	短路放电试验		2.5U_N直流电压作用下,经电容器端子的最小间隙（短接线长度不应大于1.5m）,10min内放电5次,电容量变化不超过1根内熔丝动作或一个元件击穿之量

表1（续）

序号	项 目	单位	标准参数值
11	电容器内部元件串并数及附图		（生产单位提供）
12	单台电容器保护方式		内熔丝保护
13	无内熔丝电容器单元允许过电压倍数		≤1.1 倍单元额定电压
14	放电器件性能		10min 内从 $\sqrt{2}\,U_N$ 降到 50V
15	电容器安装方式		立式或卧式 （项目单位提供）
16	固体介质厚度及层数		—
17	浸渍剂		—
18	外绝缘海拔修正耐受试验电压（工频/雷电）	kV/kV	（需要修正时由项目单位提供）
三			放电线圈
1	型号		FDE11/$\sqrt{3}$－1.7－1W（油浸全密封）或 FDGE11/$\sqrt{3}$－1.7－1W（干式）
2	一次绕组的额定电压	kV	11/$\sqrt{3}$
3	二次绕组的额定电压	V	100
4	二次绕组的额定容量	VA	50
5	准确级		0.5
6	a. 工频耐受电压（1min）/试验电压	kV/kV	42
	b. 雷电冲击耐受电压/试验电压	kV/kV	75
	c. 一次绕组感应耐受电压		$2.5U_{1N}$/60s
	d. 二次绕组对地工频耐受电压	kV/min	3
7	结构方式		全密封或干式（干式宜户内使用） （项目单位提供）
8	配套电容器容量（相）	kvar	≥1700
9	放电性能		断开电源后，电容器组上的电压在 5s 内由 $\sqrt{2}\,U_N$ 降至 50V 以下
			在最大允许容量电容器组的 $1.9\sqrt{2}\,U_N$ 下 放电不损坏
10	外绝缘海拔修正耐受试验电压（工频/雷电）	kV/kV	（需要修正时由项目单位提供）
四			金属氧化物避雷器
1	型号		YHWR5－17/45（复合）或 YWR5－17/45（瓷）
2	额定电压	kV	17
3	持续运行电压	kV	13.6
4	标称放电电流	kA	5
5	标称放电电流下的残压	kV	45
6	2ms 方波通流容量	A	≥500
7	外绝缘海拔修正耐受试验电压（工频/雷电）	kV/kV	（需要修正时由项目单位提供）

表1（续）

序号	项 目	单位	标准参数值
五	支柱绝缘子		
1	额定电压	kV	10
2	额定抗弯强度	N·m	—
3	爬电比距	mm/kV	（项目单位提供）
4	外绝缘海拔修正耐受试验电压（工频/雷电）	kV/kV	（需要修正时由项目单位提供）
5	安装方式		正装
六	隔离开关和接地开关		
1	型号		GW-12/200 或 GN-12/200
2	额定电压	kV	12
3	额定短时耐受电流及持续时间	kA（4s）	（项目单位提供）
4	额定峰值耐受电流	kA	（项目单位提供）
5	额定电流（隔离开关）	A	≥200
6	型号		（项目单位提供）
7	外绝缘海拔修正耐受试验电压（工频/雷电）	kV/kV	（需要修正时由项目单位提供）
七	串联电抗器		
1	型号		CKDK-10-10/0.32-5（干式空心）或 CKSC-10-30/0.32-5（干式铁芯）
2	额定电压	kV	10
3	额定端电压	kV	0.32
4	额定容量	kvar	10 或 30
5	额定电感	mH	32.5
6	额定电流	A	31.4
7	损耗	kW/kvar	— —
8	温升	K	≤70
9	电抗率	%	5
10	绝缘水平（工频/雷电）	kV/kV	42/75
11	噪声	dB	≤50
12	电感值偏差	%	0～5
13	外绝缘海拔修正耐受试验电压（工频/雷电）	kV/kV	（需要修正时由项目单位提供）
14	三相间电感偏差	%	每相电抗与三相平均值的偏差不大于±2%
15	安装布置方式		（项目单位提供）
八	外熔断器		
1	型号		BRW7/50（47）；BRW7/25（24）
2	额定电压	kV	7
3	额定电流	A	50；25
4	熔丝额定电流	A	47；24
5	耐爆能量	kW·s	≥15

5 组件材料配置表

组件材料配置表包括元件名称、规格形式参数、单位、数量和产地等信息，具体内容和格式根据招标项目情况进行编制。

6 使用环境条件表

典型农网变电站 10kV－600kvar－5%电抗率集合式并联电容器成套装置使用环境条件见表 2。特殊环境要求根据项目情况进行编制。

表 2 使 用 环 境 条 件 表

序号	名 称		单位	标准参数值
1	环境温度	最高日温度	℃	＋40
		最低日温度		－25
		最大日温差		25
2	海拔		m	≤1000
3	太阳辐射强度		W/cm²	0.11
4	污秽等级			Ⅲ（d）
5	覆冰厚度		mm	10
6	风速/风压		（m/s）/Pa	35/700
7	相对湿度	最大日相对湿度	%	≤95
		最大月平均相对湿度		≤90
8	耐受地震能力（指水平加速度，安全系数不小于1.67。水平加速度应计及设备支架的动力放大系数1.2）		m/s²	2
注：有较严酷使用条件时，如低温、高海拔、重污秽等，项目单位应提出相应差异要求				

7 投标人提供的其他资料

投标人提供的其他资料如下：

a) 耐久性试验报告（应提供）；

b) 保护计算单（应提供）；

c) 抗震计算或试验报告（应提供，10kV 装置除外）；

d) 装置的爆破能量计算单（应提供）；

e) 其他提高装置质量或运行可靠性的研究报告、研究性试验等；

f) 新结构方式等。

ICS 29.240

Q/GDW

国家电网有限公司企业标准

Q／GDW 13053.73 — 2018
代替 Q／GDW 13053.73 — 2014

35kV～750kV 变电站、农网变电站用并联电容器成套装置采购标准

第 73 部分：农网变电站 10kV-1000kvar-1%电抗率框架式并联电容器成套装置专用技术规范

Purchasing standard for shunt capacitor installation of 35kV～750kV and rural power network substation

Part 73: Special technical specification for 10kV-1000kvar-1% reactance ratio frame-type shunt capacitor installation of rural power network substation

2019-06-28发布 2019-06-28实施

国家电网有限公司 发 布

目　次

前　　言

为规范农网变电站 10kV－1000kvar－1%电抗率框架式并联电容器成套装置的采购，制定本部分。

《35kV～750kV 变电站、农网变电站用并联电容器成套装置采购标准》分为 87 个部分：

——第 1 部分：通用技术规范；

——第 2 部分：35kV 变电站 10kV－1000kvar－1%电抗率框架式并联电容器成套装置专用技术规范；

——第 3 部分：35kV 变电站 10kV－1000kvar－12%电抗率框架式并联电容器成套装置专用技术规范；

——第 4 部分：66kV 变电站 10kV－1000kvar－5%电抗率框架式并联电容器成套装置专用技术规范；

——第 5 部分：110（66）kV 变电站 10kV－2000kvar－1%电抗率框架式并联电容器成套装置专用技术规范；

——第 6 部分：110（66）kV 变电站 10kV－2000kvar－5%电抗率框架式并联电容器成套装置专用技术规范；

——第 7 部分：110（66）kV 变电站 10kV－2000kvar－12%电抗率框架式并联电容器成套装置专用技术规范；

——第 8 部分：110（66）kV 变电站 10kV－3000kvar－1%电抗率框架式并联电容器成套装置专用技术规范；

——第 9 部分：110（66）kV 变电站 10kV－3000kvar－5%电抗率框架式并联电容器成套装置专用技术规范；

——第 10 部分：110（66）kV 变电站 10kV－3000kvar－12%电抗率框架式并联电容器成套装置专用技术规范；

——第 11 部分：110（66）kV 变电站 10kV－3600kvar－1%电抗率框架式并联电容器成套装置专用技术规范；

——第 12 部分：110（66）kV 变电站 10kV－3600kvar－5%电抗率框架式并联电容器成套装置专用技术规范；

——第 13 部分：110（66）kV 变电站 10kV－3600kvar－12%电抗率框架式并联电容器成套装置专用技术规范；

——第 14 部分：110（66）kV 变电站 10kV－4000kvar－1%电抗率框架式并联电容器成套装置专用技术规范；

——第 15 部分：110（66）kV 变电站 10kV－4000kvar－5%电抗率框架式并联电容器成套装置专用技术规范；

——第 16 部分：110（66）kV 变电站 10kV－4000kvar－12%电抗率框架式并联电容器成套装置专用技术规范；

——第 17 部分：110（66）kV 变电站 10kV－4800kvar－1%电抗率框架式并联电容器成套装置专用技术规范；

——第 18 部分：110（66）kV 变电站 10kV－4800kvar－5%电抗率框架式并联电容器成套装置专用技术规范；

——第 19 部分：110（66）kV 变电站 10kV－4800kvar－12%电抗率框架式并联电容器成套装置专用技术规范；

——第 20 部分：110（66）kV 变电站 10kV－5000kvar－1%电抗率框架式并联电容器成套装置专用技术规范；

技术规范；

——第 54 部分：110（66）kV 变电站 10kV－3000kvar－12%电抗率集合式并联电容器成套装置专用技术规范；

——第 55 部分：110（66）kV 变电站 10kV－3600kvar－1%电抗率集合式并联电容器成套装置专用技术规范；

——第 56 部分：110（66）kV 变电站 10kV－3600kvar－5%电抗率集合式并联电容器成套装置专用技术规范；

——第 57 部分：110（66）kV 变电站 10kV－3600kvar－12%电抗率集合式并联电容器成套装置专用技术规范；

——第 58 部分：110（66）kV 变电站 10kV－4800kvar－1%电抗率集合式并联电容器成套装置专用技术规范；

——第 59 部分：110（66）kV 变电站 10kV－4800kvar－5%电抗率集合式并联电容器成套装置专用技术规范；

——第 60 部分：110（66）kV 变电站 10kV－4800kvar－12%电抗率集合式并联电容器成套装置专用技术规范；

——第 61 部分：330（220）kV 变电站 35kV－20Mvar－5%电抗率集合式并联电容器成套装置专用技术规范；

——第 62 部分：330（220）kV 变电站 35kV－20Mvar－12%电抗率集合式并联电容器成套装置专用技术规范；

——第 63 部分：330kV 变电站 35kV－30Mvar－5%电抗率集合式并联电容器成套装置专用技术规范；

——第 64 部分：330kV 变电站 35kV－30Mvar－12%电抗率集合式并联电容器成套装置专用技术规范；

——第 65 部分：500kV 变电站 35kV－60Mvar－5%电抗率集合式并联电容器成套装置专用技术规范；

——第 66 部分：500kV 变电站 35kV－60Mvar－12%电抗率集合式并联电容器成套装置专用技术规范；

——第 67 部分：500kV 变电站 66kV－60Mvar－5%电抗率集合式并联电容器成套装置专用技术规范；

——第 68 部分：500kV 变电站 66kV－60Mvar－12%电抗率集合式并联电容器成套装置专用技术规范；

——第 69 部分：农网变电站 10kV－300kvar－1%电抗率框架式并联电容器成套装置专用技术规范；

——第 70 部分：农网变电站 10kV－300kvar－5%电抗率框架式并联电容器成套装置专用技术规范；

——第 71 部分：农网变电站 10kV－600kvar－1%电抗率框架式并联电容器成套装置专用技术规范；

——第 72 部分：农网变电站 10kV－600kvar－5%电抗率框架式并联电容器成套装置专用技术规范；

——第 73 部分：农网变电站 10kV－1000kvar－1%电抗率框架式并联电容器成套装置专用技术规范；

——第 74 部分：农网变电站 10kV－1000kvar－5%电抗率框架式并联电容器成套装置专用技术规范；

——第 75 部分：农网变电站 10kV－1200kvar－1%电抗率框架式并联电容器成套装置专用技术规范；

——第 76 部分：农网变电站 10kV－1200kvar－5%电抗率框架式并联电容器成套装置专用技术规范；

——第 77 部分：农网变电站 10kV－2000kvar－1%电抗率框架式并联电容器成套装置专用技术规范；

——第 78 部分：农网变电站 10kV－2000kvar－5%电抗率框架式并联电容器成套装置专用技术规范；

——第 79 部分：农网变电站 10kV－3000kvar－1%电抗率框架式并联电容器成套装置专用技术规范；

——第 80 部分：农网变电站 10kV－3000kvar－5%电抗率框架式并联电容器成套装置专用技术规范；

——第 81 部分：农网变电站 10kV－4000kvar－1%电抗率框架式并联电容器成套装置专用技术规范；

——第 82 部分：农网变电站 10kV－4000kvar－5%电抗率框架式并联电容器成套装置专用技术规范；

——第 83 部分：农网变电站 10kV－6000kvar－1%电抗率框架式并联电容器成套装置专用技术规范；

——第 84 部分：农网变电站 10kV－6000kvar－5%电抗率框架式并联电容器成套装置专用技术规范；

——第 85 部分：农网 10kV－150kvar－50kvar 柱上式并联电容器成套装置专用技术规范；

——第 86 部分：农网 10kV－300kvar－50kvar 柱上式并联电容器成套装置专用技术规范；

——第 87 部分： 农网 10kV－450kvar－50kvar 柱上式并联电容器成套装置专用技术规范。

本部分为《35kV～750kV 变电站、农网变电站用并联电容器成套装置采购标准》的第 73 部分。

本部分代替 Q/GDW 13053.73—2014，与 Q/GDW 13053.73—2014 相比，主要技术性差异如下：

——修改了单台电容器短路放电试验要求；

——修改了单台电容器放电器件性能要求；

——修改了放电线圈放电性能要求。

本部分由国家电网有限公司物资部提出并解释。

本部分由国家电网有限公司科技部归口。

本部分起草单位：国网冀北电力有限公司，国网吉林省电力有限公司，中国电力科学研究院有限公司。

本部分主要起草人：黄想，姜胜宝，林浩，国江，张建军，路杰，王亚菲，李士雷，李卓伦，葛志成。

本部分 2014 年 8 月首次发布，2018 年 8 月第一次修订。

本部分在执行过程中的意见或建议反馈至国家电网有限公司科技部。

35kV～750kV 变电站、农网变电站用
并联电容器成套装置采购标准
第 73 部分：农网变电站 10kV-1000kvar-1%
电抗率框架式并联电容器成套装置专用技术规范

1 范围

本部分规定了农网变电站 10kV-1000kvar-1%电抗率框架式并联电容器成套装置招标的标准技术参数、项目需求及投标人响应的相关内容。

本部分适用于农网变电站 10kV-1000kvar-1%电抗率框架式并联电容器成套装置招标。

2 规范性引用文件

下列文件对于本文件的应用是必不可少的。凡是注日期的引用文件，仅所注日期的版本适用于本文件。凡是不注日期的引用文件，其最新版本（包括所有的修改单）适用于本文件。

Q/GDW 13053.1　35kV～750kV 变电站、农网变电站用并联电容器成套装置采购标准　第 1 部分：通用技术规范

3 术语和定义

下列术语和定义适用于本文件。

3.1
招标人　bidder
提出招标项目，进行招标的法人或其他组织。

3.2
投标人　tenderer
响应招标、参加投标竞争的法人或者其他组织。

3.3
卖方　seller
提供本部分货物和技术服务的法人或其他组织，包括其法定的承继者。

3.4
买方　buyer
购买本部分货物和技术服务的法人或其他组织，包括其法定的承继者和经许可的受让人。

4 标准技术参数

技术参数特性表是国家电网有限公司对采购设备的基础技术参数要求，在招投标过程中，投标人应依据招标文件，对技术参数特性表中标准参数值进行响应。农网变电站 10kV-1000kvar-1%电抗率框架式并联电容器成套装置技术参数特性见表 1。装置应满足 Q/GDW 13053.1 的要求。

表 1 技 术 参 数 特 性 表

序号	项 目	单位	标准参数值
一	并联电容器装置		
1	型号		TBB10－1000/334－AKW
2	额定电压	kV	10
3	额定容量	kvar	1000
4	额定电抗率	%	≤1
5	额定相电容	μF	28.9
6	电容器组额定电压（相）	kV	$10.5/\sqrt{3}$
7	电容器组电容与额定电容偏差	%	0～5
8	电容器组各相电容的最大值与最小值之比		≤1.01
9	接线方式		单星形
10	每相电容器串并联数		1 串 1 并
11	继电保护方式		开口三角电压保护
12	初始不平衡电流（或电压）二次计算值		（生产单位提供）
13	继电保护整定值		（生产单位提供）
14	在继电保护整定计算中，允许击穿串段比例		50%
15	装置接线图		—
16	电容器组围栏尺寸 （户内安装时应提供装置高度限值）	m	（项目单位提供）
17	电容器组进线方向和进线位置		围栏（长或宽）方向（上或下）进线
18	装置耐受短路电流能力	kA	（项目单位提供）
二	单台电容器		
1	型号		BAM10.5/$\sqrt{3}$－334－1W 或 BFM10.5/$\sqrt{3}$－334－1W
2	额定电压	kV	$10.5/\sqrt{3}$
3	额定容量	kvar	334
4	设计场强（$K=1$）	kV/mm	≤57
5	局部放电性能	pC	局部放电量≤50
		U_N	温度下限时局部放电熄灭电压不低于 1.2
6	温度类别	℃	－/+（项目单位提供）
7	套管结构		滚装一体化结构套管
8	引出端子及套管的要求	N	≥500（水平拉力）
9	电容器耐受爆破能量	kW·s	≥15
10	短路放电试验		$2.5U_N$ 直流电压作用下，经电容器端子的最小间隙（短接线长度不应大于 1.5m），10min 内放电 5 次，电容量变化不超过 1 根内熔丝动作或一个元件击穿之量

表1（续）

序号	项 目	单位	标准参数值
11	电容器内部元件串并数及附图		（生产单位提供）
12	单台电容器保护方式		内熔丝保护
13	内熔丝安装位置		元件之间或元件端部 （采取有效隔离措施）
14	内熔丝试验		下限电压≤$0.9\sqrt{2}\,U_N$ 上限电压≥$2.2\sqrt{2}\,U_N$
15	内熔丝结构电容器的完好元件允许 过电压倍数		≤1.3 倍元件额定电压
16	放电器件性能		10min 内从 $\sqrt{2}\,U_N$ 降到 50V
17	电容器安装方式		立式或卧式 （项目单位提供）
18	固体介质厚度及层数		—
19	浸渍剂		—
20	外绝缘海拔修正耐受试验电压（工频/雷电）	kV/kV	（需要修正时由项目单位提供）
三	放电线圈		
1	型号		FDE10.5/$\sqrt{3}$ － 1.7 － 1W（油浸全密封）或 FDGE10.5/$\sqrt{3}$ － 1.7 － 1W（干式铁芯）
2	一次绕组的额定电压	kV	10.5/$\sqrt{3}$
3	二次绕组的额定电压	V	100
4	二次绕组的额定容量	VA	50
5	准确级		0.5
6	a. 工频耐受电压（1min）/试验电压	kV/kV	42
	b. 雷电冲击耐受电压/试验电压	kV/kV	75
	c. 一次绕组感应耐受电压		$2.5U_{1N}$/60s
	d. 二次绕组对地工频耐受电压	kV/min	3
7	结构方式		全密封或干式（干式宜户内使用） （项目单位提供）
8	配套电容器容量（相）	kvar	≥1700
9	放电性能		断开电源后，电容器组上的电压在 5s 内由 $\sqrt{2}\,U_N$ 降至 50V 以下 在最大允许容量电容器组的 $1.9\sqrt{2}\,U_N$ 下 放电不损坏
10	外绝缘海拔修正耐受试验电压（工频/雷电）	kV/kV	（需要修正时由项目单位提供）
四	金属氧化物避雷器		
1	型号		YHWR5－17/45（复合）或 YWR5－17/45（瓷）
2	额定电压	kV	17
3	持续运行电压	kV	13.6

表1（续）

序号	项　目	单位	标准参数值
4	标称放电电流	kA	5
5	标称放电电流下的残压	kV	45
6	2ms 方波通流容量	A	≥500
7	外绝缘海拔修正耐受试验电压（工频/雷电）	kV/kV	（需要修正时由项目单位提供）
五	支柱绝缘子		
1	额定电压	kV	10
2	额定抗弯强度	N·m	—
3	爬电比距	mm/kV	（项目单位提供）
4	外绝缘海拔修正耐受试验电压（工频/雷电）	kV/kV	（需要修正时由项目单位提供）
5	安装方式		正装
六	隔离开关和接地开关		
1	型号		GW－12/200 或 GN－12/200
2	额定电压	kV	12
3	额定短时耐受电流及持续时间	kA（4s）	（项目单位提供）
4	额定峰值耐受电流	kA	（项目单位提供）
5	额定电流（隔离开关）	A	≥200
6	型号		（项目单位提供）
7	外绝缘海拔修正耐受试验电压（工频/雷电）	kV/kV	（需要修正时由项目单位提供）
七	串联电抗器		
1	型号		CKDK－10－□/□－1（干式空心）或 CKSC－10－□/□－1（干式铁芯）
2	额定电压	kV	10
3	额定电感	H	—
4	额定电流	A	—
5	损耗	kW/kvar	— —
6	温升	K	≤70
7	电抗率	%	≤1
8	绝缘水平（工频/雷电）	kV/kV	42/75
9	噪声	dB	≤50
10	电感值偏差	%	0～10
11	外绝缘海拔修正耐受试验电压（工频/雷电）	kV/kV	（需要修正时由项目单位提供）
12	三相间电感偏差	%	每相电抗与三相平均值的偏差不大于±2%
13	安装布置方式		（项目单位提供）

5 组件材料配置表

组件材料配置表包括元件名称、规格形式参数、单位、数量和产地等信息，具体内容和格式根据招标项目情况进行编制。

6 使用环境条件表

典型农网变电站 10kV－1000kvar－1%电抗率集合式并联电容器成套装置使用环境条件见表2。特殊环境要求根据项目情况进行编制。

表 2 使 用 环 境 条 件 表

序号	名 称		单位	标准参数值
1	环境温度	最高日温度	℃	＋40
		最低日温度		－25
		最大日温差		25
2	海拔		m	≤1000
3	太阳辐射强度		W/cm²	0.11
4	污秽等级			Ⅲ（d）
5	覆冰厚度		mm	10
6	风速/风压		（m/s）/Pa	35/700
7	相对湿度	最大日相对湿度	%	≤95
		最大月平均相对湿度		≤90
8	耐受地震能力（指水平加速度，安全系数不小于1.67。水平加速度应计及设备支架的动力放大系数1.2）		m/s²	2
注：有较严酷使用条件时，如低温、高海拔、重污秽等，项目单位应提出相应差异要求				

7 投标人提供的其他资料

投标人提供的其他资料如下：

a) 耐久性试验报告（应提供）；

b) 保护计算单（应提供）；

c) 抗震计算或试验报告（应提供，10kV 装置除外）；

d) 装置的爆破能量计算单（应提供）；

e) 其他提高装置质量或运行可靠性的研究报告、研究性试验等；

f) 新结构方式等。

ICS 29.240

Q/GDW

国家电网有限公司企业标准

Q/GDW 13053.74—2018
代替 Q/GDW 13053.74—2014

35kV～750kV 变电站、农网变电站用并联电容器成套装置采购标准 第 74 部分：农网变电站 10kV–1000kvar–5%电抗率框架式并联电容器成套装置专用技术规范

Purchasing standard for shunt capacitor installation of 35kV～750kV and rural power network substation

Part 74: Special technical specification for 10kV–1000kvar–5% reactance ratio frame-type shunt capacitor installation of rural power network substation

2019–06–28发布   2019–06–28实施

国家电网有限公司   发 布

目　　次

前　言

为规范农网变电站 10kV－1000kvar－5%电抗率框架式并联电容器成套装置的采购，制定本部分。

《35kV～750kV 变电站、农网变电站用并联电容器成套装置采购标准》分为 87 个部分：

——第 1 部分：通用技术规范；

——第 2 部分：35kV 变电站 10kV－1000kvar－1%电抗率框架式并联电容器成套装置专用技术规范；

——第 3 部分：35kV 变电站 10kV－1000kvar－12%电抗率框架式并联电容器成套装置专用技术规范；

——第 4 部分：66kV 变电站 10kV－1000kvar－5%电抗率框架式并联电容器成套装置专用技术规范；

——第 5 部分：110（66）kV 变电站 10kV－2000kvar－1%电抗率框架式并联电容器成套装置专用技术规范；

——第 6 部分：110（66）kV 变电站 10kV－2000kvar－5%电抗率框架式并联电容器成套装置专用技术规范；

——第 7 部分：110（66）kV 变电站 10kV－2000kvar－12%电抗率框架式并联电容器成套装置专用技术规范；

——第 8 部分：110（66）kV 变电站 10kV－3000kvar－1%电抗率框架式并联电容器成套装置专用技术规范；

——第 9 部分：110（66）kV 变电站 10kV－3000kvar－5%电抗率框架式并联电容器成套装置专用技术规范；

——第 10 部分：110（66）kV 变电站 10kV－3000kvar－12%电抗率框架式并联电容器成套装置专用技术规范；

——第 11 部分：110（66）kV 变电站 10kV－3600kvar－1%电抗率框架式并联电容器成套装置专用技术规范；

——第 12 部分：110（66）kV 变电站 10kV－3600kvar－5%电抗率框架式并联电容器成套装置专用技术规范；

——第 13 部分：110（66）kV 变电站 10kV－3600kvar－12%电抗率框架式并联电容器成套装置专用技术规范；

——第 14 部分：110（66）kV 变电站 10kV－4000kvar－1%电抗率框架式并联电容器成套装置专用技术规范；

——第 15 部分：110（66）kV 变电站 10kV－4000kvar－5%电抗率框架式并联电容器成套装置专用技术规范；

——第 16 部分：110（66）kV 变电站 10kV－4000kvar－12%电抗率框架式并联电容器成套装置专用技术规范；

——第 17 部分：110（66）kV 变电站 10kV－4800kvar－1%电抗率框架式并联电容器成套装置专用技术规范；

——第 18 部分：110（66）kV 变电站 10kV－4800kvar－5%电抗率框架式并联电容器成套装置专用技术规范；

——第 19 部分：110（66）kV 变电站 10kV－4800kvar－12%电抗率框架式并联电容器成套装置专用技术规范；

——第 20 部分：110（66）kV 变电站 10kV－5000kvar－1%电抗率框架式并联电容器成套装置专用技术规范；

——第 21 部分：110（66）kV 变电站 10kV－5000kvar－5%电抗率框架式并联电容器成套装置专用技术规范；

——第 22 部分：110（66）kV 变电站 10kV－5000kvar－12%电抗率框架式并联电容器成套装置专用技术规范；

——第 23 部分：110（66）kV 变电站 10kV－6000kvar－1%电抗率框架式并联电容器成套装置专用技术规范；

——第 24 部分：110（66）kV 变电站 10kV－6000kvar－5%电抗率框架式并联电容器成套装置专用技术规范；

——第 25 部分：110（66）kV 变电站 10kV－6000kvar－12%电抗率框架式并联电容器成套装置专用技术规范；

——第 26 部分：220kV 变电站 10kV－8000kvar－5%电抗率框架式并联电容器成套装置专用技术规范；

——第 27 部分：220kV 变电站 10kV－8000kvar－12%电抗率框架式并联电容器成套装置专用技术规范；

——第 28 部分：220kV 变电站 10kV－10Mvar－5%电抗率框架式并联电容器成套装置专用技术规范；

——第 29 部分：220kV 变电站 10kV－10Mvar－12%电抗率框架式并联电容器成套装置专用技术规范；

——第 30 部分：220kV 变电站 35kV－10Mvar－5%电抗率框架式并联电容器成套装置专用技术规范；

——第 31 部分：220kV 变电站 35kV－10Mvar－12%电抗率框架式并联电容器成套装置专用技术规范；

——第 32 部分：330（220）kV 变电站 35kV－20Mvar－5%电抗率框架式并联电容器成套装置专用技术规范；

——第 33 部分：330（220）kV 变电站 35kV－20Mvar－12%电抗率框架式并联电容器成套装置专用技术规范；

——第 34 部分：330kV 变电站 35kV－30Mvar－5%电抗率框架式并联电容器成套装置专用技术规范；

——第 35 部分：330kV 变电站 35kV－30Mvar－12%电抗率框架式并联电容器成套装置专用技术规范；

——第 36 部分：330kV 变电站 35kV－40Mvar－5%电抗率框架式并联电容器成套装置专用技术规范；

——第 37 部分：330kV 变电站 35kV－40Mvar－12%电抗率框架式并联电容器成套装置专用技术规范；

——第 38 部分：500kV 变电站 35kV－60Mvar－5%电抗率框架式并联电容器成套装置专用技术规范；

——第 39 部分：500kV 变电站 35kV－60Mvar－12%电抗率框架式并联电容器成套装置专用技术规范；

——第 40 部分：220kV 变电站 66kV－10Mvar－5%电抗率框架式并联电容器成套装置专用技术规范；

——第 41 部分：220kV 变电站 66kV－10Mvar－12%电抗率框架式并联电容器成套装置专用技术规范；

——第 42 部分：220kV 变电站 66kV－20Mvar－5%电抗率框架式并联电容器成套装置专用技术规范；

——第 43 部分：220kV 变电站 66kV－20Mvar－12%电抗率框架式并联电容器成套装置专用技术规范；

——第 44 部分：220kV 变电站 66kV－25Mvar－5%电抗率框架式并联电容器成套装置专用技术规范；

——第 45 部分：220kV 变电站 66kV－25Mvar－12%电抗率框架式并联电容器成套装置专用技术规范；

——第 46 部分：750（500）kV 变电站 66kV－60Mvar－5%电抗率框架式并联电容器成套装置专用技术规范；

——第 47 部分：750（500）kV 变电站 66kV－60Mvar－12%电抗率框架式并联电容器成套装置专用技术规范；

——第 48 部分：750kV 变电站 66kV－90Mvar－5%电抗率框架式并联电容器成套装置专用技术规范；

——第 49 部分：750kV 变电站 66kV－90Mvar－12%电抗率框架式并联电容器成套装置专用技术规范；

——第 50 部分：750kV 变电站 66kV－120Mvar－5%电抗率框架式并联电容器成套装置专用技术规范；

——第 51 部分：750kV 变电站 66kV－120Mvar－12%电抗率框架式并联电容器成套装置专用技术规范；

——第 52 部分：110（66）kV 变电站 10kV－3000kvar－1%电抗率集合式并联电容器成套装置专用技术规范；

——第 53 部分：110（66）kV 变电站 10kV－3000kvar－5%电抗率集合式并联电容器成套装置专用

技术规范；

——第 54 部分：110（66）kV 变电站 10kV－3000kvar－12%电抗率集合式并联电容器成套装置专用技术规范；

——第 55 部分：110（66）kV 变电站 10kV－3600kvar－1%电抗率集合式并联电容器成套装置专用技术规范；

——第 56 部分：110（66）kV 变电站 10kV－3600kvar－5%电抗率集合式并联电容器成套装置专用技术规范；

——第 57 部分：110（66）kV 变电站 10kV－3600kvar－12%电抗率集合式并联电容器成套装置专用技术规范；

——第 58 部分：110（66）kV 变电站 10kV－4800kvar－1%电抗率集合式并联电容器成套装置专用技术规范；

——第 59 部分：110（66）kV 变电站 10kV－4800kvar－5%电抗率集合式并联电容器成套装置专用技术规范；

——第 60 部分：110（66）kV 变电站 10kV－4800kvar－12%电抗率集合式并联电容器成套装置专用技术规范；

——第 61 部分：330（220）kV 变电站 35kV－20Mvar－5%电抗率集合式并联电容器成套装置专用技术规范；

——第 62 部分：330（220）kV 变电站 35kV－20Mvar－12%电抗率集合式并联电容器成套装置专用技术规范；

——第 63 部分：330kV 变电站 35kV－30Mvar－5%电抗率集合式并联电容器成套装置专用技术规范；

——第 64 部分：330kV 变电站 35kV－30Mvar－12%电抗率集合式并联电容器成套装置专用技术规范；

——第 65 部分：500kV 变电站 35kV－60Mvar－5%电抗率集合式并联电容器成套装置专用技术规范；

——第 66 部分：500kV 变电站 35kV－60Mvar－12%电抗率集合式并联电容器成套装置专用技术规范；

——第 67 部分：500kV 变电站 66kV－60Mvar－5%电抗率集合式并联电容器成套装置专用技术规范；

——第 68 部分：500kV 变电站 66kV－60Mvar－12%电抗率集合式并联电容器成套装置专用技术规范；

——第 69 部分：农网变电站 10kV－300kvar－1%电抗率框架式并联电容器成套装置专用技术规范；

——第 70 部分：农网变电站 10kV－300kvar－5%电抗率框架式并联电容器成套装置专用技术规范；

——第 71 部分：农网变电站 10kV－600kvar－1%电抗率框架式并联电容器成套装置专用技术规范；

——第 72 部分：农网变电站 10kV－600kvar－5%电抗率框架式并联电容器成套装置专用技术规范；

——第 73 部分：农网变电站 10kV－1000kvar－1%电抗率框架式并联电容器成套装置专用技术规范；

——第 74 部分：农网变电站 10kV－1000kvar－5%电抗率框架式并联电容器成套装置专用技术规范；

——第 75 部分：农网变电站 10kV－1200kvar－1%电抗率框架式并联电容器成套装置专用技术规范；

——第 76 部分：农网变电站 10kV－1200kvar－5%电抗率框架式并联电容器成套装置专用技术规范；

——第 77 部分：农网变电站 10kV－2000kvar－1%电抗率框架式并联电容器成套装置专用技术规范；

——第 78 部分：农网变电站 10kV－2000kvar－5%电抗率框架式并联电容器成套装置专用技术规范；

——第 79 部分：农网变电站 10kV－3000kvar－1%电抗率框架式并联电容器成套装置专用技术规范；

——第 80 部分：农网变电站 10kV－3000kvar－5%电抗率框架式并联电容器成套装置专用技术规范；

——第 81 部分：农网变电站 10kV－4000kvar－1%电抗率框架式并联电容器成套装置专用技术规范；

——第 82 部分：农网变电站 10kV－4000kvar－5%电抗率框架式并联电容器成套装置专用技术规范；

——第 83 部分：农网变电站 10kV－6000kvar－1%电抗率框架式并联电容器成套装置专用技术规范；

——第 84 部分：农网变电站 10kV－6000kvar－5%电抗率框架式并联电容器成套装置专用技术规范；

——第 85 部分：农网 10kV－150kvar－50kvar 柱上式并联电容器成套装置专用技术规范；

——第 86 部分：农网 10kV－300kvar－50kvar 柱上式并联电容器成套装置专用技术规范；

——第 87 部分： 农网 10kV－450kvar－50kvar 柱上式并联电容器成套装置专用技术规范。

本部分为《35kV～750kV 变电站、农网变电站用并联电容器成套装置采购标准》的第 74 部分。

本部分代替 Q/GDW 13053.74—2014，与 Q/GDW 13053.74—2014 相比，主要技术性差异如下：

——修改了单台电容器短路放电试验要求；

——修改了单台电容器放电器件性能要求；

——修改了放电线圈放电性能要求。

本部分由国家电网有限公司物资部提出并解释。

本部分由国家电网有限公司科技部归口。

本部分起草单位：国网冀北电力有限公司，国网吉林省电力有限公司，中国电力科学研究院有限公司。

本部分主要起草人：国江，林浩，黄想，姜胜宝，张建军，路杰，王亚菲，李士雷，李卓伦，葛志成。

本部分 2014 年 8 月首次发布，2018 年 8 月第一次修订。

本部分在执行过程中的意见或建议反馈至国家电网有限公司科技部。

35kV～750kV 变电站、农网变电站用并联电容器成套装置采购标准

第 74 部分：农网变电站 10kV−1000kvar−5% 电抗率框架式并联电容器成套装置专用技术规范

1 范围

本部分规定了农网变电站 10kV−1000kvar−5%电抗率框架式并联电容器成套装置招标的标准技术参数、项目需求及投标人响应的相关内容。

本部分适用于农网变电站 10kV−1000kvar−5%电抗率框架式并联电容器成套装置招标。

2 规范性引用文件

下列文件对于本文件的应用是必不可少的。凡是注日期的引用文件，仅所注日期的版本适用于本文件。凡是不注日期的引用文件，其最新版本（包括所有的修改单）适用于本文件。

Q/GDW 13053.1 35kV～750kV 变电站、农网变电站用并联电容器成套装置采购标准 第 1 部分：通用技术规范

3 术语和定义

下列术语和定义适用于本文件。

3.1

招标人 bidder

提出招标项目，进行招标的法人或其他组织。

3.2

投标人 tenderer

响应招标、参加投标竞争的法人或者其他组织。

3.3

卖方 seller

提供本部分货物和技术服务的法人或其他组织，包括其法定的承继者。

3.4

买方 buyer

购买本部分货物和技术服务的法人或其他组织，包括其法定的承继者和经许可的受让人。

4 标准技术参数

技术参数特性表是国家电网有限公司对采购设备的基础技术参数要求，在招投标过程中，投标人应依据招标文件，对技术参数特性表中标准参数值进行响应。农网变电站 10kV−1000kvar−5%电抗率框架式并联电容器成套装置技术参数特性见表 1。装置应满足 Q/GDW 13053.1 的要求。

表 1 技 术 参 数 特 性 表

序号	项 目	单位	标准参数值
一	并联电容器装置		
1	型号		TBB10－1000/334－AKW
2	额定电压	kV	10
3	额定容量	kvar	1000
4	额定电抗率	%	5
5	额定相电容	μF	26.3
6	电容器组额定电压（相）	kV	$11/\sqrt{3}$
7	电容器组电容与额定电容偏差	%	0～5
8	电容器组各相电容的最大值与最小值之比		≤1.01
9	接线方式		单星形
10	每相电容器串并联数		1 串 1 并
11	继电保护方式		开口三角电压保护
12	初始不平衡电流（或电压）二次计算值		（生产单位提供）
13	继电保护整定值		（生产单位提供）
14	在继电保护整定计算中，允许击穿串段比例		50%
15	装置接线图		—
16	电容器组围栏尺寸 （户内安装时应提供装置高度限值）	m	（项目单位提供）
17	电容器组进线方向和进线位置		围栏（长或宽）方向（上或下）进线
18	装置耐受短路电流能力	kA	（项目单位提供）
二	单台电容器		
1	型号		BAM11/$\sqrt{3}$－334－1W 或 BFM11/$\sqrt{3}$－334－1W
2	额定电压	kV	$11/\sqrt{3}$
3	额定容量	kvar	334
4	设计场强（$K=1$）	kV/mm	≤57
5	局部放电性能	pC	局部放电量≤50
		U_N	温度下限时局部放电熄灭电压不低于 1.2
6	温度类别	℃	－/+ （项目单位提供）
7	套管结构		滚装一体化结构套管
8	引出端子及套管的要求	N	≥500（水平拉力）
9	电容器耐受爆破能量	kW·s	≥15
10	短路放电试验		$2.5U_N$ 直流电压作用下，经电容器端子的最小间隙（短接线长度不应大于 1.5m），10min 内放电 5 次，电容量变化不超过 1 根内熔丝动作或一个元件击穿之量

表 1（续）

序号	项　目	单位	标准参数值
11	电容器内部元件串并数及附图		（生产单位提供）
12	单台电容器保护方式		内熔丝保护
13	内熔丝安装位置		元件之间或元件端部 （采取有效隔离措施）
14	内熔丝试验		下限电压≤0.9$\sqrt{2}\,U_N$ 上限电压≥2.2$\sqrt{2}\,U_N$
15	内熔丝结构电容器的完好元件允许 过电压倍数		≤1.3 倍元件额定电压
16	放电器件性能		10min 内从$\sqrt{2}\,U_N$降到 50V
17	电容器安装方式		立式或卧式（项目单位提供）
18	固体介质厚度及层数		—
19	浸渍剂		—
20	外绝缘海拔修正耐受试验电压（工频/雷电）	kV/kV	（需要修正时由项目单位提供）
三			放电线圈
1	型号		FDE11/$\sqrt{3}$－1.7－1W（油浸全密封）或 FDGE11/$\sqrt{3}$－1.7－1W（干式）
2	一次绕组的额定电压	kV	11/$\sqrt{3}$
3	二次绕组的额定电压	V	100
4	二次绕组的额定容量	VA	50
5	准确级		0.5
6	a. 工频耐受电压（1min）/试验电压	kV/kV	42
	b. 雷电冲击耐受电压/试验电压	kV/kV	75
	c. 一次绕组感应耐受电压		2.5U_{1N}/60s
	d. 二次绕组对地工频耐受电压	kV/min	3
7	结构方式		全密封或干式（干式宜户内使用） （项目单位提供）
8	配套电容器容量（相）	kvar	≥1700
9	放电性能		断开电源后，电容器组上的电压在 5s 内由 $\sqrt{2}\,U_N$降至 50V 以下
			在最大允许容量电容器组的 1.9$\sqrt{2}\,U_N$下 放电不损坏
10	外绝缘海拔修正耐受试验电压（工频/雷电）	kV/kV	（需要修正时由项目单位提供）
四			金属氧化物避雷器
1	型号		YHWR5－17/45（复合）或 YWR5－17/45（瓷）
2	额定电压	kV	17
3	持续运行电压	kV	13.6

表 1（续）

序号	项　　目	单位	标准参数值
4	标称放电电流	kA	5
5	标称放电电流下的残压	kV	45
6	2ms 方波通流容量	A	≥500
7	外绝缘海拔修正耐受试验电压（工频/雷电）	kV/kV	（需要修正时由项目单位提供）
五	支柱绝缘子		
1	额定电压	kV	10
2	额定抗弯强度	N·m	—
3	爬电比距	mm/kV	（项目单位提供）
4	外绝缘海拔修正耐受试验电压（工频/雷电）	kV/kV	（需要修正时由项目单位提供）
5	安装方式		正装
六	隔离开关和接地开关		
1	型号		GW－12/200 或 GN－12/200
2	额定电压	kV	12
3	额定短时耐受电流及持续时间	kA（4s）	（项目单位提供）
4	额定峰值耐受电流	kA	（项目单位提供）
5	额定电流（隔离开关）	A	≥200
6	型号		（项目单位提供）
7	外绝缘海拔修正耐受试验电压（工频/雷电）	kV/kV	（需要修正时由项目单位提供）
七	串联电抗器		
1	型号		CKDK－10－16.7/0.32－5（干式空心）或 CKSC－10－50/0.32－5（干式铁芯）
2	额定电压	kV	10
3	额定端电压	kV	0.32
4	额定容量	kvar	16.7 或 50
5	额定电感	mH	19.2
6	额定电流	A	52.6
7	损耗	kW/kvar	— —
8	温升	K	≤70
9	电抗率	%	5
10	绝缘水平（工频/雷电）	kV/kV	42/75
11	噪声	dB	≤50
12	电感值偏差	%	0～5
13	外绝缘海拔修正耐受试验电压（工频/雷电）	kV/kV	（需要修正时由项目单位提供）
14	三相间电感偏差	%	每相电抗与三相平均值的偏差不大于±2%
15	安装布置方式		（项目单位提供）

5 组件材料配置表

组件材料配置表包括元件名称、规格形式参数、单位、数量和产地等信息，具体内容和格式根据招标项目情况进行编制。

6 使用环境条件表

典型农网变电站10kV－1000kvar－5%电抗率集合式并联电容器成套装置使用环境条件见表2。特殊环境要求根据项目情况进行编制。

表2　使用环境条件表

序号	名　称		单位	标准参数值
1	环境温度	最高日温度	℃	+40
		最低日温度		−25
		最大日温差		25
2	海拔		m	≤1000
3	太阳辐射强度		W/cm²	0.11
4	污秽等级			Ⅲ（d）
5	覆冰厚度		mm	10
6	风速/风压		（m/s）/Pa	35/700
7	相对湿度	最大日相对湿度	%	≤95
		最大月平均相对湿度		≤90
8	耐受地震能力（指水平加速度，安全系数不小于1.67。水平加速度应计及设备支架的动力放大系数1.2）		m/s²	2
注：有较严酷使用条件时，如低温、高海拔、重污秽等，项目单位应提出相应差异要求				

7 投标人提供的其他资料

投标人提供的其他资料如下：

a) 耐久性试验报告（应提供）；

b) 保护计算单（应提供）；

c) 抗震计算或试验报告（应提供，10kV装置除外）；

d) 装置的爆破能量计算单（应提供）；

e) 其他提高装置质量或运行可靠性的研究报告、研究性试验等；

f) 新结构方式等。

ICS 29.240

Q/GDW

国家电网有限公司企业标准

Q/GDW 13053.75—2018
代替 Q/GDW 13053.75—2014

35kV～750kV 变电站、农网变电站用并联电容器成套装置采购标准 第 75 部分：农网变电站 10kV-1200kvar-1% 电抗率框架式并联电容器成套装置专用技术规范

Purchasing standard for shunt capacitor installation of 35kV～750kV and rural power network substation

Part 75: Special technical specification for 10kV-1200kvar-1% reactance ratio frame-type shunt capacitor installation of rural power network substation

2019-06-28发布   2019-06-28实施

国家电网有限公司   发 布

目　　次

前　言

为规范农网变电站 10kV－1200kvar－1%电抗率框架式并联电容器成套装置的采购，制定本部分。

《35kV～750kV 变电站、农网变电站用并联电容器成套装置采购标准》分为 87 个部分：

——第 1 部分：通用技术规范；

——第 2 部分：35kV 变电站 10kV－1000kvar－1%电抗率框架式并联电容器成套装置专用技术规范；

——第 3 部分：35kV 变电站 10kV－1000kvar－12%电抗率框架式并联电容器成套装置专用技术规范；

——第 4 部分：66kV 变电站 10kV－1000kvar－5%电抗率框架式并联电容器成套装置专用技术规范；

——第 5 部分：110（66）kV 变电站 10kV－2000kvar－1%电抗率框架式并联电容器成套装置专用技术规范；

——第 6 部分：110（66）kV 变电站 10kV－2000kvar－5%电抗率框架式并联电容器成套装置专用技术规范；

——第 7 部分：110（66）kV 变电站 10kV－2000kvar－12%电抗率框架式并联电容器成套装置专用技术规范；

——第 8 部分：110（66）kV 变电站 10kV－3000kvar－1%电抗率框架式并联电容器成套装置专用技术规范；

——第 9 部分：110（66）kV 变电站 10kV－3000kvar－5%电抗率框架式并联电容器成套装置专用技术规范；

——第 10 部分：110（66）kV 变电站 10kV－3000kvar－12%电抗率框架式并联电容器成套装置专用技术规范；

——第 11 部分：110（66）kV 变电站 10kV－3600kvar－1%电抗率框架式并联电容器成套装置专用技术规范；

——第 12 部分：110（66）kV 变电站 10kV－3600kvar－5%电抗率框架式并联电容器成套装置专用技术规范；

——第 13 部分：110（66）kV 变电站 10kV－3600kvar－12%电抗率框架式并联电容器成套装置专用技术规范；

——第 14 部分：110（66）kV 变电站 10kV－4000kvar－1%电抗率框架式并联电容器成套装置专用技术规范；

——第 15 部分：110（66）kV 变电站 10kV－4000kvar－5%电抗率框架式并联电容器成套装置专用技术规范；

——第 16 部分：110（66）kV 变电站 10kV－4000kvar－12%电抗率框架式并联电容器成套装置专用技术规范；

——第 17 部分：110（66）kV 变电站 10kV－4800kvar－1%电抗率框架式并联电容器成套装置专用技术规范；

——第 18 部分：110（66）kV 变电站 10kV－4800kvar－5%电抗率框架式并联电容器成套装置专用技术规范；

——第 19 部分：110（66）kV 变电站 10kV－4800kvar－12%电抗率框架式并联电容器成套装置专用技术规范；

——第 20 部分：110（66）kV 变电站 10kV－5000kvar－1%电抗率框架式并联电容器成套装置专用技术规范；

——第 21 部分：110（66）kV 变电站 10kV－5000kvar－5%电抗率框架式并联电容器成套装置专用技术规范；

——第 22 部分：110（66）kV 变电站 10kV－5000kvar－12%电抗率框架式并联电容器成套装置专用技术规范；

——第 23 部分：110（66）kV 变电站 10kV－6000kvar－1%电抗率框架式并联电容器成套装置专用技术规范；

——第 24 部分：110（66）kV 变电站 10kV－6000kvar－5%电抗率框架式并联电容器成套装置专用技术规范；

——第 25 部分：110（66）kV 变电站 10kV－6000kvar－12%电抗率框架式并联电容器成套装置专用技术规范；

——第 26 部分：220kV 变电站 10kV－8000kvar－5%电抗率框架式并联电容器成套装置专用技术规范；

——第 27 部分：220kV 变电站 10kV－8000kvar－12%电抗率框架式并联电容器成套装置专用技术规范；

——第 28 部分：220kV 变电站 10kV－10Mvar－5%电抗率框架式并联电容器成套装置专用技术规范；

——第 29 部分：220kV 变电站 10kV－10Mvar－12%电抗率框架式并联电容器成套装置专用技术规范；

——第 30 部分：220kV 变电站 35kV－10Mvar－5%电抗率框架式并联电容器成套装置专用技术规范；

——第 31 部分：220kV 变电站 35kV－10Mvar－12%电抗率框架式并联电容器成套装置专用技术规范；

——第 32 部分：330（220）kV 变电站 35kV－20Mvar－5%电抗率框架式并联电容器成套装置专用技术规范；

——第 33 部分：330（220）kV 变电站 35kV－20Mvar－12%电抗率框架式并联电容器成套装置专用技术规范；

——第 34 部分：330kV 变电站 35kV－30Mvar－5%电抗率框架式并联电容器成套装置专用技术规范；

——第 35 部分：330kV 变电站 35kV－30Mvar－12%电抗率框架式并联电容器成套装置专用技术规范；

——第 36 部分：330kV 变电站 35kV－40Mvar－5%电抗率框架式并联电容器成套装置专用技术规范；

——第 37 部分：330kV 变电站 35kV－40Mvar－12%电抗率框架式并联电容器成套装置专用技术规范；

——第 38 部分：500kV 变电站 35kV－60Mvar－5%电抗率框架式并联电容器成套装置专用技术规范；

——第 39 部分：500kV 变电站 35kV－60Mvar－12%电抗率框架式并联电容器成套装置专用技术规范；

——第 40 部分：220kV 变电站 66kV－10Mvar－5%电抗率框架式并联电容器成套装置专用技术规范；

——第 41 部分：220kV 变电站 66kV－10Mvar－12%电抗率框架式并联电容器成套装置专用技术规范；

——第 42 部分：220kV 变电站 66kV－20Mvar－5%电抗率框架式并联电容器成套装置专用技术规范；

——第 43 部分：220kV 变电站 66kV－20Mvar－12%电抗率框架式并联电容器成套装置专用技术规范；

——第 44 部分：220kV 变电站 66kV－25Mvar－5%电抗率框架式并联电容器成套装置专用技术规范；

——第 45 部分：220kV 变电站 66kV－25Mvar－12%电抗率框架式并联电容器成套装置专用技术规范；

——第 46 部分：750（500）kV 变电站 66kV－60Mvar－5%电抗率框架式并联电容器成套装置专用技术规范；

——第 47 部分：750（500）kV 变电站 66kV－60Mvar－12%电抗率框架式并联电容器成套装置专用技术规范；

——第 48 部分：750kV 变电站 66kV－90Mvar－5%电抗率框架式并联电容器成套装置专用技术规范；

——第 49 部分：750kV 变电站 66kV－90Mvar－12%电抗率框架式并联电容器成套装置专用技术规范；

——第 50 部分：750kV 变电站 66kV－120Mvar－5%电抗率框架式并联电容器成套装置专用技术规范；

——第 51 部分：750kV 变电站 66kV－120Mvar－12%电抗率框架式并联电容器成套装置专用技术规范；

——第 52 部分：110（66）kV 变电站 10kV－3000kvar－1%电抗率集合式并联电容器成套装置专用技术规范；

——第 53 部分：110（66）kV 变电站 10kV－3000kvar－5%电抗率集合式并联电容器成套装置专用

技术规范；

——第 54 部分：110（66）kV 变电站 10kV－3000kvar－12%电抗率集合式并联电容器成套装置专用技术规范；

——第 55 部分：110（66）kV 变电站 10kV－3600kvar－1%电抗率集合式并联电容器成套装置专用技术规范；

——第 56 部分：110（66）kV 变电站 10kV－3600kvar－5%电抗率集合式并联电容器成套装置专用技术规范；

——第 57 部分：110（66）kV 变电站 10kV－3600kvar－12%电抗率集合式并联电容器成套装置专用技术规范；

——第 58 部分：110（66）kV 变电站 10kV－4800kvar－1%电抗率集合式并联电容器成套装置专用技术规范；

——第 59 部分：110（66）kV 变电站 10kV－4800kvar－5%电抗率集合式并联电容器成套装置专用技术规范；

——第 60 部分：110（66）kV 变电站 10kV－4800kvar－12%电抗率集合式并联电容器成套装置专用技术规范；

——第 61 部分：330（220）kV 变电站 35kV－20Mvar－5%电抗率集合式并联电容器成套装置专用技术规范；

——第 62 部分：330（220）kV 变电站 35kV－20Mvar－12%电抗率集合式并联电容器成套装置专用技术规范；

——第 63 部分：330kV 变电站 35kV－30Mvar－5%电抗率集合式并联电容器成套装置专用技术规范；
——第 64 部分：330kV 变电站 35kV－30Mvar－12%电抗率集合式并联电容器成套装置专用技术规范；
——第 65 部分：500kV 变电站 35kV－60Mvar－5%电抗率集合式并联电容器成套装置专用技术规范；
——第 66 部分：500kV 变电站 35kV－60Mvar－12%电抗率集合式并联电容器成套装置专用技术规范；
——第 67 部分：500kV 变电站 66kV－60Mvar－5%电抗率集合式并联电容器成套装置专用技术规范；
——第 68 部分：500kV 变电站 66kV－60Mvar－12%电抗率集合式并联电容器成套装置专用技术规范；
——第 69 部分：农网变电站 10kV－300kvar－1%电抗率框架式并联电容器成套装置专用技术规范；
——第 70 部分：农网变电站 10kV－300kvar－5%电抗率框架式并联电容器成套装置专用技术规范；
——第 71 部分：农网变电站 10kV－600kvar－1%电抗率框架式并联电容器成套装置专用技术规范；
——第 72 部分：农网变电站 10kV－600kvar－5%电抗率框架式并联电容器成套装置专用技术规范；
——第 73 部分：农网变电站 10kV－1000kvar－1%电抗率框架式并联电容器成套装置专用技术规范；
——第 74 部分：农网变电站 10kV－1000kvar－5%电抗率框架式并联电容器成套装置专用技术规范；
——第 75 部分：农网变电站 10kV－1200kvar－1%电抗率框架式并联电容器成套装置专用技术规范；
——第 76 部分：农网变电站 10kV－1200kvar－5%电抗率框架式并联电容器成套装置专用技术规范；
——第 77 部分：农网变电站 10kV－2000kvar－1%电抗率框架式并联电容器成套装置专用技术规范；
——第 78 部分：农网变电站 10kV－2000kvar－5%电抗率框架式并联电容器成套装置专用技术规范；
——第 79 部分：农网变电站 10kV－3000kvar－1%电抗率框架式并联电容器成套装置专用技术规范；
——第 80 部分：农网变电站 10kV－3000kvar－5%电抗率框架式并联电容器成套装置专用技术规范；
——第 81 部分：农网变电站 10kV－4000kvar－1%电抗率框架式并联电容器成套装置专用技术规范；
——第 82 部分：农网变电站 10kV－4000kvar－5%电抗率框架式并联电容器成套装置专用技术规范；
——第 83 部分：农网变电站 10kV－6000kvar－1%电抗率框架式并联电容器成套装置专用技术规范；
——第 84 部分：农网变电站 10kV－6000kvar－5%电抗率框架式并联电容器成套装置专用技术规范；
——第 85 部分：农网 10kV－150kvar－50kvar 柱上式并联电容器成套装置专用技术规范；
——第 86 部分：农网 10kV－300kvar－50kvar 柱上式并联电容器成套装置专用技术规范；

——第 87 部分： 农网 10kV－450kvar－50kvar 柱上式并联电容器成套装置专用技术规范。

本部分为《35kV～750kV 变电站、农网变电站用并联电容器成套装置采购标准》的第 75 部分。

本部分代替 Q/GDW 13053.75—2014，与 Q/GDW 13053.75—2014 相比，主要技术性差异如下：

——修改了单台电容器短路放电试验要求；

——修改了单台电容器放电器件性能要求；

——修改了放电线圈放电性能要求。

本部分由国家电网有限公司物资部提出并解释。

本部分由国家电网有限公司科技部归口。

本部分起草单位：国网冀北电力有限公司，国网吉林省电力有限公司，中国电力科学研究院有限公司。

本部分主要起草人：国江，林浩，姜胜宝，黄想，张建军，路杰，王亚菲，李士雷，李卓伦，葛志成。

本部分 2014 年 8 月首次发布，2018 年 8 月第一次修订。

本部分在执行过程中的意见或建议反馈至国家电网有限公司科技部。

35kV～750kV 变电站、农网变电站用
并联电容器成套装置采购标准
第 75 部分：农网变电站 10kV－1200kvar－1%
电抗率框架式并联电容器成套装置专用技术规范

1 范围

本部分规定了农网变电站 10kV－1200kvar－1%电抗率框架式并联电容器成套装置招标的标准技术参数、项目需求及投标人响应的相关内容。

本部分适用于农网变电站 10kV－1200kvar－1%电抗率框架式并联电容器成套装置招标。

2 规范性引用文件

下列文件对于本文件的应用是必不可少的。凡是注日期的引用文件，仅所注日期的版本适用于本文件。凡是不注日期的引用文件，其最新版本（包括所有的修改单）适用于本文件。

Q/GDW 13053.1　35kV～750kV 变电站、农网变电站用并联电容器成套装置采购标准　第 1 部分：通用技术规范

3 术语和定义

下列术语和定义适用于本文件。

3.1

招标人 bidder

提出招标项目，进行招标的法人或其他组织。

3.2

投标人 tenderer

响应招标、参加投标竞争的法人或者其他组织。

3.3

卖方 seller

提供本部分货物和技术服务的法人或其他组织，包括其法定的承继者。

3.4

买方 buyer

购买本部分货物和技术服务的法人或其他组织，包括其法定的承继者和经许可的受让人。

4 标准技术参数

技术参数特性表是国家电网有限公司对采购设备的基础技术参数要求，在招投标过程中，投标人应依据招标文件，对技术参数特性表中标准参数值进行响应。农网变电站 10kV－1200kvar－1%电抗率框架式并联电容器成套装置技术参数特性见表 1。装置应满足 Q/GDW 13053.1 的要求。

表 1 技术参数特性表

序号	项目	单位	标准参数值
一	并联电容器装置		
1	型号		TBB10－1200/200－AKW
2	额定电压	kV	10
3	额定容量	kvar	1200
4	额定电抗率	%	≤1
5	额定相电容	μF	34.7
6	电容器组额定电压（相）	kV	$10.5/\sqrt{3}$
7	电容器组电容与额定电容偏差	%	0～5
8	电容器组各相电容的最大值与最小值之比		≤1.02
9	接线方式		单星形
10	每相电容器串并联数		1 串 2 并
11	继电保护方式		开口三角电压保护
12	初始不平衡电流（或电压）二次计算值		（生产单位提供）
13	继电保护整定值		（生产单位提供）
14	在继电保护整定计算中，允许击穿串段比例		50
15	装置接线图		—
16	电容器组围栏尺寸 （户内安装时应提供装置高度限值）	m	（项目单位提供）
17	电容器组进线方向和进线位置		围栏（长或宽）方向（上或下）进线
18	装置耐受短路电流能力	kA	（项目单位提供）
二	单台电容器		
1	型号		BAM10.5/$\sqrt{3}$－200－1W 或 BFM10.5/$\sqrt{3}$－200－1W
2	额定电压	kV	$10.5/\sqrt{3}$
3	额定容量	kvar	200
4	设计场强（$K=1$）	kV/mm	≤57
5	局部放电性能	pC	局部放电量≤50
		U_N	温度下限时局部放电熄灭电压不低于 1.2
6	温度类别	℃	－/＋ （项目单位提供）
7	套管结构		滚装一体化结构套管
8	引出端子及套管的要求	N	≥500（水平拉力）
9	电容器耐受爆破能量	kW·s	≥15
10	短路放电试验		$2.5U_N$ 直流电压作用下，经电容器端子的最小间隙（短接线长度不应大于 1.5m）；10min 内放电 5 次，电容量变化不超过 1 根内熔丝动作或一个元件击穿之量

表1（续）

序号	项 目	单位	标准参数值
11	电容器内部元件串并数及附图		（生产单位提供）
12	单台电容器保护方式		内熔丝保护
13	无内熔丝电容器单元允许过电压倍数		≤1.1 倍单元额定电压
14	放电器件性能		10min 内从 $\sqrt{2}\,U_N$ 降到 50V
15	电容器安装方式		立式或卧式（项目单位提供）
16	固体介质厚度及层数		—
17	浸渍剂		—
18	外绝缘海拔修正耐受试验电压（工频/雷电）	kV/kV	（需要修正时由项目单位提供）
三	放电线圈		
1	型号		FDE10.5/$\sqrt{3}$ − 1.7 − 1W（油浸全密封）或 FDGE10.5/$\sqrt{3}$ − 1.7 − 1W（干式铁芯）
2	一次绕组的额定电压	kV	10.5/$\sqrt{3}$
3	二次绕组的额定电压	V	100
4	二次绕组的额定容量	VA	50
5	准确级		0.5
6	a. 工频耐受电压（1min）/试验电压	kV/kV	42
	b. 雷电冲击耐受电压/试验电压	kV/kV	75
	c. 一次绕组感应耐受电压		2.5U_{1N}/60s
	d. 二次绕组对地工频耐受电压	kV/min	3
7	结构方式		全密封或干式（干式宜户内使用）（项目单位提供）
8	配套电容器容量（相）	kvar	≥1700
9	放电性能		断开电源后，电容器组上的电压在 5s 内由 $\sqrt{2}\,U_N$ 降至 50V 以下
			在最大允许容量电容器组的 1.9$\sqrt{2}\,U_N$ 下放电不损坏
10	外绝缘海拔修正耐受试验电压（工频/雷电）	kV/kV	（需要修正时由项目单位提供）
四	金属氧化物避雷器		
1	型号		YHWR5 − 17/45（复合）或 YWR5 − 17/45（瓷）
2	额定电压	kV	17
3	持续运行电压	kV	13.6
4	标称放电电流	kA	5
5	标称放电电流下的残压	kV	45
6	2ms 方波通流容量	A	≥500
7	外绝缘海拔修正耐受试验电压（工频/雷电）	kV/kV	（需要修正时由项目单位提供）

表1（续）

序号	项　　目	单位	标准参数值
五	支柱绝缘子		
1	额定电压	kV	10
2	额定抗弯强度	N·m	—
3	爬电比距	mm/kV	（项目单位提供）
4	外绝缘海拔修正耐受试验电压（工频/雷电）	kV/kV	（需要修正时由项目单位提供）
5	安装方式		正装
六	隔离开关和接地开关		
1	型号		GW－12/200 或 GN－12/200
2	额定电压	kV	12
3	额定短时耐受电流及持续时间	kA（4s）	（项目单位提供）
4	额定峰值耐受电流	kA	（项目单位提供）
5	额定电流（隔离开关）	A	≥200
6	型号		（项目单位提供）
7	外绝缘海拔修正耐受试验电压（工频/雷电）	kV/kV	（需要修正时由项目单位提供）
七	串联电抗器		
1	型号		CKDK－10－□/□－1（干式空心）或 CKSC－10－□/□－1（干式铁芯）
2	额定电压	kV	10
3	额定电感	H	—
4	额定电流	A	—
5	损耗	kW/kvar	— —
6	温升	K	≤70
7	电抗率	%	≤1
8	绝缘水平（工频/雷电）	kV/kV	42/75
9	噪声	dB	≤50
10	电感值偏差	%	0～10
11	外绝缘海拔修正耐受试验电压（工频/雷电）	kV/kV	（需要修正时由项目单位提供）
12	三相间电感偏差	%	每相电抗与三相平均值的偏差不大于±2%
13	安装布置方式		（项目单位提供）
八	外熔断器		
1	型号		BRW7/50（47）
2	额定电压	kV	7
3	额定电流	A	50
4	熔丝额定电流	A	47
5	耐爆能量	kW·s	≥15

5 组件材料配置表

组件材料配置表包括元件名称、规格形式参数、单位、数量和产地等信息，具体内容和格式根据招标项目情况进行编制。

6 使用环境条件表

典型农网变电站 10kV－1200kvar－1%电抗率集合式并联电容器成套装置使用环境条件见表2。特殊环境要求根据项目情况进行编制。

表2 使用环境条件表

序号	名 称		单位	标准参数值
1	环境温度	最高日温度	℃	＋40
		最低日温度		－25
		最大日温差		25
2	海拔		m	≤1000
3	太阳辐射强度		W/cm²	0.11
4	污秽等级			Ⅲ（d）
5	覆冰厚度		mm	10
6	风速/风压		（m/s）/Pa	35/700
7	相对湿度	最大日相对湿度	%	≤95
		最大月平均相对湿度		≤90
8	耐受地震能力（指水平加速度，安全系数不小于1.67。水平加速度应计及设备支架的动力放大系数1.2）		m/s²	2
注：有较严酷使用条件时，如低温、高海拔、重污秽等，项目单位应提出相应差异要求				

7 投标人提供的其他资料

投标人提供的其他资料如下：
a) 耐久性试验报告（应提供）；
b) 保护计算单（应提供）；
c) 抗震计算或试验报告（应提供，10kV 装置除外）；
d) 装置的爆破能量计算单（应提供）；
e) 其他提高装置质量或运行可靠性的研究报告、研究性试验等；
f) 新结构方式等。

ICS 29.240

Q/GDW

国家电网有限公司企业标准

Q/GDW 13053.76—2018
代替 Q/GDW 13053.76—2014

35kV～750kV 变电站、农网变电站用
并联电容器成套装置采购标准
第 76 部分：农网变电站
10kV–1200kvar–5% 电抗率框架式
并联电容器成套装置专用技术规范

Purchasing standard for shunt capacitor installation of 35kV～750kV
and rural power network substation
Part 76: Special technical specification for 10kV–1200kvar–5% reactance
ratio frame-type shunt capacitor installation of rural
power network substation

2019-06-28发布   2019-06-28实施

国家电网有限公司   发 布

目　次

前　　言

为规范农网变电站 10kV－1200kvar－5%电抗率框架式并联电容器成套装置的采购，制定本部分。

《35kV～750kV 变电站、农网变电站用并联电容器成套装置采购标准》分为 87 个部分：

——第 1 部分：通用技术规范；

——第 2 部分：35kV 变电站 10kV－1000kvar－1%电抗率框架式并联电容器成套装置专用技术规范；

——第 3 部分：35kV 变电站 10kV－1000kvar－12%电抗率框架式并联电容器成套装置专用技术规范；

——第 4 部分：66kV 变电站 10kV－1000kvar－5%电抗率框架式并联电容器成套装置专用技术规范；

——第 5 部分：110（66）kV 变电站 10kV－2000kvar－1%电抗率框架式并联电容器成套装置专用技术规范；

——第 6 部分：110（66）kV 变电站 10kV－2000kvar－5%电抗率框架式并联电容器成套装置专用技术规范；

——第 7 部分：110（66）kV 变电站 10kV－2000kvar－12%电抗率框架式并联电容器成套装置专用技术规范；

——第 8 部分：110（66）kV 变电站 10kV－3000kvar－1%电抗率框架式并联电容器成套装置专用技术规范；

——第 9 部分：110（66）kV 变电站 10kV－3000kvar－5%电抗率框架式并联电容器成套装置专用技术规范；

——第 10 部分：110（66）kV 变电站 10kV－3000kvar－12%电抗率框架式并联电容器成套装置专用技术规范；

——第 11 部分：110（66）kV 变电站 10kV－3600kvar－1%电抗率框架式并联电容器成套装置专用技术规范；

——第 12 部分：110（66）kV 变电站 10kV－3600kvar－5%电抗率框架式并联电容器成套装置专用技术规范；

——第 13 部分：110（66）kV 变电站 10kV－3600kvar－12%电抗率框架式并联电容器成套装置专用技术规范；

——第 14 部分：110（66）kV 变电站 10kV－4000kvar－1%电抗率框架式并联电容器成套装置专用技术规范；

——第 15 部分：110（66）kV 变电站 10kV－4000kvar－5%电抗率框架式并联电容器成套装置专用技术规范；

——第 16 部分：110（66）kV 变电站 10kV－4000kvar－12%电抗率框架式并联电容器成套装置专用技术规范；

——第 17 部分：110（66）kV 变电站 10kV－4800kvar－1%电抗率框架式并联电容器成套装置专用技术规范；

——第 18 部分：110（66）kV 变电站 10kV－4800kvar－5%电抗率框架式并联电容器成套装置专用技术规范；

——第 19 部分：110（66）kV 变电站 10kV－4800kvar－12%电抗率框架式并联电容器成套装置专用技术规范；

——第 20 部分：110（66）kV 变电站 10kV－5000kvar－1%电抗率框架式并联电容器成套装置专用技术规范；

——第 21 部分：110（66）kV 变电站 10kV－5000kvar－5%电抗率框架式并联电容器成套装置专用技术规范；

——第 22 部分：110（66）kV 变电站 10kV－5000kvar－12%电抗率框架式并联电容器成套装置专用技术规范；

——第 23 部分：110（66）kV 变电站 10kV－6000kvar－1%电抗率框架式并联电容器成套装置专用技术规范；

——第 24 部分：110（66）kV 变电站 10kV－6000kvar－5%电抗率框架式并联电容器成套装置专用技术规范；

——第 25 部分：110（66）kV 变电站 10kV－6000kvar－12%电抗率框架式并联电容器成套装置专用技术规范；

——第 26 部分：220kV 变电站 10kV－8000kvar－5%电抗率框架式并联电容器成套装置专用技术规范；

——第 27 部分：220kV 变电站 10kV－8000kvar－12%电抗率框架式并联电容器成套装置专用技术规范；

——第 28 部分：220kV 变电站 10kV－10Mvar－5%电抗率框架式并联电容器成套装置专用技术规范；

——第 29 部分：220kV 变电站 10kV－10Mvar－12%电抗率框架式并联电容器成套装置专用技术规范；

——第 30 部分：220kV 变电站 35kV－10Mvar－5%电抗率框架式并联电容器成套装置专用技术规范；

——第 31 部分：220kV 变电站 35kV－10Mvar－12%电抗率框架式并联电容器成套装置专用技术规范；

——第 32 部分：330（220）kV 变电站 35kV－20Mvar－5%电抗率框架式并联电容器成套装置专用技术规范；

——第 33 部分：330（220）kV 变电站 35kV－20Mvar－12%电抗率框架式并联电容器成套装置专用技术规范；

——第 34 部分：330kV 变电站 35kV－30Mvar－5%电抗率框架式并联电容器成套装置专用技术规范；

——第 35 部分：330kV 变电站 35kV－30Mvar－12%电抗率框架式并联电容器成套装置专用技术规范；

——第 36 部分：330kV 变电站 35kV－40Mvar－5%电抗率框架式并联电容器成套装置专用技术规范；

——第 37 部分：330kV 变电站 35kV－40Mvar－12%电抗率框架式并联电容器成套装置专用技术规范；

——第 38 部分：500kV 变电站 35kV－60Mvar－5%电抗率框架式并联电容器成套装置专用技术规范；

——第 39 部分：500kV 变电站 35kV－60Mvar－12%电抗率框架式并联电容器成套装置专用技术规范；

——第 40 部分：220kV 变电站 66kV－10Mvar－5%电抗率框架式并联电容器成套装置专用技术规范；

——第 41 部分：220kV 变电站 66kV－10Mvar－12%电抗率框架式并联电容器成套装置专用技术规范；

——第 42 部分：220kV 变电站 66kV－20Mvar－5%电抗率框架式并联电容器成套装置专用技术规范；

——第 43 部分：220kV 变电站 66kV－20Mvar－12%电抗率框架式并联电容器成套装置专用技术规范；

——第 44 部分：220kV 变电站 66kV－25Mvar－5%电抗率框架式并联电容器成套装置专用技术规范；

——第 45 部分：220kV 变电站 66kV－25Mvar－12%电抗率框架式并联电容器成套装置专用技术规范；

——第 46 部分：750（500）kV 变电站 66kV－60Mvar－5%电抗率框架式并联电容器成套装置专用技术规范；

——第 47 部分：750（500）kV 变电站 66kV－60Mvar－12%电抗率框架式并联电容器成套装置专用技术规范；

——第 48 部分：750kV 变电站 66kV－90Mvar－5%电抗率框架式并联电容器成套装置专用技术规范；

——第 49 部分：750kV 变电站 66kV－90Mvar－12%电抗率框架式并联电容器成套装置专用技术规范；

——第 50 部分：750kV 变电站 66kV－120Mvar－5%电抗率框架式并联电容器成套装置专用技术规范；

——第 51 部分：750kV 变电站 66kV－120Mvar－12%电抗率框架式并联电容器成套装置专用技术规范；

——第 52 部分：110（66）kV 变电站 10kV－3000kvar－1%电抗率集合式并联电容器成套装置专用技术规范；

——第 53 部分：110（66）kV 变电站 10kV－3000kvar－5%电抗率集合式并联电容器成套装置专用

技术规范；

——第 54 部分：110（66）kV 变电站 10kV－3000kvar－12%电抗率集合式并联电容器成套装置专用技术规范；

——第 55 部分：110（66）kV 变电站 10kV－3600kvar－1%电抗率集合式并联电容器成套装置专用技术规范；

——第 56 部分：110（66）kV 变电站 10kV－3600kvar－5%电抗率集合式并联电容器成套装置专用技术规范；

——第 57 部分：110（66）kV 变电站 10kV－3600kvar－12%电抗率集合式并联电容器成套装置专用技术规范；

——第 58 部分：110（66）kV 变电站 10kV－4800kvar－1%电抗率集合式并联电容器成套装置专用技术规范；

——第 59 部分：110（66）kV 变电站 10kV－4800kvar－5%电抗率集合式并联电容器成套装置专用技术规范；

——第 60 部分：110（66）kV 变电站 10kV－4800kvar－12%电抗率集合式并联电容器成套装置专用技术规范；

——第 61 部分：330（220）kV 变电站 35kV－20Mvar－5%电抗率集合式并联电容器成套装置专用技术规范；

——第 62 部分：330（220）kV 变电站 35kV－20Mvar－12%电抗率集合式并联电容器成套装置专用技术规范；

——第 63 部分：330kV 变电站 35kV－30Mvar－5%电抗率集合式并联电容器成套装置专用技术规范；

——第 64 部分：330kV 变电站 35kV－30Mvar－12%电抗率集合式并联电容器成套装置专用技术规范；

——第 65 部分：500kV 变电站 35kV－60Mvar－5%电抗率集合式并联电容器成套装置专用技术规范；

——第 66 部分：500kV 变电站 35kV－60Mvar－12%电抗率集合式并联电容器成套装置专用技术规范；

——第 67 部分：500kV 变电站 66kV－60Mvar－5%电抗率集合式并联电容器成套装置专用技术规范；

——第 68 部分：500kV 变电站 66kV－60Mvar－12%电抗率集合式并联电容器成套装置专用技术规范；

——第 69 部分：农网变电站 10kV－300kvar－1%电抗率框架式并联电容器成套装置专用技术规范；

——第 70 部分：农网变电站 10kV－300kvar－5%电抗率框架式并联电容器成套装置专用技术规范；

——第 71 部分：农网变电站 10kV－600kvar－1%电抗率框架式并联电容器成套装置专用技术规范；

——第 72 部分：农网变电站 10kV－600kvar－5%电抗率框架式并联电容器成套装置专用技术规范；

——第 73 部分：农网变电站 10kV－1000kvar－1%电抗率框架式并联电容器成套装置专用技术规范；

——第 74 部分：农网变电站 10kV－1000kvar－5%电抗率框架式并联电容器成套装置专用技术规范；

——第 75 部分：农网变电站 10kV－1200kvar－1%电抗率框架式并联电容器成套装置专用技术规范；

——第 76 部分：农网变电站 10kV－1200kvar－5%电抗率框架式并联电容器成套装置专用技术规范；

——第 77 部分：农网变电站 10kV－2000kvar－1%电抗率框架式并联电容器成套装置专用技术规范；

——第 78 部分：农网变电站 10kV－2000kvar－5%电抗率框架式并联电容器成套装置专用技术规范；

——第 79 部分：农网变电站 10kV－3000kvar－1%电抗率框架式并联电容器成套装置专用技术规范；

——第 80 部分：农网变电站 10kV－3000kvar－5%电抗率框架式并联电容器成套装置专用技术规范；

——第 81 部分：农网变电站 10kV－4000kvar－1%电抗率框架式并联电容器成套装置专用技术规范；

——第 82 部分：农网变电站 10kV－4000kvar－5%电抗率框架式并联电容器成套装置专用技术规范；

——第 83 部分：农网变电站 10kV－6000kvar－1%电抗率框架式并联电容器成套装置专用技术规范；

——第 84 部分：农网变电站 10kV－6000kvar－5%电抗率框架式并联电容器成套装置专用技术规范；

——第 85 部分：农网 10kV－150kvar－50kvar 柱上式并联电容器成套装置专用技术规范；

——第 86 部分：农网 10kV－300kvar－50kvar 柱上式并联电容器成套装置专用技术规范；

——第 87 部分：农网 10kV－450kvar－50kvar 柱上式并联电容器成套装置专用技术规范。

本部分为《35kV～750kV 变电站、农网变电站用并联电容器成套装置采购标准》的第 76 部分。

本部分代替 Q/GDW 13053.76—2014，与 Q/GDW 13053.76—2014 相比，主要技术性差异如下：

——修改了单台电容器短路放电试验要求；

——修改了单台电容器放电器件性能要求；

——修改了放电线圈放电性能要求。

本部分由国家电网有限公司物资部提出并解释。

本部分由国家电网有限公司科技部归口。

本部分起草单位：国网冀北电力有限公司，国网吉林省电力有限公司，中国电力科学研究院有限公司。

本部分主要起草人：国江，黄想，林浩，姜胜宝，张建军，路杰，王亚菲，李士雷，李卓伦，葛志成。

本部分 2014 年 8 月首次发布，2018 年 8 月第一次修订。

本部分在执行过程中的意见或建议反馈至国家电网有限公司科技部。

35kV～750kV 变电站、农网变电站用
并联电容器成套装置采购标准
第76部分：农网变电站 10kV－1200kvar－5%
电抗率框架式并联电容器成套装置专用技术规范

1 范围

本部分规定了农网变电站 10kV－1200kvar－5%电抗率框架式并联电容器成套装置招标的标准技术参数、项目需求及投标人响应的相关内容。

本部分适用于农网变电站 10kV－1200kvar－5%电抗率框架式并联电容器成套装置招标。

2 规范性引用文件

下列文件对于本文件的应用是必不可少的。凡是注日期的引用文件，仅所注日期的版本适用于本文件。凡是不注日期的引用文件，其最新版本（包括所有的修改单）适用于本文件。

Q/GDW 13053.1 35kV～750kV 变电站、农网变电站用并联电容器成套装置采购标准 第1部分：通用技术规范

3 术语和定义

下列术语和定义适用于本文件。

3.1

招标人 bidder

提出招标项目，进行招标的法人或其他组织。

3.2

投标人 tenderer

响应招标、参加投标竞争的法人或者其他组织。

3.3

卖方 seller

提供本部分货物和技术服务的法人或其他组织，包括其法定的承继者。

3.4

买方 buyer

购买本部分货物和技术服务的法人或其他组织，包括其法定的承继者和经许可的受让人。

4 标准技术参数

技术参数特性表是国家电网有限公司对采购设备的基础技术参数要求，在招投标过程中，投标人应依据招标文件，对技术参数特性表中标准参数值进行响应。农网变电站 10kV－1200kvar－5%电抗率框架式并联电容器成套装置技术参数特性见表1。装置应满足 Q/GDW 13053.1 的要求。

表1 技 术 参 数 特 性 表

序号	项 目	单位	标准参数值
一	并联电容器装置		
1	型号		TBB10－1200/200－AKW
2	额定电压	kV	10
3	额定容量	kvar	1200
4	额定电抗率	%	5
5	额定相电容	μF	31.6
6	电容器组额定电压（相）	kV	$11/\sqrt{3}$
7	电容器组电容与额定电容偏差	%	0～5
8	电容器组各相电容的最大值与最小值之比		≤1.02
9	接线方式		单星形
10	每相电容器串并联数		1串2并
11	继电保护方式		开口三角电压保护
12	初始不平衡电流（或电压）二次计算值		（生产单位提供）
13	继电保护整定值		（生产单位提供）
14	在继电保护整定计算中，允许击穿串段比例		50%
15	装置接线图		－
16	电容器组围栏尺寸 （户内安装时应提供装置高度限值）	m	（项目单位提供）
17	电容器组进线方向和进线位置		围栏（长或宽）方向（上或下）进线
18	装置耐受短路电流能力	kA	（项目单位提供）
二	单台电容器		
1	型号		BAM11/$\sqrt{3}$ －200－1W 或 BFM11/$\sqrt{3}$ －200－1W
2	额定电压	kV	$11/\sqrt{3}$
3	额定容量	kvar	200
4	设计场强（$K＝1$）	kV/mm	≤57
5	局部放电性能	pC	局部放电量≤50
		U_N	温度下限时局部放电熄灭电压不低于1.2
6	温度类别	℃	－/＋ （项目单位提供）
7	套管结构		滚装一体化结构套管
8	引出端子及套管的要求	N	≥500（水平拉力）
9	电容器耐受爆破能量	kW·s	≥15
10	短路放电试验		2.5U_N直流电压作用下，经电容器端子的最小间隙（短接线长度不应大于1.5m），10min内放电5次，电容量变化不超过1根内熔丝动作或一个元件击穿之量

表1（续）

序号	项 目	单位	标准参数值
11	电容器内部元件串并数及附图		（生产单位提供）
12	单台电容器保护方式		内熔丝保护
13	无内熔丝电容器单元允许过电压倍数		≤1.1倍单元额定电压
14	放电器件性能		10min 内从 $\sqrt{2}\,U_N$ 降到 50V
15	电容器安装方式		立式或卧式（项目单位提供）
16	固体介质厚度及层数		—
17	浸渍剂		—
18	外绝缘海拔修正耐受试验电压（工频/雷电）	kV/kV	（需要修正时由项目单位提供）
三			放电线圈
1	型号		FDE11/$\sqrt{3}$－1.7－1W（油浸全密封）或 FDGE11/$\sqrt{3}$－1.7－1W（干式）
2	一次绕组的额定电压	kV	11/$\sqrt{3}$
3	二次绕组的额定电压	V	100
4	二次绕组的额定容量	VA	50
5	准确级		0.5
6	a. 工频耐受电压（1min）/试验电压	kV/kV	42
	b. 雷电冲击耐受电压/试验电压	kV/kV	75
	c. 一次绕组感应耐受电压		$2.5U_{1N}$/60s
	d. 二次绕组对地工频耐受电压	kV/min	3
7	结构方式		全密封或干式（干式宜户内使用）（项目单位提供）
8	配套电容器容量（相）	kvar	≥1700
9	放电性能		断开电源后，电容器组上的电压在 5s 内由 $\sqrt{2}\,U_N$ 降至 50V 以下
			在最大允许容量电容器组的 1.9$\sqrt{2}\,U_N$ 下放电不损坏
10	外绝缘海拔修正耐受试验电压（工频/雷电）	kV/kV	（需要修正时由项目单位提供）
四			金属氧化物避雷器
1	型号		YHWR5－17/45（复合）或 YWR5－17/45（瓷）
2	额定电压	kV	17
3	持续运行电压	kV	13.6
4	标称放电电流	kA	5
5	标称放电电流下的残压	kV	45
6	2ms 方波通流容量	A	≥500
7	外绝缘海拔修正耐受试验电压（工频/雷电）	kV/kV	（需要修正时由项目单位提供）
五			支柱绝缘子
1	额定电压	kV	10

表1（续）

序号	项　目	单位	标准参数值
2	额定抗弯强度	N·m	－
3	爬电比距	mm/kV	（项目单位提供）
4	外绝缘海拔修正耐受试验电压（工频/雷电）	kV/kV	（需要修正时由项目单位提供）
5	安装方式		正装
六	隔离开关和接地开关		
1	型号		GW－12/200 或 GN－12/200
2	额定电压	kV	12
3	额定短时耐受电流及持续时间	kA（4s）	（项目单位提供）
4	额定峰值耐受电流	kA	（项目单位提供）
5	额定电流（隔离开关）	A	≥200
6	型号		（项目单位提供）
7	外绝缘海拔修正耐受试验电压（工频/雷电）	kV/kV	（需要修正时由项目单位提供）
七	串联电抗器		
1	型号		CKDK－10－20/0.32－5（干式空心）或 CKSC－10－60/0.32－5（干式铁芯）
2	额定电压	kV	10
3	额定端电压	kV	0.32
4	额定容量	kvar	20 或 60
5	额定电感	mH	16.3
6	额定电流	A	62.5
7	损耗	kW/kvar	－ －
8	温升	K	≤70
9	电抗率	%	5
10	绝缘水平（工频/雷电）	kV/kV	42/75
11	噪声	dB	≤50
12	电感值偏差	%	0～5
13	外绝缘海拔修正耐受试验电压（工频/雷电）	kV/kV	（需要修正时由项目单位提供）
14	三相间电感偏差	%	每相电抗与三相平均值的偏差不大于±2%
15	安装布置方式		（项目单位提供）
八	外熔断器		
1	型号		BRW7/50（47）
2	额定电压	kV	7
3	额定电流	A	50
4	熔丝额定电流	A	47
5	耐爆能量	kW·s	≥15

5 组件材料配置表

组件材料配置表包括元件名称、规格形式参数、单位、数量和产地等信息，具体内容和格式根据招标项目情况进行编制。

6 使用环境条件表

典型农网变电站 10kV－1200kvar－5%电抗率集合式并联电容器成套装置使用环境条件见表2。特殊环境要求根据项目情况进行编制。

表 2 使 用 环 境 条 件 表

序号	名　称		单位	标准参数值
1	环境温度	最高日温度	℃	＋40
		最低日温度		－25
		最大日温差		25
2	海拔		m	≤1000
3	太阳辐射强度		W/cm²	0.11
4	污秽等级			Ⅲ（d）
5	覆冰厚度		mm	10
6	风速/风压		（m/s）/Pa	35/700
7	相对湿度	最大日相对湿度	%	≤95
		最大月平均相对湿度		≤90
8	耐受地震能力（指水平加速度，安全系数不小于1.67。水平加速度应计及设备支架的动力放大系数1.2）		m/s²	2
注：有较严酷使用条件时，如低温、高海拔、重污秽等，项目单位应提出相应差异要求				

7 投标人提供的其他资料

投标人提供的其他资料如下：

a)　耐久性试验报告（应提供）；

b)　保护计算单（应提供）；

c)　抗震计算或试验报告（应提供，10kV 装置除外）；

d)　装置的爆破能量计算单（应提供）；

e)　其他提高装置质量或运行可靠性的研究报告、研究性试验等；

f)　新结构方式等。

———————————————

ICS 29.240

Q/GDW

国家电网有限公司企业标准

Q／GDW 13053.77—2018

代替 Q／GDW 13053.77—2014

35kV～750kV 变电站、农网变电站用 并联电容器成套装置采购标准 第 77 部分：农网变电站 10kV–2000kvar–1%电抗率框架式 并联电容器成套装置专用技术规范

Purchasing standard for shunt capacitor installation of 35kV～750kV and rural power network substation
Part 77: Special technical specification for 10kV–2000kvar–1% reactance ratio frame-type shunt capacitor installation of rural power network substation

2019-06-28发布   2019-06-28实施

国家电网有限公司   发 布

目　次

前　言

为规范农网变电站10kV-2000kvar-1%电抗率框架式并联电容器成套装置的采购，制定本部分。

《35kV～750kV变电站、农网变电站用并联电容器成套装置采购标准》分为87个部分：

——第1部分：通用技术规范；

——第2部分：35kV变电站10kV-1000kvar-1%电抗率框架式并联电容器成套装置专用技术规范；

——第3部分：35kV变电站10kV-1000kvar-12%电抗率框架式并联电容器成套装置专用技术规范；

——第4部分：66kV变电站10kV-1000kvar-5%电抗率框架式并联电容器成套装置专用技术规范；

——第5部分：110（66）kV变电站10kV-2000kvar-1%电抗率框架式并联电容器成套装置专用技术规范；

——第6部分：110（66）kV变电站10kV-2000kvar-5%电抗率框架式并联电容器成套装置专用技术规范；

——第7部分：110（66）kV变电站10kV-2000kvar-12%电抗率框架式并联电容器成套装置专用技术规范；

——第8部分：110（66）kV变电站10kV-3000kvar-1%电抗率框架式并联电容器成套装置专用技术规范；

——第9部分：110（66）kV变电站10kV-3000kvar-5%电抗率框架式并联电容器成套装置专用技术规范；

——第10部分：110（66）kV变电站10kV-3000kvar-12%电抗率框架式并联电容器成套装置专用技术规范；

——第11部分：110（66）kV变电站10kV-3600kvar-1%电抗率框架式并联电容器成套装置专用技术规范；

——第12部分：110（66）kV变电站10kV-3600kvar-5%电抗率框架式并联电容器成套装置专用技术规范；

——第13部分：110（66）kV变电站10kV-3600kvar-12%电抗率框架式并联电容器成套装置专用技术规范；

——第14部分：110（66）kV变电站10kV-4000kvar-1%电抗率框架式并联电容器成套装置专用技术规范；

——第15部分：110（66）kV变电站10kV-4000kvar-5%电抗率框架式并联电容器成套装置专用技术规范；

——第16部分：110（66）kV变电站10kV-4000kvar-12%电抗率框架式并联电容器成套装置专用技术规范；

——第17部分：110（66）kV变电站10kV-4800kvar-1%电抗率框架式并联电容器成套装置专用技术规范；

——第18部分：110（66）kV变电站10kV-4800kvar-5%电抗率框架式并联电容器成套装置专用技术规范；

——第19部分：110（66）kV变电站10kV-4800kvar-12%电抗率框架式并联电容器成套装置专用技术规范；

——第20部分：110（66）kV变电站10kV-5000kvar-1%电抗率框架式并联电容器成套装置专用技术规范；

——第 21 部分：110（66）kV 变电站 10kV－5000kvar－5%电抗率框架式并联电容器成套装置专用技术规范；

——第 22 部分：110（66）kV 变电站 10kV－5000kvar－12%电抗率框架式并联电容器成套装置专用技术规范；

——第 23 部分：110（66）kV 变电站 10kV－6000kvar－1%电抗率框架式并联电容器成套装置专用技术规范；

——第 24 部分：110（66）kV 变电站 10kV－6000kvar－5%电抗率框架式并联电容器成套装置专用技术规范；

——第 25 部分：110（66）kV 变电站 10kV－6000kvar－12%电抗率框架式并联电容器成套装置专用技术规范；

——第 26 部分：220kV 变电站 10kV－8000kvar－5%电抗率框架式并联电容器成套装置专用技术规范；

——第 27 部分：220kV 变电站 10kV－8000kvar－12%电抗率框架式并联电容器成套装置专用技术规范；

——第 28 部分：220kV 变电站 10kV－10Mvar－5%电抗率框架式并联电容器成套装置专用技术规范；

——第 29 部分：220kV 变电站 10kV－10Mvar－12%电抗率框架式并联电容器成套装置专用技术规范；

——第 30 部分：220kV 变电站 35kV－10Mvar－5%电抗率框架式并联电容器成套装置专用技术规范；

——第 31 部分：220kV 变电站 35kV－10Mvar－12%电抗率框架式并联电容器成套装置专用技术规范；

——第 32 部分：330（220）kV 变电站 35kV－20Mvar－5%电抗率框架式并联电容器成套装置专用技术规范；

——第 33 部分：330（220）kV 变电站 35kV－20Mvar－12%电抗率框架式并联电容器成套装置专用技术规范；

——第 34 部分：330kV 变电站 35kV－30Mvar－5%电抗率框架式并联电容器成套装置专用技术规范；

——第 35 部分：330kV 变电站 35kV－30Mvar－12%电抗率框架式并联电容器成套装置专用技术规范；

——第 36 部分：330kV 变电站 35kV－40Mvar－5%电抗率框架式并联电容器成套装置专用技术规范；

——第 37 部分：330kV 变电站 35kV－40Mvar－12%电抗率框架式并联电容器成套装置专用技术规范；

——第 38 部分：500kV 变电站 35kV－60Mvar－5%电抗率框架式并联电容器成套装置专用技术规范；

——第 39 部分：500kV 变电站 35kV－60Mvar－12%电抗率框架式并联电容器成套装置专用技术规范；

——第 40 部分：220kV 变电站 66kV－10Mvar－5%电抗率框架式并联电容器成套装置专用技术规范；

——第 41 部分：220kV 变电站 66kV－10Mvar－12%电抗率框架式并联电容器成套装置专用技术规范；

——第 42 部分：220kV 变电站 66kV－20Mvar－5%电抗率框架式并联电容器成套装置专用技术规范；

——第 43 部分：220kV 变电站 66kV－20Mvar－12%电抗率框架式并联电容器成套装置专用技术规范；

——第 44 部分：220kV 变电站 66kV－25Mvar－5%电抗率框架式并联电容器成套装置专用技术规范；

——第 45 部分：220kV 变电站 66kV－25Mvar－12%电抗率框架式并联电容器成套装置专用技术规范；

——第 46 部分：750（500）kV 变电站 66kV－60Mvar－5%电抗率框架式并联电容器成套装置专用技术规范；

——第 47 部分：750（500）kV 变电站 66kV－60Mvar－12%电抗率框架式并联电容器成套装置专用技术规范；

——第 48 部分：750kV 变电站 66kV－90Mvar－5%电抗率框架式并联电容器成套装置专用技术规范；

——第 49 部分：750kV 变电站 66kV－90Mvar－12%电抗率框架式并联电容器成套装置专用技术规范；

——第 50 部分：750kV 变电站 66kV－120Mvar－5%电抗率框架式并联电容器成套装置专用技术规范；

——第 51 部分：750kV 变电站 66kV－120Mvar－12%电抗率框架式并联电容器成套装置专用技术规范；

——第 52 部分：110（66）kV 变电站 10kV－3000kvar－1%电抗率集合式并联电容器成套装置专用技术规范；

——第 53 部分：110（66）kV 变电站 10kV－3000kvar－5%电抗率集合式并联电容器成套装置专用

技术规范；

——第 54 部分：110（66）kV 变电站 10kV－3000kvar－12%电抗率集合式并联电容器成套装置专用技术规范；

——第 55 部分：110（66）kV 变电站 10kV－3600kvar－1%电抗率集合式并联电容器成套装置专用技术规范；

——第 56 部分：110（66）kV 变电站 10kV－3600kvar－5%电抗率集合式并联电容器成套装置专用技术规范；

——第 57 部分：110（66）kV 变电站 10kV－3600kvar－12%电抗率集合式并联电容器成套装置专用技术规范；

——第 58 部分：110（66）kV 变电站 10kV－4800kvar－1%电抗率集合式并联电容器成套装置专用技术规范；

——第 59 部分：110（66）kV 变电站 10kV－4800kvar－5%电抗率集合式并联电容器成套装置专用技术规范；

——第 60 部分：110（66）kV 变电站 10kV－4800kvar－12%电抗率集合式并联电容器成套装置专用技术规范；

——第 61 部分：330（220）kV 变电站 35kV－20Mvar－5%电抗率集合式并联电容器成套装置专用技术规范；

——第 62 部分：330（220）kV 变电站 35kV－20Mvar－12%电抗率集合式并联电容器成套装置专用技术规范；

——第 63 部分：330kV 变电站 35kV－30Mvar－5%电抗率集合式并联电容器成套装置专用技术规范；

——第 64 部分：330kV 变电站 35kV－30Mvar－12%电抗率集合式并联电容器成套装置专用技术规范；

——第 65 部分：500kV 变电站 35kV－60Mvar－5%电抗率集合式并联电容器成套装置专用技术规范；

——第 66 部分：500kV 变电站 35kV－60Mvar－12%电抗率集合式并联电容器成套装置专用技术规范；

——第 67 部分：500kV 变电站 66kV－60Mvar－5%电抗率集合式并联电容器成套装置专用技术规范；

——第 68 部分：500kV 变电站 66kV－60Mvar－12%电抗率集合式并联电容器成套装置专用技术规范；

——第 69 部分：农网变电站 10kV－300kvar－1%电抗率框架式并联电容器成套装置专用技术规范；

——第 70 部分：农网变电站 10kV－300kvar－5%电抗率框架式并联电容器成套装置专用技术规范；

——第 71 部分：农网变电站 10kV－600kvar－1%电抗率框架式并联电容器成套装置专用技术规范；

——第 72 部分：农网变电站 10kV－600kvar－5%电抗率框架式并联电容器成套装置专用技术规范；

——第 73 部分：农网变电站 10kV－1000kvar－1%电抗率框架式并联电容器成套装置专用技术规范；

——第 74 部分：农网变电站 10kV－1000kvar－5%电抗率框架式并联电容器成套装置专用技术规范；

——第 75 部分：农网变电站 10kV－1200kvar－1%电抗率框架式并联电容器成套装置专用技术规范；

——第 76 部分：农网变电站 10kV－1200kvar－5%电抗率框架式并联电容器成套装置专用技术规范；

——第 77 部分：农网变电站 10kV－2000kvar－1%电抗率框架式并联电容器成套装置专用技术规范；

——第 78 部分：农网变电站 10kV－2000kvar－5%电抗率框架式并联电容器成套装置专用技术规范；

——第 79 部分：农网变电站 10kV－3000kvar－1%电抗率框架式并联电容器成套装置专用技术规范；

——第 80 部分：农网变电站 10kV－3000kvar－5%电抗率框架式并联电容器成套装置专用技术规范；

——第 81 部分：农网变电站 10kV－4000kvar－1%电抗率框架式并联电容器成套装置专用技术规范；

——第 82 部分：农网变电站 10kV－4000kvar－5%电抗率框架式并联电容器成套装置专用技术规范；

——第 83 部分：农网变电站 10kV－6000kvar－1%电抗率框架式并联电容器成套装置专用技术规范；

——第 84 部分：农网变电站 10kV－6000kvar－5%电抗率框架式并联电容器成套装置专用技术规范；

——第 85 部分：农网 10kV－150kvar－50kvar 柱上式并联电容器成套装置专用技术规范；

——第 86 部分：农网 10kV－300kvar－50kvar 柱上式并联电容器成套装置专用技术规范；

——第 87 部分：农网 10kV－450kvar－50kvar 柱上式并联电容器成套装置专用技术规范。

本部分为《35kV～750kV 变电站、农网变电站用并联电容器成套装置采购标准》的第 77 部分。

本部分代替 Q/GDW 13053.77—2014，与 Q/GDW 13053.77—2014 相比，主要技术性差异如下：

——修改了单台电容器短路放电试验要求；

——修改了单台电容器放电器件性能要求；

——修改了放电线圈放电性能要求。

本部分由国家电网有限公司物资部提出并解释。

本部分由国家电网有限公司科技部归口。

本部分起草单位：国网冀北电力有限公司，国网吉林省电力有限公司，中国电力科学研究院有限公司。

本部分主要起草人：国江，黄想，姜胜宝，林浩，张建军，路杰，王亚菲，李士雷，李卓伦，葛志成。

本部分 2014 年 8 月首次发布，2018 年 8 月第一次修订。

本部分在执行过程中的意见或建议反馈至国家电网有限公司科技部。

35kV～750kV 变电站、农网变电站用
并联电容器成套装置采购标准
第 77 部分：农网变电站 10kV－2000kvar－1%
电抗率框架式并联电容器成套装置专用技术规范

1 范围

本部分规定了农网变电站 10kV－2000kvar－1%电抗率框架式并联电容器成套装置招标的标准技术参数、项目需求及投标人响应的相关内容。

本部分适用于农网变电站 10kV－2000kvar－1%电抗率框架式并联电容器成套装置招标。

2 规范性引用文件

下列文件对于本文件的应用是必不可少的。凡是注日期的引用文件，仅所注日期的版本适用于本文件。凡是不注日期的引用文件，其最新版本（包括所有的修改单）适用于本文件。

Q/GDW 13053.1　35kV～750kV 变电站、农网变电站用并联电容器成套装置采购标准　第 1 部分：通用技术规范

3 术语和定义

下列术语和定义适用于本文件。

3.1
招标人　bidder
提出招标项目，进行招标的法人或其他组织。

3.2
投标人　tenderer
响应招标、参加投标竞争的法人或者其他组织。

3.3
卖方　seller
提供本部分货物和技术服务的法人或其他组织，包括其法定的承继者。

3.4
买方　buyer
购买本部分货物和技术服务的法人或其他组织，包括其法定的承继者和经许可的受让人。

4 标准技术参数

技术参数特性表是国家电网有限公司对采购设备的基础技术参数要求，在招投标过程中，投标人应依据招标文件，对技术参数特性表中标准参数值进行响应。农网变电站 10kV－2000kvar－1%电抗率框架式并联电容器成套装置技术参数特性见表 1。装置应满足 Q/GDW 13053.1 的要求。

表 1　技 术 参 数 特 性 表

序号	项　　目	单位	标准参数值
一			并联电容器装置
1	型号		TBB10－2000/334－AKW
2	额定电压	kV	10
3	额定容量	kvar	2000
4	额定电抗率	%	1
5	额定相电容	μF	57.8
6	电容器组额定电压（相）	kV	$10.5/\sqrt{3}$
7	电容器组电容与额定电容偏差	%	0～5
8	电容器组各相电容的最大值与最小值之比		≤1.02
9	接线方式		单星形
10	每相电容器串并联数		1 串 2 并
11	继电保护方式		开口三角电压保护
12	初始不平衡电流（或电压）二次计算值		（生产单位提供）
13	继电保护整定值		（生产单位提供）
14	在继电保护整定计算中，允许击穿串段比例		50%
15	装置接线图		—
16	电容器组围栏尺寸 （户内安装时应提供装置高度限值）	m	（项目单位提供）
17	电容器组进线方向和进线位置		围栏（长或宽）方向（上或下）进线
18	装置耐受短路电流能力	kA	（项目单位提供）
二			单台电容器
1	型号		BAM10.5/$\sqrt{3}$－334－1W 或 BFM10.5/$\sqrt{3}$－334－1W
2	额定电压	kV	$10.5/\sqrt{3}$
3	额定容量	kvar	334
4	设计场强（$K=1$）	kV/mm	≤57
5	局部放电性能	pC	局部放电量≤50
		U_N	温度下限时局部放电熄灭电压不低于 1.2
6	温度类别	℃	−/＋（项目单位提供）
7	套管结构		滚装一体化结构套管
8	引出端子及套管的要求	N	≥500（水平拉力）
9	电容器耐受爆破能量	kW·s	≥15
10	短路放电试验		2.5U_N 直流电压作用下，经电容器端子的最小间隙（短接线长度不应大于 1.5m），10min 内放电 5 次，电容量变化不超过 1 根内熔丝动作或一个元件击穿之量

表 1（续）

序号	项 目	单位	标准参数值
11	电容器内部元件串并数及附图		（生产单位提供）
12	单台电容器保护方式		内熔丝保护
13	内熔丝安装位置		元件之间或元件端部（采取有效隔离措施）
14	内熔丝试验		下限电压≤0.9$\sqrt{2}$ U_N 上限电压≥2.2$\sqrt{2}$ U_N
15	内熔丝结构电容器的完好元件允许过电压倍数		≤1.3 倍元件额定电压
16	放电器件性能		10min 内从 $\sqrt{2}$ U_N 降到 50V
17	电容器安装方式		立式或卧式（项目单位提供）
18	固体介质厚度及层数		—
19	浸渍剂		—
20	外绝缘海拔修正耐受试验电压（工频/雷电）	kV/kV	（需要修正时由项目单位提供）
三			放电线圈
1	型号		FDE10.5/$\sqrt{3}$－1.7－1W（油浸全密封）或 FDGE10.5/$\sqrt{3}$－1.7－1W（干式铁芯）
2	一次绕组的额定电压	kV	10.5/$\sqrt{3}$
3	二次绕组的额定电压	V	100
4	二次绕组的额定容量	VA	50
5	准确级		0.5
6	a. 工频耐受电压（1min）/试验电压	kV/kV	42
	b. 雷电冲击耐受电压/试验电压	kV/kV	75
	c. 一次绕组感应耐受电压		2.5U_1N/60s
	d. 二次绕组对地工频耐受电压	kV/min	3
7	结构方式		全密封或干式（干式宜户内使用） （项目单位提供）
8	配套电容器容量（相）	kvar	≥1700
9	放电性能		断开电源后，电容器组上的电压在 5s 内由 $\sqrt{2}$ U_N 降至 50V 以下
			在最大允许容量电容器组的 1.9$\sqrt{2}$ U_N 下放电不损坏
10	外绝缘海拔修正耐受试验电压（工频/雷电）	kV/kV	（需要修正时由项目单位提供）
四			金属氧化物避雷器
1	型号		YHWR5－17/45（复合）或 YWR5－17/45（瓷）
2	额定电压	kV	17
3	持续运行电压	kV	13.6
4	标称放电电流	kA	5

表1（续）

序号	项目	单位	标准参数值
5	标称放电电流下的残压	kV	45
6	2ms 方波通流容量	A	≥500
7	外绝缘海拔修正耐受试验电压（工频/雷电）	kV/kV	（需要修正时由项目单位提供）
五	支柱绝缘子		
1	额定电压	kV	10
2	额定抗弯强度	N·m	—
3	爬电比距	mm/kV	（项目单位提供）
4	外绝缘海拔修正耐受试验电压（工频/雷电）	kV/kV	（需要修正时由项目单位提供）
5	安装方式		正装
六	隔离开关和接地开关		
1	型号		GW－12/200 或 GN－12/200
2	额定电压	kV	12
3	额定短时耐受电流及持续时间	kA（4s）	（项目单位提供）
4	额定峰值耐受电流	kA	（项目单位提供）
5	额定电流（隔离开关）	A	≥200
6	型号		（项目单位提供）
7	外绝缘海拔修正耐受试验电压（工频/雷电）	kV/kV	（需要修正时由项目单位提供）
七	串联电抗器		
1	型号		CKDK－10－□/□－1（干式空心）或 CKSC－10－□/□－1（干式铁芯）
2	额定电压	kV	10
3	额定电感	H	—
4	额定电流	A	—
5	损耗	kW/kvar	— —
6	温升	K	≤70
7	电抗率	%	≤1
8	绝缘水平（工频/雷电）	kV/kV	42/75
9	噪声	dB	≤50
10	电感值偏差	%	0～10
11	外绝缘海拔修正耐受试验电压（工频/雷电）	kV/kV	（需要修正时由项目单位提供）
12	三相间电感偏差	%	每相电抗与三相平均值的偏差不大于±2%
13	安装布置方式		（项目单位提供）

5 组件材料配置表

组件材料配置表包括元件名称、规格形式参数、单位、数量和产地等信息，具体内容和格式根据招标项目情况进行编制。

6 使用环境条件表

典型农网变电站10kV－2000kvar－1%电抗率集合式并联电容器成套装置使用环境条件见表2。特殊环境要求根据项目情况进行编制。

表2 使用环境条件表

序号	名 称		单位	标准参数值
1	环境温度	最高日温度	℃	＋40
		最低日温度		－25
		最大日温差		25
2	海拔		m	≤1000
3	太阳辐射强度		W/cm²	0.11
4	污秽等级			Ⅲ（d）
5	覆冰厚度		mm	10
6	风速/风压		（m/s）/Pa	35/700
7	相对湿度	最大日相对湿度	%	≤95
		最大月平均相对湿度		≤90
8	耐受地震能力（指水平加速度，安全系数不小于1.67。水平加速度应计及设备支架的动力放大系数1.2）		m/s²	2
注：有较严酷使用条件时，如低温、高海拔、重污秽等，项目单位应提出相应差异要求				

7 投标人提供的其他资料

投标人提供的其他资料如下：

a) 耐久性试验报告（应提供）；

b) 保护计算单（应提供）；

c) 抗震计算或试验报告（应提供，10kV 装置除外）；

d) 装置的爆破能量计算单（应提供）；

e) 其他提高装置质量或运行可靠性的研究报告、研究性试验等；

f) 新结构方式等。

ICS 29.240

Q/GDW

国家电网有限公司企业标准

Q/GDW 13053.78—2018
代替 Q/GDW 13053.78—2014

35kV～750kV 变电站、农网变电站用并联电容器成套装置采购标准 第 78 部分：农网变电站 10kV-2000kvar-5%电抗率框架式并联电容器成套装置专用技术规范

Purchasing standard for shunt capacitor installation of 35kV～750kV and rural power network substation
Part 78: Special technical specification for 10kV-2000kvar-5% reactance ratio frame-type shunt capacitor installation of rural power network substation

2019-06-28发布

2019-06-28实施

国家电网有限公司 发 布

目　次

Q／GDW 13053.78—2018

前　言

为规范农网变电站 10kV−2000kvar−5%电抗率框架式并联电容器成套装置的采购，制定本部分。

《35kV～750kV 变电站、农网变电站用并联电容器成套装置采购标准》分为 87 个部分：

——第 1 部分：通用技术规范；

——第 2 部分：35kV 变电站 10kV−1000kvar−1%电抗率框架式并联电容器成套装置专用技术规范；

——第 3 部分：35kV 变电站 10kV−1000kvar−12%电抗率框架式并联电容器成套装置专用技术规范；

——第 4 部分：66kV 变电站 10kV−1000kvar−5%电抗率框架式并联电容器成套装置专用技术规范；

——第 5 部分：110（66）kV 变电站 10kV−2000kvar−1%电抗率框架式并联电容器成套装置专用技术规范；

——第 6 部分：110（66）kV 变电站 10kV−2000kvar−5%电抗率框架式并联电容器成套装置专用技术规范；

——第 7 部分：110（66）kV 变电站 10kV−2000kvar−12%电抗率框架式并联电容器成套装置专用技术规范；

——第 8 部分：110（66）kV 变电站 10kV−3000kvar−1%电抗率框架式并联电容器成套装置专用技术规范；

——第 9 部分：110（66）kV 变电站 10kV−3000kvar−5%电抗率框架式并联电容器成套装置专用技术规范；

——第 10 部分：110（66）kV 变电站 10kV−3000kvar−12%电抗率框架式并联电容器成套装置专用技术规范；

——第 11 部分：110（66）kV 变电站 10kV−3600kvar−1%电抗率框架式并联电容器成套装置专用技术规范；

——第 12 部分：110（66）kV 变电站 10kV−3600kvar−5%电抗率框架式并联电容器成套装置专用技术规范；

——第 13 部分：110（66）kV 变电站 10kV−3600kvar−12%电抗率框架式并联电容器成套装置专用技术规范；

——第 14 部分：110（66）kV 变电站 10kV−4000kvar−1%电抗率框架式并联电容器成套装置专用技术规范；

——第 15 部分：110（66）kV 变电站 10kV−4000kvar−5%电抗率框架式并联电容器成套装置专用技术规范；

——第 16 部分：110（66）kV 变电站 10kV−4000kvar−12%电抗率框架式并联电容器成套装置专用技术规范；

——第 17 部分：110（66）kV 变电站 10kV−4800kvar−1%电抗率框架式并联电容器成套装置专用技术规范；

——第 18 部分：110（66）kV 变电站 10kV−4800kvar−5%电抗率框架式并联电容器成套装置专用技术规范；

——第 19 部分：110（66）kV 变电站 10kV−4800kvar−12%电抗率框架式并联电容器成套装置专用技术规范；

——第 20 部分：110（66）kV 变电站 10kV−5000kvar−1%电抗率框架式并联电容器成套装置专用技术规范；

——第 21 部分：110（66）kV 变电站 10kV－5000kvar－5%电抗率框架式并联电容器成套装置专用技术规范；

——第 22 部分：110（66）kV 变电站 10kV－5000kvar－12%电抗率框架式并联电容器成套装置专用技术规范；

——第 23 部分：110（66）kV 变电站 10kV－6000kvar－1%电抗率框架式并联电容器成套装置专用技术规范；

——第 24 部分：110（66）kV 变电站 10kV－6000kvar－5%电抗率框架式并联电容器成套装置专用技术规范；

——第 25 部分：110（66）kV 变电站 10kV－6000kvar－12%电抗率框架式并联电容器成套装置专用技术规范；

——第 26 部分：220kV 变电站 10kV－8000kvar－5%电抗率框架式并联电容器成套装置专用技术规范；

——第 27 部分：220kV 变电站 10kV－8000kvar－12%电抗率框架式并联电容器成套装置专用技术规范；

——第 28 部分：220kV 变电站 10kV－10Mvar－5%电抗率框架式并联电容器成套装置专用技术规范；

——第 29 部分：220kV 变电站 10kV－10Mvar－12%电抗率框架式并联电容器成套装置专用技术规范；

——第 30 部分：220kV 变电站 35kV－10Mvar－5%电抗率框架式并联电容器成套装置专用技术规范；

——第 31 部分：220kV 变电站 35kV－10Mvar－12%电抗率框架式并联电容器成套装置专用技术规范；

——第 32 部分：330（220）kV 变电站 35kV－20Mvar－5%电抗率框架式并联电容器成套装置专用技术规范；

——第 33 部分：330（220）kV 变电站 35kV－20Mvar－12%电抗率框架式并联电容器成套装置专用技术规范；

——第 34 部分：330kV 变电站 35kV－30Mvar－5%电抗率框架式并联电容器成套装置专用技术规范；

——第 35 部分：330kV 变电站 35kV－30Mvar－12%电抗率框架式并联电容器成套装置专用技术规范；

——第 36 部分：330kV 变电站 35kV－40Mvar－5%电抗率框架式并联电容器成套装置专用技术规范；

——第 37 部分：330kV 变电站 35kV－40Mvar－12%电抗率框架式并联电容器成套装置专用技术规范；

——第 38 部分：500kV 变电站 35kV－60Mvar－5%电抗率框架式并联电容器成套装置专用技术规范；

——第 39 部分：500kV 变电站 35kV－60Mvar－12%电抗率框架式并联电容器成套装置专用技术规范；

——第 40 部分：220kV 变电站 66kV－10Mvar－5%电抗率框架式并联电容器成套装置专用技术规范；

——第 41 部分：220kV 变电站 66kV－10Mvar－12%电抗率框架式并联电容器成套装置专用技术规范；

——第 42 部分：220kV 变电站 66kV－20Mvar－5%电抗率框架式并联电容器成套装置专用技术规范；

——第 43 部分：220kV 变电站 66kV－20Mvar－12%电抗率框架式并联电容器成套装置专用技术规范；

——第 44 部分：220kV 变电站 66kV－25Mvar－5%电抗率框架式并联电容器成套装置专用技术规范；

——第 45 部分：220kV 变电站 66kV－25Mvar－12%电抗率框架式并联电容器成套装置专用技术规范；

——第 46 部分：750（500）kV 变电站 66kV－60Mvar－5%电抗率框架式并联电容器成套装置专用技术规范；

——第 47 部分：750（500）kV 变电站 66kV－60Mvar－12%电抗率框架式并联电容器成套装置专用技术规范；

——第 48 部分：750kV 变电站 66kV－90Mvar－5%电抗率框架式并联电容器成套装置专用技术规范；

——第 49 部分：750kV 变电站 66kV－90Mvar－12%电抗率框架式并联电容器成套装置专用技术规范；

——第 50 部分：750kV 变电站 66kV－120Mvar－5%电抗率框架式并联电容器成套装置专用技术规范；

——第 51 部分：750kV 变电站 66kV－120Mvar－12%电抗率框架式并联电容器成套装置专用技术规范；

——第 52 部分：110（66）kV 变电站 10kV－3000kvar－1%电抗率集合式并联电容器成套装置专用技术规范；

——第 53 部分：110（66）kV 变电站 10kV－3000kvar－5%电抗率集合式并联电容器成套装置专用

技术规范；

——第 54 部分：110（66）kV 变电站 10kV－3000kvar－12%电抗率集合式并联电容器成套装置专用技术规范；

——第 55 部分：110（66）kV 变电站 10kV－3600kvar－1%电抗率集合式并联电容器成套装置专用技术规范；

——第 56 部分：110（66）kV 变电站 10kV－3600kvar－5%电抗率集合式并联电容器成套装置专用技术规范；

——第 57 部分：110（66）kV 变电站 10kV－3600kvar－12%电抗率集合式并联电容器成套装置专用技术规范；

——第 58 部分：110（66）kV 变电站 10kV－4800kvar－1%电抗率集合式并联电容器成套装置专用技术规范；

——第 59 部分：110（66）kV 变电站 10kV－4800kvar－5%电抗率集合式并联电容器成套装置专用技术规范；

——第 60 部分：110（66）kV 变电站 10kV－4800kvar－12%电抗率集合式并联电容器成套装置专用技术规范；

——第 61 部分：330（220）kV 变电站 35kV－20Mvar－5%电抗率集合式并联电容器成套装置专用技术规范；

——第 62 部分：330（220）kV 变电站 35kV－20Mvar－12%电抗率集合式并联电容器成套装置专用技术规范；

——第 63 部分：330kV 变电站 35kV－30Mvar－5%电抗率集合式并联电容器成套装置专用技术规范；

——第 64 部分：330kV 变电站 35kV－30Mvar－12%电抗率集合式并联电容器成套装置专用技术规范；

——第 65 部分：500kV 变电站 35kV－60Mvar－5%电抗率集合式并联电容器成套装置专用技术规范；

——第 66 部分：500kV 变电站 35kV－60Mvar－12%电抗率集合式并联电容器成套装置专用技术规范；

——第 67 部分：500kV 变电站 66kV－60Mvar－5%电抗率集合式并联电容器成套装置专用技术规范；

——第 68 部分：500kV 变电站 66kV－60Mvar－12%电抗率集合式并联电容器成套装置专用技术规范；

——第 69 部分：农网变电站 10kV－300kvar－1%电抗率框架式并联电容器成套装置专用技术规范；

——第 70 部分：农网变电站 10kV－300kvar－5%电抗率框架式并联电容器成套装置专用技术规范；

——第 71 部分：农网变电站 10kV－600kvar－1%电抗率框架式并联电容器成套装置专用技术规范；

——第 72 部分：农网变电站 10kV－600kvar－5%电抗率框架式并联电容器成套装置专用技术规范；

——第 73 部分：农网变电站 10kV－1000kvar－1%电抗率框架式并联电容器成套装置专用技术规范；

——第 74 部分：农网变电站 10kV－1000kvar－5%电抗率框架式并联电容器成套装置专用技术规范；

——第 75 部分：农网变电站 10kV－1200kvar－1%电抗率框架式并联电容器成套装置专用技术规范；

——第 76 部分：农网变电站 10kV－1200kvar－5%电抗率框架式并联电容器成套装置专用技术规范；

——第 77 部分：农网变电站 10kV－2000kvar－1%电抗率框架式并联电容器成套装置专用技术规范；

——第 78 部分：农网变电站 10kV－2000kvar－5%电抗率框架式并联电容器成套装置专用技术规范；

——第 79 部分：农网变电站 10kV－3000kvar－1%电抗率框架式并联电容器成套装置专用技术规范；

——第 80 部分：农网变电站 10kV－3000kvar－5%电抗率框架式并联电容器成套装置专用技术规范；

——第 81 部分：农网变电站 10kV－4000kvar－1%电抗率框架式并联电容器成套装置专用技术规范；

——第 82 部分：农网变电站 10kV－4000kvar－5%电抗率框架式并联电容器成套装置专用技术规范；

——第 83 部分：农网变电站 10kV－6000kvar－1%电抗率框架式并联电容器成套装置专用技术规范；

——第 84 部分：农网变电站 10kV－6000kvar－5%电抗率框架式并联电容器成套装置专用技术规范；

——第 85 部分：农网 10kV－150kvar－50kvar 柱上式并联电容器成套装置专用技术规范；

——第 86 部分：农网 10kV－300kvar－50kvar 柱上式并联电容器成套装置专用技术规范；

——第 87 部分： 农网 10kV－450kvar－50kvar 柱上式并联电容器成套装置专用技术规范。

本部分为《35kV～750kV 变电站、农网变电站用并联电容器成套装置采购标准》的第 78 部分。

本部分代替 Q/GDW 13053.78—2014，与 Q/GDW 13053.78—2014 相比，主要技术性差异如下：

——修改了单台电容器短路放电试验要求；

——修改了单台电容器放电器件性能要求；

——修改了放电线圈放电性能要求。

本部分由国家电网有限公司物资部提出并解释。

本部分由国家电网有限公司科技部归口。

本部分起草单位：国网冀北电力有限公司，国网吉林省电力有限公司，中国电力科学研究院有限公司。

本部分主要起草人：国江，姜胜宝，林浩，黄想，张建军，路杰，王亚菲，李士雷，李卓伦，葛志成，邓志轩。

本部分 2014 年 8 月首次发布，2018 年 8 月第一次修订。

本部分在执行过程中的意见或建议反馈至国家电网有限公司科技部。

35kV～750kV 变电站、农网变电站用
并联电容器成套装置采购标准
第78部分：农网变电站10kV-2000kvar-5%
电抗率框架式并联电容器成套装置专用技术规范

1 范围

本部分规定了农网变电站 10kV-2000kvar-5%电抗率框架式并联电容器成套装置招标的标准技术参数、项目需求及投标人响应的相关内容。

本部分适用于农网变电站 10kV-2000kvar-5%电抗率框架式并联电容器成套装置招标。

2 规范性引用文件

下列文件对于本文件的应用是必不可少的。凡是注日期的引用文件，仅所注日期的版本适用于本文件。凡是不注日期的引用文件，其最新版本（包括所有的修改单）适用于本文件。

Q/GDW 13053.1 35kV～750kV 变电站、农网变电站用并联电容器成套装置采购标准 第1部分：通用技术规范

3 术语和定义

下列术语和定义适用于本文件。

3.1

招标人 bidder

提出招标项目，进行招标的法人或其他组织。

3.2

投标人 tenderer

响应招标、参加投标竞争的法人或者其他组织。

3.3

卖方 seller

提供本部分货物和技术服务的法人或其他组织，包括其法定的承继者。

3.4

买方 buyer

购买本部分货物和技术服务的法人或其他组织，包括其法定的承继者和经许可的受让人。

4 标准技术参数

技术参数特性表是国家电网有限公司对采购设备的基础技术参数要求，在招投标过程中，投标人应依据招标文件，对技术参数特性表中标准参数值进行响应。农网变电站 10kV-2000kvar-5%电抗率框架式并联电容器成套装置技术参数特性见表1。装置应满足 Q/GDW 13053.1 的要求。

表1 技术参数特性表

序号	项　目	单位	标准参数值
一	并联电容器装置		
1	型号		TBB10－2000/334－AKW
2	额定电压	kV	10
3	额定容量	kvar	2000
4	额定电抗率	%	5
5	额定相电容	μF	52.6
6	电容器组额定电压（相）	kV	$11/\sqrt{3}$
7	电容器组电容与额定电容偏差	%	0～5
8	电容器组各相电容的最大值与最小值之比		≤1.02
9	接线方式		单星形
10	每相电容器串并联数		1串2并
11	继电保护方式		开口三角电压保护
12	初始不平衡电流（或电压）二次计算值		（生产单位提供）
13	继电保护整定值		（生产单位提供）
14	在继电保护整定计算中，允许击穿串段比例		50%
15	装置接线图		—
16	电容器组围栏尺寸（户内安装时应提供装置高度限值）	m	（项目单位提供）
17	电容器组进线方向和进线位置		围栏（长或宽）方向（上或下）进线
18	装置耐受短路电流能力	kA	（项目单位提供）
二	单台电容器		
1	型号		BAM11/$\sqrt{3}$－334－1W 或 BFM11/$\sqrt{3}$－334－1W
2	额定电压	kV	$11/\sqrt{3}$
3	额定容量	kvar	334
4	设计场强（K=1）	kV/mm	≤57
5	局部放电性能	pC	局部放电量≤50
		U_N	温度下限时局部放电熄灭电压不低于1.2
6	温度类别	℃	－/+（项目单位提供）
7	套管结构		滚装一体化结构套管
8	引出端子及套管的要求	N	≥500（水平拉力）
9	电容器耐受爆破能量	kW·s	≥15
10	短路放电试验		$2.5U_N$直流电压作用下，经电容器端子的最小间隙（短接线长度不应大于1.5m），10min内放电5次，电容量变化不超过1根内熔丝动作或一个元件击穿之量

表 1（续）

序号	项　　目	单位	标准参数值
11	电容器内部元件串并数及附图		（生产单位提供）
12	单台电容器保护方式		内熔丝保护
13	内熔丝安装位置		元件之间或元件端部（采取有效隔离措施）
14	内熔丝试验		下限电压≤$0.9\sqrt{2}\,U_N$ 上限电压≥$2.2\sqrt{2}\,U_N$
15	内熔丝结构电容器的完好元件允许过电压倍数		≤1.3 倍元件额定电压
16	放电器件性能		10min 内从 $\sqrt{2}\,U_N$ 降到 50V
17	电容器安装方式		立式或卧式（项目单位提供）
18	固体介质厚度及层数		—
19	浸渍剂		—
20	外绝缘海拔修正耐受试验电压（工频/雷电）	kV/kV	（需要修正时由项目单位提供）
三			放电线圈
1	型号		FDE11/$\sqrt{3}$－1.7－1W（油浸全密封）或 FDGE11/$\sqrt{3}$－1.7－1W（干式）
2	一次绕组的额定电压	kV	11/$\sqrt{3}$
3	二次绕组的额定电压	V	100
4	二次绕组的额定容量	VA	50
5	准确级		0.5
6	a. 工频耐受电压（1min）/试验电压	kV/kV	42
	b. 雷电冲击耐受电压/试验电压	kV/kV	75
	c. 一次绕组感应耐受电压		$2.5U_{IN}/60s$
	d. 二次绕组对地工频耐受电压	kV/min	3
7	结构方式		全密封或干式（干式宜户内使用） （项目单位提供）
8	配套电容器容量（相）	kvar	≥1700
9	放电性能		断开电源后，电容器组上的电压在 5s 内由 $\sqrt{2}\,U_N$ 降至 50V 以下
			在最大允许容量电容器组的 $1.9\sqrt{2}\,U_N$ 下放电不损坏
10	外绝缘海拔修正耐受试验电压（工频/雷电）	kV/kV	（需要修正时由项目单位提供）
四			金属氧化物避雷器
1	型号		YHWR5－17/45（复合）或 YWR5－17/45（瓷）
2	额定电压	kV	17
3	持续运行电压	kV	13.6
4	标称放电电流	kA	5

表1（续）

序号	项　目	单位	标准参数值
5	标称放电电流下的残压	kV	45
6	2ms 方波通流容量	A	≥500
7	外绝缘海拔修正耐受试验电压（工频/雷电）	kV/kV	（需要修正时由项目单位提供）
五			支柱绝缘子
1	额定电压	kV	10
2	额定抗弯强度	N·m	—
3	爬电比距	mm/kV	（项目单位提供）
4	外绝缘海拔修正耐受试验电压（工频/雷电）	kV/kV	（需要修正时由项目单位提供）
5	安装方式		正装
六			隔离开关和接地开关
1	型号		GW－12/200 或 GN－12/200
2	额定电压	kV	12
3	额定短时耐受电流及持续时间	kA（4s）	（项目单位提供）
4	额定峰值耐受电流	kA	（项目单位提供）
5	额定电流（隔离开关）	A	≥200
6	型号		（项目单位提供）
7	外绝缘海拔修正耐受试验电压（工频/雷电）	kV/kV	（需要修正时由项目单位提供）
七			串联电抗器
1	型号		CKDK－10－33.4/0.32－5（干式空心）或 CKSC－10－100/0.32－5（干式铁芯）
2	额定电压	kV	10
3	额定端电压	kV	0.32
4	额定容量	kvar	33.4 或 100
5	额定电感	mH	9.6
6	额定电流	A	105
7	损耗	kW/kvar	— —
8	温升	K	≤70
9	电抗率	%	5
10	绝缘水平（工频/雷电）	kV/kV	42/75
11	噪声	dB	≤50
12	电感值偏差	%	0～5
13	外绝缘海拔修正耐受试验电压（工频/雷电）	kV/kV	（需要修正时由项目单位提供）
14	三相间电感偏差	%	每相电抗与三相平均值的偏差不大于±2%
15	安装布置方式		（项目单位提供）

5 组件材料配置表

组件材料配置表包括元件名称、规格形式参数、单位、数量和产地等信息，具体内容和格式根据招标项目情况进行编制。

6 使用环境条件表

典型农网变电站 10kV－2000kvar－5%电抗率集合式并联电容器成套装置使用环境条件见表2。特殊环境要求根据项目情况进行编制。

表 2 使 用 环 境 条 件 表

序号	名 称		单位	标准参数值
1	环境温度	最高日温度	℃	+40
		最低日温度		－25
		最大日温差		25
2	海拔		m	≤1000
3	太阳辐射强度		W/cm²	0.11
4	污秽等级			Ⅲ（d）
5	覆冰厚度		mm	10
6	风速/风压		（m/s）/Pa	35/700
7	相对湿度	最大日相对湿度	%	≤95
		最大月平均相对湿度		≤90
8	耐受地震能力（指水平加速度，安全系数不小于1.67。水平加速度应计及设备支架的动力放大系数1.2）		m/s²	2
注：有较严酷使用条件时，如低温、高海拔、重污秽等，项目单位应提出相应差异要求				

7 投标人提供的其他资料

投标人提供的其他资料如下：

a) 耐久性试验报告（应提供）；

b) 保护计算单（应提供）；

c) 抗震计算或试验报告（应提供，10kV 装置除外）；

d) 装置的爆破能量计算单（应提供）；

e) 其他提高装置质量或运行可靠性的研究报告、研究性试验等；

f) 新结构方式等。

ICS 29.240

Q/GDW

国家电网有限公司企业标准

Q/GDW 13053.79—2018
代替 Q/GDW 13053.79—2014

35kV～750kV 变电站、农网变电站用并联电容器成套装置采购标准

第 79 部分：农网变电站 10kV-3000kvar-1%电抗率框架式并联电容器成套装置专用技术规范

Purchasing standard for shunt capacitor installation of 35kV～750kV and rural power network substation

Part 79: Special technical specification for 10kV-3000kvar-1% reactance ratio frame-type shunt capacitor installation of rural power network substation

2019-06-28发布　　　　　　　　　　　　　　　　2019-06-28实施

国家电网有限公司　　发 布

目　次

前　言

为规范农网变电站 10kV－3000kvar－1%电抗率框架式并联电容器成套装置的采购，制定本部分。

《35kV～750kV 变电站、农网变电站用并联电容器成套装置采购标准》分为 87 个部分：

——第 1 部分：通用技术规范；

——第 2 部分：35kV 变电站 10kV－1000kvar－1%电抗率框架式并联电容器成套装置专用技术规范；

——第 3 部分：35kV 变电站 10kV－1000kvar－12%电抗率框架式并联电容器成套装置专用技术规范；

——第 4 部分：66kV 变电站 10kV－1000kvar－5%电抗率框架式并联电容器成套装置专用技术规范；

——第 5 部分：110（66）kV 变电站 10kV－2000kvar－1%电抗率框架式并联电容器成套装置专用技术规范；

——第 6 部分：110（66）kV 变电站 10kV－2000kvar－5%电抗率框架式并联电容器成套装置专用技术规范；

——第 7 部分：110（66）kV 变电站 10kV－2000kvar－12%电抗率框架式并联电容器成套装置专用技术规范；

——第 8 部分：110（66）kV 变电站 10kV－3000kvar－1%电抗率框架式并联电容器成套装置专用技术规范；

——第 9 部分：110（66）kV 变电站 10kV－3000kvar－5%电抗率框架式并联电容器成套装置专用技术规范；

——第 10 部分：110（66）kV 变电站 10kV－3000kvar－12%电抗率框架式并联电容器成套装置专用技术规范；

——第 11 部分：110（66）kV 变电站 10kV－3600kvar－1%电抗率框架式并联电容器成套装置专用技术规范；

——第 12 部分：110（66）kV 变电站 10kV－3600kvar－5%电抗率框架式并联电容器成套装置专用技术规范；

——第 13 部分：110（66）kV 变电站 10kV－3600kvar－12%电抗率框架式并联电容器成套装置专用技术规范；

——第 14 部分：110（66）kV 变电站 10kV－4000kvar－1%电抗率框架式并联电容器成套装置专用技术规范；

——第 15 部分：110（66）kV 变电站 10kV－4000kvar－5%电抗率框架式并联电容器成套装置专用技术规范；

——第 16 部分：110（66）kV 变电站 10kV－4000kvar－12%电抗率框架式并联电容器成套装置专用技术规范；

——第 17 部分：110（66）kV 变电站 10kV－4800kvar－1%电抗率框架式并联电容器成套装置专用技术规范；

——第 18 部分：110（66）kV 变电站 10kV－4800kvar－5%电抗率框架式并联电容器成套装置专用技术规范；

——第 19 部分：110（66）kV 变电站 10kV－4800kvar－12%电抗率框架式并联电容器成套装置专用技术规范；

——第 20 部分：110（66）kV 变电站 10kV－5000kvar－1%电抗率框架式并联电容器成套装置专用技术规范；

——第 21 部分：110（66）kV 变电站 10kV－5000kvar－5%电抗率框架式并联电容器成套装置专用技术规范；

——第 22 部分：110（66）kV 变电站 10kV－5000kvar－12%电抗率框架式并联电容器成套装置专用技术规范；

——第 23 部分：110（66）kV 变电站 10kV－6000kvar－1%电抗率框架式并联电容器成套装置专用技术规范；

——第 24 部分：110（66）kV 变电站 10kV－6000kvar－5%电抗率框架式并联电容器成套装置专用技术规范；

——第 25 部分：110（66）kV 变电站 10kV－6000kvar－12%电抗率框架式并联电容器成套装置专用技术规范；

——第 26 部分：220kV 变电站 10kV－8000kvar－5%电抗率框架式并联电容器成套装置专用技术规范；

——第 27 部分：220kV 变电站 10kV－8000kvar－12%电抗率框架式并联电容器成套装置专用技术规范；

——第 28 部分：220kV 变电站 10kV－10Mvar－5%电抗率框架式并联电容器成套装置专用技术规范；

——第 29 部分：220kV 变电站 10kV－10Mvar－12%电抗率框架式并联电容器成套装置专用技术规范；

——第 30 部分：220kV 变电站 35kV－10Mvar－5%电抗率框架式并联电容器成套装置专用技术规范；

——第 31 部分：220kV 变电站 35kV－10Mvar－12%电抗率框架式并联电容器成套装置专用技术规范；

——第 32 部分：330（220）kV 变电站 35kV－20Mvar－5%电抗率框架式并联电容器成套装置专用技术规范；

——第 33 部分：330（220）kV 变电站 35kV－20Mvar－12%电抗率框架式并联电容器成套装置专用技术规范；

——第 34 部分：330kV 变电站 35kV－30Mvar－5%电抗率框架式并联电容器成套装置专用技术规范；

——第 35 部分：330kV 变电站 35kV－30Mvar－12%电抗率框架式并联电容器成套装置专用技术规范；

——第 36 部分：330kV 变电站 35kV－40Mvar－5%电抗率框架式并联电容器成套装置专用技术规范；

——第 37 部分：330kV 变电站 35kV－40Mvar－12%电抗率框架式并联电容器成套装置专用技术规范；

——第 38 部分：500kV 变电站 35kV－60Mvar－5%电抗率框架式并联电容器成套装置专用技术规范；

——第 39 部分：500kV 变电站 35kV－60Mvar－12%电抗率框架式并联电容器成套装置专用技术规范；

——第 40 部分：220kV 变电站 66kV－10Mvar－5%电抗率框架式并联电容器成套装置专用技术规范；

——第 41 部分：220kV 变电站 66kV－10Mvar－12%电抗率框架式并联电容器成套装置专用技术规范；

——第 42 部分：220kV 变电站 66kV－20Mvar－5%电抗率框架式并联电容器成套装置专用技术规范；

——第 43 部分：220kV 变电站 66kV－20Mvar－12%电抗率框架式并联电容器成套装置专用技术规范；

——第 44 部分：220kV 变电站 66kV－25Mvar－5%电抗率框架式并联电容器成套装置专用技术规范；

——第 45 部分：220kV 变电站 66kV－25Mvar－12%电抗率框架式并联电容器成套装置专用技术规范；

——第 46 部分：750（500）kV 变电站 66kV－60Mvar－5%电抗率框架式并联电容器成套装置专用技术规范；

——第 47 部分：750（500）kV 变电站 66kV－60Mvar－12%电抗率框架式并联电容器成套装置专用技术规范；

——第 48 部分：750kV 变电站 66kV－90Mvar－5%电抗率框架式并联电容器成套装置专用技术规范；

——第 49 部分：750kV 变电站 66kV－90Mvar－12%电抗率框架式并联电容器成套装置专用技术规范；

——第 50 部分：750kV 变电站 66kV－120Mvar－5%电抗率框架式并联电容器成套装置专用技术规范；

——第 51 部分：750kV 变电站 66kV－120Mvar－12%电抗率框架式并联电容器成套装置专用技术规范；

——第 52 部分：110（66）kV 变电站 10kV－3000kvar－1%电抗率集合式并联电容器成套装置专用技术规范；

——第 53 部分：110（66）kV 变电站 10kV－3000kvar－5%电抗率集合式并联电容器成套装置专用

技术规范；

——第 54 部分：110（66）kV 变电站 10kV－3000kvar－12%电抗率集合式并联电容器成套装置专用技术规范；

——第 55 部分：110（66）kV 变电站 10kV－3600kvar－1%电抗率集合式并联电容器成套装置专用技术规范；

——第 56 部分：110（66）kV 变电站 10kV－3600kvar－5%电抗率集合式并联电容器成套装置专用技术规范；

——第 57 部分：110（66）kV 变电站 10kV－3600kvar－12%电抗率集合式并联电容器成套装置专用技术规范；

——第 58 部分：110（66）kV 变电站 10kV－4800kvar－1%电抗率集合式并联电容器成套装置专用技术规范；

——第 59 部分：110（66）kV 变电站 10kV－4800kvar－5%电抗率集合式并联电容器成套装置专用技术规范；

——第 60 部分：110（66）kV 变电站 10kV－4800kvar－12%电抗率集合式并联电容器成套装置专用技术规范；

——第 61 部分：330（220）kV 变电站 35kV－20Mvar－5%电抗率集合式并联电容器成套装置专用技术规范；

——第 62 部分：330（220）kV 变电站 35kV－20Mvar－12%电抗率集合式并联电容器成套装置专用技术规范；

——第 63 部分：330kV 变电站 35kV－30Mvar－5%电抗率集合式并联电容器成套装置专用技术规范；

——第 64 部分：330kV 变电站 35kV－30Mvar－12%电抗率集合式并联电容器成套装置专用技术规范；

——第 65 部分：500kV 变电站 35kV－60Mvar－5%电抗率集合式并联电容器成套装置专用技术规范；

——第 66 部分：500kV 变电站 35kV－60Mvar－12%电抗率集合式并联电容器成套装置专用技术规范；

——第 67 部分：500kV 变电站 66kV－60Mvar－5%电抗率集合式并联电容器成套装置专用技术规范；

——第 68 部分：500kV 变电站 66kV－60Mvar－12%电抗率集合式并联电容器成套装置专用技术规范；

——第 69 部分：农网变电站 10kV－300kvar－1%电抗率框架式并联电容器成套装置专用技术规范；

——第 70 部分：农网变电站 10kV－300kvar－5%电抗率框架式并联电容器成套装置专用技术规范；

——第 71 部分：农网变电站 10kV－600kvar－1%电抗率框架式并联电容器成套装置专用技术规范；

——第 72 部分：农网变电站 10kV－600kvar－5%电抗率框架式并联电容器成套装置专用技术规范；

——第 73 部分：农网变电站 10kV－1000kvar－1%电抗率框架式并联电容器成套装置专用技术规范；

——第 74 部分：农网变电站 10kV－1000kvar－5%电抗率框架式并联电容器成套装置专用技术规范；

——第 75 部分：农网变电站 10kV－1200kvar－1%电抗率框架式并联电容器成套装置专用技术规范；

——第 76 部分：农网变电站 10kV－1200kvar－5%电抗率框架式并联电容器成套装置专用技术规范；

——第 77 部分：农网变电站 10kV－2000kvar－1%电抗率框架式并联电容器成套装置专用技术规范；

——第 78 部分：农网变电站 10kV－2000kvar－5%电抗率框架式并联电容器成套装置专用技术规范；

——第 79 部分：农网变电站 10kV－3000kvar－1%电抗率框架式并联电容器成套装置专用技术规范；

——第 80 部分：农网变电站 10kV－3000kvar－5%电抗率框架式并联电容器成套装置专用技术规范；

——第 81 部分：农网变电站 10kV－4000kvar－1%电抗率框架式并联电容器成套装置专用技术规范；

——第 82 部分：农网变电站 10kV－4000kvar－5%电抗率框架式并联电容器成套装置专用技术规范；

——第 83 部分：农网变电站 10kV－6000kvar－1%电抗率框架式并联电容器成套装置专用技术规范；

——第 84 部分：农网变电站 10kV－6000kvar－5%电抗率框架式并联电容器成套装置专用技术规范；

——第 85 部分：农网 10kV－150kvar－50kvar 柱上式并联电容器成套装置专用技术规范；

——第 86 部分：农网 10kV－300kvar－50kvar 柱上式并联电容器成套装置专用技术规范；

——第 87 部分：农网 10kV－450kvar－50kvar 柱上式并联电容器成套装置专用技术规范。

本部分为《35kV～750kV 变电站、农网变电站用并联电容器成套装置采购标准》的第 79 部分。

本部分代替 Q/GDW 13053.79—2014》，与 Q/GDW 13053.79—2014 相比，主要技术性差异如下：

——修改了单台电容器短路放电试验要求；

——修改了单台电容器放电器件性能要求；

——修改了放电线圈放电性能要求。

本部分由国家电网有限公司物资部提出并解释。

本部分由国家电网有限公司科技部归口。

本部分起草单位：国网冀北电力有限公司，国网吉林省电力有限公司，中国电力科学研究院有限公司。

本部分主要起草人：国江，姜胜宝，黄想，林浩，张建军，路杰，王亚菲，李士雷，李卓伦，葛志成。

本部分 2014 年 8 月首次发布，2018 年 8 月第一次修订。

本部分在执行过程中的意见或建议反馈至国家电网有限公司科技部。

35kV～750kV 变电站、农网变电站用
并联电容器成套装置采购标准
第79部分：农网变电站 10kV−3000kvar−1%
电抗率框架式并联电容器成套装置专用技术规范

1 范围

本部分规定了农网变电站 10kV−3000kvar−1%电抗率框架式并联电容器成套装置招标的标准技术参数、项目需求及投标人响应的相关内容。

本部分适用于农网变电站 10kV−3000kvar−1%电抗率框架式并联电容器成套装置招标。

2 规范性引用文件

下列文件对于本文件的应用是必不可少的。凡是注日期的引用文件，仅所注日期的版本适用于本文件。凡是不注日期的引用文件，其最新版本（包括所有的修改单）适用于本文件。

Q/GDW 13053.1　35kV～750kV 变电站、农网变电站用并联电容器成套装置采购标准　第1部分：通用技术规范

3 术语和定义

下列术语和定义适用于本文件。

3.1
招标人　bidder
提出招标项目，进行招标的法人或其他组织。

3.2
投标人　tenderer
响应招标、参加投标竞争的法人或者其他组织。

3.3
卖方　seller
提供本部分货物和技术服务的法人或其他组织，包括其法定的承继者。

3.4
买方　buyer
购买本部分货物和技术服务的法人或其他组织，包括其法定的承继者和经许可的受让人。

4 标准技术参数

技术参数特性表是国家电网有限公司对采购设备的基础技术参数要求，在招投标过程中，投标人应依据招标文件，对技术参数特性表中标准参数值进行响应。农网变电站 10kV−3000kvar−1%电抗率框架式并联电容器成套装置技术参数特性见表1。装置应满足 Q/GDW 13053.1 的要求。

表 1 技 术 参 数 特 性 表

序号	项　　目	单位	标准参数值
一	并联电容器装置		
1	型号		TBB10－3000/334－AKW
2	额定电压	kV	10
3	额定容量	kvar	3000
4	额定电抗率	%	≤1
5	额定相电容	μF	86.7
6	电容器组额定电压（相）	kV	10.5/$\sqrt{3}$
7	电容器组电容与额定电容偏差	%	0～5
8	电容器组各相电容的最大值与最小值之比		≤1.02
9	接线方式		单星形
10	每相电容器串并联数		1 串 3 并
11	继电保护方式		开口三角电压保护
12	初始不平衡电流（或电压）二次计算值		（生产单位提供）
13	继电保护整定值		（生产单位提供）
14	在继电保护整定计算中，完好元件允许过电压倍数		1.3
15	装置接线图		—
16	电容器组围栏尺寸（户内安装时应提供装置高度限值）	m	（项目单位提供）
17	电容器组进线方向和进线位置		围栏（长或宽）方向（上或下）进线
18	装置耐受短路电流能力	kA	（项目单位提供）
二	单台电容器		
1	型号		BAM10.5/$\sqrt{3}$－334－1W 或 BFM10.5/$\sqrt{3}$－334－1W
2	额定电压	kV	10.5/$\sqrt{3}$
3	额定容量	kvar	334
4	设计场强（$K=1$）	kV/mm	≤57
5	局部放电性能	pC	局部放电量≤50
		U_N	温度下限时局部放电熄灭电压不低于 1.2
6	温度类别	℃	－/＋ （项目单位提供）
7	套管结构		滚装一体化结构套管
8	引出端子及套管的要求	N	≥500（水平拉力）
9	电容器耐受爆破能量	kW·s	≥15
10	短路放电试验		2.5U_N 直流电压作用下，经电容器端子的最小间隙（短接线长度不应大于 1.5m），10min 内放电 5 次，电容量变化不超过 1 根内熔丝动作或一个元件击穿之量

表 1（续）

序号	项　　目	单位	标准参数值
11	电容器内部元件串并数及附图		（生产单位提供）
12	单台电容器保护方式		内熔丝保护
13	内熔丝安装位置		元件之间或元件端部 （采取有效隔离措施）
14	内熔丝试验		下限电压≤0.9$\sqrt{2}$ U_N 上限电压≥2.2$\sqrt{2}$ U_N
15	内熔丝结构电容器的完好元件允许 过电压倍数		≤1.3 倍元件额定电压
16	放电器件性能		10min 内从 $\sqrt{2}$ U_N 降到 50V
17	电容器安装方式		立式或卧式（项目单位提供）
18	固体介质厚度及层数		—
19	浸渍剂		—
20	外绝缘海拔修正耐受试验电压（工频/雷电）	kV/kV	（需要修正时由项目单位提供）
三	放电线圈		
1	型号		FDE10.5/$\sqrt{3}$－1.7－1W（油浸全密封）或 FDGE10.5/$\sqrt{3}$－1.7－1W（干式铁芯）
2	一次绕组的额定电压	kV	10.5/$\sqrt{3}$
3	二次绕组的额定电压	V	100
4	二次绕组的额定容量	VA	50
5	准确级		0.5
6	a. 工频耐受电压（1min）/试验电压	kV/kV	42
	b. 雷电冲击耐受电压/试验电压	kV/kV	75
	c. 一次绕组感应耐受电压		2.5U_{1N}/60s
	d. 二次绕组对地工频耐受电压	kV/min	3
7	结构方式		全密封或干式 （干式宜户内使用） （项目单位提供）
8	配套电容器容量（相）	kvar	≥1700
9	放电性能		断开电源后，电容器组上的电压在 5s 内由 $\sqrt{2}$ U_N 降至 50V 以下
			在最大允许容量电容器组的 1.9$\sqrt{2}$ U_N 下 放电不损坏
10	外绝缘海拔修正耐受试验电压（工频/雷电）	kV/kV	（需要修正时由项目单位提供）
四	金属氧化物避雷器		
1	型号		YHWR5－17/45（复合）或 YWR5－17/45（瓷）
2	额定电压	kV	17
3	持续运行电压	kV	13.6

表 1（续）

序号	项 目	单位	标准参数值
4	标称放电电流	kA	5
5	标称放电电流下的残压	kV	45
6	2ms 方波通流容量	A	≥500
7	外绝缘海拔修正耐受试验电压（工频/雷电）	kV/kV	（需要修正时由项目单位提供）
五	支柱绝缘子		
1	额定电压	kV	10
2	额定抗弯强度	N·m	—
3	爬电比距	mm/kV	（项目单位提供）
4	外绝缘海拔修正耐受试验电压（工频/雷电）	kV/kV	（需要修正时由项目单位提供）
5	安装方式		正装
六	隔离开关和接地开关		
1	型号		GW－12/400 或 GN－12/400
2	额定电压	kV	12
3	额定短时耐受电流及持续时间	kA（4s）	（项目单位提供）
4	额定峰值耐受电流	kA	（项目单位提供）
5	额定电流（隔离开关）	A	≥300
6	型号		（项目单位提供）
7	外绝缘海拔修正耐受试验电压（工频/雷电）	kV/kV	（需要修正时由项目单位提供）
七	串联电抗器		
1	型号		CKDK－10－□/□－1（干式空心）或 CKSC－10－□/□－1（干式铁芯）
2	额定电压	kV	10
3	额定电感	μH	—
4	额定电流	A	—
5	损耗	kW/kvar	—
			—
6	温升	K	≤70
7	电抗率	%	≤1
8	绝缘水平（工频/雷电）	kV/kV	42/75
9	噪声	dB	≤50
10	电感值偏差	%	0～10
11	外绝缘海拔修正耐受试验电压（工频/雷电）	kV/kV	（需要修正时由项目单位提供）
12	三相间电感偏差	%	每相电抗与三相平均值的偏差不大于±2%
13	安装布置方式		（项目单位提供）

5 组件材料配置表

组件材料配置表包括元件名称、规格形式参数、单位、数量和产地等信息，具体内容和格式根据招标项目情况进行编制。

6 使用环境条件表

典型农网变电站10kV－3000kvar－1%电抗率集合式并联电容器成套装置使用环境条件见表2。特殊环境要求根据项目情况进行编制。

表 2 使 用 环 境 条 件 表

序号	名 称		单位	标准参数值
1	环境温度	最高日温度	℃	+40
		最低日温度		−25
		最大日温差		25
2	海拔		m	≤1000
3	太阳辐射强度		W/cm²	0.11
4	污秽等级			Ⅲ（d）
5	覆冰厚度		mm	10
6	风速/风压		（m/s）/Pa	35/700
7	相对湿度	最大日相对湿度	%	≤95
		最大月平均相对湿度		≤90
8	耐受地震能力（指水平加速度，安全系数不小于1.67。水平加速度应计及设备支架的动力放大系数1.2）		m/s²	2
注：有较严酷使用条件时，如低温、高海拔、重污秽等，项目单位应提出相应差异要求				

7 投标人提供的其他资料

投标人提供的其他资料如下：

a) 耐久性试验报告（应提供）；

b) 保护计算单（应提供）；

c) 抗震计算或试验报告（应提供，10kV装置除外）；

d) 装置的爆破能量计算单（应提供）；

e) 其他提高装置质量或运行可靠性的研究报告、研究性试验等；

f) 新结构方式等。

ICS 29.240

Q/GDW

国家电网有限公司企业标准

Q/GDW 13053.80 — 2018

代替 Q/GDW 13053.80 — 2014

35kV～750kV 变电站、农网变电站用并联电容器成套装置采购标准 第 80 部分：农网变电站 10kV–3000kvar–5%电抗率框架式并联电容器成套装置专用技术规范

Purchasing standard for shunt capacitor installation of 35kV～750kV and rural power network substation

Part 80: Special technical specification for 10kV–3000kvar–5% reactance ratio frame-type shunt capacitor installation of rural power network substation

2019–06–28发布　　　　　　　　　　　　　　2019–06–28实施

国家电网有限公司　　发　布

目　次

前　　言

为规范农网变电站 10kV－3000kvar－5%电抗率框架式并联电容器成套装置的采购，制定本部分。

《35kV～750kV 变电站、农网变电站用并联电容器成套装置采购标准》分为 87 个部分：

——第 1 部分：通用技术规范；

——第 2 部分：35kV 变电站 10kV－1000kvar－1%电抗率框架式并联电容器成套装置专用技术规范；

——第 3 部分：35kV 变电站 10kV－1000kvar－12%电抗率框架式并联电容器成套装置专用技术规范；

——第 4 部分：66kV 变电站 10kV－1000kvar－5%电抗率框架式并联电容器成套装置专用技术规范；

——第 5 部分：110（66）kV 变电站 10kV－2000kvar－1%电抗率框架式并联电容器成套装置专用技术规范；

——第 6 部分：110（66）kV 变电站 10kV－2000kvar－5%电抗率框架式并联电容器成套装置专用技术规范；

——第 7 部分：110（66）kV 变电站 10kV－2000kvar－12%电抗率框架式并联电容器成套装置专用技术规范；

——第 8 部分：110（66）kV 变电站 10kV－3000kvar－1%电抗率框架式并联电容器成套装置专用技术规范；

——第 9 部分：110（66）kV 变电站 10kV－3000kvar－5%电抗率框架式并联电容器成套装置专用技术规范；

——第 10 部分：110（66）kV 变电站 10kV－3000kvar－12%电抗率框架式并联电容器成套装置专用技术规范；

——第 11 部分：110（66）kV 变电站 10kV－3600kvar－1%电抗率框架式并联电容器成套装置专用技术规范；

——第 12 部分：110（66）kV 变电站 10kV－3600kvar－5%电抗率框架式并联电容器成套装置专用技术规范；

——第 13 部分：110（66）kV 变电站 10kV－3600kvar－12%电抗率框架式并联电容器成套装置专用技术规范；

——第 14 部分：110（66）kV 变电站 10kV－4000kvar－1%电抗率框架式并联电容器成套装置专用技术规范；

——第 15 部分：110（66）kV 变电站 10kV－4000kvar－5%电抗率框架式并联电容器成套装置专用技术规范；

——第 16 部分：110（66）kV 变电站 10kV－4000kvar－12%电抗率框架式并联电容器成套装置专用技术规范；

——第 17 部分：110（66）kV 变电站 10kV－4800kvar－1%电抗率框架式并联电容器成套装置专用技术规范；

——第 18 部分：110（66）kV 变电站 10kV－4800kvar－5%电抗率框架式并联电容器成套装置专用技术规范；

——第 19 部分：110（66）kV 变电站 10kV－4800kvar－12%电抗率框架式并联电容器成套装置专用技术规范；

——第 20 部分：110（66）kV 变电站 10kV－5000kvar－1%电抗率框架式并联电容器成套装置专用技术规范；

——第 21 部分：110（66）kV 变电站 10kV－5000kvar－5%电抗率框架式并联电容器成套装置专用技术规范；

——第 22 部分：110（66）kV 变电站 10kV－5000kvar－12%电抗率框架式并联电容器成套装置专用技术规范；

——第 23 部分：110（66）kV 变电站 10kV－6000kvar－1%电抗率框架式并联电容器成套装置专用技术规范；

——第 24 部分：110（66）kV 变电站 10kV－6000kvar－5%电抗率框架式并联电容器成套装置专用技术规范；

——第 25 部分：110（66）kV 变电站 10kV－6000kvar－12%电抗率框架式并联电容器成套装置专用技术规范；

——第 26 部分：220kV 变电站 10kV－8000kvar－5%电抗率框架式并联电容器成套装置专用技术规范；

——第 27 部分：220kV 变电站 10kV－8000kvar－12%电抗率框架式并联电容器成套装置专用技术规范；

——第 28 部分：220kV 变电站 10kV－10Mvar－5%电抗率框架式并联电容器成套装置专用技术规范；

——第 29 部分：220kV 变电站 10kV－10Mvar－12%电抗率框架式并联电容器成套装置专用技术规范；

——第 30 部分：220kV 变电站 35kV－10Mvar－5%电抗率框架式并联电容器成套装置专用技术规范；

——第 31 部分：220kV 变电站 35kV－10Mvar－12%电抗率框架式并联电容器成套装置专用技术规范；

——第 32 部分：330（220）kV 变电站 35kV－20Mvar－5%电抗率框架式并联电容器成套装置专用技术规范；

——第 33 部分：330（220）kV 变电站 35kV－20Mvar－12%电抗率框架式并联电容器成套装置专用技术规范；

——第 34 部分：330kV 变电站 35kV－30Mvar－5%电抗率框架式并联电容器成套装置专用技术规范；

——第 35 部分：330kV 变电站 35kV－30Mvar－12%电抗率框架式并联电容器成套装置专用技术规范；

——第 36 部分：330kV 变电站 35kV－40Mvar－5%电抗率框架式并联电容器成套装置专用技术规范；

——第 37 部分：330kV 变电站 35kV－40Mvar－12%电抗率框架式并联电容器成套装置专用技术规范；

——第 38 部分：500kV 变电站 35kV－60Mvar－5%电抗率框架式并联电容器成套装置专用技术规范；

——第 39 部分：500kV 变电站 35kV－60Mvar－12%电抗率框架式并联电容器成套装置专用技术规范；

——第 40 部分：220kV 变电站 66kV－10Mvar－5%电抗率框架式并联电容器成套装置专用技术规范；

——第 41 部分：220kV 变电站 66kV－10Mvar－12%电抗率框架式并联电容器成套装置专用技术规范；

——第 42 部分：220kV 变电站 66kV－20Mvar－5%电抗率框架式并联电容器成套装置专用技术规范；

——第 43 部分：220kV 变电站 66kV－20Mvar－12%电抗率框架式并联电容器成套装置专用技术规范；

——第 44 部分：220kV 变电站 66kV－25Mvar－5%电抗率框架式并联电容器成套装置专用技术规范；

——第 45 部分：220kV 变电站 66kV－25Mvar－12%电抗率框架式并联电容器成套装置专用技术规范；

——第 46 部分：750（500）kV 变电站 66kV－60Mvar－5%电抗率框架式并联电容器成套装置专用技术规范；

——第 47 部分：750（500）kV 变电站 66kV－60Mvar－12%电抗率框架式并联电容器成套装置专用技术规范；

——第 48 部分：750kV 变电站 66kV－90Mvar－5%电抗率框架式并联电容器成套装置专用技术规范；

——第 49 部分：750kV 变电站 66kV－90Mvar－12%电抗率框架式并联电容器成套装置专用技术规范；

——第 50 部分：750kV 变电站 66kV－120Mvar－5%电抗率框架式并联电容器成套装置专用技术规范；

——第 51 部分：750kV 变电站 66kV－120Mvar－12%电抗率框架式并联电容器成套装置专用技术规范；

——第 52 部分：110（66）kV 变电站 10kV－3000kvar－1%电抗率集合式并联电容器成套装置专用技术规范；

——第 53 部分：110（66）kV 变电站 10kV－3000kvar－5%电抗率集合式并联电容器成套装置专用

——第 87 部分：农网 10kV－450kvar－50kvar 柱上式并联电容器成套装置专用技术规范。

本部分为《35kV～750kV 变电站、农网变电站用并联电容器成套装置采购标准》的第 80 部分。

本部分代替 Q/GDW 13053.80—2014，与 Q/GDW 13053.80—2014 相比，主要技术性差异如下：

——修改了单台电容器短路放电试验要求；

——修改了单台电容器放电器件性能要求；

——修改了放电线圈放电性能要求。

本部分由国家电网有限公司物资部提出并解释。

本部分由国家电网有限公司科技部归口。

本部分起草单位：国网冀北电力有限公司，国网吉林省电力有限公司，中国电力科学研究院有限公司。

本部分主要起草人：国江，黄想，林浩，姜胜宝，张建军，路杰，王亚菲，李士雷，李卓伦，葛志成。

本部分 2014 年 8 月首次发布，2018 年 8 月第一次修订。

本部分在执行过程中的意见或建议反馈至国家电网有限公司科技部。

35kV～750kV 变电站、农网变电站用
并联电容器成套装置采购标准
第 80 部分：农网变电站 10kV－3000kvar－5%
电抗率框架式并联电容器成套装置专用技术规范

1 范围

本部分规定了农网变电站 10kV－3000kvar－5%电抗率框架式并联电容器成套装置招标的标准技术参数、项目需求及投标人响应的相关内容。

本部分适用于农网变电站 10kV－3000kvar－5%电抗率框架式并联电容器成套装置招标。

2 规范性引用文件

下列文件对于本文件的应用是必不可少的。凡是注日期的引用文件，仅所注日期的版本适用于本文件。凡是不注日期的引用文件，其最新版本（包括所有的修改单）适用于本文件。

Q/GDW 13053.1 35kV～750kV 变电站、农网变电站用并联电容器成套装置采购标准 第 1 部分：通用技术规范

3 术语和定义

下列术语和定义适用于本文件。

3.1
招标人 bidder
提出招标项目，进行招标的法人或其他组织。

3.2
投标人 tenderer
响应招标、参加投标竞争的法人或者其他组织。

3.3
卖方 seller
提供本部分货物和技术服务的法人或其他组织，包括其法定的承继者。

3.4
买方 buyer
购买本部分货物和技术服务的法人或其他组织，包括其法定的承继者和经许可的受让人。

4 标准技术参数

技术参数特性表是国家电网有限公司对采购设备的基础技术参数要求，在招投标过程中，投标人应依据招标文件，对技术参数特性表中标准参数值进行响应。农网变电站 10kV－3000kvar－5%电抗率框架式并联电容器成套装置技术参数特性见表 1。装置应满足 Q/GDW 13053.1 的要求。

表 1 技 术 参 数 特 性 表

序号	项　　目	单位	标准参数值
一	并联电容器装置		
1	型号		TBB10−3000/334−AKW
2	额定电压	kV	10
3	额定容量	kvar	3000
4	额定电抗率	%	5
5	额定相电容	μF	78.9
6	电容器组额定电压（相）	kV	$11/\sqrt{3}$
7	电容器组电容与额定电容偏差	%	0～5
8	电容器组各相电容的最大值与最小值之比		≤1.02
9	接线方式		单星形
10	每相电容器串并联数		1串3并
11	继电保护方式		开口三角电压保护
12	初始不平衡电流（或电压）二次计算值		（生产单位提供）
13	继电保护整定值		（生产单位提供）
14	在继电保护整定计算中，完好元件允许过电压倍数		1.3
15	装置接线图		—
16	电容器组围栏尺寸（户内安装时应提供装置高度限值）	m	（项目单位提供）
17	电容器组进线方向和进线位置		围栏（长或宽）方向（上或下）进线
18	装置耐受短路电流能力	kA	（项目单位提供）
二	单台电容器		
1	型号		BAM11/$\sqrt{3}$−334−1W 或 BFM11/$\sqrt{3}$−334−1W
2	额定电压	kV	$11/\sqrt{3}$
3	额定容量	kvar	334
4	设计场强（$K=1$）	kV/mm	≤57
5	局部放电性能	pC	局部放电量≤50
		U_N	温度下限时局部放电熄灭电压不低于1.2
6	温度类别	℃	−/+（项目单位提供）
7	套管结构		滚装一体化结构套管
8	引出端子及套管的要求	N	≥500（水平拉力）
9	电容器耐受爆破能量	kW·s	≥15
10	短路放电试验		$2.5U_N$直流电压作用下，经电容器端子的最小间隙（短接线长度不应大于1.5m），10min内放电5次，电容量变化不超过1根内熔丝动作或一个元件击穿之量

表1（续）

序号	项　目	单位	标准参数值
11	电容器内部元件串并数及附图		（生产单位提供）
12	单台电容器保护方式		内熔丝保护
13	内熔丝安装位置		元件之间或元件端部 （采取有效隔离措施）
14	内熔丝试验		下限电压≤$0.9\sqrt{2}\,U_N$ 上限电压≥$2.2\sqrt{2}\,U_N$
15	内熔丝结构电容器的完好元件允许过电压倍数		≤1.3倍元件额定电压
16	放电器件性能		10min 内从 $\sqrt{2}\,U_N$ 降到 50V
17	电容器安装方式		立式或卧式 （项目单位提供）
18	固体介质厚度及层数		—
19	浸渍剂		—
20	外绝缘海拔修正耐受试验电压（工频/雷电）	kV/kV	（需要修正时由项目单位提供）
三			放电线圈
1	型号		FDE11/$\sqrt{3}$－1.7－1W（油浸全密封）或 FDGE11/$\sqrt{3}$－1.7－1W（干式）
2	一次绕组的额定电压	kV	11/$\sqrt{3}$
3	二次绕组的额定电压	V	100
4	二次绕组的额定容量	VA	50
5	准确级		0.5
6	a. 工频耐受电压（1min）/试验电压	kV/kV	42
	b. 雷电冲击耐受电压/试验电压	kV/kV	75
	c. 一次绕组感应耐受电压		$2.5U_{1N}$/60s
	d. 二次绕组对地工频耐受电压	kV/min	3
7	结构方式		全密封或干式（干式宜户内使用） （项目单位提供）
8	配套电容器容量（相）	kvar	≥1700
9	放电性能		断开电源后，电容器组上的电压在 5s 内由 $\sqrt{2}\,U_N$ 降至 50V 以下
			在最大允许容量电容器组的 $1.9\sqrt{2}\,U_N$ 下放电不损坏
10	外绝缘海拔修正耐受试验电压（工频/雷电）	kV/kV	（需要修正时由项目单位提供）
四			金属氧化物避雷器
1	型号		YHWR5－17/45（复合）或 YWR5－17/45（瓷）
2	额定电压	kV	17
3	持续运行电压	kV	13.6

表1（续）

序号	项　　目	单位	标准参数值
4	标称放电电流	kA	5
5	标称放电电流下的残压	kV	45
6	2ms 方波通流容量	A	≥500
7	外绝缘海拔修正耐受试验电压（工频/雷电）	kV/kV	（需要修正时由项目单位提供）
五	支柱绝缘子		
1	额定电压	kV	10
2	额定抗弯强度	N·m	—
3	爬电比距	mm/kV	（项目单位提供）
4	外绝缘海拔修正耐受试验电压（工频/雷电）	kV/kV	（需要修正时由项目单位提供）
5	安装方式		正装
六	隔离开关和接地开关		
1	型号		GW－12/400 或 GN－12/400
2	额定电压	kV	12
3	额定短时耐受电流及持续时间	kA（4s）	（项目单位提供）
4	额定峰值耐受电流	kA	（项目单位提供）
5	额定电流（隔离开关）	A	≥300
6	型号		（项目单位提供）
7	外绝缘海拔修正耐受试验电压（工频/雷电）	kV/kV	（需要修正时由项目单位提供）
七	串联电抗器		
1	型号		CKDK－10－50/0.32－5（干式空心）或 CKSC－10－150/0.32－5（干式铁芯）
2	额定电压	kV	10
3	额定端电压	kV	0.32
4	额定容量	kvar	50 或 150
5	额定电感	mH	6.4
6	额定电流	A	157
7	损耗	kW/kvar	— / —
8	温升	K	≤70
9	电抗率	%	5
10	绝缘水平（工频/雷电）	kV/kV	42/75
11	噪声	dB	≤50
12	电感值偏差	%	0～5
13	外绝缘海拔修正耐受试验电压（工频/雷电）	kV/kV	（需要修正时由项目单位提供）
14	三相间电感偏差	%	每相电抗与三相平均值的偏差不大于±2%
15	安装布置方式		（项目单位提供）

5 组件材料配置表

组件材料配置表包括元件名称、规格形式参数、单位、数量和产地等信息，具体内容和格式根据招标项目情况进行编制。

6 使用环境条件表

典型农网变电站 10kV－3000kvar－5%电抗率集合式并联电容器成套装置使用环境条件见表 2。特殊环境要求根据项目情况进行编制。

表 2 使 用 环 境 条 件 表

序号	名 称		单位	标准参数值
1	环境温度	最高日温度	℃	+40
		最低日温度		−25
		最大日温差		25
2	海拔		m	≤1000
3	太阳辐射强度		W/cm²	0.11
4	污秽等级			Ⅲ（d）
5	覆冰厚度		mm	10
6	风速/风压		（m/s）/Pa	35/700
7	相对湿度	最大日相对湿度	%	≤95
		最大月平均相对湿度		≤90
8	耐受地震能力（指水平加速度，安全系数不小于 1.67。水平加速度应计及设备支架的动力放大系数 1.2）		m/s²	2
注：有较严酷使用条件时，如低温、高海拔、重污秽等，项目单位应提出相应差异要求				

7 投标人提供的其他资料

投标人提供的其他资料如下：
a) 耐久性试验报告（应提供）；
b) 保护计算单（应提供）；
c) 抗震计算或试验报告（应提供，10kV 装置除外）；
d) 装置的爆破能量计算单（应提供）；
e) 其他提高装置质量或运行可靠性的研究报告、研究性试验等；
f) 新结构方式等。

ICS 29.240

Q/GDW

国家电网有限公司企业标准

Q/GDW 13053.81—2018

代替 Q/GDW 13053.81—2014

35kV～750kV 变电站、农网变电站用

并联电容器成套装置采购标准

第 81 部分：农网变电站

10kV-4000kvar-1%电抗率框架式

并联电容器成套装置专用技术规范

Purchasing standard for shunt capacitor installation of 35kV～750kV
and rural power network substation
Part 81: Special technical specification for 10kV-4000kvar-1% reactance
ratio frame-type shunt capacitor installation of rural
power network substation

2019-06-28发布   2019-06-28实施

国家电网有限公司   发 布

Q / GDW 13053.81—2018

目　次

前　言

为规范农网变电站 10kV－4000kvar－1%电抗率框架式并联电容器成套装置的采购，制定本部分。

《35kV～750kV 变电站、农网变电站用并联电容器成套装置采购标准》分为 87 个部分：

——第 1 部分：通用技术规范；

——第 2 部分：35kV 变电站 10kV－1000kvar－1%电抗率框架式并联电容器成套装置专用技术规范；

——第 3 部分：35kV 变电站 10kV－1000kvar－12%电抗率框架式并联电容器成套装置专用技术规范；

——第 4 部分：66kV 变电站 10kV－1000kvar－5%电抗率框架式并联电容器成套装置专用技术规范；

——第 5 部分：110（66）kV 变电站 10kV－2000kvar－1%电抗率框架式并联电容器成套装置专用技术规范；

——第 6 部分：110（66）kV 变电站 10kV－2000kvar－5%电抗率框架式并联电容器成套装置专用技术规范；

——第 7 部分：110（66）kV 变电站 10kV－2000kvar－12%电抗率框架式并联电容器成套装置专用技术规范；

——第 8 部分：110（66）kV 变电站 10kV－3000kvar－1%电抗率框架式并联电容器成套装置专用技术规范；

——第 9 部分：110（66）kV 变电站 10kV－3000kvar－5%电抗率框架式并联电容器成套装置专用技术规范；

——第 10 部分：110（66）kV 变电站 10kV－3000kvar－12%电抗率框架式并联电容器成套装置专用技术规范；

——第 11 部分：110（66）kV 变电站 10kV－3600kvar－1%电抗率框架式并联电容器成套装置专用技术规范；

——第 12 部分：110（66）kV 变电站 10kV－3600kvar－5%电抗率框架式并联电容器成套装置专用技术规范；

——第 13 部分：110（66）kV 变电站 10kV－3600kvar－12%电抗率框架式并联电容器成套装置专用技术规范；

——第 14 部分：110（66）kV 变电站 10kV－4000kvar－1%电抗率框架式并联电容器成套装置专用技术规范；

——第 15 部分：110（66）kV 变电站 10kV－4000kvar－5%电抗率框架式并联电容器成套装置专用技术规范；

——第 16 部分：110（66）kV 变电站 10kV－4000kvar－12%电抗率框架式并联电容器成套装置专用技术规范；

——第 17 部分：110（66）kV 变电站 10kV－4800kvar－1%电抗率框架式并联电容器成套装置专用技术规范；

——第 18 部分：110（66）kV 变电站 10kV－4800kvar－5%电抗率框架式并联电容器成套装置专用技术规范；

——第 19 部分：110（66）kV 变电站 10kV－4800kvar－12%电抗率框架式并联电容器成套装置专用技术规范；

——第 20 部分：110（66）kV 变电站 10kV－5000kvar－1%电抗率框架式并联电容器成套装置专用技术规范；

——第 21 部分：110（66）kV 变电站 10kV－5000kvar－5%电抗率框架式并联电容器成套装置专用技术规范；

——第 22 部分：110（66）kV 变电站 10kV－5000kvar－12%电抗率框架式并联电容器成套装置专用技术规范；

——第 23 部分：110（66）kV 变电站 10kV－6000kvar－1%电抗率框架式并联电容器成套装置专用技术规范；

——第 24 部分：110（66）kV 变电站 10kV－6000kvar－5%电抗率框架式并联电容器成套装置专用技术规范；

——第 25 部分：110（66）kV 变电站 10kV－6000kvar－12%电抗率框架式并联电容器成套装置专用技术规范；

——第 26 部分：220kV 变电站 10kV－8000kvar－5%电抗率框架式并联电容器成套装置专用技术规范；

——第 27 部分：220kV 变电站 10kV－8000kvar－12%电抗率框架式并联电容器成套装置专用技术规范；

——第 28 部分：220kV 变电站 10kV－10Mvar－5%电抗率框架式并联电容器成套装置专用技术规范；

——第 29 部分：220kV 变电站 10kV－10Mvar－12%电抗率框架式并联电容器成套装置专用技术规范；

——第 30 部分：220kV 变电站 35kV－10Mvar－5%电抗率框架式并联电容器成套装置专用技术规范；

——第 31 部分：220kV 变电站 35kV－10Mvar－12%电抗率框架式并联电容器成套装置专用技术规范；

——第 32 部分：330（220）kV 变电站 35kV－20Mvar－5%电抗率框架式并联电容器成套装置专用技术规范；

——第 33 部分：330（220）kV 变电站 35kV－20Mvar－12%电抗率框架式并联电容器成套装置专用技术规范；

——第 34 部分：330kV 变电站 35kV－30Mvar－5%电抗率框架式并联电容器成套装置专用技术规范；

——第 35 部分：330kV 变电站 35kV－30Mvar－12%电抗率框架式并联电容器成套装置专用技术规范；

——第 36 部分：330kV 变电站 35kV－40Mvar－5%电抗率框架式并联电容器成套装置专用技术规范；

——第 37 部分：330kV 变电站 35kV－40Mvar－12%电抗率框架式并联电容器成套装置专用技术规范；

——第 38 部分：500kV 变电站 35kV－60Mvar－5%电抗率框架式并联电容器成套装置专用技术规范；

——第 39 部分：500kV 变电站 35kV－60Mvar－12%电抗率框架式并联电容器成套装置专用技术规范；

——第 40 部分：220kV 变电站 66kV－10Mvar－5%电抗率框架式并联电容器成套装置专用技术规范；

——第 41 部分：220kV 变电站 66kV－10Mvar－12%电抗率框架式并联电容器成套装置专用技术规范；

——第 42 部分：220kV 变电站 66kV－20Mvar－5%电抗率框架式并联电容器成套装置专用技术规范；

——第 43 部分：220kV 变电站 66kV－20Mvar－12%电抗率框架式并联电容器成套装置专用技术规范；

——第 44 部分：220kV 变电站 66kV－25Mvar－5%电抗率框架式并联电容器成套装置专用技术规范；

——第 45 部分：220kV 变电站 66kV－25Mvar－12%电抗率框架式并联电容器成套装置专用技术规范；

——第 46 部分：750（500）kV 变电站 66kV－60Mvar－5%电抗率框架式并联电容器成套装置专用技术规范；

——第 47 部分：750（500）kV 变电站 66kV－60Mvar－12%电抗率框架式并联电容器成套装置专用技术规范；

——第 48 部分：750kV 变电站 66kV－90Mvar－5%电抗率框架式并联电容器成套装置专用技术规范；

——第 49 部分：750kV 变电站 66kV－90Mvar－12%电抗率框架式并联电容器成套装置专用技术规范；

——第 50 部分：750kV 变电站 66kV－120Mvar－5%电抗率框架式并联电容器成套装置专用技术规范；

——第 51 部分：750kV 变电站 66kV－120Mvar－12%电抗率框架式并联电容器成套装置专用技术规范；

——第 52 部分：110（66）kV 变电站 10kV－3000kvar－1%电抗率集合式并联电容器成套装置专用技术规范；

——第 53 部分：110（66）kV 变电站 10kV－3000kvar－5%电抗率集合式并联电容器成套装置专用

技术规范；

——第 54 部分：110（66）kV 变电站 10kV－3000kvar－12%电抗率集合式并联电容器成套装置专用技术规范；

——第 55 部分：110（66）kV 变电站 10kV－3600kvar－1%电抗率集合式并联电容器成套装置专用技术规范；

——第 56 部分：110（66）kV 变电站 10kV－3600kvar－5%电抗率集合式并联电容器成套装置专用技术规范；

——第 57 部分：110（66）kV 变电站 10kV－3600kvar－12%电抗率集合式并联电容器成套装置专用技术规范；

——第 58 部分：110（66）kV 变电站 10kV－4800kvar－1%电抗率集合式并联电容器成套装置专用技术规范；

——第 59 部分：110（66）kV 变电站 10kV－4800kvar－5%电抗率集合式并联电容器成套装置专用技术规范；

——第 60 部分：110（66）kV 变电站 10kV－4800kvar－12%电抗率集合式并联电容器成套装置专用技术规范；

——第 61 部分：330（220）kV 变电站 35kV－20Mvar－5%电抗率集合式并联电容器成套装置专用技术规范；

——第 62 部分：330（220）kV 变电站 35kV－20Mvar－12%电抗率集合式并联电容器成套装置专用技术规范；

——第 63 部分：330kV 变电站 35kV－30Mvar－5%电抗率集合式并联电容器成套装置专用技术规范；

——第 64 部分：330kV 变电站 35kV－30Mvar－12%电抗率集合式并联电容器成套装置专用技术规范；

——第 65 部分：500kV 变电站 35kV－60Mvar－5%电抗率集合式并联电容器成套装置专用技术规范；

——第 66 部分：500kV 变电站 35kV－60Mvar－12%电抗率集合式并联电容器成套装置专用技术规范；

——第 67 部分：500kV 变电站 66kV－60Mvar－5%电抗率集合式并联电容器成套装置专用技术规范；

——第 68 部分：500kV 变电站 66kV－60Mvar－12%电抗率集合式并联电容器成套装置专用技术规范；

——第 69 部分：农网变电站 10kV－300kvar－1%电抗率框架式并联电容器成套装置专用技术规范；

——第 70 部分：农网变电站 10kV－300kvar－5%电抗率框架式并联电容器成套装置专用技术规范；

——第 71 部分：农网变电站 10kV－600kvar－1%电抗率框架式并联电容器成套装置专用技术规范；

——第 72 部分：农网变电站 10kV－600kvar－5%电抗率框架式并联电容器成套装置专用技术规范；

——第 73 部分：农网变电站 10kV－1000kvar－1%电抗率框架式并联电容器成套装置专用技术规范；

——第 74 部分：农网变电站 10kV－1000kvar－5%电抗率框架式并联电容器成套装置专用技术规范；

——第 75 部分：农网变电站 10kV－1200kvar－1%电抗率框架式并联电容器成套装置专用技术规范；

——第 76 部分：农网变电站 10kV－1200kvar－5%电抗率框架式并联电容器成套装置专用技术规范；

——第 77 部分：农网变电站 10kV－2000kvar－1%电抗率框架式并联电容器成套装置专用技术规范；

——第 78 部分：农网变电站 10kV－2000kvar－5%电抗率框架式并联电容器成套装置专用技术规范；

——第 79 部分：农网变电站 10kV－3000kvar－1%电抗率框架式并联电容器成套装置专用技术规范；

——第 80 部分：农网变电站 10kV－3000kvar－5%电抗率框架式并联电容器成套装置专用技术规范；

——第 81 部分：农网变电站 10kV－4000kvar－1%电抗率框架式并联电容器成套装置专用技术规范；

——第 82 部分：农网变电站 10kV－4000kvar－5%电抗率框架式并联电容器成套装置专用技术规范；

——第 83 部分：农网变电站 10kV－6000kvar－1%电抗率框架式并联电容器成套装置专用技术规范；

——第 84 部分：农网变电站 10kV－6000kvar－5%电抗率框架式并联电容器成套装置专用技术规范；

——第 85 部分：农网 10kV－150kvar－50kvar 柱上式并联电容器成套装置专用技术规范；

——第 86 部分：农网 10kV－300kvar－50kvar 柱上式并联电容器成套装置专用技术规范；

——第 87 部分：农网 10kV－450kvar－50kvar 柱上式并联电容器成套装置专用技术规范。

本部分为《35kV～750kV 变电站、农网变电站用并联电容器成套装置采购标准》的第 81 部分。

本部分代替 Q/GDW 13053.81—2014，与 Q/GDW 13053.81—2014 相比，主要技术性差异如下：

——修改了单台电容器短路放电试验要求；

——修改了单台电容器放电器件性能要求；

——修改了放电线圈放电性能要求。

本部分由国家电网有限公司物资部提出并解释。

本部分由国家电网有限公司科技部归口。

本部分起草单位：国网冀北电力有限公司，国网吉林省电力有限公司，中国电力科学研究院有限公司。

本部分主要起草人：姜胜宝，林浩，国江，黄想，张建军，路杰，王亚菲，李士雷，李卓伦，葛志成。

本部分 2014 年 8 月首次发布，2018 年 8 月第一次修订。

本部分在执行过程中的意见或建议反馈至国家电网有限公司科技部。

35kV～750kV 变电站、农网变电站用
并联电容器成套装置采购标准
第 81 部分：农网变电站 10kV－4000kvar－1%
电抗率框架式并联电容器成套装置专用技术规范

1 范围

本部分规定了农网变电站 10kV－4000kvar－1%电抗率框架式并联电容器成套装置招标的标准技术参数、项目需求及投标人响应的相关内容。

本部分适用于农网变电站 10kV－4000kvar－1%电抗率框架式并联电容器成套装置招标。

2 规范性引用文件

下列文件对于本文件的应用是必不可少的。凡是注日期的引用文件，仅所注日期的版本适用于本文件。凡是不注日期的引用文件，其最新版本（包括所有的修改单）适用于本文件。

Q/GDW 13053.1 35kV～750kV 变电站、农网变电站用并联电容器成套装置采购标准 第 1 部分：通用技术规范

3 术语和定义

下列术语和定义适用于本文件。

3.1

招标人 bidder
提出招标项目，进行招标的法人或其他组织。

3.2

投标人 tenderer
响应招标、参加投标竞争的法人或者其他组织。

3.3

卖方 seller
提供本部分货物和技术服务的法人或其他组织，包括其法定的承继者。

3.4

买方 buyer
购买本部分货物和技术服务的法人或其他组织，包括其法定的承继者和经许可的受让人。

4 标准技术参数

技术参数特性表是国家电网有限公司对采购设备的基础技术参数要求，在招投标过程中，投标人应依据招标文件，对技术参数特性表中标准参数值进行响应。农网变电站 10kV－4000kvar－1%电抗率框架式并联电容器成套装置技术参数特性见表 1。装置应满足 Q/GDW 13053.1 的要求。

表 1 技 术 参 数 特 性 表

序号	项　　目	单位	标准参数值
一	并联电容器装置		
1	型号		TBB10－4000/334－AKW
2	额定电压	kV	10
3	额定容量	kvar	4000
4	额定电抗率	%	≤1
5	额定相电容	μF	116
6	电容器组额定电压（相）	kV	$10.5/\sqrt{3}$
7	电容器组电容与额定电容偏差	%	0～5
8	电容器组各相电容的最大值与最小值之比		≤1.02
9	接线方式		单星形
10	每相电容器串并联数		1 串 4 并
11	继电保护方式		开口三角电压保护
12	初始不平衡电流（或电压）二次计算值		（生产单位提供）
13	继电保护整定值		（生产单位提供）
14	在继电保护整定计算中，完好元件允许过电压倍数		1.3
15	装置接线图		—
16	电容器组围栏尺寸（户内安装时应提供装置高度限值）	m	（项目单位提供）
17	电容器组进线方向和进线位置		围栏（长或宽）方向（上或下）进线
18	装置耐受短路电流能力	kA	（项目单位提供）
二	单台电容器		
1	型号		BAM10.5/$\sqrt{3}$－334－1W 或 BFM10.5/$\sqrt{3}$－334－1W
2	额定电压	kV	$10.5/\sqrt{3}$
3	额定容量	kvar	334
4	设计场强（$K=1$）	kV/mm	≤57
5	局部放电性能	pC	局部放电量≤50
		U_N	温度下限时局部放电熄灭电压不低于 1.2
6	温度类别	℃	－/＋（项目单位提供）
7	套管结构		滚装一体化结构套管
8	引出端子及套管的要求	N	≥500（水平拉力）
9	电容器耐受爆破能量	kW·s	≥15
10	短路放电试验		$2.5U_N$ 直流电压作用下，经电容器端子的最小间隙（短接线长度不应大于 1.5m），10min 内放电 5 次，电容量变化不超过 1 根内熔丝动作或一个元件击穿之量

表1（续）

序号	项　　目	单位	标准参数值
11	电容器内部元件串并数及附图		（生产单位提供）
12	单台电容器保护方式		内熔丝保护
13	内熔丝安装位置		元件之间或元件端部 （采取有效隔离措施）
14	内熔丝试验		下限电压≤0.9$\sqrt{2}\,U_N$ 上限电压≥2.2$\sqrt{2}\,U_N$
15	内熔丝结构电容器的完好元件允许 过电压倍数		≤1.3倍元件额定电压
16	放电器件性能		10min内从$\sqrt{2}\,U_N$降到50V
17	电容器安装方式		立式或卧式（项目单位提供）
18	固体介质厚度及层数		—
19	浸渍剂		—
20	外绝缘海拔修正耐受试验电压（工频/雷电）	kV/kV	（需要修正时由项目单位提供）
三			放电线圈
1	型号		FDE10.5/$\sqrt{3}$－1.7－1W（油浸全密封）或 FDGE10.5/$\sqrt{3}$－1.7－1W（干式铁芯）
2	一次绕组的额定电压	kV	10.5/$\sqrt{3}$
3	二次绕组的额定电压	V	100
4	二次绕组的额定容量	VA	50
5	准确级		0.5
6	a. 工频耐受电压（1min）/试验电压	kV/kV	42
	b. 雷电冲击耐受电压/试验电压	kV/kV	75
	c. 一次绕组感应耐受电压		2.5U_{1N}/60s
	d. 二次绕组对地工频耐受电压	kV/min	3
7	结构方式		全密封或干式 （干式宜户内使用） （项目单位提供）
8	配套电容器容量（相）	kvar	≥1700
9	放电性能		断开电源后，电容器组上的电压在5s内 由$\sqrt{2}\,U_N$降至50V以下
			在最大允许容量电容器组的1.9$\sqrt{2}\,U_N$下 放电不损坏
10	外绝缘海拔修正耐受试验电压 （工频/雷电）	kV/kV	（需要修正时由项目单位提供）
四			金属氧化物避雷器
1	型号		YHWR5－17/45（复合）或 YWR5－17/45（瓷）
2	额定电压	kV	17

表1（续）

序号	项目	单位	标准参数值
3	持续运行电压	kV	13.6
4	标称放电电流	kA	5
5	标称放电电流下的残压	kV	45
6	2ms 方波通流容量	A	≥500
7	外绝缘海拔修正耐受试验电压（工频/雷电）	kV/kV	（需要修正时由项目单位提供）
五	支柱绝缘子		
1	额定电压	kV	10
2	额定抗弯强度	N·m	—
3	爬电比距	mm/kV	（项目单位提供）
4	外绝缘海拔修正耐受试验电压（工频/雷电）	kV/kV	（需要修正时由项目单位提供）
5	安装方式		正装
六	隔离开关和接地开关		
1	型号		GW－12/500 或 GN－12/500
2	额定电压	kV	12
3	额定短时耐受电流及持续时间	kA（4s）	（项目单位提供）
4	额定峰值耐受电流	kA	（项目单位提供）
5	额定电流（隔离开关）	A	≥400
6	型号		（项目单位提供）
7	外绝缘海拔修正耐受试验电压（工频/雷电）	kV/kV	（需要修正时由项目单位提供）
七	串联电抗器		
1	型号		CKDK－10－□/□－1（干式空心）或 CKSC－10－□/□－1（干式铁芯）
2	额定电压	kV	10
3	额定电感	μH	—
4	额定电流	A	
5	损耗	kW/kvar	— —
6	温升	K	≤70
7	电抗率	%	≤1
8	绝缘水平（工频/雷电）	kV/kV	42/75
9	噪声	dB	≤50
10	电感值偏差	%	0～10
11	外绝缘海拔修正耐受试验电压（工频/雷电）	kV/kV	（需要修正时由项目单位提供）
12	三相间电感偏差	%	每相电抗与三相平均值的偏差不大于±2%
13	安装布置方式		（项目单位提供）

5 组件材料配置表

组件材料配置表包括元件名称、规格形式参数、单位、数量和产地等信息，具体内容和格式根据招标项目情况进行编制。

6 使用环境条件表

典型农网变电站 10kV−4000kvar−1%电抗率集合式并联电容器成套装置使用环境条件见表2。特殊环境要求根据项目情况进行编制。

表2　使用环境条件表

序号	名　　称		单位	标准参数值
1	环境温度	最高日温度	℃	+40
		最低日温度		−25
		最大日温差		25
2	海拔		m	≤1000
3	太阳辐射强度		W/cm²	0.11
4	污秽等级			Ⅲ（d）
5	覆冰厚度		mm	10
6	风速/风压		（m/s）/Pa	35/700
7	相对湿度	最大日相对湿度	%	≤95
		最大月平均相对湿度		≤90
8	耐受地震能力（指水平加速度，安全系数不小于1.67。水平加速度应计及设备支架的动力放大系数1.2）		m/s²	2
注：有较严酷使用条件时，如低温、高海拔、重污秽等，项目单位应提出相应差异要求				

7 投标人提供的其他资料

投标人提供的其他资料如下：

a）　耐久性试验报告（应提供）；

b）　保护计算单（应提供）；

c）　抗震计算或试验报告（应提供，10kV 装置除外）；

d）　装置的爆破能量计算单（应提供）；

e）　其他提高装置质量或运行可靠性的研究报告、研究性试验等；

f）　新结构方式等。

ICS 29.240

Q/GDW

国家电网有限公司企业标准

Q／GDW 13053.82—2018

代替 Q／GDW 13053.82—2014

35kV～750kV 变电站、农网变电站用并联电容器成套装置采购标准

第 82 部分：农网变电站

10kV–4000kvar–5%电抗率框架式

并联电容器成套装置专用技术规范

Purchasing standard for shunt capacitor installation of 35kV～750kV
and rural power network substation
Part 82: Special technical specification for 10kV–4000kvar–5% reactance
ratio frame-type shunt capacitor installation of rural power network substation

2019–06–28发布   2019–06–28实施

国家电网有限公司   发布

目　　次

Q／GDW 13053.82—2018

前　　言

为规范农网变电站 10kV－4000kvar－5%电抗率框架式并联电容器成套装置的采购，制定本部分。

《35kV～750kV变电站、农网变电站用并联电容器成套装置采购标准》分为 87 个部分：

——第 1 部分：通用技术规范；

——第 2 部分：35kV 变电站 10kV－1000kvar－1%电抗率框架式并联电容器成套装置专用技术规范；

——第 3 部分：35kV 变电站 10kV－1000kvar－12%电抗率框架式并联电容器成套装置专用技术规范；

——第 4 部分：66kV 变电站 10kV－1000kvar－5%电抗率框架式并联电容器成套装置专用技术规范；

——第 5 部分：110（66）kV 变电站 10kV－2000kvar－1%电抗率框架式并联电容器成套装置专用技术规范；

——第 6 部分：110（66）kV 变电站 10kV－2000kvar－5%电抗率框架式并联电容器成套装置专用技术规范；

——第 7 部分：110（66）kV 变电站 10kV－2000kvar－12%电抗率框架式并联电容器成套装置专用技术规范；

——第 8 部分：110（66）kV 变电站 10kV－3000kvar－1%电抗率框架式并联电容器成套装置专用技术规范；

——第 9 部分：110（66）kV 变电站 10kV－3000kvar－5%电抗率框架式并联电容器成套装置专用技术规范；

——第 10 部分：110（66）kV 变电站 10kV－3000kvar－12%电抗率框架式并联电容器成套装置专用技术规范；

——第 11 部分：110（66）kV 变电站 10kV－3600kvar－1%电抗率框架式并联电容器成套装置专用技术规范；

——第 12 部分：110（66）kV 变电站 10kV－3600kvar－5%电抗率框架式并联电容器成套装置专用技术规范；

——第 13 部分：110（66）kV 变电站 10kV－3600kvar－12%电抗率框架式并联电容器成套装置专用技术规范；

——第 14 部分：110（66）kV 变电站 10kV－4000kvar－1%电抗率框架式并联电容器成套装置专用技术规范；

——第 15 部分：110（66）kV 变电站 10kV－4000kvar－5%电抗率框架式并联电容器成套装置专用技术规范；

——第 16 部分：110（66）kV 变电站 10kV－4000kvar－12%电抗率框架式并联电容器成套装置专用技术规范；

——第 17 部分：110（66）kV 变电站 10kV－4800kvar－1%电抗率框架式并联电容器成套装置专用技术规范；

——第 18 部分：110（66）kV 变电站 10kV－4800kvar－5%电抗率框架式并联电容器成套装置专用技术规范；

——第 19 部分：110（66）kV 变电站 10kV－4800kvar－12%电抗率框架式并联电容器成套装置专用技术规范；

——第 20 部分：110（66）kV 变电站 10kV－5000kvar－1%电抗率框架式并联电容器成套装置专用技术规范；

——第 21 部分：110（66）kV 变电站 10kV－5000kvar－5%电抗率框架式并联电容器成套装置专用技术规范；

——第 22 部分：110（66）kV 变电站 10kV－5000kvar－12%电抗率框架式并联电容器成套装置专用技术规范；

——第 23 部分：110（66）kV 变电站 10kV－6000kvar－1%电抗率框架式并联电容器成套装置专用技术规范；

——第 24 部分：110（66）kV 变电站 10kV－6000kvar－5%电抗率框架式并联电容器成套装置专用技术规范；

——第 25 部分：110（66）kV 变电站 10kV－6000kvar－12%电抗率框架式并联电容器成套装置专用技术规范；

——第 26 部分：220kV 变电站 10kV－8000kvar－5%电抗率框架式并联电容器成套装置专用技术规范；

——第 27 部分：220kV 变电站 10kV－8000kvar－12%电抗率框架式并联电容器成套装置专用技术规范；

——第 28 部分：220kV 变电站 10kV－10Mvar－5%电抗率框架式并联电容器成套装置专用技术规范；

——第 29 部分：220kV 变电站 10kV－10Mvar－12%电抗率框架式并联电容器成套装置专用技术规范；

——第 30 部分：220kV 变电站 35kV－10Mvar－5%电抗率框架式并联电容器成套装置专用技术规范；

——第 31 部分：220kV 变电站 35kV－10Mvar－12%电抗率框架式并联电容器成套装置专用技术规范；

——第 32 部分：330（220）kV 变电站 35kV－20Mvar－5%电抗率框架式并联电容器成套装置专用技术规范；

——第 33 部分：330（220）kV 变电站 35kV－20Mvar－12%电抗率框架式并联电容器成套装置专用技术规范；

——第 34 部分：330kV 变电站 35kV－30Mvar－5%电抗率框架式并联电容器成套装置专用技术规范；

——第 35 部分：330kV 变电站 35kV－30Mvar－12%电抗率框架式并联电容器成套装置专用技术规范；

——第 36 部分：330kV 变电站 35kV－40Mvar－5%电抗率框架式并联电容器成套装置专用技术规范；

——第 37 部分：330kV 变电站 35kV－40Mvar－12%电抗率框架式并联电容器成套装置专用技术规范；

——第 38 部分：500kV 变电站 35kV－60Mvar－5%电抗率框架式并联电容器成套装置专用技术规范；

——第 39 部分：500kV 变电站 35kV－60Mvar－12%电抗率框架式并联电容器成套装置专用技术规范；

——第 40 部分：220kV 变电站 66kV－10Mvar－5%电抗率框架式并联电容器成套装置专用技术规范；

——第 41 部分：220kV 变电站 66kV－10Mvar－12%电抗率框架式并联电容器成套装置专用技术规范；

——第 42 部分：220kV 变电站 66kV－20Mvar－5%电抗率框架式并联电容器成套装置专用技术规范；

——第 43 部分：220kV 变电站 66kV－20Mvar－12%电抗率框架式并联电容器成套装置专用技术规范；

——第 44 部分：220kV 变电站 66kV－25Mvar－5%电抗率框架式并联电容器成套装置专用技术规范；

——第 45 部分：220kV 变电站 66kV－25Mvar－12%电抗率框架式并联电容器成套装置专用技术规范；

——第 46 部分：750（500）kV 变电站 66kV－60Mvar－5%电抗率框架式并联电容器成套装置专用技术规范；

——第 47 部分：750（500）kV 变电站 66kV－60Mvar－12%电抗率框架式并联电容器成套装置专用技术规范；

——第 48 部分：750kV 变电站 66kV－90Mvar－5%电抗率框架式并联电容器成套装置专用技术规范；

——第 49 部分：750kV 变电站 66kV－90Mvar－12%电抗率框架式并联电容器成套装置专用技术规范；

——第 50 部分：750kV 变电站 66kV－120Mvar－5%电抗率框架式并联电容器成套装置专用技术规范；

——第 51 部分：750kV 变电站 66kV－120Mvar－12%电抗率框架式并联电容器成套装置专用技术规范；

——第 52 部分：110（66）kV 变电站 10kV－3000kvar－1%电抗率集合式并联电容器成套装置专用技术规范；

——第 86 部分：农网 10kV－300kvar－50kvar 柱上式并联电容器成套装置专用技术规范；

——第 87 部分：农网 10kV－450kvar－50kvar 柱上式并联电容器成套装置专用技术规范。

本部分为《35kV～750kV 变电站、农网变电站用并联电容器成套装置采购标准》的第 82 部分。

本部分代替 Q/GDW 13053.82—2014，与 Q/GDW 13053.82—2014 相比，主要技术性差异如下：

——修改了单台电容器短路放电试验要求；

——修改了单台电容器放电器件性能要求；

——修改了放电线圈放电性能要求。

本部分由国家电网有限公司物资部提出并解释。

本部分由国家电网有限公司科技部归口。

本部分起草单位：国网冀北电力有限公司，国网吉林省电力有限公司，中国电力科学研究院有限公司。

本部分主要起草人：姜胜宝，林浩，黄想，国江，张建军，路杰，王亚菲，李士雷，李卓伦，李征男，葛志成。

本部分 2014 年 8 月首次发布，2018 年 8 月第一次修订。

本部分在执行过程中的意见或建议反馈至国家电网有限公司科技部。

35kV～750kV 变电站、农网变电站用
并联电容器成套装置采购标准
第 82 部分：农网变电站 10kV－4000kvar－5%
电抗率框架式并联电容器成套装置专用技术规范

1 范围

本部分规定了农网变电站 10kV－4000kvar－5%电抗率框架式并联电容器成套装置招标的标准技术参数、项目需求及投标人响应的相关内容。

本部分适用于农网变电站 10kV－4000kvar－5%电抗率框架式并联电容器成套装置招标。

2 规范性引用文件

下列文件对于本文件的应用是必不可少的。凡是注日期的引用文件，仅所注日期的版本适用于本文件。凡是不注日期的引用文件，其最新版本（包括所有的修改单）适用于本文件。

Q/GDW 13053.1　35kV～750kV 变电站、农网变电站用并联电容器成套装置采购标准　第 1 部分：通用技术规范

3 术语和定义

下列术语和定义适用于本文件。

3.1

招标人　bidder

提出招标项目，进行招标的法人或其他组织。

3.2

投标人　tenderer

响应招标、参加投标竞争的法人或者其他组织。

3.3

卖方　seller

提供本部分货物和技术服务的法人或其他组织，包括其法定的承继者。

3.4

买方　buyer

购买本部分货物和技术服务的法人或其他组织，包括其法定的承继者和经许可的受让人。

4 标准技术参数

技术参数特性表是国家电网有限公司对采购设备的基础技术参数要求，在招投标过程中，投标人应依据招标文件，对技术参数特性表中标准参数值进行响应。农网变电站 10kV－4000kvar－5%电抗率框架式并联电容器成套装置技术参数特性见表 1。装置应满足 Q/GDW 13053.1 的要求。

表1　技 术 参 数 特 性 表

序号	项　　目	单位	标准参数值
一	并联电容器装置		
1	型号		TBB10－4000/334－AKW
2	额定电压	kV	10
3	额定容量	kvar	4000
4	额定电抗率	%	5
5	额定相电容	μF	116
6	电容器组额定电压（相）	kV	$10.5/\sqrt{3}$
7	电容器组电容与额定电容偏差	%	0～5
8	电容器组各相电容的最大值与最小值之比		≤1.02
9	接线方式		单星形
10	每相电容器串并联数		1串4并
11	继电保护方式		开口三角电压保护
12	初始不平衡电流（或电压）二次计算值		（生产单位提供）
13	继电保护整定值		（生产单位提供）
14	在继电保护整定计算中，完好元件允许过电压倍数		1.3
15	装置接线图		—
16	电容器组围栏尺寸（户内安装时应提供装置高度限值）	m	（项目单位提供）
17	电容器组进线方向和进线位置		围栏（长或宽）方向（上或下）进线
18	装置耐受短路电流能力	kA	（项目单位提供）
二	单台电容器		
1	型号		BAM11/$\sqrt{3}$－334－1W 或 BFM11/$\sqrt{3}$－334－1W
2	额定电压	kV	$11/\sqrt{3}$
3	额定容量	kvar	334
4	设计场强（K＝1）	kV/mm	≤57
5	局部放电性能	pC	局部放电量≤50
		U_N	温度下限时局部放电熄灭电压不低于1.2

表1（续）

序号	项　　目	单位	标准参数值
6	温度类别	℃	−/+ （项目单位提供）
7	套管结构		滚装一体化结构套管
8	引出端子及套管的要求	N	≥500（水平拉力）
9	电容器耐受爆破能量	kW·s	≥15
10	短路放电试验		$2.5U_N$ 直流电压作用下，经电容器端子的最小间隙（短接线长度不应大于 1.5m），10min 内放电 5 次，电容量变化不超过 1 根内熔丝动作或一个元件击穿之量
11	电容器内部元件串并数及附图		（生产单位提供）
12	单台电容器保护方式		内熔丝保护
13	内熔丝安装位置		元件之间或元件端部 （采取有效隔离措施）
14	内熔丝试验		下限电压≤$0.9\sqrt{2}\,U_N$ 上限电压≥$2.2\sqrt{2}\,U_N$
15	内熔丝结构电容器的完好元件允许过电压倍数		≤1.3 倍元件额定电压
16	放电器件性能		10min 内从 $\sqrt{2}\,U_N$ 降到 50V
17	电容器安装方式		立式或卧式 （项目单位提供）
18	固体介质厚度及层数		—
19	浸渍剂		—
20	外绝缘海拔修正耐受试验电压（工频/雷电）	kV/kV	（需要修正时由项目单位提供）
三	放电线圈		
1	型号		FDE11/$\sqrt{3}$−1.7−W（油浸全密封）或 FDGE11/$\sqrt{3}$−1.7−1W（干式）
2	一次绕组的额定电压	kV	11/$\sqrt{3}$
3	二次绕组的额定电压	V	100
4	二次绕组的额定容量	VA	50
5	准确级		0.5
6	a. 工频耐受电压（1min）/试验电压	kV/kV	42
	b. 雷电冲击耐受电压/试验电压	kV/kV	75
	c. 一次绕组感应耐受电压		$2.5U_{1N}$/60s
	d. 二次绕组对地工频耐受电压	kV/min	3

表 1（续）

序号	项　目	单位	标准参数值
7	结构方式		全密封或干式 （干式宜户内使用） （项目单位提供）
8	配套电容器容量（相）	kvar	≥1700
9	放电性能		断开电源后，电容器组上的电压在 5s 内由 $\sqrt{2}\,U_N$ 降至 50V 以下
			在最大允许容量电容器组的 $1.9\sqrt{2}\,U_N$ 下放电不损坏
10	外绝缘海拔修正耐受试验电压（工频/雷电）	kV/kV	（需要修正时由项目单位提供）
四	金属氧化物避雷器		
1	型号		YHWR5－17/45（复合）或 YWR5－17/45（瓷）
2	额定电压	kV	17
3	持续运行电压	kV	13.6
4	标称放电电流	kA	5
5	标称放电电流下的残压	kV	45
6	2ms 方波通流容量	A	≥500
7	外绝缘海拔修正耐受试验电压（工频/雷电）	kV/kV	（需要修正时由项目单位提供）
五	支柱绝缘子		
1	额定电压	kV	10
2	额定抗弯强度	N·m	—
3	爬电比距	mm/kV	（项目单位提供）
4	外绝缘海拔修正耐受试验电压（工频/雷电）	kV/kV	（需要修正时由项目单位提供）
5	安装方式		正装
六	隔离开关和接地开关		
1	型号		GW－12/500 或 GN－12/500
2	额定电压	kV	12
3	额定短时耐受电流及持续时间	kA（4s）	（项目单位提供）
4	额定峰值耐受电流	kA	（项目单位提供）
5	额定电流（隔离开关）	A	≥400
6	型号		（项目单位提供）
7	外绝缘海拔修正耐受试验电压（工频/雷电）	kV/kV	（需要修正时由项目单位提供）
七	串联电抗器		
1	型号		CKDK－10－66.8/0.32－5（干式空心）或 CKSC－10－200/0.32－5（干式铁芯）

表1（续）

序号	项　　目		单位	标准参数值
2	额定电压		kV	10
3	额定端电压			0.32
4	额定容量			66.8 或 200
5	额定电感		μH	4.8
6	额定电流		A	210
7	损耗		kW/kvar	—
				—
8	温升		K	≤70
9	电抗率		%	5
10	绝缘水平（工频/雷电）		kV/kV	42/75
11	噪声		dB	≤50
12	电感值偏差		%	0～5
13	外绝缘海拔修正耐受试验电压（工频/雷电）		kV/kV	（需要修正时由项目单位提供）
14	三相间电感偏差		%	每相电抗与三相平均值的偏差不大于±2%
15	安装布置方式			（项目单位提供）

5　组件材料配置表

组件材料配置表包括元件名称、规格形式参数、单位、数量和产地等信息，具体内容和格式根据招标项目情况进行编制。

6　使用环境条件表

典型农网变电站 10kV-4000kvar-5%电抗率集合式并联电容器成套装置使用环境条件见表2。特殊环境要求根据项目情况进行编制。

表2　使 用 环 境 条 件 表

序号	名　　称		单位	标准参数值
1	环境温度	最高日温度	℃	＋40
		最低日温度		－25
		最大日温差		25
2	海拔		m	≤1000
3	太阳辐射强度		W/cm²	0.11
4	污秽等级			Ⅲ（d）

表2（续）

序号	名　　称		单位	标准参数值
5	覆冰厚度		mm	10
6	风速/风压		（m/s）/Pa	35/700
7	相对湿度	最大日相对湿度	%	≤95
		最大月平均相对湿度		≤90
8	耐受地震能力（指水平加速度，安全系数不小于1.67。水平加速度应计及设备支架的动力放大系数1.2）		m/s^2	2
注：有较严酷使用条件时，如低温、高海拔、重污秽等，项目单位应提出相应差异要求				

7 投标人提供的其他资料

投标人提供的其他资料如下：

a) 耐久性试验报告（应提供）；

b) 保护计算单（应提供）；

c) 抗震计算或试验报告（应提供，10kV装置除外）；

d) 装置的爆破能量计算单（应提供）；

e) 其他提高装置质量或运行可靠性的研究报告、研究性试验等；

f) 新结构方式等。

_____

ICS 29.240

Q/GDW

国家电网有限公司企业标准

Q／GDW 13053.83 — 2018

代替 Q／GDW 13053.83 — 2014

35kV～750kV 变电站、农网变电站用并联电容器成套装置采购标准

第 83 部分：农网变电站 10kV–6000kvar–1%电抗率框架式并联电容器成套装置专用技术规范

Purchasing standard for shunt capacitor installation of 35kV～750kV and rural power network substation

Part 83: Special technical specification for 10kV–6000kvar–1% reactance ratio frame-type shunt capacitor installation of rural power network substation

2019-06-28发布　　　　　　　　　　　　　　2019-06-28实施

国家电网有限公司　　发 布

目　　次

前　言

为规范农网变电站 10kV－6000kvar－1%电抗率框架式并联电容器成套装置的采购，制定本部分。

《35kV～750kV 变电站、农网变电站用并联电容器成套装置采购标准》分为 87 个部分：

——第 1 部分：通用技术规范；

——第 2 部分：35kV 变电站 10kV－1000kvar－1%电抗率框架式并联电容器成套装置专用技术规范；

——第 3 部分：35kV 变电站 10kV－1000kvar－12%电抗率框架式并联电容器成套装置专用技术规范；

——第 4 部分：66kV 变电站 10kV－1000kvar－5%电抗率框架式并联电容器成套装置专用技术规范；

——第 5 部分：110（66）kV 变电站 10kV－2000kvar－1%电抗率框架式并联电容器成套装置专用技术规范；

——第 6 部分：110（66）kV 变电站 10kV－2000kvar－5%电抗率框架式并联电容器成套装置专用技术规范；

——第 7 部分：110（66）kV 变电站 10kV－2000kvar－12%电抗率框架式并联电容器成套装置专用技术规范；

——第 8 部分：110（66）kV 变电站 10kV－3000kvar－1%电抗率框架式并联电容器成套装置专用技术规范；

——第 9 部分：110（66）kV 变电站 10kV－3000kvar－5%电抗率框架式并联电容器成套装置专用技术规范；

——第 10 部分：110（66）kV 变电站 10kV－3000kvar－12%电抗率框架式并联电容器成套装置专用技术规范；

——第 11 部分：110（66）kV 变电站 10kV－3600kvar－1%电抗率框架式并联电容器成套装置专用技术规范；

——第 12 部分：110（66）kV 变电站 10kV－3600kvar－5%电抗率框架式并联电容器成套装置专用技术规范；

——第 13 部分：110（66）kV 变电站 10kV－3600kvar－12%电抗率框架式并联电容器成套装置专用技术规范；

——第 14 部分：110（66）kV 变电站 10kV－4000kvar－1%电抗率框架式并联电容器成套装置专用技术规范；

——第 15 部分：110（66）kV 变电站 10kV－4000kvar－5%电抗率框架式并联电容器成套装置专用技术规范；

——第 16 部分：110（66）kV 变电站 10kV－4000kvar－12%电抗率框架式并联电容器成套装置专用技术规范；

——第 17 部分：110（66）kV 变电站 10kV－4800kvar－1%电抗率框架式并联电容器成套装置专用技术规范；

——第 18 部分：110（66）kV 变电站 10kV－4800kvar－5%电抗率框架式并联电容器成套装置专用技术规范；

——第 19 部分：110（66）kV 变电站 10kV－4800kvar－12%电抗率框架式并联电容器成套装置专用技术规范；

——第 20 部分：110（66）kV 变电站 10kV－5000kvar－1%电抗率框架式并联电容器成套装置专用技术规范；

——第 21 部分：110（66）kV 变电站 10kV－5000kvar－5%电抗率框架式并联电容器成套装置专用技术规范；

——第 22 部分：110（66）kV 变电站 10kV－5000kvar－12%电抗率框架式并联电容器成套装置专用技术规范；

——第 23 部分：110（66）kV 变电站 10kV－6000kvar－1%电抗率框架式并联电容器成套装置专用技术规范；

——第 24 部分：110（66）kV 变电站 10kV－6000kvar－5%电抗率框架式并联电容器成套装置专用技术规范；

——第 25 部分：110（66）kV 变电站 10kV－6000kvar－12%电抗率框架式并联电容器成套装置专用技术规范；

——第 26 部分：220kV 变电站 10kV－8000kvar－5%电抗率框架式并联电容器成套装置专用技术规范；

——第 27 部分：220kV 变电站 10kV－8000kvar－12%电抗率框架式并联电容器成套装置专用技术规范；

——第 28 部分：220kV 变电站 10kV－10Mvar－5%电抗率框架式并联电容器成套装置专用技术规范；

——第 29 部分：220kV 变电站 10kV－10Mvar－12%电抗率框架式并联电容器成套装置专用技术规范；

——第 30 部分：220kV 变电站 35kV－10Mvar－5%电抗率框架式并联电容器成套装置专用技术规范；

——第 31 部分：220kV 变电站 35kV－10Mvar－12%电抗率框架式并联电容器成套装置专用技术规范；

——第 32 部分：330（220）kV 变电站 35kV－20Mvar－5%电抗率框架式并联电容器成套装置专用技术规范；

——第 33 部分：330（220）kV 变电站 35kV－20Mvar－12%电抗率框架式并联电容器成套装置专用技术规范；

——第 34 部分：330kV 变电站 35kV－30Mvar－5%电抗率框架式并联电容器成套装置专用技术规范；

——第 35 部分：330kV 变电站 35kV－30Mvar－12%电抗率框架式并联电容器成套装置专用技术规范；

——第 36 部分：330kV 变电站 35kV－40Mvar－5%电抗率框架式并联电容器成套装置专用技术规范；

——第 37 部分：330kV 变电站 35kV－40Mvar－12%电抗率框架式并联电容器成套装置专用技术规范；

——第 38 部分：500kV 变电站 35kV－60Mvar－5%电抗率框架式并联电容器成套装置专用技术规范；

——第 39 部分：500kV 变电站 35kV－60Mvar－12%电抗率框架式并联电容器成套装置专用技术规范；

——第 40 部分：220kV 变电站 66kV－10Mvar－5%电抗率框架式并联电容器成套装置专用技术规范；

——第 41 部分：220kV 变电站 66kV－10Mvar－12%电抗率框架式并联电容器成套装置专用技术规范；

——第 42 部分：220kV 变电站 66kV－20Mvar－5%电抗率框架式并联电容器成套装置专用技术规范；

——第 43 部分：220kV 变电站 66kV－20Mvar－12%电抗率框架式并联电容器成套装置专用技术规范；

——第 44 部分：220kV 变电站 66kV－25Mvar－5%电抗率框架式并联电容器成套装置专用技术规范；

——第 45 部分：220kV 变电站 66kV－25Mvar－12%电抗率框架式并联电容器成套装置专用技术规范；

——第 46 部分：750（500）kV 变电站 66kV－60Mvar－5%电抗率框架式并联电容器成套装置专用技术规范；

——第 47 部分：750（500）kV 变电站 66kV－60Mvar－12%电抗率框架式并联电容器成套装置专用技术规范；

——第 48 部分：750kV 变电站 66kV－90Mvar－5%电抗率框架式并联电容器成套装置专用技术规范；

——第 49 部分：750kV 变电站 66kV－90Mvar－12%电抗率框架式并联电容器成套装置专用技术规范；

——第 50 部分：750kV 变电站 66kV－120Mvar－5%电抗率框架式并联电容器成套装置专用技术规范；

——第 51 部分：750kV 变电站 66kV－120Mvar－12%电抗率框架式并联电容器成套装置专用技术规范；

——第 52 部分：110（66）kV 变电站 10kV－3000kvar－1%电抗率集合式并联电容器成套装置专用技术规范；

——第 53 部分：110（66）kV 变电站 10kV－3000kvar－5%电抗率集合式并联电容器成套装置专用

技术规范；

——第 54 部分：110（66）kV 变电站 10kV-3000kvar-12%电抗率集合式并联电容器成套装置专用技术规范；

——第 55 部分：110（66）kV 变电站 10kV-3600kvar-1%电抗率集合式并联电容器成套装置专用技术规范；

——第 56 部分：110（66）kV 变电站 10kV-3600kvar-5%电抗率集合式并联电容器成套装置专用技术规范；

——第 57 部分：110（66）kV 变电站 10kV-3600kvar-12%电抗率集合式并联电容器成套装置专用技术规范；

——第 58 部分：110（66）kV 变电站 10kV-4800kvar-1%电抗率集合式并联电容器成套装置专用技术规范；

——第 59 部分：110（66）kV 变电站 10kV-4800kvar-5%电抗率集合式并联电容器成套装置专用技术规范；

——第 60 部分：110（66）kV 变电站 10kV-4800kvar-12%电抗率集合式并联电容器成套装置专用技术规范；

——第 61 部分：330（220）kV 变电站 35kV-20Mvar-5%电抗率集合式并联电容器成套装置专用技术规范；

——第 62 部分：330（220）kV 变电站 35kV-20Mvar-12%电抗率集合式并联电容器成套装置专用技术规范；

——第 63 部分：330kV 变电站 35kV-30Mvar-5%电抗率集合式并联电容器成套装置专用技术规范；

——第 64 部分：330kV 变电站 35kV-30Mvar-12%电抗率集合式并联电容器成套装置专用技术规范；

——第 65 部分：500kV 变电站 35kV-60Mvar-5%电抗率集合式并联电容器成套装置专用技术规范；

——第 66 部分：500kV 变电站 35kV-60Mvar-12%电抗率集合式并联电容器成套装置专用技术规范；

——第 67 部分：500kV 变电站 66kV-60Mvar-5%电抗率集合式并联电容器成套装置专用技术规范；

——第 68 部分：500kV 变电站 66kV-60Mvar-12%电抗率集合式并联电容器成套装置专用技术规范；

——第 69 部分：农网变电站 10kV-300kvar-1%电抗率框架式并联电容器成套装置专用技术规范；

——第 70 部分：农网变电站 10kV-300kvar-5%电抗率框架式并联电容器成套装置专用技术规范；

——第 71 部分：农网变电站 10kV-600kvar-1%电抗率框架式并联电容器成套装置专用技术规范；

——第 72 部分：农网变电站 10kV-600kvar-5%电抗率框架式并联电容器成套装置专用技术规范；

——第 73 部分：农网变电站 10kV-1000kvar-1%电抗率框架式并联电容器成套装置专用技术规范；

——第 74 部分：农网变电站 10kV-1000kvar-5%电抗率框架式并联电容器成套装置专用技术规范；

——第 75 部分：农网变电站 10kV-1200kvar-1%电抗率框架式并联电容器成套装置专用技术规范；

——第 76 部分：农网变电站 10kV-1200kvar-5%电抗率框架式并联电容器成套装置专用技术规范；

——第 77 部分：农网变电站 10kV-2000kvar-1%电抗率框架式并联电容器成套装置专用技术规范；

——第 78 部分：农网变电站 10kV-2000kvar-5%电抗率框架式并联电容器成套装置专用技术规范；

——第 79 部分：农网变电站 10kV-3000kvar-1%电抗率框架式并联电容器成套装置专用技术规范；

——第 80 部分：农网变电站 10kV-3000kvar-5%电抗率框架式并联电容器成套装置专用技术规范；

——第 81 部分：农网变电站 10kV-4000kvar-1%电抗率框架式并联电容器成套装置专用技术规范；

——第 82 部分：农网变电站 10kV-4000kvar-5%电抗率框架式并联电容器成套装置专用技术规范；

——第 83 部分：农网变电站 10kV-6000kvar-1%电抗率框架式并联电容器成套装置专用技术规范；

——第 84 部分：农网变电站 10kV-6000kvar-5%电抗率框架式并联电容器成套装置专用技术规范；

——第 85 部分：农网 10kV-150kvar-50kvar 柱上式并联电容器成套装置专用技术规范；

——第 86 部分：农网 10kV-300kvar-50kvar 柱上式并联电容器成套装置专用技术规范；

——第 87 部分：农网 10kV－450kvar－50kvar 柱上式并联电容器成套装置专用技术规范。

本部分为《35kV～750kV 变电站、农网变电站用并联电容器成套装置采购标准》的第 83 部分。

本部分代替 Q/GDW 13053.83—2014，与 Q/GDW 13053.83—2014 相比，主要技术性差异如下：

——修改了单台电容器短路放电试验要求；

——修改了单台电容器放电器件性能要求；

——修改了放电线圈放电性能要求。

本部分由国家电网有限公司物资部提出并解释。

本部分由国家电网有限公司科技部归口。

本部分起草单位：国网冀北电力有限公司，国网吉林省电力有限公司，中国电力科学研究院有限公司。

本部分主要起草人：姜胜宝，黄想，国江，林浩，张建军，路杰，王亚菲，李士雷，李卓伦，葛志成。

本部分 2014 年 8 月首次发布，2018 年 8 月第一次修订。

本部分在执行过程中的意见或建议反馈至国家电网有限公司科技部。

35kV～750kV 变电站、农网变电站用
并联电容器成套装置采购标准
第 83 部分：农网变电站 10kV−6000kvar−1%
电抗率框架式并联电容器成套装置专用技术规范

1 范围

本部分规定了农网变电站 10kV−6000kvar−1%电抗率框架式并联电容器成套装置招标的标准技术参数、项目需求及投标人响应的相关内容。

本部分适用于农网变电站 10kV−6000kvar−1%电抗率框架式并联电容器成套装置招标。

2 规范性引用文件

下列文件对于本文件的应用是必不可少的。凡是注日期的引用文件，仅所注日期的版本适用于本文件。凡是不注日期的引用文件，其最新版本（包括所有的修改单）适用于本文件。

Q/GDW 13053.1　35kV～750kV 变电站、农网变电站用并联电容器成套装置采购标准　第 1 部分：通用技术规范

3 术语和定义

下列术语和定义适用于本文件。

3.1
招标人　bidder
提出招标项目，进行招标的法人或其他组织。

3.2
投标人　tenderer
响应招标、参加投标竞争的法人或者其他组织。

3.3
卖方　seller
提供本部分货物和技术服务的法人或其他组织，包括其法定的承继者。

3.4
买方　buyer
购买本部分货物和技术服务的法人或其他组织，包括其法定的承继者和经许可的受让人。

4 标准技术参数

技术参数特性表是国家电网有限公司对采购设备的基础技术参数要求，在招投标过程中，投标人应依据招标文件，对技术参数特性表中标准参数值进行响应。农网变电站 10kV−6000kvar−1%电抗率框架式并联电容器成套装置技术参数特性见表 1。装置应满足 Q/GDW 13053.1 的要求。

表 1 技 术 参 数 特 性 表

序号	项　　目	单位	标准参数值
一	并联电容器装置		
1	型号		TBB10－6000/334－AKW
2	额定电压	kV	10
3	额定容量	kvar	6000
4	额定电抗率	%	≤1
5	额定相电容	μF	173
6	电容器组额定电压（相）	kV	10.5/$\sqrt{3}$
7	电容器组电容与额定电容偏差	%	0～5
8	电容器组各相电容的最大值与 最小值之比		≤1.02
9	接线方式		单星形
10	每相电容器串并联数		1 串 6 并
11	继电保护方式		开口三角电压保护
12	初始不平衡电流（或电压）二次计算值		（生产单位提供）
13	继电保护整定值		（生产单位提供）
14	在继电保护整定计算中，完好元件允许过电 压倍数		1.3
15	装置接线图		—
16	电容器组围栏尺寸 （户内安装时应提供装置高度限值）	m	（项目单位提供）
17	电容器组进线方向和进线位置		围栏（长或宽）方向（上或下）进线
18	装置耐受短路电流能力	kA	（项目单位提供）
二	单台电容器		
1	型号		BAM10.5/$\sqrt{3}$－334－1W 或 BFM10.5/$\sqrt{3}$－334－1W
2	额定电压	kV	10.5/$\sqrt{3}$
3	额定容量	kvar	334
4	设计场强（K＝1）	kV/mm	≤57
5	局部放电性能	pC	局部放电量≤50
		U_N	温度下限时局部放电熄灭电压 不低于 1.2

表1（续）

序号	项 目	单位	标准参数值
6	温度类别	℃	－/＋ （项目单位提供）
7	套管结构		滚装一体化结构套管
8	引出端子及套管的要求	N	≥500（水平拉力）
9	电容器耐受爆破能量	kW·s	≥15
10	短路放电试验		$2.5U_N$直流电压作用下，经电容器端子的最小间隙（短接线长度不应大于1.5m），10min内放电5次，电容量变化不超过1根内熔丝动作或一个元件击穿之量
11	电容器内部元件串并数及附图		（生产单位提供）
12	单台电容器保护方式		内熔丝保护
13	内熔丝安装位置		元件之间或元件端部 （采取有效隔离措施）
14	内熔丝试验		下限电压≤$0.9\sqrt{2}\,U_N$ 上限电压≥$2.2\sqrt{2}\,U_N$
15	内熔丝结构电容器的完好元件允许过电压倍数		≤1.3倍元件额定电压
16	放电器件性能		10min内从$\sqrt{2}\,U_N$降到50V
17	电容器安装方式		立式或卧式 （项目单位提供）
18	固体介质厚度及层数		—
19	浸渍剂		—
20	外绝缘海拔修正耐受试验电压（工频/雷电）	kV/kV	（需要修正时由项目单位提供）
三			放电线圈
1	型号		FDE 10.5/－3.3－1W（油浸全密封）或 FDGE 10.5/ －3.3－1W（干式）
2	一次绕组的额定电压	kV	$10.5/\sqrt{3}$
3	二次绕组的额定电压	V	100
4	二次绕组的额定容量	VA	50
5	准确级		0.5
6	a. 工频耐受电压（1min）/试验电压	kV/kV	42
	b. 雷电冲击耐受电压/试验电压	kV/kV	75
	c. 一次绕组感应耐受电压		$2.5U_{1N}/60s$
	d. 二次绕组对地工频耐受电压	kV/min	3

表1（续）

序号	项　目	单位	标准参数值
7	结构方式		全密封或干式 （干式宜户内使用） （项目单位提供）
8	配套电容器容量（相）	kvar	≥2004
9	放电性能		断开电源后，电容器组上的电压在 5s 内由 $\sqrt{2}\,U_N$ 降至 50V 以下
			在最大允许容量电容器组的 $1.9\sqrt{2}\,U_N$ 下放电不损坏
10	外绝缘海拔修正耐受试验电压（工频/雷电）	kV/kV	（需要修正时由项目单位提供）
四	金属氧化物避雷器		
1	型号		YHWR5－17/45（复合）或 YWR5－17/45（瓷）
2	额定电压	kV	17
3	持续运行电压	kV	13.6
4	标称放电电流	kA	5
5	标称放电电流下的残压	kV	45
6	2ms 方波通流容量	A	≥500
7	外绝缘海拔修正耐受试验电压（工频/雷电）	kV/kV	（需要修正时由项目单位提供）
五	支柱绝缘子		
1	额定电压	kV	10
2	额定抗弯强度	N·m	—
3	爬电比距	mm/kV	（项目单位提供）
4	外绝缘海拔修正耐受试验电压（工频/雷电）	kV/kV	（需要修正时由项目单位提供）
5	安装方式		正装
六	隔离开关和接地开关		
1	型号		GW－12/630 或 GN－12/630
2	额定电压	kV	12
3	额定短时耐受电流及持续时间	kA（4s）	（项目单位提供）
4	额定峰值耐受电流	kA	（项目单位提供）
5	额定电流（隔离开关）	A	≥600
6	型号		（项目单位提供）
7	外绝缘海拔修正耐受试验电压（工频/雷电）	kV/kV	（需要修正时由项目单位提供）
七	串联电抗器		
1	型号		CKDK－10－□/□－1（干式空心）或 CKSC－10－□/□－1（干式铁芯）

表1（续）

序号	项 目	单位	标准参数值
2	额定电压	kV	10
3	额定电感	μH	—
4	额定电流	A	—
5	损耗	kW/kvar	—
			—
6	温升	K	≤70
7	电抗率	%	≤1
8	绝缘水平（工频/雷电）	kV/kV	42/75
9	噪声	dB	≤50
10	电感值偏差	%	0～10
11	外绝缘海拔修正耐受试验电压（工频/雷电）	kV/kV	（需要修正时由项目单位提供）
12	三相间电感偏差	%	每相电抗与三相平均值的偏差不大于±2%
13	安装布置方式		（项目单位提供）

5 组件材料配置表

组件材料配置表包括元件名称、规格形式参数、单位、数量和产地等信息，具体内容和格式根据招标项目情况进行编制。

6 使用环境条件表

典型农网变电站10kV-6000kvar-1%电抗率集合式并联电容器成套装置使用环境条件见表2。特殊环境要求根据项目情况进行编制。

表2 使 用 环 境 条 件 表

序号	名 称		单位	标准参数值
1	环境温度	最高日温度	℃	+40
		最低日温度		−25
		最大日温差		25
2	海拔		m	≤1000
3	太阳辐射强度		W/cm²	0.11
4	污秽等级			Ⅲ（d）
5	覆冰厚度		mm	10
6	风速/风压		（m/s）/Pa	35/700

表 2（续）

序号	名 称		单位	标准参数值
7	相对湿度	最大日相对湿度	％	≤95
		最大月平均相对湿度		≤90
8	耐受地震能力（指水平加速度，安全系数不小于 1.67。水平加速度应计及设备支架的动力放大系数 1.2）		m/s²	2
注：有较严酷使用条件时，如低温、高海拔、重污秽等，项目单位应提出相应差异要求				

7 投标人提供的其他资料

投标人提供的其他资料如下：

a) 耐久性试验报告（应提供）；

b) 保护计算单（应提供）；

c) 抗震计算或试验报告（应提供，10kV 装置除外）；

d) 装置的爆破能量计算单（应提供）；

e) 其他提高装置质量或运行可靠性的研究报告、研究性试验等；

f) 新结构方式等。

ICS 29.240

Q/GDW

国家电网有限公司企业标准

Q／GDW 13053.84—2018

代替 Q／GDW 13053.84—2014

35kV～750kV 变电站、农网变电站用并联电容器成套装置采购标准 第 84 部分：农网变电站 10kV−6000kvar−5%电抗率框架式并联电容器成套装置专用技术规范

Purchasing standard for shunt capacitor installation of 35kV～750kV and rural power network substation

Part 84: Special technical specification for 10kV−6000kvar−5% reactance ratio frame-type shunt capacitor installation of rural power network substation

2019−06−28发布　　　　　　　　　　　　2019−06−28实施

国家电网有限公司　　发布

目 次

前　言

为规范农网变电站 10kV－6000kvar－5%电抗率框架式并联电容器成套装置的采购，制定本部分。
《35kV～750kV 变电站、农网变电站用并联电容器成套装置采购标准》分为 87 个部分：

——第 1 部分：通用技术规范；

——第 2 部分：35kV 变电站 10kV－1000kvar－1%电抗率框架式并联电容器成套装置专用技术规范；

——第 3 部分：35kV 变电站 10kV－1000kvar－12%电抗率框架式并联电容器成套装置专用技术规范；

——第 4 部分：66kV 变电站 10kV－1000kvar－5%电抗率框架式并联电容器成套装置专用技术规范；

——第 5 部分：110（66）kV 变电站 10kV－2000kvar－1%电抗率框架式并联电容器成套装置专用技术规范；

——第 6 部分：110（66）kV 变电站 10kV－2000kvar－5%电抗率框架式并联电容器成套装置专用技术规范；

——第 7 部分：110（66）kV 变电站 10kV－2000kvar－12%电抗率框架式并联电容器成套装置专用技术规范；

——第 8 部分：110（66）kV 变电站 10kV－3000kvar－1%电抗率框架式并联电容器成套装置专用技术规范；

——第 9 部分：110（66）kV 变电站 10kV－3000kvar－5%电抗率框架式并联电容器成套装置专用技术规范；

——第 10 部分：110（66）kV 变电站 10kV－3000kvar－12%电抗率框架式并联电容器成套装置专用技术规范；

——第 11 部分：110（66）kV 变电站 10kV－3600kvar－1%电抗率框架式并联电容器成套装置专用技术规范；

——第 12 部分：110（66）kV 变电站 10kV－3600kvar－5%电抗率框架式并联电容器成套装置专用技术规范；

——第 13 部分：110（66）kV 变电站 10kV－3600kvar－12%电抗率框架式并联电容器成套装置专用技术规范；

——第 14 部分：110（66）kV 变电站 10kV－4000kvar－1%电抗率框架式并联电容器成套装置专用技术规范；

——第 15 部分：110（66）kV 变电站 10kV－4000kvar－5%电抗率框架式并联电容器成套装置专用技术规范；

——第 16 部分：110（66）kV 变电站 10kV－4000kvar－12%电抗率框架式并联电容器成套装置专用技术规范；

——第 17 部分：110（66）kV 变电站 10kV－4800kvar－1%电抗率框架式并联电容器成套装置专用技术规范；

——第 18 部分：110（66）kV 变电站 10kV－4800kvar－5%电抗率框架式并联电容器成套装置专用技术规范；

——第 19 部分：110（66）kV 变电站 10kV－4800kvar－12%电抗率框架式并联电容器成套装置专用技术规范；

——第 20 部分：110（66）kV 变电站 10kV－5000kvar－1%电抗率框架式并联电容器成套装置专用技术规范；

——第 21 部分：110（66）kV 变电站 10kV－5000kvar－5%电抗率框架式并联电容器成套装置专用技术规范；

——第 22 部分：110（66）kV 变电站 10kV－5000kvar－12%电抗率框架式并联电容器成套装置专用技术规范；

——第 23 部分：110（66）kV 变电站 10kV－6000kvar－1%电抗率框架式并联电容器成套装置专用技术规范；

——第 24 部分：110（66）kV 变电站 10kV－6000kvar－5%电抗率框架式并联电容器成套装置专用技术规范；

——第 25 部分：110（66）kV 变电站 10kV－6000kvar－12%电抗率框架式并联电容器成套装置专用技术规范；

——第 26 部分：220kV 变电站 10kV－8000kvar－5%电抗率框架式并联电容器成套装置专用技术规范；

——第 27 部分：220kV 变电站 10kV－8000kvar－12%电抗率框架式并联电容器成套装置专用技术规范；

——第 28 部分：220kV 变电站 10kV－10Mvar－5%电抗率框架式并联电容器成套装置专用技术规范；

——第 29 部分：220kV 变电站 10kV－10Mvar－12%电抗率框架式并联电容器成套装置专用技术规范；

——第 30 部分：220kV 变电站 35kV－10Mvar－5%电抗率框架式并联电容器成套装置专用技术规范；

——第 31 部分：220kV 变电站 35kV－10Mvar－12%电抗率框架式并联电容器成套装置专用技术规范；

——第 32 部分：330（220）kV 变电站 35kV－20Mvar－5%电抗率框架式并联电容器成套装置专用技术规范；

——第 33 部分：330（220）kV 变电站 35kV－20Mvar－12%电抗率框架式并联电容器成套装置专用技术规范；

——第 34 部分：330kV 变电站 35kV－30Mvar－5%电抗率框架式并联电容器成套装置专用技术规范；

——第 35 部分：330kV 变电站 35kV－30Mvar－12%电抗率框架式并联电容器成套装置专用技术规范；

——第 36 部分：330kV 变电站 35kV－40Mvar－5%电抗率框架式并联电容器成套装置专用技术规范；

——第 37 部分：330kV 变电站 35kV－40Mvar－12%电抗率框架式并联电容器成套装置专用技术规范；

——第 38 部分：500kV 变电站 35kV－60Mvar－5%电抗率框架式并联电容器成套装置专用技术规范；

——第 39 部分：500kV 变电站 35kV－60Mvar－12%电抗率框架式并联电容器成套装置专用技术规范；

——第 40 部分：220kV 变电站 66kV－10Mvar－5%电抗率框架式并联电容器成套装置专用技术规范；

——第 41 部分：220kV 变电站 66kV－10Mvar－12%电抗率框架式并联电容器成套装置专用技术规范；

——第 42 部分：220kV 变电站 66kV－20Mvar－5%电抗率框架式并联电容器成套装置专用技术规范；

——第 43 部分：220kV 变电站 66kV－20Mvar－12%电抗率框架式并联电容器成套装置专用技术规范；

——第 44 部分：220kV 变电站 66kV－25Mvar－5%电抗率框架式并联电容器成套装置专用技术规范；

——第 45 部分：220kV 变电站 66kV－25Mvar－12%电抗率框架式并联电容器成套装置专用技术规范；

——第 46 部分：750（500）kV 变电站 66kV－60Mvar－5%电抗率框架式并联电容器成套装置专用技术规范；

——第 47 部分：750（500）kV 变电站 66kV－60Mvar－12%电抗率框架式并联电容器成套装置专用技术规范；

——第 48 部分：750kV 变电站 66kV－90Mvar－5%电抗率框架式并联电容器成套装置专用技术规范；

——第 49 部分：750kV 变电站 66kV－90Mvar－12%电抗率框架式并联电容器成套装置专用技术规范；

——第 50 部分：750kV 变电站 66kV－120Mvar－5%电抗率框架式并联电容器成套装置专用技术规范；

——第 51 部分：750kV 变电站 66kV－120Mvar－12%电抗率框架式并联电容器成套装置专用技术规范；

——第 52 部分：110（66）kV 变电站 10kV－3000kvar－1%电抗率集合式并联电容器成套装置专用技术规范；

——第 53 部分：110（66）kV 变电站 10kV－3000kvar－5%电抗率集合式并联电容器成套装置专用

技术规范；

——第 54 部分：110（66）kV 变电站 10kV－3000kvar－12%电抗率集合式并联电容器成套装置专用技术规范；

——第 55 部分：110（66）kV 变电站 10kV－3600kvar－1%电抗率集合式并联电容器成套装置专用技术规范；

——第 56 部分：110（66）kV 变电站 10kV－3600kvar－5%电抗率集合式并联电容器成套装置专用技术规范；

——第 57 部分：110（66）kV 变电站 10kV－3600kvar－12%电抗率集合式并联电容器成套装置专用技术规范；

——第 58 部分：110（66）kV 变电站 10kV－4800kvar－1%电抗率集合式并联电容器成套装置专用技术规范；

——第 59 部分：110（66）kV 变电站 10kV－4800kvar－5%电抗率集合式并联电容器成套装置专用技术规范；

——第 60 部分：110（66）kV 变电站 10kV－4800kvar－12%电抗率集合式并联电容器成套装置专用技术规范；

——第 61 部分：330（220）kV 变电站 35kV－20Mvar－5%电抗率集合式并联电容器成套装置专用技术规范；

——第 62 部分：330（220）kV 变电站 35kV－20Mvar－12%电抗率集合式并联电容器成套装置专用技术规范；

——第 63 部分：330kV 变电站 35kV－30Mvar－5%电抗率集合式并联电容器成套装置专用技术规范；

——第 64 部分：330kV 变电站 35kV－30Mvar－12%电抗率集合式并联电容器成套装置专用技术规范；

——第 65 部分：500kV 变电站 35kV－60Mvar－5%电抗率集合式并联电容器成套装置专用技术规范；

——第 66 部分：500kV 变电站 35kV－60Mvar－12%电抗率集合式并联电容器成套装置专用技术规范；

——第 67 部分：500kV 变电站 66kV－60Mvar－5%电抗率集合式并联电容器成套装置专用技术规范；

——第 68 部分：500kV 变电站 66kV－60Mvar－12%电抗率集合式并联电容器成套装置专用技术规范；

——第 69 部分：农网变电站 10kV－300kvar－1%电抗率框架式并联电容器成套装置专用技术规范；

——第 70 部分：农网变电站 10kV－300kvar－5%电抗率框架式并联电容器成套装置专用技术规范；

——第 71 部分：农网变电站 10kV－600kvar－1%电抗率框架式并联电容器成套装置专用技术规范；

——第 72 部分：农网变电站 10kV－600kvar－5%电抗率框架式并联电容器成套装置专用技术规范；

——第 73 部分：农网变电站 10kV－1000kvar－1%电抗率框架式并联电容器成套装置专用技术规范；

——第 74 部分：农网变电站 10kV－1000kvar－5%电抗率框架式并联电容器成套装置专用技术规范；

——第 75 部分：农网变电站 10kV－1200kvar－1%电抗率框架式并联电容器成套装置专用技术规范；

——第 76 部分：农网变电站 10kV－1200kvar－5%电抗率框架式并联电容器成套装置专用技术规范；

——第 77 部分：农网变电站 10kV－2000kvar－1%电抗率框架式并联电容器成套装置专用技术规范；

——第 78 部分：农网变电站 10kV－2000kvar－5%电抗率框架式并联电容器成套装置专用技术规范；

——第 79 部分：农网变电站 10kV－3000kvar－1%电抗率框架式并联电容器成套装置专用技术规范；

——第 80 部分：农网变电站 10kV－3000kvar－5%电抗率框架式并联电容器成套装置专用技术规范；

——第 81 部分：农网变电站 10kV－4000kvar－1%电抗率框架式并联电容器成套装置专用技术规范；

——第 82 部分：农网变电站 10kV－4000kvar－5%电抗率框架式并联电容器成套装置专用技术规范；

——第 83 部分：农网变电站 10kV－6000kvar－1%电抗率框架式并联电容器成套装置专用技术规范；

——第 84 部分：农网变电站 10kV－6000kvar－5%电抗率框架式并联电容器成套装置专用技术规范；

——第 85 部分：农网 10kV－150kvar－50kvar 柱上式并联电容器成套装置专用技术规范；

——第 86 部分：农网 10kV－300kvar－50kvar 柱上式并联电容器成套装置专用技术规范；

——第 87 部分：农网 10kV－450kvar－50kvar 柱上式并联电容器成套装置专用技术规范。

本部分为《35kV～750kV 变电站、农网变电站用并联电容器成套装置采购标准》的第 84 部分。

本部分代替 Q/GDW 13053.84—2014，与 Q/GDW 13053.84—2014 相比，主要技术性差异如下：

——修改了单台电容器短路放电试验要求；

——修改了单台电容器放电器件性能要求；

——修改了放电线圈放电性能要求。

本部分由国家电网有限公司物资部提出并解释。

本部分由国家电网有限公司科技部归口。

本部分起草单位：国网冀北电力有限公司，国网吉林省电力有限公司，中国电力科学研究院有限公司。

本部分主要起草人：姜胜宝，黄想，林浩，国江，张建军，路杰，王亚菲，李士雷，李卓伦，葛志成。

本部分 2014 年 8 月首次发布，2018 年 8 月第一次修订。

本部分在执行过程中的意见或建议反馈至国家电网有限公司科技部。

35kV～750kV 变电站、农网变电站用并联电容器成套装置采购标准 第84部分：农网变电站 10kV-6000kvar-5%电抗率框架式并联电容器成套装置专用技术规范

1 范围

本部分规定了农网变电站 10kV-6000kvar-5%电抗率框架式并联电容器成套装置招标的标准技术参数、项目需求及投标人响应的相关内容。

本部分适用于农网变电站 10kV-6000kvar-5%电抗率框架式并联电容器成套装置招标。

2 规范性引用文件

下列文件对于本文件的应用是必不可少的。凡是注日期的引用文件，仅所注日期的版本适用于本文件。凡是不注日期的引用文件，其最新版本（包括所有的修改单）适用于本文件。

Q/GDW 13053.1 35kV～750kV 变电站、农网变电站用并联电容器成套装置采购标准 第1部分：通用技术规范

3 术语和定义

下列术语和定义适用于本文件。

3.1
招标人 bidder
提出招标项目，进行招标的法人或其他组织。

3.2
投标人 tenderer
响应招标、参加投标竞争的法人或者其他组织。

3.3
卖方 seller
提供本部分货物和技术服务的法人或其他组织，包括其法定的承继者。

3.4
买方 buyer
购买本部分货物和技术服务的法人或其他组织，包括其法定的承继者和经许可的受让人。

4 标准技术参数

技术参数特性表是国家电网有限公司对采购设备的基础技术参数要求，在招投标过程中，投标人应依据招标文件，对技术参数特性表中标准参数值进行响应。农网变电站 10kV-6000kvar-5%电抗率框架式并联电容器成套装置技术参数特性见表1。装置应满足 Q/GDW 13053.1 的要求。

表 1 技 术 参 数 特 性 表

序号	项 目	单位	标准参数值
一	并联电容器装置		
1	型号		TBB10－6000/334－AKW
2	额定电压	kV	10
3	额定容量	kvar	6000
4	额定电抗率	%	5
5	额定相电容	μF	158
6	电容器组额定电压（相）	kV	$11/\sqrt{3}$
7	电容器组电容与额定电容偏差	%	0～5
8	电容器组各相电容的最大值与最小值之比		≤1.02
9	接线方式		单星形
10	每相电容器串并联数		1 串 6 并
11	继电保护方式		开口三角电压保护
12	初始不平衡电流（或电压）二次计算值		（生产单位提供）
13	继电保护整定值		（生产单位提供）
14	在继电保护整定计算中，完好元件允许过电压倍数		1.3
15	装置接线图		—
16	电容器组围栏尺寸（户内安装时应提供装置高度限值）	m	（项目单位提供）
17	电容器组进线方向和进线位置		围栏（长或宽）方向（上或下）进线
18	装置耐受短路电流能力	kA	（项目单位提供）
二	单台电容器		
1	型号		BAM11/$\sqrt{3}$－334－1W 或 BFM11/$\sqrt{3}$－334－1W
2	额定电压	kV	$11/\sqrt{3}$
3	额定容量	kvar	334
4	设计场强（$K=1$）	kV/mm	≤57
5	局部放电性能	pC	局部放电量≤50
		U_N	温度下限时局部放电熄灭电压不低于1.2

表1（续）

序号	项 目	单位	标准参数值
6	温度类别	℃	−/＋ （项目单位提供）
7	套管结构		滚装一体化结构套管
8	引出端子及套管的要求	N	≥500（水平拉力）
9	电容器耐受爆破能量	kW·s	≥15
10	短路放电试验		$2.5U_N$ 直流电压作用下，经电容器端子的最小间隙（短接线长度不应大于 1.5m），10min 内放电 5 次，电容量变化不超过 1 根内熔丝动作或一个元件击穿之量
11	电容器内部元件串并数及附图		（生产单位提供）
12	单台电容器保护方式		内熔丝保护
13	内熔丝安装位置		元件之间或元件端部 （采取有效隔离措施）
14	内熔丝试验		下限电压≤$0.9\sqrt{2}U_N$ 上限电压≥$2.2\sqrt{2}U_N$
15	内熔丝结构电容器的完好元件允许过电压倍数		≤1.3 倍元件额定电压
16	放电器件性能		10min 内从 $\sqrt{2}U_N$ 降到 50V
17	电容器安装方式		立式或卧式 （项目单位提供）
18	固体介质厚度及层数		—
19	浸渍剂		—
20	外绝缘海拔修正耐受试验电压（工频/雷电）	kV/kV	（需要修正时由项目单位提供）
三			放电线圈
1	型号		FDE11/$\sqrt{3}$ −3.3−W（油浸全密封）或 FDGE11/$\sqrt{3}$ −3.3−1W（干式）
2	一次绕组的额定电压	kV	11/$\sqrt{3}$
3	二次绕组的额定电压	V	100
4	二次绕组的额定容量	VA	50
5	准确级		0.5
6	a. 工频耐受电压（1min）/试验电压	kV/kV	42
	b. 雷电冲击耐受电压/试验电压	kV/kV	75
	c. 一次绕组感应耐受电压		$2.5U_{1N}$/60s
	d. 二次绕组对地工频耐受电压	kV/min	3

表1（续）

序号	项　　目	单位	标准参数值
7	结构方式		全密封或干式 （干式宜户内使用） （项目单位提供）
8	配套电容器容量（相）	kvar	≥3334
9	放电性能		断开电源后，电容器组上的电压在 5s 内由 $\sqrt{2}\,U_N$ 降至 50V 以下
			在最大允许容量电容器组的 $1.9\sqrt{2}\,U_N$ 下放电不损坏
10	外绝缘海拔修正耐受试验电压（工频/雷电）	kV/kV	（需要修正时由项目单位提供）
四	金属氧化物避雷器		
1	型号		YHWR5－17/45（复合）或 YWR5－17/45（瓷）
2	额定电压	kV	17
3	持续运行电压	kV	13.6
4	标称放电电流	kA	5
5	标称放电电流下的残压	kV	45
6	2ms 方波通流容量	A	≥500
7	外绝缘海拔修正耐受试验电压（工频/雷电）	kV/kV	（需要修正时由项目单位提供）
五	支柱绝缘子		
1	额定电压	kV	10
2	额定抗弯强度	N·m	—
3	爬电比距	mm/kV	（项目单位提供）
4	外绝缘海拔修正耐受试验电压（工频/雷电）	kV/kV	（需要修正时由项目单位提供）
5	安装方式		正装
六	隔离开关和接地开关		
1	型号		GW－12/630 或 GN－12/630
2	额定电压	kV	12
3	额定短时耐受电流及持续时间	kA（4s）	（项目单位提供）
4	额定峰值耐受电流	kA	（项目单位提供）
5	额定电流（隔离开关）	A	≥600
6	型号		（项目单位提供）
7	外绝缘海拔修正耐受试验电压（工频/雷电）	kV/kV	（需要修正时由项目单位提供）
七	串联电抗器		
1	型号		CKDK－10－100/03.2－5（干式空心）或 CKSC－10－300/0.32－5（干式铁芯）

表1（续）

序号	项　目	单位	标准参数值
2	额定电压	kV	10
3	额定端电压		0.32
4	额定容量		100 或 300
5	额定电感	μH	3.2
6	额定电流	A	315
7	损耗	kW/kvar	—
			—
8	温升	K	≤70
9	电抗率	%	5
10	绝缘水平（工频/雷电）	kV/kV	42/75
11	噪声	dB	≤50
12	电感值偏差	%	0～5
13	外绝缘海拔修正耐受试验电压（工频/雷电）	kV/kV	（需要修正时由项目单位提供）
14	三相间电感偏差	%	每相电抗与三相平均值的偏差不大于±2%
15	安装布置方式		（项目单位提供）

5　组件材料配置表

组件材料配置表包括元件名称、规格形式参数、单位、数量和产地等信息，具体内容和格式根据招标项目情况进行编制。

6　使用环境条件表

典型农网变电站10kV-6000kvar-5%电抗率集合式并联电容器成套装置使用环境条件见表2。特殊环境要求根据项目情况进行编制。

表 2　使 用 环 境 条 件 表

序号	名　　称		单位	标准参数值
1	环境温度	最高日温度	℃	+40
		最低日温度		−25
		最大日温差		25
2	海拔		m	≤1000
3	太阳辐射强度		W/cm²	0.11
4	污秽等级			Ⅲ（d）

表 2（续）

序号	名　称		单位	标准参数值
5	覆冰厚度		mm	10
6	风速/风压		（m/s）/Pa	35/700
7	相对湿度	最大日相对湿度	%	≤95
		最大月平均相对湿度		≤90
8	耐受地震能力（指水平加速度，安全系数不小于 1.67。水平加速度应计及设备支架的动力放大系数 1.2）		m/s²	2
注：有较严酷使用条件时，如低温、高海拔、重污秽等，项目单位应提出相应差异要求				

7　投标人提供的其他资料

投标人提供的其他资料如下：

a)　耐久性试验报告（应提供）；

b)　保护计算单（应提供）；

c)　抗震计算或试验报告（应提供，10kV 装置除外）；

d)　装置的爆破能量计算单（应提供）；

e)　其他提高装置质量或运行可靠性的研究报告、研究性试验等；

f)　新结构方式等。

ICS 29.240

Q/GDW

国家电网有限公司企业标准

Q／GDW 13053.85—2018
代替 Q／GDW 13053.85—2014

35kV～750kV 变电站、农网变电站用

并联电容器成套装置采购标准

第 85 部分：农网

10kV－150kvar－50kvar 柱上式

并联电容器成套装置专用技术规范

Purchasing standard for shunt capacitor installation of 35kV～750kV
and rural power network substation
Part 85: Special technical specification for 10kV－150kvar－50kvar
pole-mounted shunt capacitor installation of rural power network

2019－06－28发布   2019－06－28实施

国家电网有限公司   发 布

目　次

前　言

为规范农网 10kV－150kvar－50kvar 柱上式并联电容器成套装置的采购，制定本部分。

《35kV～750kV 变电站、农网变电站用并联电容器成套装置采购标准》分为 87 个部分：

——第 1 部分：通用技术规范；

——第 2 部分：35kV 变电站 10kV－1000kvar－1%电抗率框架式并联电容器成套装置专用技术规范；

——第 3 部分：35kV 变电站 10kV－1000kvar－12%电抗率框架式并联电容器成套装置专用技术规范；

——第 4 部分：66kV 变电站 10kV－1000kvar－5%电抗率框架式并联电容器成套装置专用技术规范；

——第 5 部分：110（66）kV 变电站 10kV－2000kvar－1%电抗率框架式并联电容器成套装置专用技术规范；

——第 6 部分：110（66）kV 变电站 10kV－2000kvar－5%电抗率框架式并联电容器成套装置专用技术规范；

——第 7 部分：110（66）kV 变电站 10kV－2000kvar－12%电抗率框架式并联电容器成套装置专用技术规范；

——第 8 部分：110（66）kV 变电站 10kV－3000kvar－1%电抗率框架式并联电容器成套装置专用技术规范；

——第 9 部分：110（66）kV 变电站 10kV－3000kvar－5%电抗率框架式并联电容器成套装置专用技术规范；

——第 10 部分：110（66）kV 变电站 10kV－3000kvar－12%电抗率框架式并联电容器成套装置专用技术规范；

——第 11 部分：110（66）kV 变电站 10kV－3600kvar－1%电抗率框架式并联电容器成套装置专用技术规范；

——第 12 部分：110（66）kV 变电站 10kV－3600kvar－5%电抗率框架式并联电容器成套装置专用技术规范；

——第 13 部分：110（66）kV 变电站 10kV－3600kvar－12%电抗率框架式并联电容器成套装置专用技术规范；

——第 14 部分：110（66）kV 变电站 10kV－4000kvar－1%电抗率框架式并联电容器成套装置专用技术规范；

——第 15 部分：110（66）kV 变电站 10kV－4000kvar－5%电抗率框架式并联电容器成套装置专用技术规范；

——第 16 部分：110（66）kV 变电站 10kV－4000kvar－12%电抗率框架式并联电容器成套装置专用技术规范；

——第 17 部分：110（66）kV 变电站 10kV－4800kvar－1%电抗率框架式并联电容器成套装置专用技术规范；

——第 18 部分：110（66）kV 变电站 10kV－4800kvar－5%电抗率框架式并联电容器成套装置专用技术规范；

——第 19 部分：110（66）kV 变电站 10kV－4800kvar－12%电抗率框架式并联电容器成套装置专用技术规范；

——第 20 部分：110（66）kV 变电站 10kV－5000kvar－1%电抗率框架式并联电容器成套装置专用技术规范；

——第 21 部分：110（66）kV 变电站 10kV－5000kvar－5%电抗率框架式并联电容器成套装置专用技术规范；

——第 22 部分：110（66）kV 变电站 10kV－5000kvar－12%电抗率框架式并联电容器成套装置专用技术规范；

——第 23 部分：110（66）kV 变电站 10kV－6000kvar－1%电抗率框架式并联电容器成套装置专用技术规范；

——第 24 部分：110（66）kV 变电站 10kV－6000kvar－5%电抗率框架式并联电容器成套装置专用技术规范；

——第 25 部分：110（66）kV 变电站 10kV－6000kvar－12%电抗率框架式并联电容器成套装置专用技术规范；

——第 26 部分：220kV 变电站 10kV－8000kvar－5%电抗率框架式并联电容器成套装置专用技术规范；

——第 27 部分：220kV 变电站 10kV－8000kvar－12%电抗率框架式并联电容器成套装置专用技术规范；

——第 28 部分：220kV 变电站 10kV－10Mvar－5%电抗率框架式并联电容器成套装置专用技术规范；

——第 29 部分：220kV 变电站 10kV－10Mvar－12%电抗率框架式并联电容器成套装置专用技术规范；

——第 30 部分：220kV 变电站 35kV－10Mvar－5%电抗率框架式并联电容器成套装置专用技术规范；

——第 31 部分：220kV 变电站 35kV－10Mvar－12%电抗率框架式并联电容器成套装置专用技术规范；

——第 32 部分：330（220）kV 变电站 35kV－20Mvar－5%电抗率框架式并联电容器成套装置专用技术规范；

——第 33 部分：330（220）kV 变电站 35kV－20Mvar－12%电抗率框架式并联电容器成套装置专用技术规范；

——第 34 部分：330kV 变电站 35kV－30Mvar－5%电抗率框架式并联电容器成套装置专用技术规范；

——第 35 部分：330kV 变电站 35kV－30Mvar－12%电抗率框架式并联电容器成套装置专用技术规范；

——第 36 部分：330kV 变电站 35kV－40Mvar－5%电抗率框架式并联电容器成套装置专用技术规范；

——第 37 部分：330kV 变电站 35kV－40Mvar－12%电抗率框架式并联电容器成套装置专用技术规范；

——第 38 部分：500kV 变电站 35kV－60Mvar－5%电抗率框架式并联电容器成套装置专用技术规范；

——第 39 部分：500kV 变电站 35kV－60Mvar－12%电抗率框架式并联电容器成套装置专用技术规范；

——第 40 部分：220kV 变电站 66kV－10Mvar－5%电抗率框架式并联电容器成套装置专用技术规范；

——第 41 部分：220kV 变电站 66kV－10Mvar－12%电抗率框架式并联电容器成套装置专用技术规范；

——第 42 部分：220kV 变电站 66kV－20Mvar－5%电抗率框架式并联电容器成套装置专用技术规范；

——第 43 部分：220kV 变电站 66kV－20Mvar－12%电抗率框架式并联电容器成套装置专用技术规范；

——第 44 部分：220kV 变电站 66kV－25Mvar－5%电抗率框架式并联电容器成套装置专用技术规范；

——第 45 部分：220kV 变电站 66kV－25Mvar－12%电抗率框架式并联电容器成套装置专用技术规范；

——第 46 部分：750（500）kV 变电站 66kV－60Mvar－5%电抗率框架式并联电容器成套装置专用技术规范；

——第 47 部分：750（500）kV 变电站 66kV－60Mvar－12%电抗率框架式并联电容器成套装置专用技术规范；

——第 48 部分：750kV 变电站 66kV－90Mvar－5%电抗率框架式并联电容器成套装置专用技术规范；

——第 49 部分：750kV 变电站 66kV－90Mvar－12%电抗率框架式并联电容器成套装置专用技术规范；

——第 50 部分：750kV 变电站 66kV－120Mvar－5%电抗率框架式并联电容器成套装置专用技术规范；

——第 51 部分：750kV 变电站 66kV－120Mvar－12%电抗率框架式并联电容器成套装置专用技术规范；

——第 52 部分：110（66）kV 变电站 10kV－3000kvar－1%电抗率集合式并联电容器成套装置专用技术规范；

——第 53 部分：110（66）kV 变电站 10kV－3000kvar－5%电抗率集合式并联电容器成套装置专用

技术规范；

——第 54 部分：110（66）kV 变电站 10kV－3000kvar－12%电抗率集合式并联电容器成套装置专用技术规范；

——第 55 部分：110（66）kV 变电站 10kV－3600kvar－1%电抗率集合式并联电容器成套装置专用技术规范；

——第 56 部分：110（66）kV 变电站 10kV－3600kvar－5%电抗率集合式并联电容器成套装置专用技术规范；

——第 57 部分：110（66）kV 变电站 10kV－3600kvar－12%电抗率集合式并联电容器成套装置专用技术规范；

——第 58 部分：110（66）kV 变电站 10kV－4800kvar－1%电抗率集合式并联电容器成套装置专用技术规范；

——第 59 部分：110（66）kV 变电站 10kV－4800kvar－5%电抗率集合式并联电容器成套装置专用技术规范；

——第 60 部分：110（66）kV 变电站 10kV－4800kvar－12%电抗率集合式并联电容器成套装置专用技术规范；

——第 61 部分：330（220）kV 变电站 35kV－20Mvar－5%电抗率集合式并联电容器成套装置专用技术规范；

——第 62 部分：330（220）kV 变电站 35kV－20Mvar－12%电抗率集合式并联电容器成套装置专用技术规范；

——第 63 部分：330kV 变电站 35kV－30Mvar－5%电抗率集合式并联电容器成套装置专用技术规范；

——第 64 部分：330kV 变电站 35kV－30Mvar－12%电抗率集合式并联电容器成套装置专用技术规范；

——第 65 部分：500kV 变电站 35kV－60Mvar－5%电抗率集合式并联电容器成套装置专用技术规范；

——第 66 部分：500kV 变电站 35kV－60Mvar－12%电抗率集合式并联电容器成套装置专用技术规范；

——第 67 部分：500kV 变电站 66kV－60Mvar－5%电抗率集合式并联电容器成套装置专用技术规范；

——第 68 部分：500kV 变电站 66kV－60Mvar－12%电抗率集合式并联电容器成套装置专用技术规范；

——第 69 部分：农网变电站 10kV－300kvar－1%电抗率框架式并联电容器成套装置专用技术规范；

——第 70 部分：农网变电站 10kV－300kvar－5%电抗率框架式并联电容器成套装置专用技术规范；

——第 71 部分：农网变电站 10kV－600kvar－1%电抗率框架式并联电容器成套装置专用技术规范；

——第 72 部分：农网变电站 10kV－600kvar－5%电抗率框架式并联电容器成套装置专用技术规范；

——第 73 部分：农网变电站 10kV－1000kvar－1%电抗率框架式并联电容器成套装置专用技术规范；

——第 74 部分：农网变电站 10kV－1000kvar－5%电抗率框架式并联电容器成套装置专用技术规范；

——第 75 部分：农网变电站 10kV－1200kvar－1%电抗率框架式并联电容器成套装置专用技术规范；

——第 76 部分：农网变电站 10kV－1200kvar－5%电抗率框架式并联电容器成套装置专用技术规范；

——第 77 部分：农网变电站 10kV－2000kvar－1%电抗率框架式并联电容器成套装置专用技术规范；

——第 78 部分：农网变电站 10kV－2000kvar－5%电抗率框架式并联电容器成套装置专用技术规范；

——第 79 部分：农网变电站 10kV－3000kvar－1%电抗率框架式并联电容器成套装置专用技术规范；

——第 80 部分：农网变电站 10kV－3000kvar－5%电抗率框架式并联电容器成套装置专用技术规范；

——第 81 部分：农网变电站 10kV－4000kvar－1%电抗率框架式并联电容器成套装置专用技术规范；

——第 82 部分：农网变电站 10kV－4000kvar－5%电抗率框架式并联电容器成套装置专用技术规范；

——第 83 部分：农网变电站 10kV－6000kvar－1%电抗率框架式并联电容器成套装置专用技术规范；

——第 84 部分：农网变电站 10kV－6000kvar－5%电抗率框架式并联电容器成套装置专用技术规范；

——第 85 部分：农网 10kV－150kvar－50kvar 柱上式并联电容器成套装置专用技术规范；

——第 86 部分：农网 10kV－300kvar－50kvar 柱上式并联电容器成套装置专用技术规范；

——第 87 部分：农网 10kV－450kvar－50kvar 柱上式并联电容器成套装置专用技术规范。

本部分为《35kV～750kV 变电站、农网变电站用并联电容器成套装置采购标准》的第 85 部分。

本部分代替 Q/GDW 13053.85—2014，与 Q/GDW 13053.85—2014 相比，主要技术性差异如下：

——修改了单台电容器短路放电试验要求；

——修改了单台电容器放电器件性能要求。

本部分由国家电网有限公司物资部提出并解释。

本部分由国家电网有限公司科技部归口。

本部分起草单位：国网冀北电力有限公司，国网吉林省电力有限公司，中国电力科学研究院有限公司。

本部分主要起草人：姜胜宝，国江，黄想，林浩，张建军，路杰，王亚菲，李士雷，李卓伦，王丹淋，葛志成。

本部分 2014 年 8 月首次发布，2018 年 8 月第一次修订。

本部分在执行过程中的意见或建议反馈至国家电网有限公司科技部。

35kV～750kV 变电站、农网变电站用并联电容器成套装置采购标准

第85部分：农网 10kV–150kvar–50kvar 柱上式并联电容器成套装置专用技术规范

1 范围

本部分规定了农网 10kV–150kvar–50kvar 柱上式并联电容器成套装置招标的标准技术参数、项目需求及投标人响应的相关内容。

本部分适用于农网 10kV–150kvar–50kvar 柱上式并联电容器成套装置招标。

2 规范性引用文件

下列文件对于本文件的应用是必不可少的。凡是注日期的引用文件，仅所注日期的版本适用于本文件。凡是不注日期的引用文件，其最新版本（包括所有的修改单）适用于本文件。

Q/GDW 13053.1　35kV～750kV 变电站、农网变电站用并联电容器成套装置采购标准　第 1 部分：通用技术规范

3 术语和定义

下列术语和定义适用于本文件。

3.1
招标人　bidder
提出招标项目，进行招标的法人或其他组织。

3.2
投标人　tenderer
响应招标、参加投标竞争的法人或者其他组织。

3.3
卖方　seller
提供本部分货物和技术服务的法人或其他组织，包括其法定的承继者。

3.4
买方　buyer
购买本部分货物和技术服务的法人或其他组织，包括其法定的承继者和经许可的受让人。

4 标准技术参数

技术参数特性表是国家电网有限公司对采购设备的基础技术参数要求，在招投标过程中，投标人应依据招标文件，对技术参数特性表中标准参数值进行响应。农网 10kV–150kvar–50kvar 柱上式并联电容器成套装置技术参数特性见表 1。装置应满足 Q/GDW 13053.1 的要求。

表1 技术参数特性表

序号	项　　目	单位	标准参数值
一			并联电容器装置
1	型号		TBB10－150/50－AZW
2	额定电压	kV	10
3	额定容量	kvar	150
4	额定相电容	μF	4.33
5	电容器组额定电压（相）	kV	10.5/√3
6	电容器组电容与额定电容偏差	%	0～5
7	电容器组各相电容的最大值与最小值之比		≤1.02
8	接线方式		单星形
9	每相电容器串并联数		1串1并
10	继电保护方式		过电流
11	继电保护整定值		—
12	在继电保护整定计算中，允许击穿串段百分数	%	50
13	装置接线图		—
14	电容器组柜尺寸	m	（项目单位提供）
15	电容器组进线方向和进线位置		（项目单位提供）
16	装置耐受短路电流能力	kA	（项目单位提供）
17	电容器组柜材质		—
二			单台电容器
1	型号		BAM10.5/√3－50－1W 或 BFM10.5/√3－50－1W
2	额定电压	kV	10.5/√3
3	额定容量	kvar	50
4	设计场强（$K=1$）	kV/mm	≤53
5	局部放电性能	pC	局部放电量≤50
		U_N	温度下限时局部放电熄灭电压不低于1.2

表1（续）

序号	项 目	单位	标准参数值
6	温度类别	℃	−/+ （项目单位提供）
7	套管结构		滚装一体化结构套管
8	引出端子及套管的要求	N	≥400（水平拉力）
9	电容器耐受爆破能量	kW·s	≥15
10	短路放电试验		$2.5U_N$ 直流电压作用下，经电容器端子的最小间隙（短接线长度不应大于 1.5m），10min 内放电 5 次，测量放电试验前和电压试验后电容器值，偏差应小于相当于一个元件击穿或一根内熔丝动作之量
11	电容器内部元件串并数及电气接线图		—
12	放电器件性能		10min 内从 $\sqrt{2}\,U_N$ 降到 50V
13	电容器安装方式		立式或卧式 （项目单位提供）
14	固体介质厚度及层数		—
15	浸渍剂		—
16	外绝缘海拔修正耐受试验电压（工频/雷电）	kV/kV	（需要修正时由项目单位提供）
三	电压互感器（兼作电源变压器）		
1	额定一次电压	kV	10
2	额定二次电压	V	220
3	额定输出	VA	150（暂态 900）
4	准确级	级	1
5	a. 工频耐受电压（1min）	kV	42
	b. 雷电冲击耐受电压	kV	75
	c. 二次绕组对地工频耐受电压	kV/min	3
6	结构方式		全密封或干式 （干式宜户内使用） （项目单位提供）
四	金属氧化物避雷器		
1	型号		YHWR5－17/45（复合）或 YWR5－17/45（瓷）
2	额定电压	kV	17
3	持续运行电压	kV	13.6

表1（续）

序号	项　　目	单位	标准参数值
4	标称放电电流	kA	5
5	标称放电电流下的残压	kV	45
6	2ms 方波通流容量	A	≥500
7	外绝缘海拔修正耐受试验电压（工频/雷电）	kV/kV	（需要修正时由项目单位提供）
五	支柱绝缘子		
1	额定电压	kV	10
2	额定抗弯强度	N·m	—
3	爬电比距	mm/kV	（项目单位提供）
4	外绝缘海拔修正耐受试验电压（工频/雷电）	kV/kV	（需要修正时由项目单位提供）
5	安装方式		正装
六	交流高压接触器		
1	型号		JCZ－12/400
2	额定电压	kV	12
3	额定关合电流	A	4000
4	工频耐受电压（min）	kV	42
5	雷电冲击耐受电压	kV	75
6	电寿命	万次	10
7	额定电流	A	400
8	主回路电阻	μΩ	＜200
9	控制电路额定电压及偏差	V	交流 220×（1+10%） 交流 220×（1－15%）
10	额定短时耐受电流	A/s	4000/4
七	电容器无功控制器		
1	额定电压及允许偏差	V	交流 220×（1±20%）
2	额定频率及允许偏差	Hz	50±1.5
3	功耗	W	≤5
4	工频耐受电压（1min）	V	2500
5	a. 电压	%	±0.5
	b. 电流	%	±0.5
	c. 无功功率	%	±3

表1（续）

序号	项 目	单位	标准参数值
6	平均无故障工作时间	h	≥20000
7	抗干扰能力		≥严酷等级3
8	保护功能		过电流、过电压、低电压、缺相
9	控制方式		功率因数、无功功率
八		电流互感器	
1	额定电压	kV	10
2	额定电流比	A	（项目单位提供）
3	准确级	级	0.5/10P10
4	额定输出	VA	5
5	额定短时热电流	kA	（项目单位提供）
6	额定一次短路电流	kA	（项目单位提供）
7	外绝缘海拔修正耐受试验电压（工频/雷电）	kV/kV	（需要修正时由项目单位提供）
8	爬电比距	mm/kV	（项目单位提供）

5 组件材料配置表

组件材料配置表包括元件名称、规格形式参数、单位、数量和产地等信息，具体内容和格式根据招标项目情况进行编制。

6 使用环境条件表

典型农网10kV－150kvar－50kvar柱上式并联电容器成套装置使用环境条件见表2。特殊环境要求根据项目情况进行编制。

表2 使 用 环 境 条 件 表

序号	名 称		单位	标准参数值
1	环境温度	最高日温度	℃	＋40
		最低日温度		－25
		最大日温差		25
2	海拔		m	≤1000
3	太阳辐射强度		W/cm²	0.11
4	污秽等级			Ⅲ（d）
5	覆冰厚度		mm	10

表 2（续）

序号	名 称		单位	标准参数值
6	风速/风压		（m/s）/Pa	35/700
7	相对湿度	最大日相对湿度	%	≤95
		最大月平均相对湿度		≤90
8	耐受地震能力（指水平加速度，安全系数不小于1.67。水平加速度应计及设备支架的动力放大系数1.2）		m/s²	2
注：有较严酷使用条件时，如低温、高海拔、重污秽等，项目单位应提出相应差异要求				

7 投标人提供的其他资料

投标人提供的其他资料如下：

a）耐久性试验报告（应提供）；

b）保护计算单（应提供）；

c）抗震计算或试验报告（应提供，10kV 装置除外）；

d）装置的爆破能量计算单（应提供）；

e）其他提高装置质量或运行可靠性的研究报告、研究性试验等；

f）新结构方式等。

ICS 29.240

Q/GDW

国家电网有限公司企业标准

Q／GDW 13053.86—2018

代替 Q／GDW 13053.86—2014

35kV～750kV 变电站、农网变电站用

并联电容器成套装置采购标准

第 86 部分：农网

10kV–300kvar–50kvar 柱上式

并联电容器成套装置专用技术规范

Purchasing standard for shunt capacitor installation of 35kV～750kV
and rural power network substation
Part 86: Special technical specification for 10kV–300kvar–50kvar
pole-mounted shunt capacitor installation of rural power network

2019–06–28发布   2019–06–28实施

国家电网有限公司   发 布

目　次

Q／GDW 13053.86－2018

前　言

为规范农网 10kV－300kvar－50kvar 柱上式并联电容器成套装置的采购，制定本部分。

《35kV～750kV 变电站、农网变电站用并联电容器成套装置采购标准》分为 87 个部分：

——第 1 部分：通用技术规范；

——第 2 部分：35kV 变电站 10kV－1000kvar－1%电抗率框架式并联电容器成套装置专用技术规范；

——第 3 部分：35kV 变电站 10kV－1000kvar－12%电抗率框架式并联电容器成套装置专用技术规范；

——第 4 部分：66kV 变电站 10kV－1000kvar－5%电抗率框架式并联电容器成套装置专用技术规范；

——第 5 部分：110（66）kV 变电站 10kV－2000kvar－1%电抗率框架式并联电容器成套装置专用技术规范；

——第 6 部分：110（66）kV 变电站 10kV－2000kvar－5%电抗率框架式并联电容器成套装置专用技术规范；

——第 7 部分：110（66）kV 变电站 10kV－2000kvar－12%电抗率框架式并联电容器成套装置专用技术规范；

——第 8 部分：110（66）kV 变电站 10kV－3000kvar－1%电抗率框架式并联电容器成套装置专用技术规范；

——第 9 部分：110（66）kV 变电站 10kV－3000kvar－5%电抗率框架式并联电容器成套装置专用技术规范；

——第 10 部分：110（66）kV 变电站 10kV－3000kvar－12%电抗率框架式并联电容器成套装置专用技术规范；

——第 11 部分：110（66）kV 变电站 10kV－3600kvar－1%电抗率框架式并联电容器成套装置专用技术规范；

——第 12 部分：110（66）kV 变电站 10kV－3600kvar－5%电抗率框架式并联电容器成套装置专用技术规范；

——第 13 部分：110（66）kV 变电站 10kV－3600kvar－12%电抗率框架式并联电容器成套装置专用技术规范；

——第 14 部分：110（66）kV 变电站 10kV－4000kvar－1%电抗率框架式并联电容器成套装置专用技术规范；

——第 15 部分：110（66）kV 变电站 10kV－4000kvar－5%电抗率框架式并联电容器成套装置专用技术规范；

——第 16 部分：110（66）kV 变电站 10kV－4000kvar－12%电抗率框架式并联电容器成套装置专用技术规范；

——第 17 部分：110（66）kV 变电站 10kV－4800kvar－1%电抗率框架式并联电容器成套装置专用技术规范；

——第 18 部分：110（66）kV 变电站 10kV－4800kvar－5%电抗率框架式并联电容器成套装置专用技术规范；

——第 19 部分：110（66）kV 变电站 10kV－4800kvar－12%电抗率框架式并联电容器成套装置专用技术规范；

——第 20 部分：110（66）kV 变电站 10kV－5000kvar－1%电抗率框架式并联电容器成套装置专用技术规范；

——第 21 部分：110（66）kV 变电站 10kV－5000kvar－5%电抗率框架式并联电容器成套装置专用技术规范；

——第 22 部分：110（66）kV 变电站 10kV－5000kvar－12%电抗率框架式并联电容器成套装置专用技术规范；

——第 23 部分：110（66）kV 变电站 10kV－6000kvar－1%电抗率框架式并联电容器成套装置专用技术规范；

——第 24 部分：110（66）kV 变电站 10kV－6000kvar－5%电抗率框架式并联电容器成套装置专用技术规范；

——第 25 部分：110（66）kV 变电站 10kV－6000kvar－12%电抗率框架式并联电容器成套装置专用技术规范；

——第 26 部分：220kV 变电站 10kV－8000kvar－5%电抗率框架式并联电容器成套装置专用技术规范；

——第 27 部分：220kV 变电站 10kV－8000kvar－12%电抗率框架式并联电容器成套装置专用技术规范；

——第 28 部分：220kV 变电站 10kV－10Mvar－5%电抗率框架式并联电容器成套装置专用技术规范；

——第 29 部分：220kV 变电站 10kV－10Mvar－12%电抗率框架式并联电容器成套装置专用技术规范；

——第 30 部分：220kV 变电站 35kV－10Mvar－5%电抗率框架式并联电容器成套装置专用技术规范；

——第 31 部分：220kV 变电站 35kV－10Mvar－12%电抗率框架式并联电容器成套装置专用技术规范；

——第 32 部分：330（220）kV 变电站 35kV－20Mvar－5%电抗率框架式并联电容器成套装置专用技术规范；

——第 33 部分：330（220）kV 变电站 35kV－20Mvar－12%电抗率框架式并联电容器成套装置专用技术规范；

——第 34 部分：330kV 变电站 35kV－30Mvar－5%电抗率框架式并联电容器成套装置专用技术规范；

——第 35 部分：330kV 变电站 35kV－30Mvar－12%电抗率框架式并联电容器成套装置专用技术规范；

——第 36 部分：330kV 变电站 35kV－40Mvar－5%电抗率框架式并联电容器成套装置专用技术规范；

——第 37 部分：330kV 变电站 35kV－40Mvar－12%电抗率框架式并联电容器成套装置专用技术规范；

——第 38 部分：500kV 变电站 35kV－60Mvar－5%电抗率框架式并联电容器成套装置专用技术规范；

——第 39 部分：500kV 变电站 35kV－60Mvar－12%电抗率框架式并联电容器成套装置专用技术规范；

——第 40 部分：220kV 变电站 66kV－10Mvar－5%电抗率框架式并联电容器成套装置专用技术规范；

——第 41 部分：220kV 变电站 66kV－10Mvar－12%电抗率框架式并联电容器成套装置专用技术规范；

——第 42 部分：220kV 变电站 66kV－20Mvar－5%电抗率框架式并联电容器成套装置专用技术规范；

——第 43 部分：220kV 变电站 66kV－20Mvar－12%电抗率框架式并联电容器成套装置专用技术规范；

——第 44 部分：220kV 变电站 66kV－25Mvar－5%电抗率框架式并联电容器成套装置专用技术规范；

——第 45 部分：220kV 变电站 66kV－25Mvar－12%电抗率框架式并联电容器成套装置专用技术规范；

——第 46 部分：750（500）kV 变电站 66kV－60Mvar－5%电抗率框架式并联电容器成套装置专用技术规范；

——第 47 部分：750（500）kV 变电站 66kV－60Mvar－12%电抗率框架式并联电容器成套装置专用技术规范；

——第 48 部分：750kV 变电站 66kV－90Mvar－5%电抗率框架式并联电容器成套装置专用技术规范；

——第 49 部分：750kV 变电站 66kV－90Mvar－12%电抗率框架式并联电容器成套装置专用技术规范；

——第 50 部分：750kV 变电站 66kV－120Mvar－5%电抗率框架式并联电容器成套装置专用技术规范；

——第 51 部分：750kV 变电站 66kV－120Mvar－12%电抗率框架式并联电容器成套装置专用技术规范；

——第 52 部分：110（66）kV 变电站 10kV－3000kvar－1%电抗率集合式并联电容器成套装置专用技术规范；

——第 53 部分：110（66）kV 变电站 10kV－3000kvar－5%电抗率集合式并联电容器成套装置专用

技术规范；

——第 54 部分：110（66）kV 变电站 10kV－3000kvar－12%电抗率集合式并联电容器成套装置专用
技术规范；

——第 55 部分：110（66）kV 变电站 10kV－3600kvar－1%电抗率集合式并联电容器成套装置专用
技术规范；

——第 56 部分：110（66）kV 变电站 10kV－3600kvar－5%电抗率集合式并联电容器成套装置专用
技术规范；

——第 57 部分：110（66）kV 变电站 10kV－3600kvar－12%电抗率集合式并联电容器成套装置专用
技术规范；

——第 58 部分：110（66）kV 变电站 10kV－4800kvar－1%电抗率集合式并联电容器成套装置专用
技术规范；

——第 59 部分：110（66）kV 变电站 10kV－4800kvar－5%电抗率集合式并联电容器成套装置专用
技术规范；

——第 60 部分：110（66）kV 变电站 10kV－4800kvar－12%电抗率集合式并联电容器成套装置专用
技术规范；

——第 61 部分：330（220）kV 变电站 35kV－20Mvar－5%电抗率集合式并联电容器成套装置专用
技术规范；

——第 62 部分：330（220）kV 变电站 35kV－20Mvar－12%电抗率集合式并联电容器成套装置专用
技术规范；

——第 63 部分：330kV 变电站 35kV－30Mvar－5%电抗率集合式并联电容器成套装置专用技术规范；
——第 64 部分：330kV 变电站 35kV－30Mvar－12%电抗率集合式并联电容器成套装置专用技术规范；
——第 65 部分：500kV 变电站 35kV－60Mvar－5%电抗率集合式并联电容器成套装置专用技术规范；
——第 66 部分：500kV 变电站 35kV－60Mvar－12%电抗率集合式并联电容器成套装置专用技术规范；
——第 67 部分：500kV 变电站 66kV－60Mvar－5%电抗率集合式并联电容器成套装置专用技术规范；
——第 68 部分：500kV 变电站 66kV－60Mvar－12%电抗率集合式并联电容器成套装置专用技术规范；
——第 69 部分：农网变电站 10kV－300kvar－1%电抗率框架式并联电容器成套装置专用技术规范；
——第 70 部分：农网变电站 10kV－300kvar－5%电抗率框架式并联电容器成套装置专用技术规范；
——第 71 部分：农网变电站 10kV－600kvar－1%电抗率框架式并联电容器成套装置专用技术规范；
——第 72 部分：农网变电站 10kV－600kvar－5%电抗率框架式并联电容器成套装置专用技术规范；
——第 73 部分：农网变电站 10kV－1000kvar－1%电抗率框架式并联电容器成套装置专用技术规范；
——第 74 部分：农网变电站 10kV－1000kvar－5%电抗率框架式并联电容器成套装置专用技术规范；
——第 75 部分：农网变电站 10kV－1200kvar－1%电抗率框架式并联电容器成套装置专用技术规范；
——第 76 部分：农网变电站 10kV－1200kvar－5%电抗率框架式并联电容器成套装置专用技术规范；
——第 77 部分：农网变电站 10kV－2000kvar－1%电抗率框架式并联电容器成套装置专用技术规范；
——第 78 部分：农网变电站 10kV－2000kvar－5%电抗率框架式并联电容器成套装置专用技术规范；
——第 79 部分：农网变电站 10kV－3000kvar－1%电抗率框架式并联电容器成套装置专用技术规范；
——第 80 部分：农网变电站 10kV－3000kvar－5%电抗率框架式并联电容器成套装置专用技术规范；
——第 81 部分：农网变电站 10kV－4000kvar－1%电抗率框架式并联电容器成套装置专用技术规范；
——第 82 部分：农网变电站 10kV－4000kvar－5%电抗率框架式并联电容器成套装置专用技术规范；
——第 83 部分：农网变电站 10kV－6000kvar－1%电抗率框架式并联电容器成套装置专用技术规范；
——第 84 部分：农网变电站 10kV－6000kvar－5%电抗率框架式并联电容器成套装置专用技术规范；
——第 85 部分：农网 10kV－150kvar－50kvar 柱上式并联电容器成套装置专用技术规范；
——第 86 部分：农网 10kV－300kvar－50kvar 柱上式并联电容器成套装置专用技术规范；

——第 87 部分：农网 10kV－450kvar－50kvar 柱上式并联电容器成套装置专用技术规范。

本部分为《35kV～750kV 变电站、农网变电站用并联电容器成套装置采购标准》的第 86 部分。

本部分代替 Q/GDW 13053.86—2014，与 Q/GDW 13053.86—2014 相比，主要技术性差异如下：

——修改了单台电容器短路放电试验要求；

——修改了单台电容器放电器件性能要求。

本部分由国家电网有限公司物资部提出并解释。

本部分由国家电网有限公司科技部归口。

本部分起草单位：国网冀北电力有限公司，国网吉林省电力有限公司，中国电力科学研究院有限公司。

本部分主要起草人：姜胜宝，国江，林浩，黄想，张建军，路杰，王亚菲，李士雷，李卓伦，葛志成。

本部分 2014 年 8 月首次发布，2018 年 8 月第一次修订。

本部分在执行过程中的意见或建议反馈至国家电网有限公司科技部。

35kV～750kV 变电站、农网变电站用
并联电容器成套装置采购标准
第 86 部分：农网 10kV–300kvar–50kvar 柱上式
并联电容器成套装置专用技术规范

1 范围

本部分规定了农网 10kV–300kvar–50kvar 柱上式并联电容器成套装置招标的标准技术参数、项目需求及投标人响应的相关内容。

本部分适用于农网 10kV–300kvar–50kvar 柱上式并联电容器成套装置招标。

2 规范性引用文件

下列文件对于本文件的应用是必不可少的。凡是注日期的引用文件，仅所注日期的版本适用于本文件。凡是不注日期的引用文件，其最新版本（包括所有的修改单）适用于本文件。

Q/GDW 13053.1 35kV～750kV 变电站、农网变电站用并联电容器成套装置采购标准 第 1 部分：通用技术规范

3 术语和定义

下列术语和定义适用于本文件。

3.1

招标人 bidder

提出招标项目，进行招标的法人或其他组织。

3.2

投标人 tenderer

响应招标、参加投标竞争的法人或者其他组织。

3.3

卖方 seller

提供本部分货物和技术服务的法人或其他组织，包括其法定的承继者。

3.4

买方 buyer

购买本部分货物和技术服务的法人或其他组织，包括其法定的承继者和经许可的受让人。

4 标准技术参数

技术参数特性表是国家电网有限公司对采购设备的基础技术参数要求，在招投标过程中，投标人应依据招标文件，对技术参数特性表中标准参数值进行响应。农网 10kV–300kvar–50kvar 柱上式并联电容器成套装置技术参数特性见表 1。装置应满足 Q/GDW 13053.1 的要求。

表1 技 术 参 数 特 性 表

序号	项　　目	单位	标准参数值
一	并联电容器装置		
1	型号		TBB10－300/50－AZW
2	额定电压	kV	10
3	额定容量	kvar	300
4	额定相电容	μF	8.66
5	电容器组额定电压（相）	kV	10.5/√3
6	电容器组电容与额定电容偏差	%	0～5
7	电容器组各相电容的最大值与最小值之比		≤1.02
8	接线方式		单星形
9	每相电容器串并联数		1串2并
10	继电保护方式		过电流
11	继电保护整定值		—
12	在继电保护整定计算中，允许击穿串段百分数	%	50
13	装置接线图		—
14	电容器组柜尺寸	m	（项目单位提供）
15	电容器组进线方向和进线位置		（项目单位提供）
16	装置耐受短路电流能力	kA	（项目单位提供）
17	电容器组柜材质		—
二	单台电容器		
1	型号		BAM10.5/√3 －50－1W 或 BFM10.5/√3 －50－1W
2	额定电压	kV	10.5/√3
3	额定容量	kvar	50
4	设计场强（$K=1$）	kV/mm	≤53
5	局部放电性能	pC	局部放电量≤50
		U_N	温度下限时局部放电熄灭电压不低于1.2

表1（续）

序号	项 目	单位	标准参数值
6	温度类别	℃	－/＋ （项目单位提供）
7	套管结构		滚装一体化结构套管
8	引出端子及套管的要求	N	≥400（水平拉力）
9	电容器耐受爆破能量	kW·s	≥15
10	短路放电试验		2.5U_N 直流电压作用下，经电容器端子的最小间隙（短接线长度不应大于 1.5m），10min 内放电 5 次，测量放电试验前和电压试验后电容器值，偏差应小于相当于一个元件击穿或一根内熔丝动作之量
11	电容器内部元件串并数及电气接线图		—
12	放电器件性能		10min 内从 $\sqrt{2}\,U_N$ 降到 50V
13	电容器安装方式		立式或卧式 （项目单位提供）
14	固体介质厚度及层数		—
15	浸渍剂		—
16	外绝缘海拔修正耐受试验电压（工频/雷电）	kV/kV	（需要修正时由项目单位提供）
三	电压互感器（兼作电源变压器）		
1	额定一次电压	kV	10
2	额定二次电压	V	220
3	额定输出	VA	150（暂态 900）
4	准确级	级	1
5	a. 工频耐受电压（1min）	kV	42
	b. 雷电冲击耐受电压	kV	75
	c. 二次绕组对地工频耐受电压	kV/min	3
6	结构方式		全密封或干式 （干式宜户内使用） （项目单位提供）
四	金属氧化物避雷器		
1	型号		YHWR5－17/45（复合）或 YWR5－17/45（瓷）
2	额定电压	kV	17
3	持续运行电压	kV	13.6

表1（续）

序号	项 目	单位	标准参数值
4	标称放电电流	kA	5
5	标称放电电流下的残压	kV	45
6	2ms 方波通流容量	A	≥500
7	外绝缘海拔修正耐受试验电压（工频/雷电）	kV/kV	（需要修正时由项目单位提供）
五	支柱绝缘子		
1	额定电压	kV	10
2	额定抗弯强度	N·m	—
3	爬电比距	mm/kV	（项目单位提供）
4	外绝缘海拔修正耐受试验电压（工频/雷电）	kV/kV	（需要修正时由项目单位提供）
5	安装方式		正装
六	交流高压接触器		
1	型号		JCZ－12/400
2	额定电压	kV	12
3	额定关合电流	A	4000
4	工频耐受电压（min）	kV	42
5	雷电冲击耐受电压	kV	75
6	电寿命	万次	10
7	额定电流	A	400
8	主回路电阻	μΩ	<200
9	控制电路额定电压及偏差	V	交流 220×（1+10%） 交流 220×（1－15%）
10	额定短时耐受电流	A/s	4000/4
七	电容器无功控制器		
1	额定电压及允许偏差	V	交流 220×（1±20%）
2	额定频率及允许偏差	Hz	50±1.5
3	功耗	W	≤5
4	工频耐受电压（1min）	V	2500
5	a. 电压	%	±0.5
	b. 电流	%	±0.5
	c. 无功功率	%	±3

表 1（续）

序号	项目	单位	标准参数值
6	平均无故障工作时间	h	≥20 000
7	抗干扰能力		≥严酷等级3
8	保护功能		过电流、过电压、低电压、缺相
9	控制方式		功率因数、无功功率
八	电流互感器		
1	额定电压	kV	10
2	额定电流比	A	（项目单位提供）
3	准确级	级	0.5/10P10
4	额定输出	VA	5
5	额定短时热电流	kA	（项目单位提供）
6	额定一次短路电流	kA	（项目单位提供）
7	外绝缘海拔修正耐受试验电压（工频/雷电）	kV/kV	（需要修正时由项目单位提供）
8	爬电比距	mm/kV	（项目单位提供）

5 组件材料配置表

组件材料配置表包括元件名称、规格形式参数、单位、数量和产地等信息，具体内容和格式根据招标项目情况进行编制。

6 使用环境条件表

典型农网 10kV－300kvar－50kvar 柱上式并联电容器成套装置使用环境条件见表 2。特殊环境要求根据项目情况进行编制。

表 2   使 用 环 境 条 件 表

序号	名　　称		单位	标准参数值
1	环境温度	最高日温度	℃	+40
		最低日温度		－25
		最大日温差		25
2	海拔		m	≤1000
3	太阳辐射强度		W/cm²	0.11
4	污秽等级			Ⅲ（d）
5	覆冰厚度		mm	10

表 2（续）

序号	名　称		单位	标准参数值
6	风速/风压		（m/s）/Pa	35/700
7	相对湿度	最大日相对湿度	%	≤95
		最大月平均相对湿度		≤90
8	耐受地震能力（指水平加速度，安全系数不小于1.67。水平加速度应计及设备支架的动力放大系数1.2）		m/s²	2
注：有较严酷使用条件时，如低温、高海拔、重污秽等，项目单位应提出相应差异要求				

7　投标人提供的其他资料

投标人提供的其他资料如下：

a)　耐久性试验报告（应提供）；

b)　保护计算单（应提供）；

c)　抗震计算或试验报告（应提供，10kV 装置除外）；

d)　装置的爆破能量计算单（应提供）；

e)　其他提高装置质量或运行可靠性的研究报告、研究性试验等；

f)　新结构方式等。

———————————

ICS 29.240

Q/GDW

国家电网有限公司企业标准

Q／GDW 13053.87—2018

代替 Q／GDW 13053.87—2014

35kV～750kV 变电站、农网变电站用
并联电容器成套装置采购标准
第 87 部分：农网
10kV–450kvar–50kvar 柱上式
并联电容器成套装置专用技术规范

Purchasing standard for shunt capacitor installation of 35kV～750kV
and rural power network substation
Part 87: Special technical specification for 10kV－450kvar－50kvar
pole-mounted shunt capacitor installation of rural power network

2019-06-28发布   2019-06-28实施

国家电网有限公司   发 布

目　次

前　　言

为规范农网 10kV－450kvar－50kvar 柱上式并联电容器成套装置的采购，制定本部分。

《35kV～750kV 变电站、农网变电站用并联电容器成套装置采购标准》分为 87 个部分：

——第 1 部分：通用技术规范；

——第 2 部分：35kV 变电站 10kV－1000kvar－1%电抗率框架式并联电容器成套装置专用技术规范；

——第 3 部分：35kV 变电站 10kV－1000kvar－12%电抗率框架式并联电容器成套装置专用技术规范；

——第 4 部分：66kV 变电站 10kV－1000kvar－5%电抗率框架式并联电容器成套装置专用技术规范；

——第 5 部分：110（66）kV 变电站 10kV－2000kvar－1%电抗率框架式并联电容器成套装置专用技术规范；

——第 6 部分：110（66）kV 变电站 10kV－2000kvar－5%电抗率框架式并联电容器成套装置专用技术规范；

——第 7 部分：110（66）kV 变电站 10kV－2000kvar－12%电抗率框架式并联电容器成套装置专用技术规范；

——第 8 部分：110（66）kV 变电站 10kV－3000kvar－1%电抗率框架式并联电容器成套装置专用技术规范；

——第 9 部分：110（66）kV 变电站 10kV－3000kvar－5%电抗率框架式并联电容器成套装置专用技术规范；

——第 10 部分：110（66）kV 变电站 10kV－3000kvar－12%电抗率框架式并联电容器成套装置专用技术规范；

——第 11 部分：110（66）kV 变电站 10kV－3600kvar－1%电抗率框架式并联电容器成套装置专用技术规范；

——第 12 部分：110（66）kV 变电站 10kV－3600kvar－5%电抗率框架式并联电容器成套装置专用技术规范；

——第 13 部分：110（66）kV 变电站 10kV－3600kvar－12%电抗率框架式并联电容器成套装置专用技术规范；

——第 14 部分：110（66）kV 变电站 10kV－4000kvar－1%电抗率框架式并联电容器成套装置专用技术规范；

——第 15 部分：110（66）kV 变电站 10kV－4000kvar－5%电抗率框架式并联电容器成套装置专用技术规范；

——第 16 部分：110（66）kV 变电站 10kV－4000kvar－12%电抗率框架式并联电容器成套装置专用技术规范；

——第 17 部分：110（66）kV 变电站 10kV－4800kvar－1%电抗率框架式并联电容器成套装置专用技术规范；

——第 18 部分：110（66）kV 变电站 10kV－4800kvar－5%电抗率框架式并联电容器成套装置专用技术规范；

——第 19 部分：110（66）kV 变电站 10kV－4800kvar－12%电抗率框架式并联电容器成套装置专用技术规范；

——第 20 部分：110（66）kV 变电站 10kV－5000kvar－1%电抗率框架式并联电容器成套装置专用技术规范；

技术规范；

——第 54 部分：110（66）kV 变电站 10kV－3000kvar－12%电抗率集合式并联电容器成套装置专用技术规范；

——第 55 部分：110（66）kV 变电站 10kV－3600kvar－1%电抗率集合式并联电容器成套装置专用技术规范；

——第 56 部分：110（66）kV 变电站 10kV－3600kvar－5%电抗率集合式并联电容器成套装置专用技术规范；

——第 57 部分：110（66）kV 变电站 10kV－3600kvar－12%电抗率集合式并联电容器成套装置专用技术规范；

——第 58 部分：110（66）kV 变电站 10kV－4800kvar－1%电抗率集合式并联电容器成套装置专用技术规范；

——第 59 部分：110（66）kV 变电站 10kV－4800kvar－5%电抗率集合式并联电容器成套装置专用技术规范；

——第 60 部分：110（66）kV 变电站 10kV－4800kvar－12%电抗率集合式并联电容器成套装置专用技术规范；

——第 61 部分：330（220）kV 变电站 35kV－20Mvar－5%电抗率集合式并联电容器成套装置专用技术规范；

——第 62 部分：330（220）kV 变电站 35kV－20Mvar－12%电抗率集合式并联电容器成套装置专用技术规范；

——第 63 部分：330kV 变电站 35kV－30Mvar－5%电抗率集合式并联电容器成套装置专用技术规范；

——第 64 部分：330kV 变电站 35kV－30Mvar－12%电抗率集合式并联电容器成套装置专用技术规范；

——第 65 部分：500kV 变电站 35kV－60Mvar－5%电抗率集合式并联电容器成套装置专用技术规范；

——第 66 部分：500kV 变电站 35kV－60Mvar－12%电抗率集合式并联电容器成套装置专用技术规范；

——第 67 部分：500kV 变电站 66kV－60Mvar－5%电抗率集合式并联电容器成套装置专用技术规范；

——第 68 部分：500kV 变电站 66kV－60Mvar－12%电抗率集合式并联电容器成套装置专用技术规范；

——第 69 部分：农网变电站 10kV－300kvar－1%电抗率框架式并联电容器成套装置专用技术规范；

——第 70 部分：农网变电站 10kV－300kvar－5%电抗率框架式并联电容器成套装置专用技术规范；

——第 71 部分：农网变电站 10kV－600kvar－1%电抗率框架式并联电容器成套装置专用技术规范；

——第 72 部分：农网变电站 10kV－600kvar－5%电抗率框架式并联电容器成套装置专用技术规范；

——第 73 部分：农网变电站 10kV－1000kvar－1%电抗率框架式并联电容器成套装置专用技术规范；

——第 74 部分：农网变电站 10kV－1000kvar－5%电抗率框架式并联电容器成套装置专用技术规范；

——第 75 部分：农网变电站 10kV－1200kvar－1%电抗率框架式并联电容器成套装置专用技术规范；

——第 76 部分：农网变电站 10kV－1200kvar－5%电抗率框架式并联电容器成套装置专用技术规范；

——第 77 部分：农网变电站 10kV－2000kvar－1%电抗率框架式并联电容器成套装置专用技术规范；

——第 78 部分：农网变电站 10kV－2000kvar－5%电抗率框架式并联电容器成套装置专用技术规范；

——第 79 部分：农网变电站 10kV－3000kvar－1%电抗率框架式并联电容器成套装置专用技术规范；

——第 80 部分：农网变电站 10kV－3000kvar－5%电抗率框架式并联电容器成套装置专用技术规范；

——第 81 部分：农网变电站 10kV－4000kvar－1%电抗率框架式并联电容器成套装置专用技术规范；

——第 82 部分：农网变电站 10kV－4000kvar－5%电抗率框架式并联电容器成套装置专用技术规范；

——第 83 部分：农网变电站 10kV－6000kvar－1%电抗率框架式并联电容器成套装置专用技术规范；

——第 84 部分：农网变电站 10kV－6000kvar－5%电抗率框架式并联电容器成套装置专用技术规范；

——第 85 部分：农网 10kV－150kvar－50kvar 柱上式并联电容器成套装置专用技术规范；

——第 86 部分：农网 10kV－300kvar－50kvar 柱上式并联电容器成套装置专用技术规范；

——第 87 部分：农网 10kV－450kvar－50kvar 柱上式并联电容器成套装置专用技术规范。

本部分为《35kV～750kV 变电站、农网变电站用并联电容器成套装置采购标准》的第 87 部分。

本部分代替 Q/GDW 13053.87—2014，与 Q/GDW 13053.87—2014 相比，主要技术性差异如下：

——修改了单台电容器短路放电试验要求；

——修改了单台电容器放电器件性能要求。

本部分由国家电网有限公司物资部提出并解释。

本部分由国家电网有限公司科技部归口。

本部分起草单位：国网冀北电力有限公司，国网吉林省电力有限公司，中国电力科学研究院有限公司。

本部分主要起草人：姜胜宝，林浩，国江，黄想，张建军，路杰，王亚菲，李士雷，李卓伦，葛志成。

本部分 2014 年 8 月首次发布，2018 年 8 月第一次修订。

本部分在执行过程中的意见或建议反馈至国家电网有限公司科技部。

Q／GDW 13053.87—2018

35kV～750kV 变电站、农网变电站用
并联电容器成套装置采购标准
第 87 部分：农网 10kV-450kvar-50kvar 柱上式
并联电容器成套装置专用技术规范

1 范围

本部分规定了农网 10kV-450kvar-50kvar 柱上式并联电容器成套装置招标的标准技术参数、项目需求及投标人响应的相关内容。

本部分适用于农网 10kV-450kvar-50kvar 柱上式并联电容器成套装置招标。

2 规范性引用文件

下列文件对于本文件的应用是必不可少的。凡是注日期的引用文件，仅所注日期的版本适用于本文件。凡是不注日期的引用文件，其最新版本（包括所有的修改单）适用于本文件。

Q/GDW 13053.1　35kV～750kV 变电站、农网变电站用并联电容器成套装置采购标准　第 1 部分：通用技术规范

3 术语和定义

下列术语和定义适用于本文件。

3.1

招标人　bidder
提出招标项目，进行招标的法人或其他组织。

3.2

投标人　tenderer
响应招标、参加投标竞争的法人或者其他组织。

3.3

卖方　seller
提供本部分货物和技术服务的法人或其他组织，包括其法定的承继者。

3.4

买方　buyer
购买本部分货物和技术服务的法人或其他组织，包括其法定的承继者和经许可的受让人。

4 标准技术参数

技术参数特性表是国家电网有限公司对采购设备的基础技术参数要求，在招投标过程中，投标人应依据招标文件，对技术参数特性表中标准参数值进行响应。农网 10kV-450kvar-50kvar 柱上式并联电容器成套装置技术参数特性见表 1。装置应满足 Q/GDW 13053.1 的要求。

表 1 技 术 参 数 特 性 表

序号	项 目	单位	标准参数值
一	并联电容器装置		
1	型号		TBB10－450/50－AZW
2	额定电压	kV	10
3	额定容量	kvar	450
4	额定相电容	μF	13.0
5	电容器组额定电压（相）	kV	$10.5/\sqrt{3}$
6	电容器组电容与额定电容偏差	%	0～5
7	电容器组各相电容的最大值与 最小值之比		≤1.02
8	接线方式		单星形
9	每相电容器串并联数		1 串 3 并
10	继电保护方式		过电流
11	继电保护整定值		—
12	在继电保护整定计算中， 允许击穿串段百分数	%	50
13	装置接线图		—
14	电容器组柜尺寸	m	（项目单位提供）
15	电容器组进线方向和进线位置		（项目单位提供）
16	装置耐受短路电流能力	kA	（项目单位提供）
17	电容器组柜材质		—
二	单台电容器		
1	型号		BAM$10.5/\sqrt{3}$－50－1W 或 BFM$10.5/\sqrt{3}$－50－1W
2	额定电压	kV	$10.5/\sqrt{3}$
3	额定容量	kvar	50
4	设计场强（$K=1$）	kV/mm	≤53
5	局部放电性能	pC	局部放电量≤50
		U_N	温度下限时局部放电熄灭 电压不低于 1.2

表1（续）

序号	项　　目	单位	标准参数值
6	温度类别	℃	−/+ （项目单位提供）
7	套管结构		滚装一体化结构套管
8	引出端子及套管的要求	N	≥400（水平拉力）
9	电容器耐受爆破能量	kW·s	≥15
10	短路放电试验		$2.5U_N$ 直流电压作用下，经电容器端子的最小间隙（短接线长度不应大于1.5m），10min 内放电5次，测量放电试验前和电压试验后电容器值，偏差应小于相当于一个元件击穿或一根内熔丝动作之量
11	电容器内部元件串并数及电气接线图		—
12	放电器件性能		10min 内从 $\sqrt{2}\,U_N$ 降到50V
13	电容器安装方式		立式或卧式 （项目单位提供）
14	固体介质厚度及层数		
15	浸渍剂		
16	外绝缘海拔修正耐受试验电压（工频/雷电）	kV/kV	（需要修正时由项目单位提供）
三	电压互感器（兼作电源变压器）		
1	额定一次电压	kV	10
2	额定二次电压	V	220
3	额定输出	VA	150（暂态900）
4	准确级	级	1
5	a. 工频耐受电压（1min）	kV	42
	b. 雷电冲击耐受电压	kV	75
	c. 二次绕组对地工频耐受电压	kV/min	3
6	结构方式		全密封或干式 （干式宜户内使用） （项目单位提供）
四	金属氧化物避雷器		
1	型号		YHWR5−17/45（复合）或 YWR5−17/45（瓷）
2	额定电压	kV	17
3	持续运行电压	kV	13.6

表1（续）

序号	项　目	单位	标准参数值
4	标称放电电流	kA	5
5	标称放电电流下的残压	kV	45
6	2ms 方波通流容量	A	≥500
7	外绝缘海拔修正耐受试验电压（工频/雷电）	kV/kV	（需要修正时由项目单位提供）
五	支柱绝缘子		
1	额定电压	kV	10
2	额定抗弯强度	N·m	—
3	爬电比距	mm/kV	（项目单位提供）
4	外绝缘海拔修正耐受试验电压（工频/雷电）	kV/kV	（需要修正时由项目单位提供）
5	安装方式		正装
六	交流高压接触器		
1	型号		JCZ－12/400
2	额定电压	kV	12
3	额定关合电流	A	4000
4	工频耐受电压（min）	kV	42
5	雷电冲击耐受电压	kV	75
6	电寿命	万次	10
7	额定电流	A	400
8	主回路电阻	μΩ	<200
9	控制电路额定电压及偏差	V	交流 220×（1+10%） 交流 220×（1－15%）
10	额定短时耐受电流	A/s	4000/4
七	电容器无功控制器		
1	额定电压及允许偏差	V	交流 220×（1±20%）
2	额定频率及允许偏差	Hz	50±1.5
3	功耗	W	≤5
4	工频耐受电压（1min）	V	2500
5	a. 电压	%	±0.5
	b. 电流	%	±0.5
	c. 无功功率	%	±3

表1（续）

序号	项目	单位	标准参数值
6	平均无故障工作时间	h	≥20000
7	抗干扰能力		≥严酷等级3
8	保护功能		过电流、过电压、低电压、缺相
9	控制方式		功率因数、无功功率
八	电流互感器		
1	额定电压	kV	10
2	额定电流比	A	（项目单位提供）
3	准确级	级	0.5/10P10
4	额定输出	VA	5
5	额定短时热电流	kA	（项目单位提供）
6	额定一次短路电流	kA	（项目单位提供）
7	外绝缘海拔修正耐受试验电压（工频/雷电）	kV/kV	（需要修正时由项目单位提供）
8	爬电比距	mm/kV	（项目单位提供）

5 组件材料配置表

组件材料配置表包括元件名称、规格形式参数、单位、数量和产地等信息，具体内容和格式根据招标项目情况进行编制。

6 使用环境条件表

典型农网 10kV-450kvar-50kvar 柱上式并联电容器成套装置使用环境条件见表2。特殊环境要求根据项目情况进行编制。

表 2 使 用 环 境 条 件 表

序号	名　称		单位	标准参数值
1	环境温度	最高日温度	℃	+40
		最低日温度		-25
		最大日温差		25
2	海拔		m	≤1000
3	太阳辐射强度		W/cm²	0.11
4	污秽等级			Ⅲ（d）
5	覆冰厚度		mm	10

表2（续）

序号	名 称		单位	标准参数值
6	风速/风压		（m/s）/Pa	35/700
7	相对湿度	最大日相对湿度	％	≤95
		最大月平均相对湿度		≤90
8	耐受地震能力（指水平加速度，安全系数不小于1.67。水平加速度应计及设备支架的动力放大系数1.2）		m/s²	2
注：有较严酷使用条件时，如低温、高海拔、重污秽等，项目单位应提出相应差异要求				

7 投标人提供的其他资料

投标人提供的其他资料如下：

a) 耐久性试验报告（应提供）；

b) 保护计算单（应提供）；

c) 抗震计算或试验报告（应提供，10kV 装置除外）；

d) 装置的爆破能量计算单（应提供）；

e) 其他提高装置质量或运行可靠性的研究报告、研究性试验等；

f) 新结构方式等。

串联补偿装置卷

ICS 29.240

Q/GDW

国家电网有限公司企业标准

Q／GDW 13054.1—2018

代替 Q／GDW 13054.1—2014

串联补偿装置采购标准
第1部分：通用技术规范

Purchasing standard for series capacitor installation

Part 1: General technical specification

2019-06-28发布   2019-06-28实施

国家电网有限公司　　发　布

目　次

前　言

为规范串联补偿装置的采购，制定本部分。

《串联补偿装置采购标准》分为 2 个部分：

——第 1 部分：通用技术规范；

——第 2 部分：专用技术规范。

本部分为《串联补偿装置采购标准》的第 1 部分。

本部分代替 Q/GDW 13054.1—2014，主要技术性差异如下：

——修改了第 2 章：规范性引用文件；

——修改了对电容器组的技术参数和性能要求；

——修改了金属氧化物限压器的技术参数和性能要求；

——修改了火花间隙的电气性能要求；

——修改了旁路开关的通用要求；

——细化了型式试验及出厂试验要求。

本部分由国家电网有限公司物资部提出并解释。

本部分由国家电网有限公司科技部归口。

本部分起草单位：国网冀北电力有限公司，中国电力科学研究院有限公司。

本部分主要起草人：张建军，马鑫晟，刘之方，李士雷，李卓伦，林浩，时薇薇。

本部分 2014 年 8 月首次发布，2018 年 8 月第一次修订。

本部分在执行过程中的意见或建议反馈至国家电网有限公司科技部。

串联补偿装置采购标准
第1部分：通用技术规范

1 范围

本部分规定了串联补偿装置招标的总则、技术参数和性能要求、试验、包装、运输、交货及工厂检验和监造的一般要求。

本部分适用于串联补偿装置招标。

2 规范性引用文件

下列文件对于本文件的应用是必不可少的。凡是注日期的引用文件，仅所注日期的版本适用于本文件。凡是不注日期的引用文件，其最新版本（包括所有的修改单）适用于本文件。

GB 311.1　绝缘配合　第1部分：定义、原则和规则

GB/T 772　高压绝缘子瓷件　技术条件

GB/T 1094.4　电力变压器　第4部分：电力变压器和电抗器的雷电冲击和操作冲击试验导则

GB 1094.5　电力变压器　第5部分：承受短路的能力

GB/T 1094.11　电力变压器　第11部分：干式变压器

GB 1208　电流互感器

GB 1984　高压交流断路器

GB 1985　高压交流隔离开关和接地开关

GB 2312　信息交换用汉字编码字符集　基本集

GB/T 2424.25　电工电子产品环境试验　第3部分：试验导则地震试验方法

GB/T 3047.1　高度进制为20mm的面板、架和柜的基本尺寸系列

GB/T 4109　交流电压高于1000V的绝缘套管

GB 4793.2　测量、控制和实验室用电气设备的安全要求　第2部分：电工测量和试验用手持和手操电流传感器的特殊要求

GB/T 6115.1　电力系统用串联电容器　第1部分：总则

GB/T 6115.2　电力系统用串联电容器　第2部分：串联电容器组用保护设备

GB/T 6115.3　电力系统用串联电容器　第3部分：内部熔丝

GB/T 7354　局部放电测量

GB/T 7424.1　光缆总规范　第1部分：总则

GB/T 8287.1　标称电压高于1000V系统用户内和户外支柱绝缘子　第1部分：瓷或玻璃绝缘子的试验

GB/T 8287.2　标称电压高于1000V系统用户内和户外支柱绝缘子　第2部分：尺寸与特性

GB/T 11022　高压开关设备和控制设备标准的共用技术要求

GB/T 11024　标称电压1000V以上交流电力系统用并联电容器

GB 11032　交流无间隙金属氧化物避雷器

GB/T 13540　高压开关设备和控制设备的抗震要求

GB/T 14048.1　低压开关设备和控制设备　第1部分：总则

GB/T 14598.3　电气继电器　第5部分：量度继电器和保护装置的绝缘配合要求和试验

GB/T 16927.1　高电压试验技术　第1部分：一般定义及试验要求

GB/T 17626.1　电磁兼容　试验和测量技术　抗扰度试验总论

GB/T 28565　高压交流串联电容器用旁路开关

GB/T 34869　串联补偿装置电容器组保护用金属氧化物限压器

GB 50009　建筑结构荷载规范

DL/T 840　高压并联电容器使用技术条件

DL/T 1156　串联补偿装置用金属氧化物限压器

DL/T 1295　串联补偿装置用火花间隙

DL/T 1530　高压绝缘光纤柱

GSB 05-1426　漆膜颜色标准样卡

ISO 1000　国际单位制（SI）和国际单位制的倍数和对某些其他单位的应用推荐

ISO 1461　加工的钢铁制品的热镀锌层规范和试验方法

ISO 14000　环境管理体系

IEC 60143-2　电力系统用串联电容器　第2部分：串联电容组用保护设备（Series capacitors for power systems-Part 2: Protective equipment for series capacitor banks）

IEC 60296　电工用液体变压器和开关设备用的未使用过的矿物绝缘油（Fluids for electrotechnical applications-Unused mineral insulating oils for transformers and switchgear）

IEC 62271-100　高压开关设备和控制设备　第100部分：交流断路器（High-voltage switch gear and control gear-Part 100: Alternating-current circuit-breakers）

IEC 62271-102　高压开关设备和控制设备　第102部分：交流隔离开关和接地开关（High-voltage switch gear and control gear-Part 102: Alternating-current disconnectors and earthing switches）

IEC 62271-109　高压开关设备和控制设备　第109部分：交流串联电容器用旁路开关（High-voltage switch gear and control gear-Part 109: Alternating-current series capacitor by-pass switches）

IEEE std. 824-2004　IEEE standard for series capacitor banks in power systems

Q/GDW 13001　高海拔外绝缘配置技术规范

3 术语和定义

DL/T 1219界定的确定的术语和定义，以及下列术语和定义适用于本文件标准。

3.1
招标人　bidder
提出招标项目，进行招标的法人或其他组织。

3.2
投标人　tenderer
响应招标、参加投标竞争的法人或者其他组织。

3.3
卖方　seller
提供本部分货物和技术服务的法人或其他组织，包括其法定的承继者。

3.4
买方　buyer
购买本部分货物和技术服务的法人或其他组织，包括其法定的承继者和经许可的受让人。

4 总则

4.1 一般规定

4.1.1 投标人应具备招标公告所要求的资质，具体资质要求详见招标文件的商务部分。

4.1.2 投标人应仔细阅读包括本标准（通用部分和专用部分）在内的招标文件阐述的全部条款。投标人提供的产品应符合招标文件所规定的要求，投标人亦可以推荐符合本部分要求的类似定型产品，但应提供详细的技术偏差。如有必要，也可以在技术规范中以"对技术规范书的意见和同技术规范书的差异"为标题的专门章节加以详细描述。

4.1.3 本部分提出了对串联电容补偿装置（SC）（简称串补）的技术参数、性能、结构、试验等方面的技术要求。有关串补的包装、标志、运输和保管的要求见商务部分的规定。

4.1.4 本部分提出的是最低限度的技术要求，并未对一切技术细节作出规定，也未充分引述有关标准的条文，投标人应提供符合本部分引用标准的最新版本标准和本部分要求的全新产品，如果所引用的标准之间不一致或本部分的要求如与投标人所执行的标准不一致时，按要求较高的指标执行。

4.1.5 如果投标人没有以书面形式对本部分的条文提出差异，则表示投标人提供的设备完全符合本部分的要求。如有与本部分要求不一致的地方，应逐项在技术差异表中列出。

4.1.6 本部分将作为订货合同的附件，与合同具有同等的法律效力。本部分未尽事宜，由合同签约双方在合同谈判时协商确定。

4.1.7 本部分中涉及有关商务方面的内容，如与招标文件的商务部分有矛盾时，以商务部分为准。

4.1.8 本部分各条款如与专用部分有冲突，以专用部分为准。

4.2 投标人应提供的资质文件

投标人在投标文件中应提供下列合格的资质文件（否则视为非响应性投标）：

a) 同类设备的销售记录填写格式见专用部分，并提供相应的最终用户的使用情况证明。

b) 由权威机构颁发的 ISO 9000 系列的认证证书或等同的质量保证体系认证证书。

c) 履行合同所需的生产技术和生产能力的证明文件。

d) 有能力履行合同设备维护保养、修理及其他服务义务的文件。

e) 由有资质的第三方见证的同类设备的型式试验报告。

f) 所提供的组部件如需向第三方外购时，投标人应详细说明并就其质量做出承诺。

4.3 工作范围和进度要求

4.3.1 本部分仅适用于专用部分货物需求一览表中所列的设备。其中，包括串补的功能设计、结构、性能、安装和试验等方面的技术要求，以及供货和现场技术服务。

4.3.2 技术协议签订时，应确定卖方向买方提交生产进度计划的时限。卖方应在买方要求的时限内向买方提交详尽的生产进度计划。

4.3.3 如生产进度有延误，卖方应及时将延误的原因、产生的影响及准备采取的补救措施等向买方加以解释，并尽可能保证交货的进度。否则应及时向买方通报，以便买方能采取必要的应对延迟交货的措施。

4.4 对设计图纸、说明书和试验报告的要求

4.4.1 图纸要求

图纸要求如下：

a) 所提供的图纸可以用 AutoCAD2004 版编辑，所提供的文本可以通过 Microsoft office 2003 来阅读和编辑。提供图例符号、设备及材料代码、英文缩写的说明和对照表。

b) 所有与土建基础设计相关的资料，包括作用在基础上的动态和静态荷载、接口要求、绝缘平台基础突出地面高度等。提供平台整体结构计算和部件计算书。

c) 为保证工期，需按买方要求提前交付部分图纸和资料。

d) 所需图纸、资料，详见 4.4.2。

4.4.2 所需技术文件

投标人向招标人提供的资料、图纸和试验报告见表1。

表1 投标人向招标人提供的资料、图纸和试验报告

序号	内　　容
1	图纸： 1）接线和布置图：串补装置的布置图、主接线图、平面图和断面图；所有主要设备布置图和设备之间导线连接图。以上图纸应标出每相绝缘平台（包括设备）的长度、宽度和高度。所有设备应严格按比例绘制，并详细标出尺寸。 2）装配图：设备的外形尺寸、重心和质量，承风面积，套管爬电距离和爬电系数，主端子板对底座的高度，端子的尺寸和材料，串联设备端子连接金具以及其允许荷载；需落地安装的设备应给出详细安装要求和尺寸，操动机构的装配图和各主要设备的附件应详细说明。 3）基础图：绝缘子底座尺寸，地脚螺栓的说明、位置和深度及对基础设计的要求；作用在平台上面所有设备的总重量；作用在各个绝缘子上的压力、纵向和横向荷载；对基础设计的荷载要求。 4）安装图说明：所有主要设备的吊装图和吊装高度；套管安装和拆卸所需最小净高。详细的设备外形尺寸图纸和样本说明；详细的外形尺寸图和安装图；所有供货设备包括辅助设备及附件的样本清单。 5）铭牌图：每一主要设备应有铭牌图纸说明，包括型号、编号、额定值、主要电气和机械特性、互感器变比、准确度等级、质量等。 6）继电保护、控制屏、转接柜、光纤接口图：各屏或柜的装配图和外形图；控制保护设备的原理图；各逻辑回路、模块或继电器之间的接线图；TA 配置图；屏或柜的屏面布置图；屏或柜中设备的布置图；电气接线图（用于保护、控制、测量、报警、照明及供电的所有交流和直流回路）；端子排接线图，端子部件的布置图；电缆入口位置图等。 需提前交付的图纸及资料： 1）串补装置的平面布置图、断面图。以上图纸应标出每相绝缘平台（包括设备）的长度、宽度和高度。按比例绘制，并详细标出尺寸。 2）装配图：设备的外形尺寸、重心和质量，承风面积，主端子板对底座的高度，需落地安装的设备应给出详细安装要求和尺寸，操动机构的装配图。 3）基础图：绝缘子底座尺寸，地脚螺栓的说明、位置和深度及对基础设计的要求；作用在平台上面所有设备的总重量；作用在各个绝缘子上的压力、纵向和横向荷载；对基础设计的荷载要求；并提供平台整体结构计算书和部件计算书（包括计算简图、荷载取值及强度、稳定、变形的计算）。 另外附加提供：基础总平面布置图（仅包括全部设备基础及相关螺栓、埋件位置）应注明总尺寸及各部分相对尺寸；每一个单独基础的详图，螺栓的埋设方法、预埋深度及允许偏差；提供节点图中埋件、螺栓大样图。 4）控制屏、保护屏的底座尺寸、安装方法及留孔、留洞
2	产品设计说明书： 1）成套设备的抗震计算报告。 2）在各种故障下串联电容器组过电压保护装置的性能校验。 3）串补装置电压、电流和能量的波形分析报告
3	文件： 1）串补装置的系统研究报告，包括系统计算分析报告，串补装置主要元件的参数选择与要求计算分析报告。 2）在各种故障下，各过电压保护装置（包括MOV、放电间隙和旁路断路器）的动作匹配；动作参数相对于时间的变化过程；电容器重投入具体说明等。 3）MOV 的伏安特性曲线和选型说明，提出在目标过电压水平时 MOV 的配合电流值。 4）所有主要设备设计选择原则、动作原理、性能、结构和安装使用说明。 5）有关绝缘平台和地面，光电转换和所有接口之间通信的说明。 6）控制、保护、测量系统及平台控制箱原理说明和使用说明。 7）关于设备安全和维护及其他有关资料和指导书的说明
4	试验报告：所有主要设备的型式试验报告，出厂试验报告

4.4.3 图纸格式

所有图纸的图框应采用完整的标准框，框内表示出制造厂的名称、图名、签字日期、工程代号、项目号、图号（每次修改版应加注相应号如 R1、R2 等）。所有图纸应符合 ISO 标准的 A 或 B 系列图纸标准，尽可能采用 A3 或 A4 规格。图例说明使用语言（中英文对照），英语或中文尺寸和参数单位用 SI 制。

4.5 标准和规范

4.5.1 按有关标准、规范或准则规定的合同设备，包括卖方向其他厂商购买的所有组部件和设备，都应符合规范性引用文件的要求。

4.5.2 所有螺栓、双头螺栓、螺纹、管螺纹、螺栓头和螺帽均应遵照 ISO 及 SI 公制标准。

4.6 投标时应提供的技术数据和信息

4.6.1 投标人应按技术规范专用部分技术参数特性表中列举的各项目逐项提供技术数据，所提供的技术数据应为保证数据，这些数据将作为合同的一部分，如与招标人在技术参数特性表中所要求的技术数据有差异，还应写入技术规范专用部分中。

4.6.2 设备适用的标准。

4.6.3 设备型式试验报告。

4.6.4 具有设备简要参数。

4.6.5 设备的机械强度计算报告。

4.6.6 设备外形尺寸图，组装图等。

4.6.7 产品性能、特点和其他需要提供的信息。

4.6.8 投标人所提供的数据资料应是保证性能的数据，对于中标厂商，上述数据资料将成为合同的一部分，未经买方同意不得有任何差异。

4.6.9 投标人应以过电压分析和切除时间为基础，严格根据本部分5.3的要求对MOV容量进行计算，并附计算书和计算说明，以便评标时核实。

4.7 备品备件

4.7.1 投标人应提供安装时必需的备品备件，价款应包括在投标总价中。

4.7.2 招标人提出运行维修时必需的备品备件。

4.7.3 投标人推荐的备品备件。

4.7.4 所有备品备件应为全新产品，与已经安装设备的相应部件能够互换，具有相同的技术规范和相同的规格、材质、制造工艺。

4.7.5 所有备品备件应采取防尘、防潮、防止损坏等措施，并应与主设备一并发运，同时标注"备品备件"，以区别于本体安装用零部件。

4.7.6 投标人应对产品实行终生保修，根据需要及时提供备品备件以外的部件和材料，以便维修更换。

4.8 专用工具和仪器仪表

4.8.1 投标人应提供安装时必需的专用工具和仪器仪表，价款应包括在投标总价中。

4.8.2 招标人提出运行维修时必需的专用工具和仪器仪表。

4.8.3 投标人应推荐可能使用的专用工具和仪器仪表。

4.8.4 所有专用工具和仪器仪表应是全新的、可靠的，且应附完整、详细的使用说明资料。

4.8.5 专用工具和仪器仪表应装于专用的包装箱内，注明"专用工具""仪器""仪表"，并标明"防潮""防尘""易碎""向上""勿倒置"等字样，同主设备一并发运。

4.9 应满足的标准

装置至少应满足 GB 311.1、GB/T 772、GB/T 1094.4、GB 1094.5、GB/T 1094.11、GB 1208、GB 1984、GB 1985、GB 2312、GB/T 2424.25、GB/T 3047.1、GB/T 4109、GB 4793.2、GB/T 6115.1、GB/T 6115.2、GB/T 6115.3、GB/T 7354、GB/T 7424.1、GB/T 8287.1、GB/T 8287.2、GB/T 11022、GB/T 11024、GB 11032、

GB/T 13540、GB/T 14048.1、GB/T 14598.3、GB/T 16927.1、GB/T 17626.1、GB/T 28565、GB/T 34869、GB 50009、DL/T 840、DL/T 1156、DL/T 1295、DL/T 1530、GSB 05－1426、IEC 60296、IEEE std. 824－2004、ISO 1000、ISO 1461、ISO 14000、IEC 62271－102、IEC 62271－109、IEC 60143－2、IEC 62271－100、Q/GDW 13001 中所列规定、规范和标准的最新版本的要求，但不限于上述所列标准。

4.10 应满足的文件

该类设备技术标准应满足国家电网有限公司标准化成果中相关条款要求。下列文件中相应的条款规定均适用于本文件，其最新版本（包括所有的修改单）适用于本文件。包括：

a）《国家电网有限公司十八项电网重大反事故措施（2018 修订版）》；

b）《国家电网有限公司输变电工程通用设计》；

c）《国家电网有限公司配电网工程典型设计》。

5 技术参数和性能要求

5.1 整体性能要求

5.1.1 可用率和可靠性

5.1.1.1 定义

强迫停运、计划停运、停运时间、等效停运时间、等效年可用率的定义如下：

a）强迫停运：由于串补装置设备故障导致串补装置失去主要功能造成的停运。

b）计划停运：进行预防性维护、以确保串补装置的连续可靠运行所必需的停运。

c）停运时间：从串补装置退出运行的时刻起至再投入运行的时刻所经过的时间。如果非工作时间（例如夜间）内串补装置可以运行，但"买方"决定不将设备投入运行，则这段时间不应包括在停运时间内。停运时间应包括：

　　1）确定停运原因或确定应对哪个设备或单台电容器进行维修或更换所需的时间。

　　2）系统运行人员/技术人员将设备断开并接地进行维修准备工作所需的时间，以及在维修结束后断开设备接地并重新投入所需的时间。由于"买方"的合格人员不到位而造成的延误不应包括在停运时间内。

d）等效停运时间：如果串补装置仍有部分输出，则等效停运时间应为输出运行的时间与该段时间内输出下降对额定输出的比值的乘积。

e）等效年可用率：对于强迫停运，等效年可用率（以%表示）的定义为

$$等效年可用率＝（1－等效停运时间/8760）×100\%$$

5.1.1.2 可用率和可靠性要求

串补装置的可用率和可靠性要求如下：

a）对于强迫停运，串补装置的等效年可用率应至少为 99.5%。

b）串补装置的每年强迫停运次数不应超过 1 次。

c）串补装置的寿命应大于 30 年。

5.1.2 电晕水平要求

在 1.1 倍额定相电压下，户外晴天夜晚应无可见电晕。

5.1.3 可听噪声水平要求

在正常环境条件、正常运行工况下，串补装置围栏处任意位置测定的最大噪声不超过 50dB（A）。

5.1.4 抗震要求

串补装置的抗震要求如下：

a）在地震及其持续波的作用下，装置应保证其正常功能和正常运行，安全系数为 1.67。

b）平台机械设计标准应至少考虑下面因素组合。

　　1）组合 1：冰雪荷载、风荷载、地震组合。

2） 组合 2：最大风荷载、地震组合。

5.2 电容器组

5.2.1 电容器组

电容器组技术参数和性能要求如下：

a） 电容器组应严格配组以缩小 H 型接线各臂电容之差，对内熔丝电容器组各相组初始不平衡电流不应超过不平衡保护告警值的 30%。

b） 对内熔丝电容器组应提供电容器内熔丝在其工作电压范围内能够正常隔离的最大允许隔离故障元件数，并提供电容器组的熔丝配合报告。

c） 电容器组的设计应能保证在极限电压下单台电容器损坏（包括元件损坏及内、外绝缘故障）时，电容器外壳不出现开裂、爆炸等。电容器组应合理接线，使保护水平下电容器组中单台电容器极间短路时注入故障电容器的爆破能量应不大于 18kJ。

d） 电容器组应具有在极限电压下直接端部短路放电 1 次而所有设备（包括电容器、框架、母线及内部连接线）不出现损坏的能力。

e） 在 $\sqrt{2}\,U_{\mathrm{lim}}$（不低于 $2.5U_{\mathrm{N}}$）条件下，电容器回路应能承受电容器对绝缘平台闪络或限压器故障时的无阻尼放电电流。

f） 电容器组的设计应便于维护和更换设备。电容器组外露的金属件应有良好的防腐蚀层，并符合户外防腐电工产品涂漆的有关规定。

g） 电容器组母线采用硬母线，应能长期通过 1.5 倍电容器组额定电流。内部连接线（各电容器间的连接线）应能长期通过 1.5 倍电容器额定电流。电容器组母线及内部连接线即使在电容器组直接端部短路放电时也应有足够的热容量和机械强度，即使摆动也应和周围设备保持足够的电气净距。电容器组母线及内部连接线应接触良好、牢固、不变形，配置应整齐、美观。

h） 电容器组所有绝缘子应符合相应产品标准的质量要求，额定电压不低于 12kV 并应有足够的机械强度。

i） 电容器组应在明显位置安装坚固的永久性铭牌，铭牌内容应符合 GB/T 6115.1 要求。

j） 在规定条件下使用时，电容器组使用寿命不应小于 30 年，电容器年损坏率不应超过 0.1%。

k） 环境温度为 20℃时，电容器组额定损耗不应超过 0.2W/kvar（含熔丝和放电电阻）。

l） 串联电容器的短时过流能力应满足表 2 要求。

表 2　串联电容器短时过流能力

持续时间	过电流倍数（标幺值）
长期持续运行	1.00
8h（间隔 12h）	1.10
30min（间隔 6h）	1.35
10min（间隔 2h）	1.50
10s	1.80
注：所列数值为典型过负荷值和典型持续时间。实际工程应根据近远景电网规划，按照电力系统稳定导则的要求，确定串补紧急过负荷电流。并通过暂态稳定计算确定摇摆电流	

m） 电容器组的可听噪声水平应满足 5.1.3 所规定的水平和相关的标准。

n） 电容器组阻尼放电电流衰减系数（同一极性前后两半波幅值之比）为 2。

5.2.2 单台电容器

单台电容器技术参数和性能要求如下：

a) 采用全膜设计，全密封防腐防锈箱壳，寿命期内不得有任何泄漏，适应户外露天运行，应考虑串补安装地的环境条件和最高电压的作用，无掉皮，无裂纹。绝缘介质应无毒。供方应提供关于绝缘介质环保标准的证明文件。

b) 单台电容器的额定电压、额定容量根据串补装置的设计确定。每个单元的电容值偏差不应大于±3%。

c) 单台电容器应配有内部放电电阻，保证在 10min 内将电容器的电压自额定电压峰值降低到 75V 以下。

d) 电容器应为单相、内熔丝或无熔丝电容器，并适合户外卧式布置（宽面垂直）。为了固定电容器外壳的电位并承受电容器对壳击穿时产生的故障电流，电容器外壳上应配有 M10 及以上螺栓或其他适当的连接部件。电容器套管上应配有适当的导线连接部件。

e) 当采用内熔丝电容器时，套管绝缘水平应提高一级。

f) 每个单元都应有不锈钢或铝质铭牌。铭牌内容符合 GB/T 6115.1 的要求。每台电容器按 GSB 05－1426 要求刷 76G10 飞机灰，铭牌安装位置应宜于观察。

g) 单台电容器的重量应方便人力安装和拆卸。各电容器组的单台电容器应可互换。

h) 为了不影响电容器的寿命，设计时应考虑限制单台电容器内部温升的措施。

i) 电容器端子间及端子与箱壳间最小净距 160mm。

j) 单台电容器的外壳耐爆能量不低于 18kJ。

k) 提供温度类别范围内，额定输出的稳态条件下电容器电容及损耗与周围空气温度的关系曲线。

l) 电容器绝缘介质的平均场强值不高于 57kV/mm。

m) 电容器端子间或端子与汇流母线间的连接，应采用带绝缘护套的软铜线。

5.2.3 熔丝

熔丝技术参数和性能要求如下：

a) 采用内熔丝作为电容器元件的保护，将故障元件从回路中切除，内熔丝设计应满足 GB/T 6115.3 的要求，保证电容器在电压达到最大保护水平时可靠切除故障元件，并提供熔丝电流相对时间的曲线和布置图，提供电容器内熔丝能够正常隔离的最大故障元件数。

b) 熔丝的持续工作电流不小于所处回路的额定持续电流，并能承受相邻单台电容器故障时流过熔丝的电流。

c) 在任何工况下（如放电间隙或旁路开关动作时），熔丝不应误动。单台电容器不应由于熔丝熔断发生渗漏。单台电容器内部不应在要求的工况下发生闪络或击穿。

5.3 金属氧化物限压器

金属氧化物限压器技术参数和性能要求如下：

a) MOV 可由金属氧化物电阻片串、并联组成，并密封于护套内免维护。

b) 持续运行下的寿命不得小于 30 年。

c) 需要的 MOV 能量额定值应根据环境温度为 40℃、无风，以及 1.1 倍电流不均匀分配条件确定，并提供计算资料。

d) MOV 应满足串联补偿装置的所有条款和工作条件，并考虑电容器重合闸时的瞬时恢复电压。在任何工况下，应限制电容器两端电压在保护水平以下。

e) MOV 热备用容量裕度应大于 10%且不少于 3 个单元/平台。

f) 每柱 MOV 的伏安特性应一致，以保证电流平衡分布。同一平台每柱之间的分流系数应不大于 1.1，同一平台每单元之间的分流系数宜不大于 1.03，同一单元每柱之间的分流系数宜不大 1.05。所有 MOV 的直流 1mA/柱电压偏差不超过 5%。并提供本项目使用的伏安特性曲线和温度曲线。

g) MOV 每个单元应配有压力释放装置，在外壳不爆裂的前提下安全释放瓷套或复合外套内由于氧化锌阀片故障电流引起的高压力。卖方提供压力释放能力的电流有效值和峰值。

h) MOV 应按照 GB/T 6115.2、GB/T 34869 及本节要求完成全部试验。

5.4 阻尼装置

限流阻尼装置技术参数和性能要求如下：

a) 采用电抗器+MOV 串电阻型（或小间隙串电阻型）限流阻尼装置。

b) 电抗器为空芯、单相结构，自冷式，户外安装运行。

c) 电阻为单相、空气绝缘、自冷式，户外安装运行。

d) 限流阻尼装置与火花间隙及旁路断路器串联使用，限流阻尼装置的额定电流不应低于系统额定电流，并应能同时承受电容器的放电电流和最大故障电流之和。

e) 限流阻尼装置应将电容器的放电电流阻尼在放电间隙、旁路开关及其他有关元件可以承受的水平。利用电抗器和并联 MOV 串电阻来阻尼火花间隙及旁路开关动作时产生的振荡电流。

f) 限流阻尼装置衰减速率要求：将电容器放电电流第二个周波幅值衰减到第一个周波同极性幅值的 50%以内。

g) 限流阻尼装置中的电抗器应满足在雷电波的侵入下不得闪络。

h) 电抗器/电阻的额定电压应满足串补装置的设计要求。其基本绝缘水平（BIL）和额定参数由卖方根据串补装置的设计要求确定。

i) 阻尼 MOV 能量应满足在过电压保护水平下连续两次放电的要求。应考虑线路故障电流的影响。放电电流频率应避开直流输电特征谐波频率（$6n \pm 1$）。

j) 电抗器的可听噪声水平应满足 5.1.3 的要求。

k) 电抗器电感值允许偏差±5%，75℃时额定电流下损耗不超 5%，确保在工作温度范围内电气和机械的稳定和可靠。

l) 电抗器应采用耐气候并具有较强的抗紫外线能力的绝缘材料。

m) 阻尼电阻器 20℃电阻值允许偏差不应超过±5%，电阻器最高温升应小于 120K，最高温升时电阻值变化应小于 10%。

n) 电阻器护套中应充干燥氮气并严格密封，为防爆型，结构设计应有利减少接触电阻和散失热量，确保在工作温度范围内电气和机械的稳定性。

o) 阻尼装置应按照 GB/T 6115.2 及本节要求完成全部试验。

5.5 火花间隙

火花间隙技术参数和性能要求如下：

a) 火花间隙应能安全可靠动作，避免 MOV 超过本身的热容量而损坏。

b) 火花间隙的性能应与远景年最大故障电流、故障最长切除时间、电容器最大放电电流和保护水平相适应。

c) 火花间隙应能承受持续时间为 500ms 最大故障电流（63kA、50kA 或 40kA）1 次或承受持续时间为 200ms 的最大故障电流 5 次，并通过电容器组最大放电电流动作 20 次。在此范围内，不应影响主间隙电极的性能且不需要维护。

d) 火花间隙触发导通时间、不触发条件下的最小工频放电电压、火花间隙介质强度的恢复时间及其恢复电压由卖方提供。在不同的方式下，间隙的距离可调。以保证放电间隙能按确定的保护水平和规定的故障条件下完全旁路电容器。

e) 火花间隙触发回路和火花间隙定值不应受环境温度、大气压力和湿度等的影响，并且不应受周围电磁场的干扰，在拉合旁路隔离开关时不应误动。

f) 卖方应提供相应的触发回路，其性能不应受环境影响。应设计为强制触发火花间隙，使有指令时快速触发，无指令时不动作。为使强制触发火花间隙的安全运行，自击穿电压应设置为高于过电压保护水平，应有安全裕度。为可靠起见每个火花间隙应配备两套完全独立的间隙触发回路，并提供一套典型的间隙定值。整定值误差在±4%以内。

g） 卖方应提供标准环境条件下最小自击穿电压。

h） 卖方应提供在标准环境下间隙的最小可靠触发击穿电压。为降低 TRV 水平，最小触发击穿电压应和 TRV 计算相匹配，不大于 1.8 倍电容器组额定电压。

i） 间隙外壳的设计应方便检修电极和检查间隙触发回路，底板应考虑足够的强度和空间，在检修人员进行检修时不应影响间隙距离。

j） 从发出触发保护间隙的信号至保护间隙击穿的时间总计不得大于 1ms。

k） 火花间隙的去游离性能满足串补装置重投入要求，保证在通过一次故障电流后，在满足要求的时间内，间隙至少能够耐受由于摇摆电流产生的恢复电压。

l） 当采用特殊间隙时，应提供该方案详细工作原理及相关资料。

5.6 旁路开关

5.6.1 一般要求

旁路开关的一般要求如下：

a） 旁路开关与串补电容器及过电压保护装置并联使用，用来退出或投入串补电容器。

b） 旁路开关采用 SF_6 断路器，户外三相型，由三个单相组成，并配有独立操动机构，配置双合闸线圈，旁路断路器相间连接电缆经地下敷设。

c） 断口间的工频耐受电压（有效值）应大于串补装置最大保护水平除以 $\sqrt{2}$ 的 1.2 倍。

d） 关合时应能承受工频短路电流与电容器高频放电电流的联合作用，设计时应考虑旁路开关关合时的电流大小及由电容器组和阻尼装置所确定的电流频率。

e） 分闸时应能耐受第一个峰值出现在 6.7ms 以内的瞬态恢复电压，其峰值不低于电容器组保护水平。

5.6.2 性能要求

旁路开关的性能要求如下：

a） 提供观察方便的开关位置指示器，分闸状态为绿色，合闸状态为红色。

b） 户外终端盘、螺钉、螺栓、螺母应进行特殊处理，以防螺钉腐蚀和不同金属间的电化学腐蚀，并防止湿空气进入螺钉。每个断路器应提供安装用的螺钉及机架。

c） 应提供配套设备夹和连接至绝缘平台上的导体。

d） 卖方提供安装、装配和维护必需的特殊材料。

e） 开关应有标准附件和卖方认为对保证安全性和可靠性必要的附件。

f） 开关应有不锈钢铭牌，其内容应符合 IEC 62271－100。

g） 开关的机械稳定性：连续操作 5000 次。

h） 操动机构型式：采用液压或弹簧机构。断路器应提供操作压力低、三相不一致、SF_6 压力低等报警信号。当操作压力或 SF_6 气体压力降低到一定程度时，开关应提供操作闭锁功能。

i） 旁路开关在分闸位置时应有一定的耐压能力，以保证在任何运行方式下（包括线路故障），当电压达到最大保护水平时断路器不闪络，应考虑制造和安装时的偏差。

j） 根据串补装置绝缘配合计算提出断口绝缘水平数值。

k） 卖方应提供机械强度的详细计算资料供买方确认。

l） 断路器本体内部的绝缘件必须经过局部放电试验方可装配，要求在试验电压下单个绝缘件的局部放电量不大于 3pC。

m） 断路器出厂试验前应进行不少于 200 次的机械操作试验。

5.6.3 控制与操作回路

旁路开关的控制与操作回路要求如下：

a） 卖方提供使旁路开关在各种工况下均能可靠分、合闸的所有设备及连线。卖方所提供控制系统在出厂前应连接正确并通过操作试验。

b) 开关应能远方和就地操作,其间应有闭锁。就地操作的操作电源与分、合闸回路之间及后备分、合闸回路之间应设有单相双极刀闸。断路器应配备就地指示分、合闸位置的红、绿指示标志。

c) 开关应装设两套相同而又各自独立的合闸回路,任一回路动作时,或两个回路同时动作时均应保证设备的机械特性。

d) 并联分、合闸线圈应能在其直流额定电压的 65%～120%范围内正确动作。当电源电压低于其额定值的 30%时,应可靠不动作。

e) 分、合闸回路的工作电流不大于 2A。

f) 开关应具有可靠的防止跳跃、防止非全相分、合闸和保证分合时间的性能。

g) SF$_6$断路器应具备高、低气压闭锁及报警装置。

h) 除满足通常作为控制或辅助用的触点外,开关每相应有 10 副动合和 10 副动断备用触点。该触点应电气独立并均连接至控制柜相应的端子排上。

i) 辅助触点的开断能力为直流 220V、5A。

j) 开关至少提供双套信号触点,分别用于串补双套控制保护系统。

k) 开关三相位置不一致保护应配置独立的保护投入压板。

5.6.4 控制柜

旁路开关的控制柜要求如下:

a) 每组开关应配备一面控制柜,柜中包括所需的全部机械和电气控制部件,以及与各相连接所需的部件。卖方提供并连接除外部电源外的所有接线。此外,尚应具备下述附件:

  1) 内部照明灯和其控制开关。

  2) 控制柜上需装有户外型单相 5A 的 220V 交流插座和插头。

  3) 一套可调节温度的交流 220V 加热器。加热器应备有控制开关,保护熔丝,以及防止过热和燃烧的保护措施,加热器应接成平衡的三相负载,加热器不应对其邻近设备造成危害,控制柜内应有防潮装置。

  4) 每相断路器均应装设动作计数器。其位置应便于站在地面上读数。

b) 控制柜的柜体应为不锈钢 304 或铝合金结构,厚度≥2mm。户外汇控箱或机构箱的防护等级应不低于 IP45W,箱体应设置可使箱内空气流通的迷宫式通风口,并具有防腐、防雨、防风、防潮、防尘和防小动物进入的性能。带有智能终端、合并单元的智能控制柜防护等级应不低于 IP55。非一体化的汇控箱与机构箱应分别设置温度、湿度控制装置。柜底部应装设开启式可移动盖板,作为电缆、导管及管道的进口。控制与外部管道和电缆的连接应便于拆卸和移动。柜体防风雨性能应良好,在不利的气候条件下应能开门检修。柜正面应设有带铰链的密封门,上有把手、碰锁和可外加挂锁的设施。

c) 控制柜内的接线端子采用压接型端子,额定值为 1000V、10A,工频耐受电压为 2000V。对所有装置的跳闸出口回路应提供各回路分别操作的试验部件或连接片,以便于必要时解除其出口回路。一个端子只允许接入一根导线。端子排间应有足够的绝缘,端子排应根据功能分段排列,并应至少留有 15%的备用端子,且可在必要时再增加。端子排间应留有足够的空间,便于外部电缆的连接。对交流电流接线端子应采用大电流接线端子。"+"、"－"电源端子应隔离。

d) 柜内供电用的小型断路器、接触器,分断电流在 380V 电压下应大于 15A。

e) 柜内配有铝、钢或其他类似材料制作的导轨。为便于接地和安装接线端子,其长度应有 10%裕量。每条导轨应有两个接地端子。

f) 所有仪表、控制设备、电源、报警、照明线路等均应耐受 1min 2000V 工频交流电压,导线需采用截面积不小于 2.5mm^2 的铜线。

g) 机构箱、控制柜内接线端子为阻燃型 V0 级,用于外接电源的端子应有明显标记。

5.6.5 标准和试验

旁路开关的设计和试验应满足 GB 1984、GB/T 6115.1、GB 6115.2、IEC 62271－109 标准及本部分要求。

5.7 隔离开关

5.7.1 一般要求

卖方根据串补装置控制逻辑，提供对旁路隔离开关、串联隔离开关和接地开关（手/电动操作）辅助触点数量和逻辑关系等相关要求。

5.7.2 结构和性能要求

隔离开关的结构和性能要求如下：

a) 串联隔离开关带接地开关，接地开关不要求短路关合及小电感和小电容电流开断能力。

b) 隔离开关和接地开关的机械寿命不应小于 3000 次，使用寿命不应小于 30 年。

c) 支柱绝缘子应为棕色。绝缘子的爬电系数、外形系数、直径系数以及表示伞裙形状的参数应符合相关标准的规定。

d) 瓷绝缘子应采用高强瓷。瓷绝缘子金属附件应采用上砂水泥胶装。瓷绝缘子出厂前，应在绝缘子金属法兰与瓷件的胶装部位涂以性能良好的防水密封胶。瓷绝缘子出厂前应进行逐只无损探伤。

e) 每相应装设一个机械位置指示器，位置指示应能方便看到。

f) 隔离开关主触头镀银层厚度应不小于 20μm，硬度不小 120HV。

g) 不锈钢部件禁止采用铸造件，铸铝合金传动部件禁止采用砂型铸造。用于传动的空心管材应有疏水通道。

h) 配钳夹式触头的单臂伸缩式隔离开关导电臂应采用全密封结构。传动配合部件应具有可靠的自润滑措施，禁止不同金属材料直接接触。轴承座应采用全密封结构。

i) 隔离开关、接地开关导电臂及底座等位置应采取能防止鸟类筑巢的结构。

j) 控制和操作要求：

　1) 隔离开关和接地开关采用分相/三相联动操作，电动并可手动操作。

　2) 合、分闸机构及辅助回路额定电源电压为直流 220V（110V）或交流。

　3) 合、分闸动作电压为 85%～110% 额定电压。

　4) 应能远方和就地操作，控制柜中应有一组远方/就地转换开关，就地操作电源与合、分闸回路间应设有隔离开关。

　5) 辅助触点除能满足自身需要外，每相尚应留有 10 对动合和 10 对动断辅助触点备用，辅助触点开断能力不低于直流 220V、5A。

k) 控制柜：

　1) 控制柜的柜体应为不锈钢 304 或铝合金结构，厚度≥2mm，其通风孔应能防雨、雪、小虫和小动物的侵入，在不利的气候条件下也能开门检修（外壳防护等级达到 IP54）。

　2) 控制柜中的计量和控制元件等应经检验合格和调整合适后方能装配，元件的质量应安全可靠。

　3) 控制柜底部导线管的入口处应设有遮板。

　4) 控制柜与外部管道和电缆的连接应便于拆卸和移动。

　5) 控制柜正面应设有带铰链的密封门，上有把手、碰锁和可外加挂锁的设施。

　6) 控制柜导线应额定电流不小于 10A，截面积不小于 2.5mm²，1min 工频耐压不低于 2000V，不同电压等级采用不同颜色标示。

　7) 控制柜导线设带绝缘套的阻燃型压接式端子，端子提供编号及线号以便连接，应注意端子连接器螺栓和螺母可能因振动或发热而引起的松动。控制柜应提供 15% 的备用端子。

l) 控制柜附件：

1) 内部照明灯和隔离开关。

2) 安装在控制柜外部的户外 AC 220V、5A 单相插座。

3) 加热器，自动投切，带有温度继电器、控制开关和保护熔丝。

4) 动作计数器，其位置应便于读数。

m) 隔离开关接线端子：接线端子应平行地面安装，应为平板式并且表面镀银。

n) 支持架构：

1) 应提供热镀锌的钢支架及配套的全部螺栓、螺帽和垫圈，并提供支架图纸。

2) 应提供隔离开关对基础的作用力和结构要求。

3) 应提供隔离开关固有频率及机械强度的计算资料供用户确认。

o) 防腐：

1) 隔离开关外露金属件应有良好的防腐蚀层，应符合电工产品防腐的有关规定。

2) 隔离开关紧固件应采用不锈钢或热镀锌件，禁止使用电镀件。

3) 隔离开关端子板和紧固件应涂保护层以防止不同金属之间的电解作用，并采取防止水分进入螺纹的措施。

5.7.3 标准和试验

隔离开关和接地开关的设计和试验应满足 GB 1985、GB/T 6115.2、IEC 60143－2、IEC 62271－102 及专用部分要求。

5.8 支柱绝缘子

5.8.1 性能保证

支柱绝缘子的性能要求如下：

a) 绝缘子的爬电系数、外形系数、直径系数以及表示伞裙形状的参数应符合相关标准的规定。

b) 所有绝缘子采用瓷绝缘子。瓷裙为大小伞结构。

c) 绝缘子外观质量、主要尺寸除应符合图样要求外，其余应符合 GB 8287.1 的规定。

d) 瓷件应采用高等级、材质紧密均匀的原材料，并完全均匀地烧结陶化，以达到所保证的机械和电气强度 30 年及以上的使用寿命。串补平台支柱绝缘子应采用等静压干法成型制造。瓷件除在验收标准 GB/T 772 限度内的缺陷外，应光滑，无翘缺、裂缝、砂眼气泡、层理、凸点、外物及其他缺陷。

e) 绝缘子的瓷件应逐个进行超声波探伤检测。

f) 绝缘子均压环的材料应使用铝合金，并具有足够的机械强度。均压环表面的外观应平整、光滑、无毛刺。

g) 绝缘子其他技术要求应符合 GB 8287.1、GB/T 8287.2 的相应规定。

5.8.2 设计、材料和制造质量

支柱绝缘子的设计、材料和制造质量要求如下：

a) 所有货物应是新的，并用最合理的方式设计、制造，使用最适合特定用途的高质量的，无缺陷的材料。设计和材料应能延长使用寿命，提高设备可靠性、耐磨损、减少维修工作，便于检查和调整。

b) 货物中所配备的设备元件应是由有信誉的制造商制造的高质量产品，并应能在所有运行条件下提供所要求的服务。

c) 所有的易损部件、密封圈和垫圈都应是可更换的。

d) 同类型及尺寸相同的设备，其一切部件公差应相同且可以互换。

e) 所有需要调节的零件和部件，应具有足够的调节范围以满足变化的现场条件。当现实许可时，这样的调节应在工厂预先整定。

5.8.3 标准和试验

支柱绝缘子的设计和试验应满足 GB 8287.1、GB/T 8287.2 及专用部分要求。

5.9 串补装置绝缘平台

串补装置绝缘平台要求如下：

a) 采用支持式绝缘平台，平台上所有设备及其附件均由投标人提供。

b) 串补平台上的母线及其金具应能承受电容器的全部放电电流和最大故障电流。

c) 在停电状态下人员在平台上应能接近所有的设备和元件，平台上通道最小宽度 800mm，最低高度 2m。平台上外边缘及必要处应设护栏，在栅栏、扶手、维护通道和电气设备之间要有足够的电气安全距离以方便检修。

d) 投标人应提供支持式绝缘平台用的柱式和斜拉绝缘子及用于双套光纤通道的光纤柱（应采用垂直安装）。

e) 绝缘平台采用热镀锌钢结构制成，结构采用减振弹簧结构。平台主、次梁采用热轧 H 型钢，次梁与主梁的连接采用叠接，梁与梁之间连接采用刚性连接，平台上铺钢格栅，设备下也应敷设有隔板，平台应平坦。平台四角应切圆弧，平台主材采用高强度钢 Q345B。

f) 合理设计绝缘平台的自振荡频率，投标人提供计算书。

g) 绝缘平台及其设备和绝缘子、瓷套管的正常维护周期每年不应多于一次。

h) 投标人应向买方提交绝缘平台上的所有设备和各种绝缘子的目录及手册。

i) 每个串补平台配一个采用优质铝合金材质、牢固、可转动的梯子，以便安装、维护。梯子与平台应有电气闭锁，与栅栏门应有安全电气闭锁。

j) 平台上设检修电源盒，内设电源插座，不小于 4 根×4mm² 电缆。

5.10 测量、监视、控制与保护系统

5.10.1 控制、保护装置额定参数

控制、保护装置额定参数如下：

a) 额定直流电源：220V 或 110V。

b) 额定频率：50Hz。

c) 打印机工作电源：交流 220V，50Hz。

5.10.2 测量设备

根据串补装置的需要，设置电流/电压互感器，所有测量设备安装在平台上，所有测量设备性能不应受所在位置电磁场的干扰。投标人应提供所需测量互感器及其配套设备、接口附件和光纤电缆，每台电流互感器应设装两套独立的线圈和通路分别供两套保护使用。互感器应满足如下要求：

a) 信号和能量通过光电方式传输。

b) 互感器监控和信号传输应隔离干扰，满足电磁兼容要求。

c) 应能精确测量串补装置投运的动态电流值，应考虑正常电流与故障/放电电流值差异。测量用电流互感器和电容器不平衡保护用电流互感器精度不应低于 0.2 级，保护用电流互感器应在线路带串补重合闸时满足精度要求。

d) 串补平台上控制保护设备的电源采取激光电源和平台取能方式时，应能在激光电源供电、平台取能设备供电之间平滑切换。

5.10.3 用于从绝缘平台到地面的控制、保护、信号和测量的信号传输系统

投标人应提供控制、保护、信号和测量的信号传输系统及其相关设备。电流互感器是保护和测量的主要部件。要求平台上测量、保护、控制信号及平台电源供给均经过光纤转接箱传输至串补继电器室，且传输设备及通道均分开独立供两套控制和保护系统使用。用于从绝缘平台到地面的控制、保护、信号和测量的信号传输系统要求如下：

a) 考虑电磁场对平台上的电子设备的影响，投标人应采取相应电磁屏蔽措施。

b）平台上测量信号经光纤信号柱传至地面，光纤信号柱与光缆在光纤转接箱内熔接。

c）与平台相连的控制、测量、保护信号均通过光缆传输。

d）每套保护应设置备用光纤通道和电子设备接口。

e）投标人应提供从地面接线盒到串补继电器室及从串补继电器室到主控制室的光缆、光缆接头和所有通道附件。

f）光纤转接箱应能防潮密封，防护等级不低于 IP54，满足室外运行条件。

g）从平台到串补继电器室采用光缆。

h）控制和保护电缆均采用阻燃型屏蔽电缆。

i）光纤柱中包含的信号光纤和激光供能光纤不宜采用光纤转接设备，并应有足够的备用芯数量，备用芯数量应不少于使用芯数量。

j）串补装置平台到控制保护小室的光纤损耗不应超过 3dB。

5.10.4 串补装置的控制系统

串补装置的控制系统要求如下：

a）投标人提供全部串补装置的控制系统，控制系统应独立于保护系统，组屏安装在串补继电器室。

b）旁路断路器的两套操作回路分别接入两组电源（买方提供两组 DC220V 或 DC110V 电源）。

c）控制系统人机界面应为简体中文环境（GB 2312）。

d）控制系统应具有远方和就地控制功能，实现设备操作命令（断路器、隔离开关、接地开关等），执行串补装置的投入与退出。各设备控制操作要有电气互相闭锁功能，防止误操作，禁止多点控制。

e）控制系统应采用显示器显示串补装置的所有电流互感器的实时电流值、保护及断路器、隔离开关、接地开关的状态信号和告警信号，并通过网络接口将这些信号发送至站内监控系统。

f）投标人提供自诊断功能以确保硬件和软件的连续监视。

g）提供内部与外部的事件监视与记录（如事件顺序记录功能），分辨率不应大于 1ms。事件信息要求存于可重复利用的数据介质上，便于查询，其存储量不小于 20GB。

h）提供故障记录，分辨率不应大于 1ms；记录模拟量、开关量；故障记录应能记录串补装置的控制信息，采用数字接口。

5.10.5 串补装置的保护系统

串补装置的保护系统要求如下：

a）卖方应提供安装在地面串补继电器室的串补装置继电保护。每组串补装置应有两套完全独立的数字式继电保护。两套独立保护装置应安装在具有两个独立电源输入的独立机柜中（买方提供两组 DC220V 或 DC110V 电源）。

b）所有设备在雷击过电压、一/二次回路操作和串补装置故障等强干扰下不应误动作。设备的快速暂态干扰试验、高频干扰试验、电磁干扰试验和绝缘试验及其性能应符合相关标准。

c）当直流电源电压在额定值的 80%～115% 之间波动时，保护设备应正常工作。

d）直流电源分合闸时保护设备不应误动作。

e）在线路保护跳闸经长电缆联跳旁路开关的回路中，应在串补控制保护开入量前一级采取防止直流接地或交直流混线时引起串补控制保护开入量误动作的措施。

f）地面串补保护设备安装在串补继电器室内。卖方提供用于串补装置的所有保护设备。卖方应根据其提供串补装置的特点提出相应的保护、告警及动作方案及其整定配合原则，应提供各种保护的原理图、内部接线图和端子排图、安装图及调试使用手册，主要保护功能不少于以下要求：

1）电容器不平衡保护。

2）电容器过负荷保护。

3）MOV 过电流保护。

4） MOV 温度保护。

5） MOV 不平衡保护（如需要）。

6） MOV 能量梯度保护（如需要）。

7） 间隙自触发保护。

8） 间隙拒触发保护。

9） 间隙延迟触发保护。

10）间隙长时间导通保护（如需要）。

11）串补装置绝缘平台闪络保护。

12）旁路断路器三相不一致保护。

13）旁路断路器合闸失灵保护。

14）旁路断路器分闸失灵保护。

15）信号传输系统及供电系统故障保护，控制及保护系统的故障保护应具备以下功能：

    ① 对保护运行状况进行监视；

    ② 可以由保护信息子站完成保护定值调取、查询、修改、管理；

    ③ 具有软压板，可以由监控系统实现远方投退保护；

    ④ 实现保护装置动作故障记录；

    ⑤ 实现与保护信息管理系统子站及监控系统的通信。

16）对跳闸输出回路及每个设备的主回路、设备的异常和 AC、DC 失电等保护应配备相应连续监视和自诊断功能，当保护启动后应启动故障录波并发出报警信号、遥控信号和 SOE 信号。

g） 串补装置的保护重投时间，可根据用户要求在 0.5s～5.0s 范围内整定。

h） 在保护屏上能显示定值，并能修改。

i） 配置故障录波装置，安装在串补继电器室，满足如下功能：

    1） 所记录数据应通过网络接口上传至变电站内故障录波和保护子站；

    2） 录波开关量、模拟量的数量满足串补装置要求；

    3） 提供相应的软件及使用说明书等；

    4） 有完整的录波功能。

5.10.6 同步时钟对时要求

控制和保护装置具有同步时钟对时功能，接受站内同步对时系统 IRIG–B（DC）码，对时误差≤1ms，硬对时引至保护柜端子排。

5.10.7 串补装置与站内其他系统的通信要求

串补装置与站内其他系统的通信要求如下：

a） 串补装置的所有电流互感器的实时电流值、保护及断路器、隔离开关、接地开关的状态信号和告警信号发送至站内监控系统。

b） 执行串补装置的远方投入与退出。

c） 旁路断路器及隔离开关、接地开关的远方分合闸控制。

d） 监视串补装置及相关设备的状态，实时监视平台对地通信及所需的数据传输回路。

e） 串补装置通过网络接口与站内故障录波和保护子站通信，通信数据格式应符合站内故障录波和保护子站的标准规约要求。

5.10.8 端子排布置

保护屏端子排及设备的布置应保证各套保护的独立性，即在一套保护退出工作时，不影响其他保护系统的正常运行。保护屏端子排的布置规定如下：保护屏的层间端子排由制造厂负责，外部端子排按不同功能进行如下划分，端子排布置应考虑各插件的位置，避免接线相互交叉。

5.10.9 柜体要求

柜体要求如下：

a) 控制和保护柜内的所安装的元器件应有型式试验报告和合格证。装置结构模式由插件组成插箱或屏柜。插件、插箱的外形尺寸应符合 GB 3047.1 的规定。装置中的插件应牢固、可靠，可更换。保护屏包括所有安装在屏上的插件、插箱及单个组件应满足防振要求。插件、插箱应有明显的接地标志。所有元件应排列整齐，层次分明，便于运行、调试、维修和拆装，并留有足够的空间。对装置中带有调整定值的插件，调整机构应有良好的绝缘和锁紧设施。

b) 柜体下方应设有接地铜排和端子。接地铜排的规格为 25mm×4mm，接地端子为压接型。屏间铜排应方便互连。

c) 柜体防护等级 IP31 级，选用高强度钢组合结构，并充分考虑散热的要求。

d) 内部配线的额定电压为 800V，应采用防潮隔热和防火的交联聚乙烯绝缘铜绞线，其最小截面积不小于 1.5mm²，但对于电流互感器、电压互感器和跳闸回路的截面积不应小于 2.5mm²。导线应无划痕和损伤。卖方应提供配线槽以便于固定电缆，并将电缆连接到端子排。卖方应对所供设备的内部配线、设备的特性和功能的正确性全面负责。所有连接于端子排的内部配线，应以标志条和有标志的线套加以识别。

e) 所有端子均采用额定值为 800V、10A，压接型端子。电流回路的端子应能接不小于 4mm² 的电缆芯线。电流互感器和电压互感器的二次回路应提供标准的试验端子，便于断开或短接各保护装置的输入与输出回路。一个端子只允许接入一根导线。端子排间应有足够的绝缘，端子排应根据功能分段排列，并应至少留有 20% 的备用端子。端子排间应留有足够的空间，便于外部电缆的连接。断路器的跳闸或合闸回路端子、直流电源的正负极不应布置在相邻的端子上。保护屏上合闸回路应采用能接大截面电缆芯的端子，并且合闸回路的公共端子应采用多个端子的连接方式（合闸回路端子不应少于 6 个连接端子），以保证一个端子只允许接入一根电缆芯。保护屏上电源回路应采用能接大截面电缆芯的端子，并且要求正、负极之间应有端子隔开。

f) 屏体尺寸为宽 800mm、深 600mm、高 2260mm。屏体结构为屏前、后开门、垂直自立、柜门内嵌式的柜式结构，正视屏体，转轴在左边，门把手在右边。柜内主要设备及装置均采用嵌入安装法，并要求与屏正面平齐美观。柜内的侧板和背板上可安装少量零星部件。柜内端子排布置在柜内背板上。应提供由柜门而自动开启的柜内照明设备，以便于对柜内的设备进行检查和接线。柜内应设有横向及竖向导线槽，所有设备安装的位置都应方便外部电缆从屏柜的底部进入。

g) 屏面上信号灯和复归按钮的安装位置应便于维护、运行监视和操作。

h) 所有供货的屏柜均应有足够的支撑强度，应提供必要设施，以保证能够正确起吊、运输、存放和安装设备，且应提供地脚螺栓孔。

i) 所有屏面应清洁，并涂有一层底漆和两层面漆，以防止在运输、仓储和运行中的腐蚀和锈蚀。屏与屏的内外应清洁，应无灰尘、划痕及油污等。

j) 屏上的所有设备（包括继电器、控制开关、熔断器、空气开关、指示灯及其他独立安装的设备），均应有铭牌或标签框，以便于识别。

k) 屏上设备，安装水平高度应一致。屏上安装的最高设备的中心线离屏顶为 200mm，最低设备的中心线离屏底不低于为 350mm。屏的布置图应按比例画出，并按比例标注尺寸。

l) 串补平台上测量及控制箱的箱体应采用密闭良好的金属壳体，箱门四边金属应与箱体可靠接触，尽量降低外部电磁辐射对控制箱内元器件的干扰及影响。

5.11 一次、二次及土建接口要求

5.11.1 电气一次接口

电气一次接口要求如下：

a) 卖方提供串补平台支撑件（包括支柱绝缘子和斜拉绝缘子）及其附件并负责设计。

b) 卖方提供旁路断路器支架，设计院对其高度进行确认。

c) 卖方提供串补平台高、低压母线与旁路断路器和串联隔离开关的连接用设备，设计院负责设计。

d) 串补围栏由设计院进行设计。

5.11.2 电气二次接口

电气二次接口要求如下：

a) 串补装置成套控制保护系统的设计和供货由卖方提供，包括电容器组、MOV、火花间隙、旁路开关、绝缘平台等的保护、控制、故障录波。

b) 串补装置成套控制保护系统的交、直流电源由卖方提出要求，包括各屏柜、设备电源负荷、回路数等，由买方根据要求提供电源。

c) 串补保护和控制系统的专用测试工具和仪器仪表应由卖方提出要求，买方根据要求提供。

d) 串补装置电容器组内部发生故障需闭合旁路断路器，旁路断路器失灵拒合时，串补装置失灵保护动作经延时（可整定）向线路断路器发跳闸命令并向监控系统发出告警信号，每个保护装置至少提供 3 副联动触点，每副触点经保护屏压板接于端子排。

e) 为限制串联补偿线路断路器开断短路故障时的瞬态恢复电压（TRV）水平，线路保护动作跳闸出口时同时联动串补装置火花间隙击穿，500kV 线路保护动作向串补装置传输二路跳 A、B、C 保护动作信号，串补装置收到线路保护联动信号后启动火花间隙并合闸旁路断路器。每套串补装置应具有二路线路保护跳 A、B、C 保护动作输入回路，该输入回路应有压板，设置在串补装置保护屏上。

f) 电厂侧出线异常时，电厂侧可以发出命令退出串补装置，每个串补保护装置应预留 1 副电厂侧硬触点命令的开关量输入接口。

g) 线路保护和串补保护之间的联动信号应采用大功率重动继电器隔离或采用光信号传输命令，具体方案在设计联络会上确定，大功率重动继电器或光信号通信接口装置安装在串补保护柜内。

h) 卖方控制保护系统与站内监控系统和远动装置的接口。放置在串补就地小室的串补控制保护装置应预留电信号或光信号通信接口，用于将监控系统信息和保护信息上送到站控层站内原有监控系统、远动装置和保护及故障录波子站，远动信息通过站内原有远动通道上送到各级调度。所有连接用电缆、光缆等相关设备和相关工作由买方负责。

i) 卖方保护和故障录波系统与站内保护及故障信息子站的接口。串补装置保护和故障录波系统应通过独立的网络接口接入变电站保护和故障录波信息管理子站，卖方应与保护及故障信息子站厂家配合完成子站系统通信联调。串补保护和录波网交换机应提供 2 个以太网口（1 用 1 备）用于接入变电站保护和故障录波信息管理子站放置在串补小室的网络交换机，连接用电缆、光缆等相关设备和相关工作由买方负责。

j) 串补装置由站内统一对时，买方提供的 GPS 信号扩展屏为每套串补装置提供不少于 5 路电口 IRIG−B（DC）码对时。

k) 串补旁路断路器、隔离开关以及接地开关、网门的操作回路应设计完善的电气联锁回路（卖方应配置独立的端子箱），设备操动机构箱内和网门应安装站内微机"五防"锁具（"五防"锁具由买方提供）。

l) 二次电缆、光缆。

　1) 串补装置成套控制保护系统至串补平台的连接电缆、光缆由卖方设计并供货。

　2) 串补装置成套控制保护系统至串补旁路断路器、隔离开关、接地开关机构箱等的电缆由卖方设计并采购供货。

　3) 串补装置成套控制保护系统至线路保护、断路器保护等的电缆由卖方提供电缆清册，由买方确认、供货。

5.11.3 土建接口

土建接口要求如下：

a) 串补平台结构（钢平台、支柱绝缘子、斜拉绝缘子、爬梯）及其附件由卖方供应并负责设计。

b) 串补平台基础、电缆沟由设计院进行设计；卖方提供串补平台基础设计所需的上部结构参数（串补平台布置、对基础设计的各工况荷载要求）。

c) 卖方需提前提供串补平台基础设计所需的上部结构参数和图纸，包括：串补平台布置、绝缘子底座尺寸，地脚螺栓的说明、位置和深度及对基础设计的要求；作用在平台上面所有设备的总重量；作用在各个绝缘子上的压力、纵向和横向荷载；对基础设计的各工况荷载要求等。提供平台整体结构计算书（包括计算简图、荷载取值及强度、稳定、变形的计算）。平台设计时，在正常运行工况下，要考虑任一支柱绝缘子失效的情况下，平台还能保持强度和稳定。另外附加提供：

    1) 基础总平面布置图（仅包括全部设备基础及相关螺栓、埋件位置）应注明总尺寸及各部分相对尺寸。

    2) 每一个单独基础的详图，螺栓的埋设方法、预埋深度及允许偏差。

    3) 提供节点图中埋件、螺栓大样图。

6 试验

卖方应根据有关的标准进行试验，并提供相应的型式和出厂试验报告。每个主要设备应分别进行。在出厂试验前 1 个月通知试验时间表，以便买方现场验收。

6.1 型式试验

卖方应按 GB/T 6115 相关标准提供所有设备的型式试验报告。

6.1.1 电容器

按照 GB/T 6115、GB/T 11024、DL/T 840 规定进行。

密封性试验，端子间电压试验，电容测量，电容器损耗测量，局部放电测量，放电电流试验，内部放电装置试验，电容、损耗随温度变化曲线测量，外壳爆破能量试验，热稳定试验，端子与外壳间交流电压试验，端子与外壳间雷电冲击电压试验，冷工作状态试验，内部熔丝隔离试验，内部熔丝放电试验，耐久性试验（特殊试验）。

6.1.2 火花间隙

按照 DL/T 1295 规定进行。

主间隙的自放电电压试验，主间隙附件的工频电压耐受试验、主间隙的故障电流试验，主间隙的放电电流试验，主间隙的恢复电压试验，触发控制箱的绝缘性能试验，触发控制箱的环境条件影响试验，触发控制箱的电磁兼容性能试验，触发控制箱的功能试验，外观及尺寸检查，间隙的工频电压耐受试验，间隙的工频自放电试验，间隙的触发放电试验，间隙的电晕试验。

6.1.3 MOV

按照 GB/T 34869，DL/T 1156 规定进行。

外套的绝缘与耐受试验，工频参考电压测量，直流参考电压测量，持续运行电流测量，0.75 倍直流参考电压下泄漏电流试验，残压试验，局部放电试验，密封性能试验，电流分布试验，重复能量耐受试验，加速老化试验，热比例单元验证试验，能量耐受和工频电压稳定性试验，短路电流试验，机械负荷试验，外套的外观检查，气候老化试验，湿气侵入试验，耐污秽性能试验。

6.1.4 旁路开关

按照 GB/T 28565 规定进行。

绝缘试验，无线电干扰电压测试，温升试验，主回路电阻测量，短时耐受电流和峰值耐受电流试验，防护等级的验证，密封试验，电磁兼容性试验，辅助和控制回路的附加试验，机械和环境试验，旁路关合电流试验，投入电流试验。

6.1.5 隔离开关

按照 GB 1985 规定进行。

绝缘试验；无线电干扰电压测试；温升试验；主回路电阻测量；短时耐受电流和峰值耐受电流试验；防护等级的验证；电磁兼容性试验；辅助和控制回路的附加试验；操作和机械寿命试验；严重冰冻条件下的操作；极限温度下的操作；位置指示装置正确功能试验；母线转换电流开合试验（适用于旁路隔离开关）。

6.1.6 阻尼装置

限流阻尼装置型式试验要求如下：

a) 阻尼电抗器：

温升试验：按照 GB 1094.11 的相关要求进行。短时电流试验：按照 GB 1094.5 的相关要求进行。

b) 阻尼电阻器：

电流及能量耐受试验：按照 GB/T 6115.2 的相关要求进行。参考电压测量：按照 GB 11032 的相关要求进行。方波冲击电流试验：按照 GB 11032 的相关要求进行。大电流冲击耐受试验：按照 GB 11032 的相关要求进行。多柱 MOV 电流分布试验：按照 GB 11032 的相关要求进行。 外套雷电冲击试验：按照 GB 311.1 的相关要求进行。密封试验：按照 GB 11032 的相关要求进行。压力释放试验：按照 GB 11032 的相关要求进行。

6.1.7 绝缘子

按照 GB/T 8287.1 规定执行。

6.1.8 电流互感器

按照 GB 1208 规定执行。

6.1.9 光纤信号柱

按照 DL/T 1530 规定执行。

工频耐受电压试验，操作冲击耐受电压试验，雷电冲击耐受电压试验，复合绝缘光纤柱的密封及界面试验，瓷绝缘光纤柱的密封试验，额定机械负荷试验，机械负荷破坏性试验。

6.1.10 控制与保护系统

按照相关标准规定执行。

温度试验，温度储存试验，结构和外观检查，控制保护设备基本功能、测控功能和保护功能试验，电力系统模拟试验，印制电路板和出口中间继电器检查，过载能力试验，直流电源影响试验，功率消耗试验，绝缘性能试验，耐湿热性能试验，电磁兼容性能试验，机械性能试验。

6.2 出厂试验

6.2.1 电容器

按照 GB/T 6115、DL/T 840 规定进行。

电容量测量，电容器损耗测量，端子间直流电压试验，端子和外壳间交流耐压试验，内部放电装置试验，密封试验，局部放电试验，内熔丝放电试验。

6.2.2 火花间隙

按照 DL/T 1295 规定进行。

外观检查，触发控制箱的功能试验。

6.2.3 MOV

按照 GB/T 34869，DL/T 1156 规定进行。

工频参考电压试验，直流参考电压试验，持续运行电流试验，0.75 倍直流参考电压下泄漏电流试验，残压试验，内部局部放电试验，密封试验，电流分布试验，外套的外观检查。

6.2.4 旁路开关

按照 GB/T 28565 规定进行。

主回路耐压试验，控制和辅助回路耐压试验，主回路电阻测量，密封试验，设计和外观检查，机械操作试验。

6.2.5 隔离开关

按照 GB 1985 规定进行。

主回路绝缘试验，控制和辅助回路绝缘试验，主回路电阻测量，设计和外观检查，机械操作试验。

6.2.6 阻尼装置

阻尼装置出厂试验要求如下：

a）阻尼电抗器：

按照 GB 10229 规定进行。工频电抗测量，工频损耗测量，匝间雷电冲击耐受试验。

b）阻尼电阻：

按照 GB 11032 规定进行。参考电压测量，泄漏电流测量，密封性能试验。

6.2.7 光纤柱

按照 DL/T 1530 规定进行。

标志检查，外观检查，逐个机械负荷试验，光损测量，超声波探伤试验。

6.2.8 控制与保护系统

结构和外观检查，控制保护设备基本功能，测控功能和保护功能试验，印制电路板和出口中间继电器检查，功率消耗试验，连续通电试验。

6.3 现场试验

现场试验要求如下：

a）电容器现场交接试验项目与要求见表 3。

表 3　电容器现场交接试验项目与要求

序号	项　目	要　求
1	极对壳绝缘电阻	不低于 2000MΩ
2	电容值	按技术条件规定
3	极对壳交流耐压	出厂耐压值的 75%
4	渗漏油	直观检查
5	电容器组不平衡电流测量	不超过告警值的 30%

b）火花间隙现场交接试验项目与要求见表 4。

表 4　火花间隙现场交接试验项目与要求

序号	项　目	要　求
1	尺寸检查	按厂家提供的参考值
2	触发回路检查	按技术条件规定

c）MOV 现场交接试验项目与要求见表 5。

表 5　MOV 现场交接试验项目与要求

序号	项目	要求
1	绝缘电阻	不低于 2500MΩ
2	直流参考电压	实测值较厂家提供的参考值，变化不大于±5%
3	0.75 倍直流参考电压下的泄漏电流	按技术条件规定

d）　旁路开关现场交接试验项目与要求见表 6。

表 6　旁路开关现场交接试验项目与要求

序号	项目	要求
1	SF$_6$ 气体试验	湿度（25℃）：不大于 150v/v；密度（标准状态下）：6.16kg/m³；毒性：无； 酸度：不大于 0.3g/g；四氟化碳（m/m）：不大于 0.05%；空气（m/m）：不大于 0.05%； 可水解氟化碳：不大于 1.0g/g； 矿物油：不大于 10g/g
2	SF$_6$ 气体泄漏	年泄气率不大于 1%
3	辅助回路和控制回路绝缘电阻	不低于 1MΩ
4	交流耐压试验	试验电压为出厂试验的 80%
5	辅助回路和控制回路交流耐压	试验电压为 2kV
6	开关的机构速度特性	测量方法和测量结果应符合制造厂规定（厂家提供测速度特性用连接件）
7	开关的时间特性	按厂家提供的参考值
8	分、合闸电磁铁的动作特性	分、合闸脱扣器应能在其直流额定电压的 65%～120%
		范围内可靠动作，当电源电压低于其额定值的 30% 时，应可靠不动作
9	导电回路电阻	按厂家提供的参考值
10	分、合闸线圈的直流电阻及绝缘电阻	直流电阻应符合制造厂规定；绝缘电阻不小于 1MΩ
11	SF$_6$ 气体密度继电器检查及压力表校验	按厂家提供的参考值
12	闭锁、防跳跃及防止非全相合闸辅助控制装置的动作特性	按厂家提供的参考值

e）　阻尼电阻现场交接试验项目与要求见表 7。

表 7　限流阻尼电阻现场交接试验项目与要求

序号	项目	要求
1	绝缘电阻	不低于 2500MΩ
2	直流参考电压	实测值较制造厂规定值，变化不大于±5%（按厂家提供的参考值）
3	0.75 倍直流参考电压下的泄漏电流	按厂家提供的参考值

f) 阻尼电抗器现场交接试验项目与要求见表 8。

表 8　限流阻尼电抗器现场交接试验项目与要求

序号	项　目	要　求
1	电抗测量	按厂家提供的参考值
2	直流电阻测量	按厂家提供的参考值

g) 电流互感器现场交接试验项目与要求见表 9。

表 9　电流互感器现场交接试验项目与要求

序号	项　目	要　求
1	变比测量	按厂家提供的参考值
2	耐压试验	按厂家提供的参考值
3	直流电阻、绝缘电阻、伏安特性测量	按厂家提供的参考值
4	误差测定	按厂家提供的参考值

h) 光纤通道现场交接试验项目与要求见表 10。

表 10　光纤通道现场交接试验项目与要求

序号	项　目	要　求
1	光衰减量	按厂家提供的参考值

i) 控制保护设备性能试验项目与要求见表 11。

表 11　控制保护设备性能试验项目与要求

序号	项　目	要　求
1	全部功能及传动	符合 Q/GDW 10661—2015《串联电容器补偿装置交接试验规程》要求

7　技术服务、设计联络、工厂检验和监造

7.1　技术服务

7.1.1　概述

卖方应向买方提供的主要技术服务如下（包括但不限于此）：

a) 买方将派技术人员去投标方工厂接受培训，以便掌握设备的组装、安装、运行和维护的技能。投标方应提供培训时间表及内容供招标方审定。

b) 卖方应指定一名工地代表，配合买方及安装承包商之间的工作。卖方应指派合格的有经验的安装监督人员和试验工程师，对合同设备的安装、调试和现场试验等进行技术指导。

c) 卖方在设备安装前及时向买方提供技术服务计划，包括服务内容、日程、工作人员、天数等。买、卖双方据此共同确认一份详尽的安装工序和时间表，作为卖方指导安装的依据，并列出安装承包商应提供的人员和工具的类型及数量。

d) 买卖双方应根据工地施工的实际工作进展，通过协商决定卖方技术人员的专业、人员数量、在工地服务的持续时间以及到达和离开工地的日期。

7.1.2 任务和责任

卖方应承担的任务和责任如下（包括但不限于此）：

a) 卖方指定的工地代表，应在合同范围内全面与买方工地代表充分合作与协商，以解决合同有关的技术和工作问题。双方的工地代表未经双方授权无权变更和修改合同。

b) 卖方技术人员代表卖方完成合同规定有关设备的技术服务，指导、监督设备的安装、调试和验收试验。

c) 卖方技术人员应对买方人员详细地解释技术文件、图纸、运行和维护手册、设备特性、分析方法和有关的注意事项等，以及解答和解决买方在合同范围内提出的技术问题。

d) 卖方技术人员有义务协助买方在现场对运行和维护的人员进行必要的培训。

e) 卖方技术人员的技术指导应是正确的，如因错误指导而引起设备和材料的损坏，卖方应负责修复、更换和（或）补充。买方的有关技术人员应尊重卖方技术人员的技术指导。

f) 卖方代表应尊重买方工地代表，充分理解买方对安装、调试工作提出的技术和质量方面的意见和建议，使设备的安装、调试达到双方都满意的质量。如因卖方原因造成安装或试验工作拖期，买方有权要求卖方的安装监督人员或试验工程师继续留在工地服务，且费用由卖方自理。如因买方原因造成安装或试验拖期，买方根据需要有权要求卖方的安装监督人员或试验工程师继续留在工地服务，并承担有关费用。

7.2 设计联络

设计联络要求如下：

a) 为协调设计及其他方面的接口工作，根据需要，买方与卖方应召开设计联络会。卖方应制定详细的设计联络会日程。签约后的 15 天内，卖方应向买方建议设计联络会方案，在设计联络会上买方有权对合同设备提出进一步改进意见，卖方应高度重视这些意见并作出改进或说明。

b) 为了做好设计制造工作，在设计联络会之前招投标双方应进行多次技术交流，包括投标方接受招标方的设计校核等内容。

c) 每次联络会后应由卖方整理出完整的会议纪要，包括讨论的内容和达成的结论，应由参加会议的各方签字确认，与合同具有同等效力。

d) 除上述规定的联络会议外，若遇重要事宜需双方进行研究和讨论，经各方同意可另召开会议解决。

7.3 工厂检验和监造

工厂检验和监造要求如下：

a) 在供货阶段，买方有权委托监造工程师代表行使监造权利，进行监造和出厂检验，了解货物原材料、零部件、组装、检验、试验和包装的质量情况，卖方有配合监造的义务。

b) 卖方应在本合同签字之日起 15 天内，向买方提供本合同货物的设计、制造和检验标准的目录。卖方需要在具备设备监造和试验见证各阶段的条件前 10 天书面通知买方。

c) 监造代表的监造检验一般不得影响工厂的正常生产进度，应尽量结合卖方工厂实际生产过程进行。若不能按卖方通知时间及时到厂，卖方工厂的试验工作可正常进行，试验结果有效，但是监造代表仍有权事后了解和检查试验报告和结果。

d) 监造代表在监造中如发现货物和材料存在质量问题或不符合本合同规定的标准或包装要求时，监造代表有权提出意见，卖方应采取相应措施，以保证交货质量。

e) 不论监造代表是否参与监造与出厂检验，是否签署了监造检验报告，均不能免除卖方对货物质量应负的责任。

f) 由卖方供应的所有合同货物部件出厂时，应有制造厂签发的产品质量合格证作为交货的质量证明文件。

ICS 29.240

Q/GDW

国家电网有限公司企业标准

Q／GDW 13054.2—2018
代替 Q／GDW 13054.2—2014

串联补偿装置采购标准
第 2 部分：专用技术规范

Purchasing standard for series capacitor installation
Part 2: Special technical specification

2019-06-28发布   2019-06-28实施

国家电网有限公司   发 布

目　次

前　　言

为规范串联补偿装置的采购，制定本部分。

《串联补偿装置采购标准》分为 2 个部分：

——第 1 部分：通用技术规范；

——第 2 部分：专用技术规范。

本部分为《串联补偿装置采购标准》的第 2 部分。

本部分替代 Q/GDW 13054.2—2014，主要的技术性差异如下：

——修改了间隙去游离时间要求时间；

——新增了小间隙放电电压；

——新增了控制柜体材质；

——新增了使用环境条件年最高气压及年最低气压。

本部分由国家电网有限公司物资部提出并解释。

本部分由国家电网有限公司科技部归口。

本部分起草单位：国网冀北电力有限公司，中国电力科学研究院有限公司。

本部分主要起草人：张建军，马鑫晟，刘之方，李士雷，李卓伦，林浩，邹慧安。

本部分 2014 年 5 月首次发布，2018 年 8 月第一次修订。

本部分在执行过程中的意见或建议反馈至国家电网有限公司科技部。

串联补偿装置采购标准
第 2 部分：专用技术规范

1 范围

本部分规定了串联补偿装置招标的标准技术参数、项目需求及投标人响应的相关内容。本部分适用于串联补偿装置招标。

2 规范性引用文件

下列文件对于本文件的应用是必不可少的。凡是注日期的引用文件，仅所注日期的版本适用于本文件。凡是不注日期的引用文件，其最新版本（包括所有的修改单）适用于本文件。

Q/GDW 13054.1　串联补偿装置采购标准　第 1 部分：通用技术规范

3 术语和定义

DL/T 1219 界定的确定的术语和定义，以及下列术语和定义适用于本文件标准。

3.1

招标人　bidder

提出招标项目，进行招标的法人或其他组织。

3.2

投标人　tenderer

响应招标、参加投标竞争的法人或者其他组织。

3.3

卖方　seller

提供本部分货物和技术服务的法人或其他组织，包括其法定的承继者。

3.4

买方　buyer

购买本部分货物和技术服务的法人或其他组织，包括其法定的承继者和经许可的受让人。

4 标准技术参数

技术参数特性表是国家电网有限公司对采购设备的基础技术参数要求，在招投标过程中，投标人应依据招标文件，对技术参数特性表中标准参数值进行响应。串联补偿装置技术参数特性见表 1。装置应满足 Q/GDW 13054.1 的要求。

表 1　技 术 参 数 特 性 表

序号	参数/项目	单位	标准参数值
一	电容器组		
1	额定容量	Mvar	
2	额定电压	kV	
3	额定电流	A	

表 1（续）

序号	参数/项目		单位	标准参数值
4	额定（每相）电容（20℃）		μF	
5	额定容抗偏差（20℃）		%	
6	50Hz 和 20℃时的每相容抗		Ω	
7	50Hz 和 40℃时的每相容抗		Ω	
8	50Hz 和−35℃时的每相容抗		Ω	
9	过载能力	在 12h 内连续过载 8h	A	
		在 8h 内连续过载 2h	A	
		在 6h 内连续过载 30min	A	
		10s 过电流能力	A	
10	总损耗（在周围温度 20℃、额定电流下三相电容器组及熔丝的损耗）		kW	
11	过电压保护动作前电容器组所承受的最高电压的峰值		kV	
12	保护水平下旁路动作时放电电流峰值		kA	
13	50Hz 和 20℃时的每相容抗误差		±%	
14	50Hz 和 20℃时的三相容抗不平衡度		±%	
15	保护方式			
16	每相电容器串联的数量		台	
17	每相电容器并联的数量		台	
18	每相电容器的总数		台	
19	电容器的年损坏率		%	
二	单台电容器			
1	型号			
2	额定容量		kvar	
3	额定电压		kV	
4	额定频率		Hz	
5	50Hz 20℃时的电容及其偏差		μF，±%	
6	50Hz 20℃时的容抗及偏差		Ω，±%	
7	环境 20℃额定电压时的稳态损耗		W/kvar	
8	20℃额定电压下的介质损耗因数（tanδ）		%	＜0.02

表1（续）

序号	参数/项目		单位	标准参数值
9	热稳定试验条件下箱体的最热点温度		℃	
10	热稳定试验条件下电容芯子的最热点温度			
11	过载能力	在 12h 内连续过载 8h	A	
		在 8h 内连续过载 2h	A	
		在 6h 内连续过载 30min	A	
		10s 过电流能力	A	
12	允许的运行温度范围		℃	
13	绝缘介质材料			
14	并联连接的元件数		个	
15	串联连接的元件数		个	
16	质量		kg	
17	箱体材料及厚度			
18	箱体抛光方式			
19	内部放电电阻阻值		Ω	
20	内部放电电阻性能		min/V	
21	电容器套管	型式		双套管
		材料		高强瓷
		套管绝缘水平（雷电/工频）	kV	
		爬电距离	mm	
		套管工艺		滚装一体化结构
22	导致箱体破裂需要的 $I^2 \cdot t$ 值		A²s	≥18
23	单台电容器外形尺寸			
24	使用的液体绝缘介质说明			不含 PCB
25	说明以前提供使用的同类型的电容器的故障率，这一故障率应是与提供的电容器完全相同设计的电容器的故障率			
26	单台电容器噪声水平		dB	串补装置围栏处≤50
三	电容器内熔丝			
1	熔丝可靠熔断后耐受电压		V，rms	
2	熔丝最大连续通流能力		A，rms	
3	内熔丝安装位置			

表1（续）

序号	参数/项目		单位	标准参数值
4	环境温度20℃额定运行电流时的 I^2R 损耗		W	
5	导致熔丝动作的最小 $I^2 \cdot t$ 值		A²s	
四	金属氧化物限压器（MOV）			
1	型号			
2	额定电压		kV	
3	保护水平		kV	
4	最大（MOV）连续运行电压		kV	
5	不含备用的每相MOV并联单元数		支	
6	不含备用的每相的能量吸收能力		MJ	
7	MOV备用单元数		支	≥3
8	MOV外套耐压水平	BIL	kV，peak	
		1min 50Hz，干态	kV，rms	
		10s 50Hz，湿态	kV，rms	
		MOV外套类型，瓷外套或复合外套		
9	每个MOV封装单元中MOV阀片的并联柱数		柱	
10	每个MOV封装单元中MOV阀片每柱的串联片数		片	
11	MOV单元的尺寸规格	直径	mm	
		高度	mm	
		质量	kg	
12	MOV阀片的能量吸收能力		J/cm³	
13	环境40℃时安装的MOV单元中阀片允许最大温升		K	
14	MOV单元操作波放电特性	残压	kV	
		电流	A	
		波形	s	
15	全部安装后的工频放电特性	100A	kV	
		500A	kV	
		1000A	kV	
		1500A	kV	
		2000A	kV	
		2500A	kV	
		3000A	kV	

表1（续）

序号	参数/项目		单位	标准参数值
15	全部安装后的工频放电特性	3500A	kV	
		4000A	kV	
		4500A	kV	
		5000A	kV	
		6000A	kV	
		10 000A	kV	
		50kA	kV	
		125kA	kV	
16	说明电流分配不均衡度	MOV 单元内并联柱体间	%	
		工厂内匹配的单元间	%	
17	MOV 单元压力释放能力		kA，rms	
18	MOV 单元规格	高度	mm	
		封装表面漏电距离	mm	
19	年泄漏率		Pa · L/s	$<6.65 \times 10^{-5}$
20	局部放电量		PC	$\leqslant 10$
五	限流阻尼装置			
1	型号			
2	额定电感		mH	
3	额定电阻		Ω	
4	工频试验电压		kV，rms	
5	MOV 参考电压（MOV 串电阻型）		kV，rms	
6	小间隙放电电压（小间隙串电阻型）		kV	
7	热容量	MOV 热容量（MOV 串电阻型）	MJ	
		电阻热容量	MJ	
8	电容器组放电峰值电流		kA	
9	电容器组放电电流频率		Hz	
10	故障电流和电容器放电电流承载能力		kA	
11	阻尼率（任何两个连续峰值倒数之比）			
12	电抗器额定损耗		W/相	
13	电抗器额定电流		A	

表 1（续）

序号	参数/项目	单位	标准参数值
14	电抗器热稳定电流（2s）	kA	
15	电抗器动稳定电流	kA	
16	阻尼装置类型（MOV 串电阻型或小间隙串电阻型）		
六	火花间隙		
1	控制间隙不动作，间隙的工频放电电压（保护水平的标幺值）间隙放电可调节范围（全部电容器额定电压的标幺值）		
2	在强制触发电路动作时主间隙可靠点火的最小电容器组的电压	kV	
	间隙设定值的百分比	%	
3	允许偏差	%	
4	故障电流通流能力	kA，rms	
	持续时间	s	
5	最大故障电流条件下两次维修之间的放电次数	次	
6	间隙在通过 63kA 电流 0.05s 后去游离时间	ms	
	间隙能够承受的电容器再投入时的暂态电压	kV，peak	
7	间隙击穿时延	ms	≤1
七	旁路开关		
1	型号标识		
2	额定电压	kV，rms	
3	额定持续电流	A，rms	
4	额定开断电流	kA，rms	
5	额定 2s 短时电流耐受能力	kA，rms	
6	故障电流和电容器放电电流综合承载能力	kA，peak	
7	断口间试验电压		
	雷电冲击	kV，peak	
	工频	kV，rms	
	断路器对地绝缘水平		
	雷电冲击	kV，peak	
	操作冲击（湿态）	kV，peak	
	工频	kV，rms	

表 1（续）

序号	参数/项目	单位	标准参数值
8	机械特性参数		
	固有合闸（旁路）时间	ms	≤35
	固有分闸时间	ms	≤60
	固有合一分时间	ms	≤100
	启动充储能时间	s	15
	合闸、分闸不同期时间	ms	合闸≤5、分闸≤3
9	操作循环		
10	套管对地放电电弧长度	mm	
11	套管对地爬电距离 断口爬电距离	mm	
12	旁路断路器需要检修的操作次数 （保护水平电压下旁路操作）	次	
13	需要检修的合一分操作次数	次	
14	空载操作	次	
15	合闸线圈		2 并联连接
	线圈数		
	串联或并联连接		
	220VDC 时每个线圈的电流	A	
	每个线圈的电阻	Ω	
	断路器合闸的最低电压	V，DC	
16	分闸线圈		2 并联连接
	线圈数		
	串联或并联连接		
	220VDC 时每个线圈的电流	A	
	每个线圈的电阻	Ω	
	断路器分闸的最低电压	V，DC	
17	辅助设备额定值和功耗		
	220VAC 时机械马达运行电流		
	启动	A	
	运行	A	
	总的加热器功耗（220V，50Hz）	kW	

表1（续）

序号	参数/项目		单位	标准参数值
18	对于 SF$_6$ 断路器			<0.5%
	20℃时 SF$_6$ 气体压力			
	充入压力		kPa	
	报警压力		kPa	
	闭锁压力		kPa	
	每年漏气率		%	
19	−30℃ SF$_6$ 压力		MPa	
20	耐地震能力（安全系数：≥1.67） 水平加速度 垂直加速度			
21	接线端子静态机械负荷			（投标人填写）
	水平纵向		N	
	水平横向		N	
	垂直		N	
22	控制柜体材质（不锈钢结构或铝合金结构）			
八	隔离开关			
（一）	旁路隔离开关			
1	隔离开关结构与形式			
（1）	结构型式或型号			
	接地开关			
（2）	操动机构型式或型号			
	操作方式			
	电动或手动			
	电动机电压		V	
	控制电压		V	
2	额定参数			
（1）	额定电压		kV	
（2）	额定频率		Hz	
（3）	额定电流		A	
（4）	主回路电阻		μΩ	
（5）	温升试验电流		A	
（6）	额定工频 1min 耐受电压	断口	kV	
		对地	kV	

表 1（续）

序号	参数/项目		单位	标准参数值
（7）	额定雷电冲击耐受电压峰值（1.2/50）	断口	kV	
		对地	kV	
	额定操作冲击耐受电压峰值（250/2500）	断口	kV	
		对地	kV	
（8）	额定短时耐受电流及持续时间	隔离开关	kA/s	
		接地开关	kA/s	
（9）	额定峰值耐受电流		kA	
（10）	开合母线转换电流能力	转换电流	A	
		恢复电压	V	
		开断次数	次	
（11）	分闸时间		s	
（12）	合闸时间		s	
（13）	分闸平均速度		m/s	
（14）	合闸平均速度		m/s	
（15）	机械稳定性		次	
（16）	辅助和控制回路短时工频耐受电压		kV	
（17）	无线电干扰电压		μV	
（18）	接线端子静态机械负荷	水平纵向	N	
		水平横向	N	
		垂直	N	
		静态安全系数		
		动态安全系数		
（19）	支柱绝缘子	爬电距离	mm	
		干弧距离	mm	
		S/P		
		抗弯	kN	
（20）	耐地震能力（安全系数：≥1.67）水平加速度垂直加速度			
（二）	串联隔离开关			
1	隔离开关结构与型式			

表1（续）

序号	参数/项目		单位	标准参数值
（1）	结构型式或型号			
	接地开关			
（2）	操动机构型式或型号			
	操作方式			
	电动或手动			
	电动机电压		V	
	控制电压		V	
2	接地开关操动机构			
（1）	型式或型号			
	操作方式			
	电动或手动			
	电动机电压		V	
	控制电压		V	
（2）	备用辅助触点/对	隔离开关		
		接地开关		
3	额定参数			
（1）	额定电压		kV	
（2）	额定频率		Hz	
（3）	额定电流		A	
（4）	主回路电阻		μΩ	
（5）	温升试验电流		A	
（6）	额定工频1min耐受电压	断口	kV	
		对地	kV	
	额定雷电冲击耐受电压峰值（1.2/50）	断口	kV	
		对地	kV	
	额定操作冲击耐受电压峰值（250/2500）	断口	kV	
		对地	kV	
（7）	额定短时耐受电流及持续时间	隔离开关	kA/s	
		接地开关	kA/s	
（8）	额定峰值耐受电流		kA	
（9）	开合小电容电流		A	

表 1（续）

序号	参数/项目			单位	标准参数值
（10）	开合小电感电流			A	
（11）	接地开关开合感应电流能力	电磁感应	感性电流	A	
			感应电压	kV	
		静电感应	容性电流	A	
			感应电压	kV	
（12）	分闸时间			s	
（13）	合闸时间			s	
（14）	分闸平均速度			m/s	
（15）	合闸平均速度			m/s	
（16）	机械稳定性			次	
（17）	辅助和控制回路短时工频耐受电压			kV	
（18）	无线电干扰电压			μV	
（19）	接线端子静态机械负荷		水平纵向	N	
			水平横向	N	
			垂直	N	
			静态安全系数		
			动态安全系数		
（20）	绝缘子		爬电距离	mm	
			干弧距离	mm	
			S/P		
			抗弯	kN	
（21）	耐地震能力（安全系数：≥1.67）水平加速度 垂直加速度				
九	支柱绝缘子				
1	型号标识				
2	额定电压			kV，rms	
3	绝缘水平				
	雷电冲击			kV，peak	
4	爬电距离			mm	
5	电晕及无线电干扰			μV	

表1（续）

序号	参数/项目	单位	标准参数值
6	抗弯强度	kN·m	
7	抗扭强度	kN·m	
8	结构高度	m	
9	绝缘子数量/相		
十	平台		
1	平台主要材料及其表面处理		
2	平台尺寸	m	
3	平台的荷重	kg	
4	平台对地最小高度	m	
5	平台上连接导线材料与规格		
十一	电流互感器		
1	型号标识		
2	数量/相		
3	设备最高电压	kV	
4	绝缘型式		
5	铁芯数	个	
6	频率	Hz	
7	初级线圈电流	A	
8	次级线圈电流	A	
9	1s 短时热稳定电流	kA，rms	
10	动稳定电流	kA，peak	
11	准确等级		
12	允许负载	VA	
13	稳定电流	A	
14	质量	kg	
十二	绝缘配合		
1	平台对地	kV	雷电冲击： 操作冲击： 工频耐受：
2	电容器框架对平台	kV	雷电冲击： 工频耐受：

表1（续）

序号	参数/项目	单位	标准参数值
3	火花间隙	kV	雷电冲击： 工频耐受：
4	金属氧化物限压器（MOV）	kV	雷电冲击： 工频耐受：
5	限流阻尼装置	kV	雷电冲击： 工频耐受：
6	不平衡保护电流互感器	kV	雷电冲击： 工频耐受：
十三	控制和保护		
1	装置工作电源	V	220V/110V，DC
2	装置直流消耗	W	≤60（工作时）； ≤80（动作时）
3	跳闸触点容量		长期允许通过电流 不小于 5A； 触点断开容量为不 小于 50W
4	其他触点容量		长期允许通过电流 不小于 3A； 触点断开容量为不 小于 30W
5	开关量接入回路电压	V	220V/110V，DC
6	时钟对时接口		IRIG－B（DC）
7	打印机工作电源	V	220AC
8	打印机接口型式		与保护装置配套
9	屏柜尺寸	mm	高度 2260，宽度 800，深度 600
10	屏柜颜色		

5 组件材料配置表

组件材料配置表包括元件名称、规格形式参数、单位、数量和产地等信息，具体内容和格式根据招标项目情况进行编制。

6 使用环境条件表

典型串联补偿装置使用环境条件见表2。特殊环境要求根据项目情况进行编制。

表 2 使 用 环 境 条 件 表

序号	名　　称		单位	项目需求值
1	系统标称电压		kV	
2	系统最高运行电压		kV	
3	系统中性点接地方式			
4	与其他设备连接方式			
5	额定频率		Hz	
6	污秽等级			
7	系统短路电流	高压侧	kA	
		中压侧	kA	
		低压侧	kA	
8	环境温度	最高日温度	℃	
		最低日温度	℃	
		最大日温差	K	
		最热月平均温度	℃	
		最高年平均温度	℃	
9	湿度	日相对湿度平均值	%	
		月相对湿度平均值	%	
10	海拔		m	
11	太阳辐射强度		W/cm^2	
12	最大覆冰厚度		mm	
13	离地面高 10m 处，维持 10min 的平均最大风速		m/s	
14	降雨量	多年平均降雨量	mm	
		多年最大降雨量	mm	
		多年最小降雨量	mm	
15	最大冻土深度		mm	
16	最大积雪厚度		mm	
17	多年平均气压		Pa	
18	年最高气压		Pa	
19	年最低气压		Pa	

表 2（续）

序号	名　　称		单位	项目需求值
20	耐受地震能力	地震烈度		
		地面水平加速度	m/s²	
		地面垂直加速度	m/s²	
		正弦共振三个 周期安全系数		
21	安装场所（户内/外）			

注 1：环境最低气温超过−25℃的需要进行温度修正。
注 2：污秽等级为Ⅳ级的需提供该地区的污秽等级图